I0643861

Kohlhammer

Praktische Theologie heute

Herausgegeben von

Stefan Altmeyer
Christian Bauer
Kristian Fechtner
Thomas Klie
Helga Kohler-Spiegel
Benedikt Kranemann
Isabelle Noth
Birgit Weyel

Band 170

Bernhard Dressler

Religion verstehen

Beiträge zur Religionshermeneutik und zu religiöser Bildung

Verlag W. Kohlhammer

1. Auflage 2020

Reproduktionsvorlage: Andrea Töcker, Neuendettelsau
Gesamtherstellung: W. Kohlhammer GmbH, Stuttgart

Print:
ISBN 978-3-17-038162-9

E-Book-Format:
pdf: ISBN 978-3-17-038163-6

Inhalt

Vorwort 7

Religions-Pädagogik
Bestandsaufnahme und Perspektiven einer theologischen Disziplin 9

Performanz und Kompetenz
Überlegungen zu einer Didaktik des Perspektivenwechsels 29

Religionspädagogik zwischen Bildungstheorie und Kompetenzdidaktik . 47

Überlegungen zu einem evangelischen Verständnis religiöser Bildung .. 73

Die Kirche – eine Bildungsinstitution?
Zum Verhältnis von allgemeiner Bildung, religiöser Bildung und religionsprofessioneller Ausbildung 95

Religionspädagogik als Praktische Theologie
Mit einem kritischen Blick auf den Diskurs zur „Kindertheologie" 109

Religionsunterricht als Wertevermittlung?
Eine Problemanzeige 133

Religionsunterricht und Ethikunterricht
Religion im Ethikunterricht 157

Religiöse Bildung und die Kritik des Fortschrittsglaubens 181

Kann religiöse Bildung einen Beitrag zur Demokratie leisten?
Zum Verhältnis von Religion und Politik in Bildungsprozessen 195

Ambiguitätstoleranz?
Zum Umgang mit Mehrdeutigkeit in religionspluraler Kultur 217

Hermeneutisch-rekonstruktive Religionsforschung in pädagogisch-theologischem Interesse
Von der Person zur Kommunikation 229

Inkonsistenz und Authentizität
Ein neues religiöses Bildungsdilemma?
Bildungstheoretische Überlegungen zu Armin Nassehis
religionssoziologischen Beobachtungen 245

Nachweise 263

Vorwort

Mehrfach ist der Wunsch an mich herangetragen worden, einige meiner verstreut veröffentlichten Aufsätze zu religionspädagogischen Kernthemen leichter zugänglich zu machen, indem sie in einem Sammelband zusammengetragen werden. Dadurch soll zugleich das, was man den „roten Faden" meines theologischen und religionspädagogischen Denkens nennen könnte, an Deutlichkeit gewinnen. Ich bin zur Realisierung dieses Wunsches zudem dadurch ermutigt worden, dass meine Verortung der Religionsdidaktik in einer Theorie allgemeiner Bildung auch in anderen Fachdidaktiken, insbesondere der Mathematik und der Naturwissenschaften, auf Resonanz gestoßen ist. Diese Resonanz hat wohl damit zu tun, dass ich religiöse Lehr- und Lernprozesse besonders energisch bildungstheoretisch akzentuiere und ihre erzieherischen Begründungen – die Erzeugung von Gesinnungen, „Einstellungen" und Gefühlen – für theologisch und pädagogisch problematisch erachte. Im Hinblick auf die Förderung von Urteilsfähigkeit im Sinne einer umfassenden Allgemeinbildung, also mit dem Ziel der Kompetenz zur Partizipation an der kulturellen Gesamtpraxis, ist die Religionspädagogik mit den anderen Fächern des Bildungskanons verbunden. In dieser Hinsicht sollte der Religionsunterricht an öffentlichen Schulen keinen Sonderstatus beanspruchen.

Freilich scheint mir mit dem, was man – kritisch zugespitzt – eine Tendenz zur Sozialpädagogisierung der Religionspädagogik nennen kann, auch eine Selbstüberschätzung verbunden zu sein: Als solle und könne sie mit ihrer vergleichsweise marginalen Rolle in den kirchlichen Institutionen und Praxisfeldern und mehr noch im öffentlichen Schulwesen nicht nur für die Tradierung der christlichen Religion, nicht nur für die Verarbeitung von Traditionsabbrüchen und -umbrüchen verantwortlich sein, sondern auch für die Verankerung sogenannter „Werte" im Bewusstsein und im psychischen Haushalt von Kindern und Jugendlichen; neuerdings auch wieder für die Stabilisierung von Demokratie und die Beachtung politischer und sozialer Gerechtigkeit. Als könne ein einzelnes (kleines) Schulfach gegen die sozialisatorische Wirkmacht sozialer Lebenswelten und Herkunftsmilieus aufkommen. Und als könne und solle Religion funktionalisiert werden – statt erschlossen und verstanden zu werden, weil es sie als einen unersetzlichen Modus unseres kulturellen Gesamtlebens gibt, und nicht, weil sie für außerhalb ihrer selbst liegende Zwecke gut ist. Kritisch angeeignet und reflektiert gestaltet soll die christliche Religion als Quelle der Deutung und Führung eines bewussten Lebens in der kulturellen Moderne zu verstehen gegeben werden. Ob und wie der christliche Glaube dann in der Lebenswirklichkeit zu einer tragenden Kraft werden kann, liegt außerhalb religionspädagogischer Verfügungsmacht.

In dieser Perspektive wird die Religionspädagogik nicht nur anschlussfähig an andere Fachdidaktiken und an gehaltvolle und allgemeine bildungstheoretische Perspektiven, sondern sie kann zugleich eine ihr eigene Theologizität gewinnen, die freilich innerhalb der religionspädagogischen Ausbildungs- und Studiengänge einer verstärkten Grundierung durch fundamentaltheologische Orientierungen bedarf. So soll und kann die Religionspädagogik vor einer drohenden Horizontverengung zwischen Sozialpädagogisierung und kleinkariertem Empirismus bewahrt werden.

In einem vielbeachteten Beitrag im Feuilleton der „Frankfurter Allgemeinen Zeitung" hat Jürgen Kaube Anfang 2019 die Religionspädagogik und den Religionsunterricht aufgefordert, zugleich „anspruchsvoller" und „bescheidener" zu werden. Dieser Aufforderung schließe ich mich an. „Anspruchsvoller": Gegen den Ruf als „Laberfach" und die so oft zu beobachtende Trivialisierung von Religion. Und „bescheidener", weil ja schon etwas gewonnen wäre, wenn ein Zuwachs an Kenntnissen und an Verständnis dazu beitragen könnte, dass es weniger Verächter der Religion unter den Gebildeten gibt, und dass religiöse Menschen darin bestärkt werden, ihren Glauben mit der kulturellen Moderne „zusammenbestehen" zu können, wie es vor über 100 Jahren Ernst Troeltsch programmatisch forderte.

Seelze, im Herbst 2019 *Bernhard Dressler*

Religions-Pädagogik

Bestandsaufnahme und Perspektiven einer theologischen Disziplin

Konsolidierungsgewinne der Religionspädagogik – aber Zuspitzung der Legitimationsprobleme des Religionsunterrichts

Die Entwicklungslinien der Religionspädagogik als wissenschaftlicher Disziplin lassen in den letzten drei Jahrzehnten eine gewisse Konsolidierung erkennen. Schon in den späten 1980er Jahren zeichnete sich ab, dass die mit der epochalen Durchsetzung des „themen- und problemorientierten Religionsunterrichts" verbundenen konzeptionellen Auseinandersetzungen in den 1970er Jahren weitgehend zugunsten der Anerkennung eines pluralen „Ensembles didaktischer Strukturen"[1] zum Stillstand kamen. Innerhalb dieses Ensembles schärfte die Symboldidaktik[2], deren Impulse in semiotischer[3] und kultur- und sprechakttheoretischer[4] Perspektive aufgegriffen und erweitert werden konnten, das *religiöse* Proprium der Religionsdidaktik deutlicher, als es in einem „problemorientierten" Religionsunterricht gelingen konnte, dessen (ja durchaus beachtliches) theologisches Profil *in der Praxis* weitgehend abgeblendet blieb. Zugleich gewann das Fach durch eine bildungstheoretische Fundierung neue – durchaus spannungsreiche – Anschlussmöglichkeiten *sowohl* an die systematische Theo-

---

1 Peter Biehl sieht die Religionsdidaktik nach der Zeit der Konzeptionsmonopole charakterisiert durch das „Zusammenspiel zwischen traditionserschließender, symboldidaktischer und problemorienterter Struktur" als dem „integrative(n) Kern eines offenen Ensembles didaktischer Strukturen" (Ders., Religionsdidaktische Konzeptionen; in: Gottfried Bitter / Rudolf Englert / Gabriele Miller / Karl Ernst Nipkow [Hg.], Neues Handbuch religionspädagogischer Grundbegriffe, München 2002, 445).

2 Maßgeblich: Peter Biehl (unter Mitarbeit von Ute Hinze und Rudolf Tammeus), Symbole geben zu lernen. Einführung in die Symboldidaktik anhand der Symbole Hand, Haus und Weg, Neukirchen-Vluyn 1989; Ders., Symbole geben zu lernen, Bd.2, Zum Beispiel Brot, Wasser und Kreuz, Beiträge zur Symboldidaktik und Sakramentendidaktik, Neukirchen-Vluyn 1993; ders., Festsymbole. Zum Beispiel: Ostern. Kreative Wahrnehmung als Ort der Symboldidaktik, Neukirchen-Vluyn 1999.

3 Grundlegend: Michael Meyer-Blanck, Vom Symbol zum Zeichen. Symboldidaktik und Semiotik, Rheinbach [2]2002.

4 Ein Überblick: Bernhard Dressler / Thomas Klie: Strittige Performanz. Zur Diskussion um den performativen Religionsunterricht; in: PTh 6/2007, 241–254; siehe auch: Bernhard Dressler, Performanzen des Glaubens in der Religionspädagogik; in: VuF 2/2009, 64–75.

logie *als auch* an den erziehungswissenschaftlichen Bildungsdiskurs.[5] Eine differenziertere Sicht der weiterhin wirksamen Orientierung an den Problemen der sozialen, politischen und kulturellen Lebenswelt verband sich mit der Abwendung vom Säkularisierungstheorem hin zur Pluralismusthematik.[6] Zur Vollständigkeit dieser kurzen Bestandsaufnahme gehört, dass die von Klaus Wegenast bereits 1968 geforderte „empirische Wendung“[7] nunmehr in einer Fülle empirischer Untersuchungen realisiert wird, nicht nur, aber nicht zuletzt auch im Zuge der sog. „Kinder“- und „Jugendtheologie“. Und schließlich ist die Disziplingeschichte der Religionspädagogik aufgrund der Veröffentlichungen aus dem „Arbeitskreis Historische Religionspädagogik“[8] so sorgfältig aufgearbeitet wie nie zuvor.

Der Anschein einer konsolidierten Disziplin wird nun allerdings dadurch irritiert, dass diese Entwicklung zeitweise mit einer heftigen Debatte über die Zukunft des Religionsunterrichts (im Folgenden: RU) in den 1990er Jahren einherging, deren Gründe und Probleme keineswegs als ausgetragen gelten können. Die Wiedervereinigung Deutschlands hatte es möglich und notwendig gemacht, erneut nach der Plausibilität und dem Geltungsbereich des Grundgesetzartikels 7.3 bzw. der Ausnahmeregelung der sog. „Bremer Klausel“ (Art. 141) zu fragen. Diese Debatte erfolgte bekanntlich nicht allein zwischen kirchlichen und laizistischen Positionen, sondern riss auch innertheologische Gräben auf, wenn etwa Gert Otto für einen „RU für alle“ warb.[9] Man kann fragen, ob die weitgehende Erfolglosigkeit solcher Vorstöße nicht vor allem daran hing, dass sich *politisch* keine Zweidrittelmehrheit gegen den konfessionellen RU als *res mixta* zwischen Staat und Religionsgemeinschaften fand und findet. Und nur zögerlich lässt die katholische Kirche in einigen Regionen Formen konfessioneller Kooperation zu. Aber die wachsende religiöse Pluralität, vor allem auch die Zunahme konfessionsloser Schülerinnen und Schüler, abgesehen von Ostdeutschland jedenfalls dramatisch in den großstädtischen Bal-

---

5 Systematisierend: Peter Biehl / Karl Ernst Nipkow, Bildung und Bildungspolitik in theologischer Perspektive, Münster 2003; Dietrich Korsch, Bildung und Glaube. Ist das Christentum eine Bildungsreligion?; in: NZSTh 36 (1994), 190–214.

6 Karl Ernst Nipkow, Bildung in einer pluralen Welt, Bd. 2: Religionspädagogik im Pluralismus, Gütersloh 1988.

7 Klaus Wegenast, Die empirische Wendung in der Religionspädagogik; in: EvErz 2/1968, 111–124.

8 Exemplarisch: Michael Wermke (Hg.), Transformation und religiöse Erziehung: Kontinuitäten und Brüche der Religionspädagogik 1933 und 1945, Jena 2011. Siehe auch Friedrich Schweitzer / Henrik Simojoki, Moderne Religionspädagogik. Ihre Entwicklung und ihre Identität. Mit einem Beitrag von Werner Simon, Gütersloh und Freiburg/Basel/Wien 2005; Friedrich Schweitzer / Henrik Simojoki / Sara Moschner / Markus Müller, Religionspädagogik als Wissenschaft. Transformationen der Disziplin im Spiegel ihrer Zeitschriften, Freiburg i. Br. 2010.

9 Gert Otto, Allgemeiner RU – RU für alle. Sieben Thesen mit Erläuterungen; in: Jürgen Lott (Hg.), Religion – warum und wozu in der Schule?, Weinheim 1992, 359–374.

lungsgebieten, führt zunehmend zu Deregulierungen in einer rechtlichen Grauzone. Verfassungsrechtlicher Status und faktische Akzeptanz des RU treten auseinander. Verschärfend wird hinzukommen, dass die Inklusion, deren sich abzeichnende Entwicklung die Bildungsinstitutionen auf lange Sicht beschäftigen wird, jede, eben auch die religiös-konfessionelle Segregation zunehmend in Frage stellen wird.

Nun treten diese Legitimationsprobleme hinsichtlich nur *eines* religionspädagogischen Praxisfeldes, der öffentlichen Schule, auf – ein für Deutschland charakteristisches Phänomen. So hält Christian Grethlein die weitgehende Konzentration der religionspädagogischen Diskussion auf schulische Themen (statt darüber hinaus auf das kirchliche Bildungshandeln und die familiale Erziehung und Sozialisation) für „ein Unikum in der Entwicklung der Kommunikation des Evangeliums im Modus von Lehr- und Lernprozessen", das nur im Kontext staatlicher Schulpolitik „und der engen Verbindung von Kirche und Staat ... zu verstehen" sei. Gert Ottos Vorschlag einer radikalen Umstellung des Fachs auf „Religionskunde" sieht Grethlein als „konzeptionelle Konsequenz" eben dieser Konstellation.[10]

Was die Religionspädagogik als Disziplin an Systematizität und Sachgehalt gewinnen kann, wenn die Verengung auf den schulischen RU aufgesprengt wird, zeigt sich exemplarisch an dem beeindruckenden Gesamtentwurf von Bernd Schröder, den man als eine Art krönenden Abschluss der zurückliegenden Konsolidierungsphase lesen kann.[11] Andererseits: Das *Gewicht* der Religionspädagogik als wissenschaftlicher Disziplin hängt institutionell nach wie vor weitgehend an ihrer Bedeutung für die Ausbildung von schulischen Religionslehrkräften und ist insofern auch zukünftig stark an die Entwicklungsperspektiven des RU gebunden. Deshalb, aber auch aus Gründen des begrenzten Umfangs, beschränke ich mich hier auf die Erörterung von schulbezogenen Problemen. Die vielleicht entscheidende Frage lautet dann: Wie (und in welcher Form) kann der RU an staatlichen Schulen weiterhin (und als islamischer RU neuerdings) von den Religionsgemeinschaften mitverantwortet werden, statt einer staatlichen „Wertevermittlung" überantwortet zu werden (wie es sich in der Berliner Debattenlage um einen obligatorischen Ethik-Unterricht abzeichnete), in der *Religion* thematisch entweder ganz verschwindet, oder (bestenfalls) sozialintegrativ (eben als „Wertevermittlung") instrumentalisiert wird? Wie kann sich der RU dabei deutlich als staatlich institutionalisierter, wenn auch von den Religionsgemeinschaften mitbestimmter, Bildungsprozess behaupten und von kirchlicher Katechese (substanziell, curricular und metho-

---

10 Christian Grethlein, Praktische Theologie, Berlin/Boston 2012, 270.

11 Bernd Schröder, Religionspädagogik, Tübingen 2012. Schröder verschränkt historische und systematische Untersuchungsperspektiven und gewinnt aus der problemgeschichtlichen Perspektive systematische Stärke. Das Lehrbuch ist ein großer, Maßstäbe setzender Wurf.

disch) unterschieden halten? Je nachdem, ob und wie das gelingt, wird der schulische RU entweder eine Minderheitsveranstaltung werden und Art. 7.3 wird als eine Art „Artenschutzartikel" verstanden werden müssen, oder er modifiziert seine sog. „Konfessionalität" noch weiter im Hinblick auf die wachsende Teilnahme kirchenferner, konfessionsloser, oft religionsferner Schüler.[12]

Nun gestalten sich zugleich in der bislang wenig erforschten Unterrichtswirklichkeit die Entwicklungen nach aller Erfahrung ohnehin anders, als es in den Wolkenregionen der Theorie diskutiert wird. So konnte z. B. in einem Unterrichtsforschungsprojekt des katholischen Religionspädagogen Rudolf Englert eine deutliche Tendenz zur „Versachkundlichung" des RU festgestellt werden.[13] Man könnte diesen Befund, der durch Erfahrungen im Umfeld der Schulpraktika der Lehramtsstudiengänge bestätigt zu werden scheint, mit aller Vorsicht so deuten, dass sich die scharfe konzeptionelle Differenz zwischen konfessionellem und religionskundlichem Unterricht in der Schulwirklichkeit kaum niederschlägt. Die Lehrkräfte scheinen sich aus pädagogisch motivierter Sorge vor einer konfessorischen Übergriffigkeit zurückzuhalten und bringen, vermutlich auch aufgrund mangelnder theologischer Kompetenz, kaum fachliche Expertise zur Verdeutlichung der lebensweltlichen und existenziellen Relevanz der christlichen Tradition ein. Zudem lässt der Unterricht wenig kognitive Aktivierungen mit dem Ziel der Bildung von Urteilsfähigkeit erkennen, sondern scheint eher dem gängigen Urteil des „Laberfachs" zu entsprechen.

Dieser Entwicklungstendenz, wenn sie denn allgemein zuträfe, ließe sich ebenso wie der Delegitimierung konfessionell getrennter Religionslerngruppen kritisch und mit angemessenem Problembewusstsein *entweder* nur mit einer entschlossenen Öffnung des RU in Richtung auf eine Art von „Religionskunde" für alle begegnen, in der zumindest gelernt werden könnte, bloße Meinungsäußerungen von kenntnisbasierten Sachurteilen zu unterscheiden. *Oder* der RU könnte (mit den dafür ausgebildeten Lehrkräften) stärker als bisher in Richtung auf die Vermittlung der Fähigkeit kompetenter Inanspruchnahme des Grundrechts auf positive Religionsfreiheit wirken und zugleich die existentielle Relevanz seiner daseinshermeneutischen Perspektive *als Bildungsangebot* (also ohne kerygmatisch-missionarische, aber auch ohne auf bestimmte „Einstellungen" zielende erzieherische Intention) präzisieren, d. h. seine Ziele in einer

---

[12] Hierzu grundlegend: David Käbisch, Religionsunterricht und Konfessionslosigkeit. Eine fachdidaktische Grundlegung, Tübingen 2014.

[13] Rudolf Englert, Wie kommen Schüler/innen ins Gespräch mit religiösen Traditionen? Eine Untersuchung religionsdidaktischer Inszenierungsstrategien; in: Ulrich Riegel / Klaas Macha (Hg.), Videobasierte Kompetenzforschung in den Fachdidaktiken, Münster / New York / München / Berlin 2013, 248–265. Die Schwierigkeit selbst anspruchsvollen Religionsunterrichts im Umgang mit konzeptionellen Standards zeigt sich auch in den Analysen in: Bernhard Dressler / Thomas Klie / Martina Kumlehn, Unterrichtsdramaturgien. Fallanalysen zur Performanz religiöser Bildung, Stuttgart 2012.

Verbindung von Partizipations- und Deutungskompetenz profilieren.[14] Das setzt eine Klärung der Theologizität der Religionspädagogik voraus. Eine solche Klärung wird freilich im Kontext von Bildung nicht ohne eine stärkere fundamentaltheologisch-religionstheoretische Orientierung der Religionspädagogik möglich sein.

Religionspädagogik als „Kommunikation des Evangeliums"?

Bernd Schröder bezeichnet als den „Gegenstandsbereich der Religionspädagogik im Allgemeinen" die „Kommunikation von *Religion*", und als „Gegenstandsbereich der Religionspädagogik aus protestantischer Perspektive im Besonderen (...) die Kommunikation des *Evangeliums* im Medium von Lernprozessen, sei es Sozialisation, sei es Unterricht oder Erziehung, sei es Bildung", und sieht eben so den Anspruch der „Theologizität" der Religionspädagogik begründet.[15] Schröder greift hierbei auf die von Ingolf U. Dalferth[16] für die Theologie allgemein und von Christian Grethlein[17] für die Praktische Theologie (einschließlich der Religionspädagogik) als Schlüsselbegriff vorgeschlagene Funktionsbestimmung zurück. Auf das „Evangelium" beziehe sich die Religionspädagogik im Sinne des „christlichen Wirklichkeitsverständnisses". Schröder präzisiert dabei hinsichtlich der Besonderheit der „Kommunikation des Evangeliums im Medium von Lernprozessen", dass die Religionspädagogik „gleichwohl" den Religionsbegriff nicht verabschieden könne, insofern sie nach wie vor „‚Religion' in der Vielfalt ihrer lebensweltlichen Erscheinungsformen bzw. religiöse Sozialisation, Erziehung und Bildung wahrzunehmen, zu interpretieren und auf ihre Gestaltbarkeit im Sinne dieses (sc. christlichen) Wirklichkeitsverständnisses hin zu bedenken" habe, dabei aber zugleich „um die Unverfügbarkeit der ‚Kommunikation des Evangeliums'" wisse.[18]

Bei Grethlein schließt die Programmformel der „Kommunikation des Evangeliums" an die Zielbestimmung des RU als „Befähigung zum Christsein" an.[19] Insofern Bildungsprozesse geradezu dadurch definiert sind, dass sich die Edukanden auch gegen die in ihnen thematisierten Gehalte müssen wenden können, würde ich diese Zielbestimmung erst in einem offeneren Möglichkeitshorizont der Befähigung zur urteilsfähigen Inanspruchnahme des Grundrechts auf Religionsfreiheit (was die Entscheidung *gegen* eine religiöse Lebens-

14 Siehe hierzu: Bernhard Dressler, Religionspädagogik zwischen Bildungstheorie und Kompetenzdidaktik; in diesem Buch S. 47–71.

15 Schröder, Religionspädagogik, a. a. O., 10 u. 12f.

16 Ingolf U. Dalferth, Evangelische Theologie als Interpretationspraxis. Eine systematische Orientierung, Leipzig 2004, bes. 90–113.

17 Grethlein, Praktische Theologie, a. a. O., 2. und 3. Teil.

18 Schröder, Religionspädagogik, a. a. O., 10f.

19 Christian Grethlein, Fachdidaktik Religion, Göttingen 2005, 271–280.

praxis einschließt) aufgehoben und präzisiert sehen. Mit dieser Maßgabe lassen sich religiöse Lernprozesse auch deutlicher so gestalten, dass in ihnen religiöse Überzeugungen begegnen können, ohne auf diese Überzeugungen zu verpflichten, Positionalität also ohne Indoktrinationsverdacht möglich ist. Zugleich wird damit anerkannt, dass der christliche *Glaube* im Unterschied zum kulturellen Zeichensystem der *Religion* kein Resultat eines intentionalen Lernprozesses sein kann. Das entspricht pädagogisch auch dem analogen Sachverhalt, dass mentale Zustände und Gesinnungen ganz generell bewussten Willensakten entzogen sind. Sie dürfen nicht das Ziel pädagogischer Interventionen sein, wenn diese nicht die Freiheit der Edukanden unterlaufen sollen. So wie man sich nicht dazu entschließen kann zu glauben, oder dieses Glaubenwollen zum Ziel eigenen Lernens zu machen, so kann Glaube kein operationalisierbares Resultat der didaktischen Anstrengung einer Lehrperson sein. Pädagogische und theologische Gründe fallen hier zusammen.

Grethlein vermittelt die „Kommunikation des Evangeliums“ mit didaktischen Überlegungen zum Einen hinsichtlich der nach wie vor auch in der Lebenswelt der Jugendlichen empirisch-religionssoziologisch zu erhebenden Präsenz einer Gebetspraxis und kirchlicher Kasualien. So können die für „christliche Liturgie grundlegende(n) Kommunikationsvollzüge wie Beten und Gesegnet-Werden (...) in bildungstheoretischem Zusammenhang *kriteriologische* (kursiv B. D.) Beachtung (finden).“[20] Dem stimme ich zu, insofern auf diese Weise der Kern christlich-religiöser Praxis erschlossen und reflektiert werden kann.[21] Zum Anderen bezieht er sich auf die neutestamentliche Überlieferung, wonach die Kommunikation Jesu sich vornehmlich in den drei Formen des Lehrens und Lernens (v. a. in Gleichnissen), gemeinsamer Feiern und der „Hilfe zum Leben“ (v. a. durch Heilungen) gezeigt habe.[22] Indem sich religiöse Bildung am „Zusammenhang der drei Kommunikationsweisen“ orientiere, „gehören liturgische und diakonische ebenso wie narrative und diskursive Elemente in den Religionsunterricht.“[23] Nun darf aber der Rückbezug auf Jesu Lehren, Feiern und Helfen die Unterscheidung zwischen der Verkündigung Jesu von Nazareth und dem Evangelium von Jesus Christus nicht verdecken. Zudem scheint mir die „Kommunikation des Evangeliums“ nur dann ein erschließungskräftiger Begriff für den Kommunikationsraum religiöser Bildung zu sein, wenn damit nicht zugleich die für das Christentum maßgeblichen neuzeitlichen Dis-

---

20 Grethlein, Praktische Theologie, a. a. O., 273.

21 Vgl. Bernhard Dressler, Performative Religionsdidaktik: Theologisch reflektierte Erschließung von Religion; in: Dressler/Klie/Kumlehn, Unterrichtsdramaturgien, a. a. O., 15–42, hier 38f.

22 Grethlein, Praktische Theologie, a. a. O., 324ff.

23 Christian Grethlein, „Learning by doing?“ Elemente gelebten Glaubens im Religionsunterricht. Zum Ansatz einer performativen Religionsdidaktik; in: Ludwig Rendle (Hg.), Glaube der verstehbar wird ... Kommunikabilität des Glaubens als religionsdidaktische Herausforderung, München 2012, 105.

tinktionen zwischen Verkündigung und Lehre verschliffen werden, die in der erzählten Welt der Evangelien noch ebenso ununterschieden sind wie in der vorneuzeitlichen Katechese. Vor allem: Christlich-religiöse Bildung darf nicht auf die Akzentuierung ihrer schwierigen (vor allem in *thematischer* Hinsicht schwierigsten), aber unverzichtbaren *christologischen* Dimension verzichten.

Ich würde hier die Probleme der bildungstheoretischen und religionspolitischen Akzeptanz und der Rezeptionsoffenheit anders gewichten. Insgesamt scheinen mir die von Grethlein vorgetragenen Überlegungen zur Lehrbarkeit der „Kommunikation des Evangeliums" den mit der Unterscheidung von Glaube und Religion eröffneten Präzisionsgewinn zu unterlaufen. Auf die „Ergebnisoffenheit" einer „auf Verständigung angelegt(en)" Kommunikation hinzuweisen, reicht hier m. E. ebenso wenig aus, wie die Freiwilligkeit der Teilnahme als Bedingung für „die Balance zwischen den schulischen Rahmenbedingungen und den besonderen Herausforderungen des Religionsunterrichts auf Grund seiner Inhalte" zu sehen.[24] Das religionsdidaktische Ziel der „Befähigung zum Christsein" ist zumindest nicht davor gefeit, gegenüber Distanzierten oder Konfessionslosen (die doch aber in den evangelischen RU ausdrücklich „eingeladen" sind[25]) als übergriffig zu erscheinen. Mit Blick auf das Leitkonzept der „Kommunikation des Evangeliums" wäre genauer darauf zu achten, dass zwischen der im Unterricht durch die Lehrkräfte repräsentierten Theologizität und der religiös eher unterbestimmten Rezeptionsperspektive der Schülerinnen und Schüler unterschieden wird. Und unter den spezifischen Bedingungen des Lernorts Schule ist doch deutlicher zu akzentuieren, dass im Unterricht die Kommunikation des Evangeliums nicht ohne die didaktisch inszenierte (Meta-) Kommunikation *über* die Kommunikation des Evangeliums zu denken ist.

Religionspädagogik als theologische Disziplin der bildenden Erschließung von Religion

Bedeutsam für Grethleins Position sind seine Bedenken hinsichtlich des Religionsbegriffs, der sich (so mit Bezug auf Falk Wagner) zu exklusiv mit der modernen Individualitätskultur verbinde, als dass er mit dem Selbstverständnis des durch andere sozialkulturelle Welten geprägten Islam vereinbar sei.[26] Hier nun macht Grethlein erstaunlicherweise mit Blick auf die Einführung des islamischen RU die damit verbundene *schulische* Perspektive maßgeblich für die Religionspädagogik insgesamt. Aber gerade im Blick auf die Schule als einem Ort religiöser Bildung wäre doch der Gedanke stark zu machen, dass unsere

24 Grethlein, Praktische Theologie, a. a. O., 275f.

25 So schon die EKD-Denkschrift: Identität und Verständigung. Standort und Perspektiven des Religionsunterrichts in der Pluralität, Gütersloh 1994, 64.

26 Grethlein, Praktische Theologie, a. a. O., 174.

kulturelle Tradition (immer noch) von Religion derart imprägniert ist, dass der RU an öffentlichen Schulen, soll es ihn überhaupt geben, mit eben dem Religionsbegriff kompatibel sein muss, „wenn man nur auch in Rechnung stellt, dass es nirgendwo ungeschichtliche, kontextfreie Begriffe gibt."[27] Zugunsten einer Islamischen Unterweisung auf den Religionsbegriff für den christlichen RU zu verzichten, hätte die gleiche Logik, wie auf RU an öffentlichen Schulen überhaupt zu verzichten, sobald das christliche Religionsmonopol schwindet.[28] Zumal die Programmformel „Kommunikation des Evangeliums" in der Öffentlichkeit unvermeidlich noch exklusiver wahrgenommen werden würde als „Religion".

Bei aller hinlänglich bekannten Schwierigkeit muss ein mit Bildungsprozessen im öffentlichen Raum kompatibler Religionsbegriff geltend gemacht werden können, der zugleich die exemplarische Spezifizierung der christlichen Religion im Unterricht zulässt. Das Problem stellt sich, ganz abgesehen von Helmuth Kittels Schlachtruf „Nie wieder Religionsunterricht!" zur Restauration der „Evangelischen Unterweisung" nach 1945[29], nicht neu. So hat etwa Karl Ernst Nipkow, worauf auch Bernd Schröder hinweist, in seinen epochalen „Grundfragen der Religionspädagogik" von 1975 „der Grundlegung der Religionspädagogik in einem allgemeinen Religionsbegriff" widersprochen, weil damit die historische Bedingtheit des Religionsbegriffs verkannt und der Gegenstandsbereich der Religionspädagogik überdehnt werde.[30] Es ist aber die

27 Dietrich Korsch, Religion – Identität – Differenz; in: Loccumer Pelikan, 1/2003, 8. Und weiter: „Ungeliebt, umstritten, partikular – die Vorbehalte und Einwände gegen den Begriff ‚Religion' sind nicht zu übersehen. Und doch gibt es einen ganz praktischen und durchschlagenden Grund für die Unverzichtbarkeit des Begriffs – und das ist der Religionsunterricht an unseren öffentlichen Schulen."

28 Darüber hinaus wäre danach zu fragen, ob und wie die Bedingungen der Möglichkeit eines verfassungskonformen islamischen RU in der Entwicklung eines europäischen Islam liegen, der sich der modernen westlichen Kultur öffnen würde. Möglicherweise könnte dann auch entspannter über die in der islamischen Tradition ja gar nicht von vorneherein auszuschließende Anschlussfähigkeit an den abendländischen „Religions"-Begriff diskutiert werden.

29 Helmuth Kittel, Vom Religionsunterricht zur Evangelischen Unterweisung (1947), Berlin [3]1957.

30 Karl Ernst Nipkow, Grundfragen der Religionspädagogik, Bd. I, Gütersloh 1975, 139. Die parallele systematische Rehabilitation des Religionsbegriffs etwa in der (nicht als kulturprotestantisch zu verdächtigenden) hermeneutisch orientierten „Dogmatik des christlichen Glaubens" von Gerhard Ebeling (Bd. I, Tübingen 1979), blieb bei Nipkow abgeblendet. In der Religionspädagogik hat erst Christoph Bizer mit seinem energischen Rekurs auf die *Gestalt* religiöser Kommunikation (siehe z. B.: Kirchgänge im Unterricht und anderswo. Zur Gestaltwerdung von Religion, Göttingen 1995) den Religionsbegriff didaktisch fruchtbar gemacht. Schröder (Religionspädagogik, a. a. O.: § 12 „Religion und ihre Lernbarkeit", 196–213) gibt einen instruktiven Überblick über unterschiedliche Fassungen des Status von „Religion" in Theologie und Religionspädagogik, mit der Tendenz, den christlichen „Glauben" bzw. die „Kommunikation des Evangeliums" in der *Gestalt* von Re-

Frage, ob mit dieser – wie Schröder meint – Zurückweisung des „Paradigma(s) der religionswissenschaftlichen Grundlegung"[31] zugleich auch eine fundamentaltheologisch-religionstheoretische Orientierung der Religionspädagogik verworfen bleiben muss, *ohne* deshalb für eine religionskundliche Öffnung (oder, je nach Standpunkt: Verengung) des RU zu plädieren, die ja aber wenigstens ein Minimum an Kenntnisvermittlung sichern könnte.

Hier hilft ein historisch-systematischer Blick weiter, insofern nicht nur für die Praktische Theologie, sondern auch für die Religionspädagogik die neuzeitliche „Unterscheidung von Theologie und Religion"[32] grundlegend erscheint, wonach Religion und Theologie weder zu identifizieren, noch gegenseitig auszuspielen, sondern spannungsvoll aufeinander zu beziehen sind. Damit ist zugleich auch die religionspädagogisch zentrale Aufgabe formuliert, die sich in der Gegenwart verschärfende Differenz zwischen kirchlich-theologischen Lehrsätzen und den empirischen Formen gelebter Religion wahrzunehmen, und zwar so, dass Religionslehrkräfte „in die Lage versetzt" werden, „die von der Theologie unterschiedene Welt der gelebten Religion selbst thematisch werden zu lassen."[33] An frühe Reflexionsformen dieses Ausdifferenzierungsprozesses schloss Schleiermachers theologisches Reformprogramm an, mit dem Theologie als „Theorie der religiösen Praxis" konzipiert „und als solche zugleich auf Praxis bezogen wie von ihr distinguiert" wurde[34]: Theologie ist auf diese Weise (anders als z. B. die Religionsphilosophie) nicht *thematisch* zu definieren, sondern als eine „positive" Wissenschaft zu verstehen, die *funktional* auf eine vorgängige religiöse Praxis bezogen ist.[35] Die praktische Aufgabe der Theologie ist dann die Förderung der lebensweltlichen Religionspraxis, nicht als deren Normierung, aber als Versuch, ihr mit professioneller, in wissenschaftlicher Ausbildung fundierter Kompetenz Prägnanz- und Kohärenzgewinne zuzuspielen. Theologie kann unter den Bedingungen der Gegenwart über die wissenschaftliche Fundierung des kirchenleitenden Handelns hinaus auf

---

ligion für lernbar darzustellen. Siehe dabei besonders den Abschnitt 1.3: „Unterscheidung von Religion und Theologie, Religiosität und Glaube."

31 Schröder, Religionspädagogik, a. a. O., 156.

32 Botho Ahlers, Die Unterscheidung von Theologie und Religion. Ein Beitrag zur Vorgeschichte der Praktischen Theologie im 18. Jahrhundert, Gütersloh 1980.

33 Christian Albrecht, Zur Stellung der Praktischen Theologie innerhalb der Theologie – aus praktisch-theologischer Sicht; in: Christian Grethlein / Helmut Schwier (Hg.), Praktische Theologie. Eine Theorie- und Problemgeschichte, Leipzig 2007, 16.

34 Volker Drehsen, Neuzeitliche Konstitutionsbedingungen der Praktischen Theologie. Aspekte der theologischen Wende zur sozialkulturellen Lebenswelt christlicher Religion, Gütersloh 1988, Bd.1, 86.

35 Friedrich Schleiermacher, Kurze Darstellung des theologischen Studiums (1. Auflage 1810), hg. von Heinrich Scholz, Darmstadt 1973: Aufgabe der Theologie insgesamt (also aller ihrer durch Spezialisierung ausdifferenzierten Formen) ist die „Lösung einer praktischen Aufgabe" im Rahmen einer „gemeinsame(n) Beziehung auf eine bestimmte Glaubensweise." (§1).

die autonome, staats- und politikunabhängige Kontinuierung des Religionssystems bezogen werden, ohne die auch die Lebensbedingungen des christlichen Glaubens beeinträchtigt wären. Und eben in diesem normativ-positionellen (nicht normierenden!) Bezug auf eine religiöse Praxis ist weiterhin die Unterscheidung der Theologie von Religionsphilosophie, Religionswissenschaft und Religionssoziologie begründet. In der gleichen Richtung lässt sich m. E. Ingolf U. Dalferth verstehen, wenn er als das Ziel theologischer Arbeit nicht die Steigerung der „Wahrscheinlichkeit des Glaubens ..., sondern des Geschehens und Verstehens der christlichen Kommunikation des Evangeliums und damit der Fortsetzung christlicher Kommunikation des Evangeliums" formuliert.[36] Als kulturelle *Praxis* ist Religion damit auch für die Religionspädagogik nicht mehr lehrhaft-thematisch konstitutiv, sondern in jenem *modalen* Sinne, in dem sich erst der Eigensinn der Religion allgemein und der christlichen Religion im Besonderen von anderen kulturellen Praxen kategorial unterscheiden lässt: Religion als „Kultur *des Verhaltens* zum Unverfügbaren"[37] und in Form *„diskursiver* Tatbestände".[38]

Für die Reflexion schulischer Bildungsprozesse (weniger für die Begründung ihrer stofflich-thematischen Gegenstände), in denen Religion als eine Weltbeobachtungsperspektive neben den Weltbeobachtungsperspektiven anderer Fächer eingespielt wird, drängt sich der religionstheoretische Vorschlag Niklas Luhmanns auf, Religion als eine Form der Realitätsverarbeitung mit Bezug auf die Unbeobachtbarkeit der Welt und die Unverfügbarkeit des Selbst zu betrachten: Religion ist die Beobachtung des Unbeobachtbaren.[39] Es ist unmöglich, als Teil des Ganzen den Sinn des Ganzen zu entdecken oder zu erfassen. Es gibt keinen „Blick von Nirgendwo".[40] Ein Geschöpf aus schon aus logischen Gründen nicht der gesamten Schöpfung ansichtig werden. Aber die Frage nach dem Sinn des Ganzen ist ja nicht ohne weiteres stillzustellen. Religiöser Sinn, der auf die Beobachtung des Unbeobachtbaren verweist, besteht nicht primär aus moralischen Regeln oder semantischen Traditionen. Auch deshalb muss in religiöser Hinsicht zwischen Wahrnehmung und Kommunikation unterschieden werden.

---

36 Ingolf U. Dalferth, Evangelische Theologie als Interpretationspraxis. Eine systematische Orientierung, Leipzig 2004, 93.

37 Herrmann Lübbe, Religion nach der Aufklärung. Graz/Wien/Köln. 1986, 149 (kursiv: B. D.).

38 Joachim Matthes, Auf der Suche nach dem Religiösen. Reflexionen zu Theorie und Empirie religionssoziologischer Forschung; in: Sociologia Internationalis 1992, 129–142.

39 Vgl. Niklas Luhmann, Die Religion der Gesellschaft, hg. v. André Kieserling, Frankfurt a. M. 2000, 19f., 29, 35 u. 40. Betrachtet man Religion in dieser epistemischen Hinsicht neben den (deshalb ja nicht nachrangigen) Aspekten kultureller (und kultischer) Praxen, kann auch der Einwand in den Hintergrund treten, mit „Religion" werde in eurozentrischer Perspektive ein christlich imprägnierter Begriff verabsolutiert.

40 Bei Thomas Nagel wird damit zugleich eine naturalistische Weltsicht für unmöglich erklärt. Vgl. Ders, Der Blick von nirgendwo, Frankfurt a. M. 2012 (Orig.: The View from Nowhere, 1986).

Für die Religion als einem individuellen Lebensvollzug, in dem sich Menschen angesichts von Kontingenz- und Unverfügbarkeitserfahrungen nicht nur zu verstehen versuchen, sondern auch *verhalten*, können kirchliche Lehrsätze nicht mehr inhaltlich konstitutiv sein. Ihnen kann „auch ungeachtet ihres im Protestantismus immer mitlaufenden praktischen Sinnes (...) nur zugestimmt werden, wenn sie sich als aussagekräftig und deutungsmächtig im individuellen Leben aneignen lassen."[41] Eben darin liegt die Kernaufgabe christlich-religiöser Bildung: Religionspädagogik kann sich auf Religion als historisch gewachsene Unterscheidungskategorie beziehen, die für den Bildungsbegriff offen ist.

Im RU kommt die ihm eigene Theologizität besonders dadurch zur Geltung, dass er nicht nur religiöse Kenntnisse vermittelt und nicht nur kulturelle Traditionsmotive in den Traditionsbeständen und der Lebenswelt lesbar macht (obwohl das nicht gering zu schätzen ist), sondern dass er Orientierung zur Führung eines bewussten Lebens bietet, die Erschließung der christlichen Religion also in eine daseinshermeneutische Perspektive rückt. Das ist zwar von einem Verkündigungsmodus zu unterscheiden, aber *wie alles religionsprofessionelle* (und nicht nur religionswissenschaftliche) Handeln auch auf die Förderung religiöser Lebensformen ausgerichtet.

Plädoyer für eine religionstheoretische Grundlegung der Religionspädagogik

Freilich lässt sich in der hier vorgeschlagenen religionstheoretischen Perspektive die Differenz *religiös vs. profan* weder ontologisch, noch durch fest definierte Semantiken erfassen. Was als „religiös" gelten kann, ist eine Frage von Gebrauchsmodalitäten. Umso schärfer stellt sich dann allerdings in religiösen Bildungsprozessen die Frage, wie der damit verbundenen Entgrenzung ihres Themenbereiches durch halbwegs transparente Kriterien bzw. durch Perspektivitätsmarkierungen entgegengewirkt wird, damit die Differenz religiös-profan für die Lernenden im Vollzug des Unterrichts *bearbeitbar* wird.

Ich ziehe aus diesen Überlegungen den Schluss, dass für das Theologiestudium insgesamt und auf spezifische Weise für das theologische Lehramtsstudium eine bisher nur ungenügende fundamentaltheologische bzw. religionstheoretische Fundierung und Perspektivierung in Zukunft stärker notwendig wird.[42] Gerade Religions*didaktik* ist im Blick auf die Eigenart religiöser Kommu-

---

41 Dietrich Korsch, Theologie; in: Wilhelm Gräb / Birgit Weyel (Hg.), Handbuch Praktische Theologie, Gütersloh 2007, 834.

42 Vgl. hierzu und zum folgenden: Bernhard Dressler, Die Herausforderungen der Religionslehrerbildung und das Selbstverständnis der wissenschaftlichen Theologie; in: Thomas Heller / Michael Wermke (Hg.), Universitäre Religionslehrerbildung zwischen Berufsfeld- und Wissenschaftsbezug, Leipzig 2013, 45–55.

nikation zu begründen und zu verstehen. Eine religiöse Perspektive der Welterschließung hat in Bildungsprozessen einen eigenen epistemischen Status und sie lebt von einem modalen Eigensinn. Der bildungstheoretische Paradigmenwechsel von Wolfgang Klafkis „epochaltypischen Schlüsselproblemen" als kanonischem Rahmen des Schulunterrichts[43] zu dem von Jürgen Baumert vorgeschlagenen und im sog. „Klieme-Gutachten" zu nationalen Bildungsstandards übernommenen Ensemble wechselseitig nicht substituierbarer „Modi der Welterschließung" lässt die religionspädagogische Grundaufgabe noch schärfer hervortreten.[44] Als ein Leitgedanke für ein religionsunterrichtliches Kerncurriculum lässt sich die Frage formulieren: Was gehört dazu, um als Christ und Zeitgenosse ein Leben in den ausdifferenzierten Lebensverhältnissen der (Spät)Moderne „zusammenbestehen", d. h. führen und nicht nur erleiden zu können?[45] Dieser Leitgedanke ist bildungstheoretisch und theologisch auf unterschiedliche, aber ins Verhältnis zu setzende Weise auszubuchstabieren. Zugleich nötigt die von Baumert vorgeschlagene Zuordnung von Religion und Philosophie zu einer gemeinsamen Domäne „konstitutiver Rationalität" dazu, Religion und Philosophie im Blick auf ihre Didaktiken *zu unterscheiden und in Beziehung zu setzen.*[46] Auch dies kann nicht ohne eine sorgfältige religionstheoretische Klärung vor allen weiteren theologischen Klärungen hinsichtlich didaktischer und curricularer Fragen des RU gelingen.

Es liegt auf der Hand, dass epistemologische und wissenschaftstheoretische Fragen im Zentrum stehen, wenn nach den Bedingungen und Möglichkeiten „konstitutiver Rationalität" gefragt wird. Wie ist religiöse Bildung darin einzubeziehen, wie kann sie zugleich aber das ihr eigene Differenzprinzip in den Prozess der allgemeinen Bildung insgesamt eintragen? Religion gewinnt „da kritische Schärfe, wo irgendetwas Weltliches zum Zweck von Letztvergewisserungen beansprucht wird"[47] und sich einen Totalitätsanspruch anmaßt. Für die

---

43 Wolfgang Klafki, Neue Studien zur Bildungstheorie und Didaktik. Beiträge zur kritisch-konstruktiven Didaktik, Weinheim und Basel 1985, 20f. u. 43–81. Dazu kritisch: Bernhard Dressler, Unterscheidungen. Religion und Bildung, Leipzig 2006, 102–108.

44 Jürgen Baumert, Deutschland im internationalen Bildungsvergleich; in: Nelson Killius u. a. (Hg.), Die Zukunft der Bildung, Frankfurt a. M. 2002, 113; Bundesministerium für Bildung und Forschung (Hg.), Expertise: Zur Entwicklung nationaler Bildungsstandards, Bonn 2003, 68). In diesem Rahmen ist der Eigensinn bzw. die Eigenlogik der Theologie nicht mehr gegen das didaktische Interesse auszuspielen. Umso unverständlicher ist die nach wie vor zögernde Rezeption dieses Vorschlags im religionspädagogischen Diskurs.

45 Das Problem der „Zusammenbestehbarkeit" von Christentum und moderner Kultur (vgl. Ernst Troeltsch, Die christliche Weltanschauung und ihre Gegenströmungen (1894); in: Ders., Gesammelte Schriften, Bd. 2, Tübingen ^{2}1922, 227–327) stellt sich nicht leichter, wenn unter „postmodernen" Vorzeichen andere und beweglichere Kombinatoriken zwischen unterschiedlichen Modi des Weltumgangs denkbar werden.

46 Siehe dazu in diesem Buch: S. 23 u. 161f.

47 Dietrich Korsch, Religion mit Stil. Protestantismus in der Kulturwende, Tübingen 1997, 149.

Religionsdidaktik gewinnt dieser Gedanke noch einmal an Gewicht, weil sie genötigt ist, sich nicht umstandslos auf genuin theologische Begründungsfiguren für den schulischen RU zu beschränken. Sonst wäre keine öffentliche Zustimmung zum RU zu erwarten, aber auch die domänenspezifischen Aspekte von Religion im Gesamtzusammenhang unterschiedlicher „Modi der Welterschließung“ könnten sonst nicht signifikant werden. Die Begründung eines von den Religionsgemeinschaften mit verantworteten RU an öffentlichen Schulen muss allgemein – und insbesondere auch aus erziehungswissenschaftlicher Perspektive – zustimmungsfähig sein, um nicht als Ausdruck eines Partikularinteresses zu erscheinen. Es muss also von einem wissenschaftstheoretischen Ausgangspunkt gefragt werden, was die *spezifische Differenz eines religiösen Weltverhältnisses* im Vergleich nicht nur – mit Bezug auf Jürgen Baumerts „Modi der Welterschließung“ – zu *kognitiv-instrumentellem*, *moralisch-evaluativem* und *ästhetischem*, sondern auch – innerhalb der gemeinsamen Domäne – zu *philosophischem* Weltumgang ist. Zuerst ist also Religion allgemein (in der Pluralität ihrer Erscheinungsformen) kultur- und religionstheoretisch von den unterrichtlichen Domänen anderer Modi der Welterschließung zu unterscheiden, bevor dann auch der evangelische oder katholische (oder jüdische oder islamische) RU inhaltlich und modal profiliert werden kann. Es gibt gleichsam zwei systematisch in Beziehung zu setzende Propria: Das Proprium von Religion als jener kulturellen Praxis, mit der Menschen sich in ihrer Lebensführung zum Unverfügbaren ins Verhältnis setzen und dabei die das Religionssystem bestimmende Leitdifferenz Immanenz / Transzendenz zur Geltung bringen, *und* das Proprium einer hinsichtlich ihrer Inhalte (narrative Überlieferungen und Lehraussagen) und hinsichtlich ihrer Observanzformen (Kult und Ethos) bestimmten exemplarischen Religion. Ein didaktischer Perspektivenwechsel zwischen (beobachtender) Außen- und (partizipativer) Binnenperspektive[48] wäre sonst ebenso wenig möglich wie eine auch außertheologisch nachvollziehbare bildungstheoretische Begründung des RU an öffentlichen Schulen.

Religionstheoretische Klärungen dieser Art sind freilich gleichermaßen für den konfessionellen RU wie für einen religionskundlichen Unterricht (etwa im Rahmen des Faches „Ethik“ oder „Lebensgestaltung-Ethik-Religionskunde“) nötig. Erst danach unterscheidet die weitere theologische Fundierung des evangelischen RU diesen von religionskundlichem Unterricht. Hier sind mehrstufige und differenziertere Unterscheidungsleistungen nötig als nur die zwi-

---

48 Für alle schulischen Fächer gilt, dass im Unterricht als Beobachtung zweiter Ordnung die experimentelle Ingebrauchnahme einer spezifischen Fachperspektive (einschließlich ihrer spezifischen Zeichensysteme) reflektiert wird. Es wäre ein Missverständnis, „Perspektivenwechsel“ setze voraus, dass *Ego* sich so sehen kann wie *Alter*. Beim didaktisch inszenierten Perspektivenwechsel im artifiziellen Raum unterrichtlichen Lernens geht es immer nur um kognitiv wirksame Anstöße zum Ziele reflexiver Distanznahme, z. B. auch in Form von Imaginationen, nicht um so etwas wie „Mitgefühl“ oder um eine Form „emotionalen Lernens“.

schen einem konfessorisch-positionellem und einem sich „weltanschaulich neutral" verstehendem Unterricht. In dieser Hinsicht ist Urteilsfähigkeit von jeder Religionslehrkraft zu erwarten.

Die im Vergleich zu anderen Feldern religiöser Professionalität besondere Stellung des RU im Fächerkanon der Schule macht es also besonders dringlich, die spezifische Dimension und den Eigensinn der religiösen Welterschließungsperspektive und ihres kommunikativen Modus ins Zentrum der religionspädagogischen Theoriebildung und Ausbildung zu rücken. Zuerst ist Religion von den in den anderen unterrichtlichen Fachperspektiven geltenden Propria zu unterscheiden. Bevor theologisch die Frage nach der Wahrheit eines religiösen Bekenntnisses erörtert werden kann, muss gefragt werden, in welchem Modus sich die Wahrheitsfrage jeweils stellt. Systematisch erst danach kommt, weil es keine abstrakt-allgemeine religiöse Praxis gibt, für den RU die der christlichen Religion verpflichtete Theologie zum Zuge. In dieser Hinsicht ist das Religionslehramtsstudium schlicht defizitär.

In modaler Hinsicht ist Religion weniger durch Gesinnungen oder durch die Zustimmung zu Glaubensaussagen bestimmt. Insbesondere die christliche Religion ist zu verstehen als eine kulturelle Praxis, deren Vorstellungs*gehalte* sich auf spezifische Weise mit kultischen Vollzugs*gestalten* verbinden[49], für die metaphorisch-symbolische Sprachformen – sowohl performative Sprechakte als auch narrative Formen des Erinnerns und Vergegenwärtigens – im Unterschied zu propositionalen Sätzen und argumentativ-diskursiven Sprachformen konstitutiv sind. Wenn im RU gelernt werden soll, dass wir uns religiös zu Gott nicht mit der Spekulation über seine Existenz ins Verhältnis setzen, sondern durch Lob und Dank, Bitte und Klage, d. h. vermittels performativer Akte, wird auf einer *kognitiv-epistemischen* Ebene die Einsicht in den Vollzugssinn religiöser Kommunikation angestrebt.[50] Ohne diese Einsicht kann das verbreitete religiöse Bildungsdefizit, nämlich der Irrtum, die Teilnahme an religiöser Praxis laufe auf das Führwahrhalten wissenschaftlich widerlegter Aussagen über die Entstehung und die Zukunft des Universums hinaus, nicht bearbeitet werden. Anders gesagt: Nur mittels dieser kognitiven Einsicht kann die Unterscheidung der christlichen Religion von metaphysischen Sachverhaltsbehauptungen (und von Ethik) verstanden werden. Ansonsten bräuchte es kein besonderes Fach

[49] Vgl. Korsch, Theologie, a. a. O., 835.

[50] Das ist gegen Verständnisverengungen zu betonen, wonach eine performative Religionsdidaktik (als ein die kommunikative Modalität betonender unverzichtbarer Teil des Ensembles didaktischer Strukturen) nur eine „Methode" sei (so z. B. Michael Domsgen: Der performative Religionsunterricht – eine neue religionsdidaktische Konzeption?; in: Religionspädagogische Beiträge 54/2005, 31–49) oder die „kognitive Einseitigkeit des Religionsunterrichts" überwinden und „die affektive (...) Dimension von Bildung" in den Blick rücken wolle (so Grethlein, „Learning by doing?", a.a.O, 94) oder sich überwiegend als Beitrag zur Liturgiedidaktik verstehe (so u. a. Schröder, Religionspädagogik, a. a. O., 561, 647).

wie den RU, weil Religion selbstverständlich auch im Geschichts-, im Literatur- und Sozialkundeunterricht oder in den musischen Fächern in den Blick genommen werden kann und darf, nur darin eben nicht in ihrem Proprium zu verstehen gegeben werden kann. Der Philosophieunterricht wiederum ist außer durch die Spezifik seiner Themen ebenfalls durch einen kommunikativen Modus charakterisiert: Er referiert anders als der RU *nicht* auf eine vom Modus verbal-sprachlicher Diskursivität unterschiedene kulturelle Praxis. Die Philosophie ist ein komplementärer, nicht notwendig auch konkurrierender Bereich in der Domäne „konstitutiver Rationalität". Ihre Gehalte werden nicht mittels performativer und symbolisch-metaphorischer Sprechakte, sondern durch propositionale Sätze und deren Logizität erschlossen. Beide Unterrichte gehören in eine gemeinsame „Fächergruppe"[51], der auch der Ethikunterricht zuzuordnen wäre, um ihn über den „moralisch-evaluativen" Modus hinaus im Rahmen der Fragen „konstitutiver Rationalität" als *bildendes* und nicht nur erzieherisches Fach auszugestalten. *Innerhalb* dieser Domäne, in der nach den Bedingungen und Grenzen des Weltverstehens überhaupt gefragt wird, ist die christliche Religion von der Philosophie nicht dadurch unterschieden, dass in ihr der Glaube an die Stelle des Denkens tritt, sondern dass das Denken und die denkerisch in Anspruch genommenen Weltdeutungen immer jenes Gottvertrauen mit sich führen, das im Modus des *credo* artikuliert wird. In der Erinnerung und Vergegenwärtigung des Christus-Ereignisses erweist sich die christliche Religion als unterschieden von einer geoffenbarten *Lehre*, die als Sachverhalt zu lehren und lernen wäre. Deshalb kann eine christliche Religionsdidaktik die formalen und abstrakten Geltungsansprüche, mit denen die Philosophie ihren Preis für den Versuch der Identitätsbildung im Medium abstrakter Universalität zu zahlen hat, in Richtung auf die nachhaltigere Orientierungskraft narrativer und metaphorischer Sprachmuster überschreiten.

Diese Überlegungen zum Proprium religiöser Lehr-Lern-Prozesse laufen darauf hinaus, Religion nicht länger über Personenmerkmale – über Gesinnungen, kognitive Niveaustufen, moralische Einstellungen – definiert zu sehen, sondern über ihren kommunikativen Modus, mit dem sie uns zwar keine andere Welt, aber diese Welt als eine andere zu sehen und zu verstehen gibt. Hier nun liegt die Gemeinsamkeit mit Christian Grethleins Fokussierung des Kommunikationsbegriffs auf der Hand[52], die dann eben auch auf ähnliche curriculare Schwerpunkte hinausläuft.[53] Hier ist insbesondere ein verengter Rekurs der

---

[51] Eine „Fächergruppe Religion – Philosophie – Ethik" mit Differenzierungs- und Integrationsphasen wurde bereits vorgeschlagen in der EKD-Denkschrift „Identität und Verständigung" (a. a. O.) 73–81.

[52] Auch Christian Grethlein („Learning by doing?", a. a. O., 91) spricht von der „Umstellung des Religionsverständnisses vom Persönlichkeitsmerkmal zur Sinnform".

[53] Vgl. etwa meinen Vorschlag für ein Kerncurriculum in: Bernhard Dressler, Überlegungen zum Kompetenzaufbau im Religionsunterricht; in: Jahrbuch der Religionspädagogik (JRP) 27, Neukirchen-Vluyn 2011, 155–163, hier: 160f.

in der Religionspädagogik zuweilen in den Rang klassischer Bezugswissenschaften erhobenen entwicklungspsychologischen Stufentheorien aufzusprengen. Grethlein plädiert für deren Ergänzung durch „sozialökologische Modelle" mit einem „umfassenderen Zugang" zum „Mikro-, Meso- und Makro- sowie Exoraum kindlicher und jugendlicher Lebenswelt".[54] In dieser Hinsicht erkenntnisfördernd dürfte die Tatsache sein, dass sich auch in der Religionssoziologie – etwa bei Niklas Luhmann, Joachim Matthes und Armin Nassehi – die Modalität religiöser Kommunikation vor das mit der Frage nach der Funktion der Religion für soziale Kohärenz verbundene Interesse an Personenmerkmalen schiebt, wie es in der religionssoziologischen Linie von Emile Durkheim bis Jürgen Habermas dominiert. Armin Nassehi akzentuiert den Aspekt der Authentizität – im Sinne eines Kommunikationsformats, nicht eines Unmittelbarkeits- und Echtheitsanspruchs – und die konstitutive Bedeutung von „Inkonsistenz" für das, was er unter „religiöser Kompetenz" versteht.[55] Damit ist nun gerade kein Defizit im Vergleich zu kirchlichen oder theologisch-lehrhaften Konsistenzerwartungen festgestellt. Im Unterschied zu manchen impliziten Konsistenzerwartungen an religionsunterrichtliche Lernergebnisse ist diese Sichtweise Nassehis gerade zur Begründung einer stärkeren inhaltlichen *und modalen* Ambiguität der Lernziele im RU heranzuziehen, weil der Unterricht zunächst Religion phänomenal zu erschließen hat, bevor er begrifflich klare theologische (oder an anderen wissenschaftlichen Zugängen zur Religion orientierte) Urteile anstreben kann.

Wenn Menschen freilich, worauf Nassehis Befunde hinauslaufen, Troeltschs Problem der „Zusammenbestehbarkeit" von Religion und wissenschaftlich-technischer Kultur nicht mehr als anstrengende Zumutung erleben, steht die Leistung des bürgerlichen Modells religiöser Orientierung auf dem Prüfstand, die darin „besteht (...), Glauben und Wissen, aber auch Glauben und Politik, Glauben und ökonomische Praxis wenn nicht miteinander versöhnt, so doch miteinander kompatibel gemacht zu haben."[56] Jedenfalls stellt sich zusammen mit der Frage, wie viel Konsistenz von gebildeter Religion zu erwarten ist, verschärft die gegenläufige Frage, welches Maß an Inkonsistenz durch die mit der Unterscheidung von Religion und Theologie ermöglichte Anerkennung von

---

[54] Christian Grethlein, Universitäre Religionslehrerbildung zwischen Berufsfeld- und Wissenschaftsbezug; in: Thomas Heller / Michael Wermke (Hg.), Universitäre Religionslehrerbildung zwischen Berufsfeld- und Wissenschaftsbezug, Jena 2013, 29–44, hier: 39.

[55] Armin Nassehi, Erstaunliche religiöse Kompetenz. Qualitative Ergebnisse des Religionsmonitors; in: Bertelsmann-Stiftung, Religionsmonitor 2008, Gütersloh 2007, 113–132; Ders., Religiöse Kommunikation: Religionssoziologische Konsequenzen einer qualitativen Untersuchung; in: Bertelsmann-Stiftung (Hg.), Woran glaubt die Welt? Analysen und Kommentare zum Religionsmonitor 2008, Gütersloh 2009, 169–203. Näheres zum Authentizitätsbegriff unter dem Titel einer „Kritik der authentischen Vernunft" siehe: Ders., Der soziologische Diskurs der Moderne, Frankfurt a. M. 2009, 159–232.

[56] Nassehi 2009 (Fußn. 55), 196. Zur bildungstheoretischen Brisanz der Untersuchungen von Nassehi siehe auch in diesem Buch: S. 245–262.

gelebter Religion theologisch ge- und bewährt werden kann. Dabei wird dann zu bedenken sein, dass für Bildungsprozesse Reflexivität und nicht Authentizität die zentrale Kategorie der Kommunikationsfähigkeit und des Selbstverhältnisses von Menschen ist. Das gilt unabhängig davon, dass wir unser Leben nicht in allen Situationen als gebildete Subjekte führen können und sollen, und dass in jeder Religionspraxis Momente der Unmittelbarkeit die Reflexivität suspendieren können. Es kann also nicht darum gehen, durch religiöse Bildung die empirisch vorfindliche inkonsistente und inhaltlich unbestimmte Religiosität (oder auch nur: Einstellung zur Religion) in eine kirchlich genehme Form von Religion zu transformieren. Wohl aber ist zu fragen, wie theologische Reflexion und religiöse Praxis in ein zwar spannungsvolles, aber nicht abreißendes Verhältnis treten können, das zwar nicht die Vitalität des Religionssystems garantieren, aber eine gewisse Abwehrkraft gegen lebensfeindliche Fundamentalismen wie gegen obskurante Esoterik stärken kann. Insofern kann der Verzicht auf kognitiv gehaltvolle Standards, auch wenn er im Sinne stärkerer Akzeptanz erfolgversprechend wäre, aus normativen Gründen nicht gewollt werden, weil sonst aus taktischen Gründen reformatorische Grundsätze aufgegeben werden: Dass Pluralität und Selbstrelativierungsfähigkeit zum Glauben ebenso gehören wie Wahrheits- und Geltungsansprüche.

Für die weitere Diskussion lässt sich an dieser Stelle sagen, dass die hier ins Spiel gebrachte religionstheoretische Perspektive in drei Dimensionen weiter zu bedenken ist: Die bildungstheoretisch zur Geltung zu bringende epistemische Dimension sollte sich anschließen lassen an die kulturtheoretisch-pragmatische und die kommunikationstheoretisch-modale Dimension, die beide stärker empirisch zu konturieren sind.

Ausblick: Zur Zukunft des Religionsunterrichts an öffentlichen Schulen

Mit Gewissheit wird man sagen können, dass sich für den RU die Bedingungen religiös-weltanschaulicher Pluralität verschärfen werden. Ganz abgesehen von der Zunahme interreligiöser Fragestellungen werden konfessionshomogene Lerngruppen bald ganz der Vergangenheit angehören[57], wenn der RU künftig nicht nur von einer Minderheit besucht werden und ohne öffentlich (und für das Schulsystem insgesamt) wirksame bildende Kraft bleiben soll. Umso mehr ist dann anzuerkennen, dass sich Jugendliche, die am RU teilnehmen, als religionslos verstehen können, ohne ihrem Selbstverständnis vorschnell „implizi-

---

57 Insofern wird es mit Blick auf die Schule nicht mehr selbstverständlich sein, dass es die Religionspädagogik „weithin mit Menschen zu tun hat, die getauft und Kirchenmitglied sind“ (Schröder, Fußn. 11, 261). Grundlegend und weiterführend hierzu: Käbisch, Religionsunterricht und Konfessionslosigkeit, a. a. O.

te" Religion (gar: Theologie!) zu unterstellen.[58] Vor diesem Hintergrund werden religiöse Bildungsangebote nur dann Überzeugungskraft gewinnen, wenn sie die theologische Notwendigkeit der Rede von Gott nicht gegen die „weltliche Nichtnotwendigkeit Gottes" zur Geltung bringen.[59] Anderenfalls wird sich kein Streit um die Wirklichkeit entzünden.

Nun hat sich der Religionsunterricht bislang weniger durch die Irritationskraft kognitiver Dissonanzen, sondern eher aufgrund eines allgemeinen Bewusstseins relativ stabil gehalten, dass das öffentliche Schulwesen in die gesellschaftlichen und kulturellen Traditionen einzuführen hat und demnach Religion ein entsprechender Platz einzuräumen ist. Die laizistischen Stimmen, die den Ort religiöser Fragen auf das Privatleben beschränken wollen, werden aber lauter und durch die Selbstverundeutlichung des religiösen Propriums kaum zu beeindrucken sein. Vielleicht nicht die Zukunft religiöser Bildung generell, wohl aber die ihrer rechtlichen Gestalt und auch ihres didaktischen Formats, wird davon abhängen, ob sich das deutsche Modell des RU als *res mixta*, als Kooperationsprojekt von Staat und Religionsgemeinschaften halten lässt. Es lässt sich absehen, dass das, was *de jure* unter dem Schutz des verfassungsmäßigen Zweidrittelquorums noch gilt, *de facto* an Akzeptanz verloren hat und vermutlich weiter verliert, gleichgültig, ob man das für wünschenswert und begründet hält oder nicht. Wenn es nicht gelingt, eine stabile Kooperationspartnerschaft für einen verfassungskonformen und bildungskompatiblen islamischen RU aufzubauen, wird sich diese Entwicklung noch verstärken. Ebenso große Bedeutung wird dem Ausbau konfessionell-kooperativer Formen des evangelischen und katholischen RU zukommen. Ich halte es indes für möglich, auch dann für die Regelung nach Art. 7.3 GG einzutreten, wenn die Vorherrschaft der großen christlichen Kirchen auf dem Feld der Religion, die bei der Verabschiedung des Grundgesetzes als selbstverständlich galt, nicht mehr zutrifft. Ohnehin ist hier zwischen Genese und Geltung zu unterscheiden. Auch als Minderheitenschutz lässt sich Art. 7 vertreten. Als nachteilig wird sich freilich erweisen, dass der dann vorherrschende Ethikunterricht bislang überwiegend nicht wirklich als Äquivalent für religiöse Bildung gestaltet wird.[60] Die vollständige oder „nur" für eine Mehrheit erfolgende Ablösung des RU durch den Ethikunterricht könnte dann auch dessen ohnehin eher marginalen religionskundlichen Anteile gefährden.

Gewiss werden die Kirchen einem Bedeutungsverlust des RU an öffentlichen Schulen durch die verstärkte Übernahme von Bildungsverantwortung in eigener Regie entgegenwirken können. Der Kirche als Bildungsinstitution stellt

---

58 Vgl. hierzu Thomas Schlag / Friedrich Schweitzer, Brauchen Jugendliche Theologie? Jugendtheologie als Herausforderung und didaktische Perspektive, Neukirchen-Vluyn 2011, 85ff. u. ö.

59 Eberhard Jüngel, Gott als Geheimnis der Welt. Zur Begründung der Theologie des Gekreuzigten im Streit zwischen Theismus und Atheismus, Tübingen [8]2010, 77f.

60 Siehe hierzu in diesem Buch: Religion im Ethikunterricht, S. 157–179.

sich ja jetzt schon in mindestens zweifacher Hinsicht die Aufgabe, Bildungsprozesse anzuregen und zu gestalten: *Zum einen* ist sie gegenwärtig die einzige gesellschaftliche Großinstitution, die Bildung dezidiert nicht den sich rapide verändernden Ansprüchen des Arbeitsmarktes unterwirft, und die damit in gesellschaftsdiakonischem Sinn der Funktionalisierung und Trivialisierung von Bildung entgegenwirkt. *Zum anderen* muss sie auch im eigenen Interesse darauf reagieren, dass die Tradierung der christlichen Religion sich immer weniger in den Modi von Sozialisation, Konvention und organisatorischer Inklusion vollzieht, sondern eben als Bildungsprozess. Die damit verbundenen Individualisierungsdynamiken und reflexiv-distanzierten Partizipationsmuster sind unvermeidlich. Bildung gehört im ureigenen, die Religion selbst betreffenden Interesse zur Aufgabe der Kirche, auch in ihren *internen* Aufgabenfeldern, weil die für Bildungsprozesse unerlässliche Reflexivität zugleich die Bedingung der Möglichkeit einer bewussten Religiosität in der kulturellen Moderne ist. Zwar ist religiöse Bildung nicht die Voraussetzung religiöser Praxis. Religiöse Bildung ist aber die Voraussetzung dafür, religiöse Reflexivität und religiöse Authentizität so in der Balance zu halten, dass sie sich nicht wechselseitig dementieren. Ein Gestaltwandel der Religion ist zu erwarten: Von einer sozialisatorisch-erzieherisch eingeübten, in Bildungsprozessen gleichsam sekundär reflektierten Religion (dem bisherigen „bürgerlichen" Modell) wird sich eine Religion unterscheiden, die allererst in Bildungsprozessen angeeignet wird. In diesem Sinne plädiert Rudolf Englert für die „Einübung in einen nicht-traditionalen Umgang mit der Tradition", die dann nicht als „Fundus ewiger Wahrheiten" in Geltung gesetzt wird, sondern in ihrem Potenzial, die Welt in immer wieder neue Verstehensperspektiven zu rücken.[61] Die christliche Religion evangelischer Spielart gerät in diese Situation allerdings nicht ganz unvorbereitet, insofern sie nicht erst seit heute den Bedingungen und Möglichkeiten individueller Anverwandlung freigegeben ist. Zu religiöser Bildung als dem vorherrschenden Tradierungsmodus von Religion gibt es – jedenfalls im Sinne einer expressionsfähigen und auch kognitiv explikationsfähigen Religion – in der modernen Gesellschaft keine Alternative, und *soll* es im protestantischen Verständnis auch keine Alternative geben. Die Gestalt christlicher Religionspraxis vermittelt sich also zunehmend über individuelle Aneignungsprozesse und reflexive Selbstverhältnisse. Institutionell und organisatorisch werden damit (auch aus anderen, eher soziologischen und mit der Entwicklung neuer Medien verbundenen Gründen) distanziertere, jedenfalls flexiblere Zugehörigkeits- und Partizipationsmuster verbunden sein. Beides – ein veränderter Tradierungsmodus und neue Formen von Zugehörigkeit und Partizipation – schließen unvermeidlich Transformationsprozesse der Religion ein, die zwar nicht genau zu prognostizieren, aber im Interesse eines sich nicht verkapselnden Christentums zu riskieren sind.

---

[61] Rudolf Englert, Religionspädagogische Grundfragen, Stuttgart 2007, 83ff.

Wenn es nun richtig ist, dass für das Verstehen der christlichen Religion der Zusammenhang von Vorstellungsgehalten und kommunikativen Vollzugsformen – oder, in der Terminologie Schleiermachers: das Ineinander von Mitteilung und Darstellung – konstitutiv ist, dann ist bei den Lehrkräften im RU „Sinn und Geschmack" für Religion aus *sachlichen* Gründen unerlässlich. Die in evangeliumsgemäßer Freiheit wahrzunehmende Verpflichtung der Lehrenden, den christlichen Glauben in seiner bildenden, welterschließenden Kraft zur Darstellung zu bringen, bedeutet dann nicht, die rechtliche Bindung an die „Grundsätze der Religionsgemeinschaften" (Art. 7.3) als Verpflichtung auf die Korrektheit von Lehrsätzen misszuverstehen. Vielmehr ist darunter die Bindung an eine religiöse Lebensform als einem Resonanzraum zu verstehen, ohne den die Religion des RU sang- und klanglos bliebe. Hier geht es also weniger um eine bestimmte Konfession im Sinne ihrer Bekenntnisformeln, schon gar nicht darum, den RU klerikaler Kontrolle zu unterwerfen. Nicht aus Gründen der Gesinnungstreue, sondern aus Gründen der Sachangemessenheit wäre daher sowohl die Mitwirkung der Religionsgemeinschaften als auch die Mitgliedschaft der Lehrkräfte in den jeweiligen Religionsgemeinschaften für den RU weiterhin gut vertretbar. Auch wenn die Mitgliedschaft dafür kein zwingender Qualitätsausweis ist, ist für den erforderlichen „Sinn und Geschmack" kein anderes Kriterium erkennbar als die mit einer religionsgemeinschaftlichen Mitgliedschaft unterstellte und in einem Theologiestudium[62] ausgebildete Fähigkeit, religiöse Praxis aus einer Teilnahmeperspektive erschließen zu können und gleichzeitig in einer Beobachterperspektive reflektieren zu können. Das bedeutet freilich zugleich, dass die Bedeutung dieses Kriteriums nur dann plausibel bleibt, wenn für den unterrichtlichen Vollzug die kategoriale Differenz zu dem der gleichen Domäne zugerechneten Philosophie- oder Ethikunterricht maßgeblich bleibt.

Umso wichtiger ist es, den Beitrag des RU zu den Bildungszielen der Schule insgesamt, d. h. seinen Beitrag zur urteilsfähigen Teilhabe am kulturellen Gesamtleben, zu dem eben auch Religion gehört, hervorzuheben. Es geht dabei nicht allein um die Fähigkeit, kulturelle Praxen und deren Äußerungsformen verstehen zu können. Wenn Religion neben der Philosophie als jene kulturelle Praxis verstanden wird, in der das Deuten selbst thematisch wird und in religiöser Bildung die Frage nach den Bedingungen der Möglichkeit der „Lesbarkeit der Welt" aufgeworfen und bearbeitet wird, dann soll damit zugleich deutlich werden, dass das Wissen der unterschiedlichen Wissenssysteme seinen Sinn nicht in sich selbst trägt, sondern immer erst im Bezug auf einen lebensweltlichen Sinnhorizont gewinnt. Mehr kann von allgemeiner Bildung nicht erwartet werden.

62 Ein pragmatischer Grund zur vorläufigen Beibehaltung gegenwärtiger Regelungen ist allein schon, dass im Rahmen der Religionswissenschaft schlicht nicht die gleiche Ausbildungsqualität geboten werden könnte.

Performanz und Kompetenz

Überlegungen zu einer Didaktik des Perspektivenwechsels

1. *Vorbemerkung zur bildungstheoretischen Aktualität*

Vor einiger Zeit wurde in mehreren Medienberichten der Unterricht eines Gießener Biologielehrers skandalisiert, der sich als evangelikaler Christ im Biologieunterricht einer Privatschule zum Kreationismus bekannt haben soll. Kreationisten reklamieren bekanntlich für die biblischen Schöpfungserzählungen wissenschaftliche Tatsachenrichtigkeit und verwerfen die Evolutionstheorie. Das Problem ist aus den USA zur Genüge bekannt. Seit langem schon wollen dort religiöse Fundamentalisten den Kreationismus obligatorisch in die Schulcurricula einschreiben. Droht ähnlicher Streit auch an deutschen Schulen? Jedenfalls hat dieser Streit exemplarische Bedeutung für das Nebeneinander unterschiedlicher Fächer an allgemeinbildenden Schulen. Die damalige hessische Kultusministerin Karin Wolff, eine Religionspädagogin, hatte dazu eine irritierende Stellungnahme riskiert. Selbstverständlich werde die Schulaufsicht einen lehrplangemäßen Unterricht sicherstellen. Sie plädiere aber bei den Themen der Herkunft des Menschen und der Bestimmung des Lebens für „fächerübergreifende und -verbindende Fragestellungen" und halte es „für sinnvoll, dass man nicht einfach Schüler in Biologie mit der Evolutionslehre konfrontiert und Schüler im Religionsunterricht mit der Schöpfungslehre der Bibel", sondern „gelegentlich auch schaut, ob es Gegensätze oder Konvergenzen gibt."[1] Zur – so Frau Wolff – „christlich-humanistischen Kultur" gehöre im Übrigen auch die Erkenntnis der „Grenzen naturwissenschaftlicher Erklärungsmuster." So weit, so gut. Ich halte das für selbstverständlich, wenn auch, wie so vieles in einer solchen erregten öffentlichen Debatte, für präzisierungsbedürftig und gegen Missverständnisse nicht gefeit. Der Kasseler Evolutionsbiologe Ulrich Kutschera meinte nun, Frau Wolff zwecks Schließung von Wissenslücken zur Lektüre evolutionstheoretischer Fachliteratur ermahnen zu müssen.[2] Zudem riet er dem Religionsunterricht, sich auf „weltanschauliche Aspekte" zu beschränken, damit der Biologieunterricht „rein wissenschaftlich" bleiben könne. Diese Gegenüberstellung scheint nur auf den ersten Blick selbstverständlich. Sollen denn Schüler im Laufe ihres Bildungsweges nicht lernen, dass auch der „Wissenschaft" – wenn dieser Pauschalbegriff hier einmal gestattet ist – ein Weltbild unterliegt, dessen epistemologische und morali-

---

1 Frankfurter Allgemeine Zeitung vom 04.11.2006, 37.

2 Die Welt vom 1.11.2006.

sche Implikationen nicht unstrittig sind? Mir scheinen die Positionen von Aufklärung und Dogmatismus, die die Medien in diesem Streit recht umstandslos identifizierten, doch etwas differenzierter verteilt zu sein. Problematisch wurde nun freilich die Stellungnahme der Kultusministerin, wenn sie den von ihr der Schule angeratenen „fächerübergreifenden" Vergleich zugleich mit der Frage verband, ob es „nicht eine erstaunliche Erkenntnis" sei, „wie sehr Biologie und die symbolische Erzählung von den sieben Schöpfungstagen übereinstimmen." Damit unterlief ihr ein Kategorienfehler, der die fundamentale Differenz zwischen einer naturwissenschaftlichen Theorie und einer in hymnisch-poetischen Sprachbildern formulierten religiösen Welt*deutung* verwischt – als sei die Erzählung in Genesis 1f. eine symbolisch verpackte Evolutionstheorie.[3] Der fächerübergreifende Vergleich, für den sie plädierte, ist nur statthaft, wenn er auf Unterscheidungen abzielt und nicht auf „Übereinstimmungen". Und zwar nicht auf die Unterscheidung zwischen „richtig" und „falsch", sondern auf die Unterscheidung zwischen zwei inkompatiblen, aber komplementären Weltwahrnehmungsperspektiven. Die können sich nicht wechselseitig substituieren, können eben deshalb aber auch nicht konkurrieren. Schüler sollen die Metapher der Gottebenbildlichkeit auf sich beziehen können (nicht müssen), ohne deshalb die Evolutionstheorie für falsch halten zu müssen, und vice versa.[4] Der Vergleich zielt, wenn er sachangemessen erfolgt, doch gerade darauf ab, solche Kategorienfehler, die uns im Handgemenge des Lebensalltags vermutlich allen unterlaufen, kritisch zu reflektieren und dort vermeiden zu können, wo sie weltanschaulich aufgeladen werden. Hier sind der Religion in ihrem eigenen Interesse Grenzen zu ziehen, nicht zuletzt im Religionsunterricht selbst. Aber auch im Biologieunterricht sollten Schüler lernen können, sich z. B. die Liebe zu ihren Eltern nicht dadurch ausreden lassen zu müssen, dass sie in bestimmter Perspektive als funktionales Äquivalent für Überlebensvorteile im „survival of the fittest" erscheinen mag. Oder dass die existenzielle Erlebnisqualität ihrer pubertären Abgrenzungsgefühle nicht dadurch herabgemindert wird, dass sie als psychisches Epiphänomen hormoneller Umstellungsprozesse verstanden werden können. Sie sollen lernen können – um jetzt das verminte Gelände zwischen Religion und Naturwissenschaft zu verlassen –, dass die „richtigen" Ergebnisse einer im Chemieunterricht vorgenommenen Analyse des Farbmaterials eines Bildes für dessen ästhetische Beurteilung im

3 Selbstverständlich rekurriert Gen 1 *auch* auf zeitgenössisches kosmologisches Welt*wissen*. Der Text erhält aber seine Pointe durch die Unterscheidung zwischen Gott und Welt und durch die Deutung der *Güte* der Welt. Deshalb ist er als religiöser Text zu lesen, unabhängig davon, dass er zugleich ein historisches Dokument altorientalischer „Wissenschaft" ist.

4 Vermutlich komm es seltener vor, dass im Religionsunterricht kreationistische Missverständnisse gefördert werden, als dass in den naturwissenschaftlichen Fächern zumindest subkutan das Vorurteil entsteht, als naturwissenschaftlich informierter Mensch könne man weder die Bibel ernstnehmen noch an Gott glauben.

Kunstunterricht nur bedingt taugen. Oder dass für die Bewertung der literarischen Qualität eines Textes im Deutschunterricht nicht schon allein dadurch Kriterien zur Verfügung stehen, dass gerade im Geschichtsunterricht seine Entstehungszeit behandelt wird.

2. *Didaktik und Weltmodellierung*

Es liegt auf der Hand, dass die in meiner Vorbemerkung verhandelten Fragen von bildungstheoretischem Interesse sind. Was genau aber haben sie mit Didaktik zu tun? Ich wage mich noch einmal auf das mir fachfremde Gebiet der Naturwissenschaft.[5] In einer kritischen Bilanz der Leistungsfähigkeit des deutschen Bildungssystems im internationalen Vergleich hat Jürgen Baumert am Beispiel naturwissenschaftlicher Bildung eine interessante Diagnose gestellt.[6] Er hat das schlechte Abschneiden deutscher Schüler bei der Evaluation naturwissenschaftlicher Kenntnisse und Problemlösungskompetenzen auf ein empiristisches Wissenschaftsbild zurückgeführt, das die Schul- und Unterrichtskulturen anderer Länder nicht in gleichem Maße dominiere. Unter der Vorherrschaft induktiver Verfahren im naturwissenschaftlichen Unterricht werde der Eindruck gefördert, Experimente seien der Schlüssel zur Entdeckung der in der Natur verborgenen Gesetze. Die Schüler könnten, so Baumert, auf diese Weise das Experiment nicht als den *instrumentellen* Durchgriff auf die Realität unter den Annahmen eines vorgängigen theoretischen *Modells* verstehen lernen. „In dieser didaktischen Konzeption scheinen ein missverstandener Wagenschein und emipirizistische Wissenschaftsvorstellungen eine unheilige Allianz einzugehen."[7] Dietrich Benner spitzt Baumerts Hypothese noch zu, wenn er im Blick auf das gleiche Problem ein „modellplatonistische(s) Missverständnis neuzeitlicher Wissenschaft" diagnostiziert.[8] Damit ist auf die Ontologisierung theoretischer Modelle verwiesen, die so verstanden werden, als könnten sie gleichsam unter der Oberfläche der Phänomene als tatsachenförmige Sachverhalte entdeckt werden. Der konstruktive Charakter theoretischer Modelle wird damit ausgeblendet. Wenn also auf diese Weise der epistemische Status naturwissenschaftlicher Sachverhalte mit Geltungsansprüchen überdehnt wird, so scheint das auch der Didaktik zu schaden. Vermutlich werden Schüler damit auf ein-

---

5 Zum Folgenden vgl. auch Bernhard Dressler, Religion geht zur Schule. Fachlichkeit und Interdisziplinarität religiöser Bildung; in: ZPT 1/2004, 11.

6 Jürgen Baumert, Deutschland im internationalen Bildungsvergleich; in: N. Killius u. a. (Hg.), Die Zukunft der Bildung, Frankfurt a. M. 2002, 106f.

7 Ebd. Vgl. M. Wagenschein, Verstehen lernen. Genetisch – Sokratisch – Exemplarisch, Weinheim/Basel [7]1982.

8 Dietrich Benner, Die Struktur der Allgemeinbildung im Kerncurriculum moderner Bildungssysteme. Ein Vorschlag zur bildungstheoretischen Rahmung von PISA; in: ZfP 2002, 69–90, hier: 78f. u. ö.

linig-kausale Denkwege gesetzt und mehrdimensionale Denkspielräume werden verengt. Wissen gewinnt aber nur dann die für Lernprozesse unerlässliche Signifikanz, wenn es seine Ordnungsmuster und seine Grenzen kennt. Nun ist nicht zuletzt die moderne Naturwissenschaft spätestens seit über hundert Jahren mit dem kritischen Bewusstsein verbunden, dass ihre Theorien *Modelle* der Wirklichkeit mit begrenzter Reichweite sind und nicht die Wirklichkeit selbst. In deutschen Schulen aber, so sind jedenfalls Baumert und Benner zu verstehen, scheint der Modellcharakter naturwissenschaftlicher Theorien *didaktisch* nur unzureichend transparent gemacht zu werden.

Ich gehe nun von der Überlegung aus, dass das, was Baumert und Benner als Bildungstheoretiker kritisch zur Naturwissenschaftsdidaktik zu bemerken hatten, auf eine Forderung an alle schulischen Fächer hinausläuft: Nur wenn gewusst wird, welche *Perspektive* und welcher damit verbundene Geltungsanspruch in einem Fach gelten, werden die Lernergebnisse valide und nachhaltig sein – und zur allgemeinen Bildung sinnvoll beitragen. In schulischen Lernprozessen ist die Wahrnehmungs- und Erschließungsperspektive, in der sich die Gegenstände ja überhaupt erst konstituieren, von gleicher Bedeutung wie der Sachgehalt der Lerngegenstände. Die Semantik von Unterrichtsgegenständen verschiebt sich mit jeder Perspektivendifferenz. Und der semantische *Gehalt* eines Lerngegenstandes ist nicht von der perspektivischen Darstellungs*gestalt* zu trennen, in der er kommuniziert wird. Eben deshalb sind im Unterricht nicht nur Bedeutungen zu vermitteln, sondern auch je bestimmte Kommunikationsformen zu inszenieren. Das bedeutet: Didaktisch ist es geradezu *unerlässlich*, den Perspektivenwechsel zwischen den Fächern jeweils genau zu markieren und dann auch altersangemessen zu explizieren und zu thematisieren. Um die Perspektivität eines Faches – seiner Gegenstände *und* seiner Wahrnehmungsmuster – verstehen und transparent halten zu können, bedarf es aber neben dem interdisziplinären Perspektivenwechsel auch eines intradisziplinären Perspektivenwechsels. Schüler müssen lernen, sich bei der fachlichen, also auch bei der spezifisch fachsprachlichen Kommunikation gleichsam selbst über die Schulter zu schauen. Konkret gewendet heißt das: Im naturwissenschaftlichen Unterricht wird nicht nur die natürliche Welt in einer naturwissenschaftlichen Fachperspektive wahrgenommen und erschlossen. Es wird nicht nur „naturwissenschaftlich kommuniziert", sondern dann wird auch „über Naturwissenschaft kommuniziert", über ihre Erkenntnisgrenzen, ihre Verwertungsbedingungen, ihre ethischen Implikationen – so wie im Religionsunterricht nicht nur (selbstverständlich wie in den naturwissenschaftlichen Fächern *experimentell*) „religiös kommuniziert" wird (das freilich hoffentlich auch), sondern „über Religion" reflektiert wird. Anders wäre der jeweilige Unterricht keine allgemeinbildende Veranstaltung, sondern ein Ausbildungs- oder Einübungsprogramm, das so nicht in die Schule gehört.

Was ich hier kurz skizziert habe, ist durch die bildungstheoretische Rahmung des Klieme-Gutachtens zu nationalen Bildungsstandards erneut ins Gedächtnis gerufen worden. Danach gehört es konstitutiv zur Bildung, dass sie unterschiedliche Weltzugänge, unterschiedliche Horizonte des Weltverstehens eröffnet, die weder wechselseitig substituierbar sind, noch nach Geltungshierarchien zu ordnen sind.[9] Keine fachliche Perspektive ist bedeutsamer als die andere, sondern immer nur von anderer Bedeutung. Oder anders formuliert: Keiner Perspektive eröffnet sich eine andere Welt, aber immer die eine Welt „als eine andere".[10] Religion kann nicht an die Stelle von Politik treten, Naturwissenschaft nicht an die Stelle von Kunst. Über das von Baumert und Klieme vorgeschlagene Tableau wird man im Einzelnen vielleicht streiten können. An dieser Stelle ist aber nur die grundsätzliche Anerkennung der bildungstheoretischen Bedeutung unterschiedlicher Welterschließungsperspektiven von Interesse. Entscheidend ist, dass jedem Welterschließungsmodus, jeder „Lesart" der Welt, eine eigene *literacy*, eine spezifische Lesekompetenz zuzuschreiben ist, zu deren voller Ausbildung am Ende des schulischen Curriculums ein Bewusstsein des Zusammenhangs zwischen *literacy* und Welt*modellierung* gehören soll.

In dieser Hinsicht ist bildungstheoretisch den erkenntnis- und wissenschaftstheoretischen Einsichten zu folgen, dass sich erstens die Welt nicht einfach passiv im menschlichen Bewusstsein abbildet, und dass sich zweitens die unhintergehbare Konstruktivität der Weltwahrnehmung entsprechend in unterschiedliche, inkommensurable Symbolsysteme ausdifferenziert. In der ersten Hinsicht ist an Kants Kritiken anzuknüpfen, in der zweiten Hinsicht an Humboldts Einsicht, dass jede Sprache ihren eigenen „Geist" habe und eine jeweils andere Weltsicht ausdrücke. Die Symbolsysteme, die den fachlich ausdifferenzierten Modi der Welterschießung unterliegen, sind in diesem Sinn als Sprachen zu verstehen – und jede Sprache als ein Symbolsystem, dessen Grenze jeweils die Grenze einer Welt ist.[11]

Ich meine nun, dass die Folgerungen, die aus dem hier in den Blick gerückten Ineinander von Rezeptivität und Konstruktivität der Welterschließung für die Didaktik zu ziehen sind, noch nicht hinreichend bedacht worden sind.

---

9 Bundesministerium für Bildung und Forschung (Hg.), Zur Entwicklung nationaler Bildungsstandards. Eine Expertise („Klieme-Gutachten"), Bonn 2003, 21. Vgl. Jürgen Baumert, a. a. O., 113.

10 Bernhard Waldenfels, In den Netzen der Lebenswelt, Frankfurt a. M. 1985, 231ff.

11 Bei allen Unterschieden im Einzelnen ist hier auf einen gemeinsamen Grundgedanken der Sprachphilosophien Wilhelm von Humboldts und Ludwig Wittgensteins sowie auf die Spracherwerbstheorie Benjamin L. Whorfs zu rekurrieren. Für die wissenschaftstheoretische Fundierung der skizzierten bildungstheoretischen Grundkonstellation erscheint Ernst Cassirers Philosophie der symbolischen Formen besonders aussichtsreich. Über das an den Rationalitätsformen der Mathematik und der newtonschen Physik orientierte System Kants hinaus ist Cassirer zu einer allgemeinen transzendentalen Kulturtheorie gelangt.

3. *Perspektivenwechsel als Modus von Bildungsprozessen*

Es ist das Verdienst der bildungstheoretisch begründeten Didaktik Wolfgang Klafkis, mit dem Konzept „kategorialer Bildung" energisch aus der unfruchtbaren Alternative zwischen materialen und formalen Bildungstheorien herausgeführt zu haben. In der Formel vom „wechselseitigen Erschlossensein von Welt und Person"[12] wird anerkannt, dass Bildung nur im Medium bestimmter Inhalte möglich ist, diese Inhalte aber nur im Modus subjektiver Aneignung vermittelbar sind. Eben deshalb kann das Konzept kategorialer Bildung gleichsam über Klafki hinaus kompetenzorientiert ausbuchstabiert werden: Lernende Subjekte eignen sich konkrete Weltinhalte an, indem sie sie in ihre Wahrnehmungs-, Deutungs- und Handlungskompetenz integrieren. Die damit verbundene Einsicht, dass – mit der prägnanten Formel Hartmut v. Hentigs – nur *ineins* die „Sachen geklärt und die Menschen gestärkt"[13] werden können, wird nun allerdings meines Erachtens wieder verspielt, wenn Klafki die „Sachen" in der Perspektive „epochaltypischer Schlüsselprobleme" an die Schule heranträgt.[14] Ich vermute, ein ideologieanfälliges Konzept von Emanzipation und Fortschritt ist unvermeidlich, wenn auf dem Feld der Pädagogik normativ aufgeladene Problemlösungskompetenzen aus der Pragmatik des politischen Handelns in den Horizont von Bildungstheorie und Didaktik überführt werden. Einmal abgesehen von der zeitdiagnostischen Kontingenz und der mangelnden Systematik dieses Konzepts[15]: Noch bevor die Welt wahrgenommen wird und die Weltwahrnehmungen hinsichtlich ihrer Unterschiedlichkeit reflektiert werden, und noch bevor sich die Schüler auf diese Weise ihrer eigenen Subjektivität im Medium der Welterschließung bewusst werden können, wird in diesem Zugang von Klafki allererst die Welt als Handlungsfeld für Problemlösungen vorgestellt. Das aber läuft nicht nur auf ein hypertrophes Weltrettungsprogramm hinaus, das die Schule vor Aufgaben stellt, die zu lösen sie weder

[12] Wolfgang Klafki, Kategoriale Bildung; in: Ders., Studien zur Bildungstheorie und Didaktik, Weinheim/Basel 1963, 25–45.

[13] Hartmut von Hentig, Die Schule neu denken. Eine Übung in pädagogischer Vernunft, München 1993.

[14] Wolfgang Klafki, Neue Studien zur Bildungstheorie und Didaktik. Beiträge zur kritisch-konstruktiven Didaktik, Weinheim/Basel 1985, v. a. 43–81; Ders., Schlüsselprobleme als inhaltlicher Kern internationaler Erziehung; in: N. Seibert / H. J. Serve (Hg.), Bildung und Erziehung an der Schwelle zum dritten Jahrtausend, München 1994, 135–161.

[15] Die Schlüsselprobleme scheinen sich Klafki mit den Aufmerksamkeitskonjunkturen aktueller Konfliktlagen aufzudrängen. So entdeckt er die Religion als Schlüsselproblem erst im Kontext der Zunahme religiös motivierter Gewalt und interreligiöser Konflikte, was die Perspektive der Erschließung von Religion – vorsichtig gesagt – verengt. Wolfgang Klafki, Schlüsselqualifikationen/Allgemeinbildung – Konsequenzen für Schulstrukturen; in: K.-H. Braun (Hg.), Schule mit Zukunft, Opladen 1998, 145 u. 151.

fähig noch befugt ist.[16] Es lassen sich in dieser Perspektive auch keine Kompetenzen vermitteln, die hinsichtlich ihrer Relevanz konsensfähig wären und die die lernenden Subjekte nicht überfordern und entmutigen würden. Kompetenzorientierte Bildungsprozesse sind - sofern sie über die Vermittlung von Kulturtechniken hinausgehen und den Kompetenzbegriff ernstnehmen - vielmehr darauf eingestellt, dass heute etwas gelernt werden muss, ohne dass man wissen kann, was übermorgen gewusst werden muss.

Demgegenüber werden in der Debatte um Bildungsstandards Kompetenzen im Medium der Fächer und ihrer Inhalte, mit Bezug auf domänentypische Rationalitätsformen formuliert.[17] Es liegt ihnen damit das Kriterium wissenschaftlicher Bewährtheit zugrunde, freilich im Bewusstsein der Spezifizität, Fallibilität und Reversibilität der jeweiligen Gehalte. Eben dieser epistemisch belangvolle und im Blick auf kognitive Orientierungsmuster auch didaktisch bedeutsame Zusammenhang wird aufgesprengt, wenn Kompetenzen gleichursprünglich mit ihrem Erwerb auf Weltprobleme appliziert werden, in denen sich die *unterschiedlichsten* wissenschaftlichen, ethischen und weltanschaulichen Aspekte verschränken.[18] Der Kompetenzbegriff lässt sich, wenn er auf fachlichen Gegenstandslogiken aufruht, auch von jenem Qualifikationsbegriff unterscheiden, der der Curriculumdiskussion der 1970er Jahre zugrunde lag. Qualifikationen werden von zukünftigen Verwertungsbedarfen her definiert. Ihre Anwendung ist relativ unabhängig von subjektiven Motivationen, ihr Dispositionsspielraum ist vergleichsweise eng. Kompetenzen sind demgegenüber Handlungsdispositionen, die hinsichtlich ihrer Aktualisierung - ihrer Performanz - deutlicher an motivationale und volitionale Bereitschaften rückgekoppelt sind, also stärker der Handlungssouveränität der Subjekte unterliegen.

---

16 Vgl. Dietrich Benner, a. a. O., 96. Eine ähnliche Pointe findet sich im pädagogischen Denken von Hannah Arendt: Die Erwachsenen haben mit Autorität die Geltungsansprüche der Welt, in der wir leben, zu vertreten, bevor sie sie der Kritik unterziehen. Nachwachsende dürfen um der Offenheit der Zukunft willen nicht als Mittel für Projekte der Weltveränderung beansprucht werden. Siehe hierzu die Essays „Verstehen und Politik“, „Was ist Autorität?“ und „Die Krise der Erziehung“; in: Hannah Arendt, Zwischen Vergangenheit und Zukunft. Übungen im politischen Denken, München 1994.

17 Klieme-Gutachten, Bundesministerium für Bildung und Forschung (Hg.), a. a. O., 65ff. u. 74ff.

18 Aus dieser Perspektive sind dann auch bestimmte Aufgaben der PISA-Studie völlig unverständlich. Ein PISA-kritischer Referent brachte eine ganze Versammlung von Lehrerinnen und Lehrern zum Lachen mit dem Hinweis auf die Aufgabe, ein Diagramm über die Schwankungen der Wasserstände des Tschad-Sees im Zusammenhang mit Klimaschwankungen zu interpretieren. Allen Ernstes wurde angenommen (und als absurd komisch empfunden), es gehe dabei um einen lebensfremden Lernstoff und nicht um die Evaluation einer bestimmten *literacy*. Vgl. OECD, PISA 2000. Lösung der Beispielaufgaben aus dem Lesekompetenztest (Unit „Tschadsee“), 3ff.

Genau in dieser Hinsicht schließt die Kompetenzorientierung von Bildungsprozessen an jenes Grundmuster der kulturellen Moderne an, das überhaupt erst einen über Sozialisation, Erziehung, Wissenserwerb und Einübung hinausweisenden Begriff von Bildung erheischt: Die Ausdifferenzierung unterschiedlicher Systemlogiken und Rationalitätsformen, wodurch die Weltwahrnehmung und das Handeln in der Welt einer Perspektivenvielfalt ausgesetzt werden. Weil dieser Zusammenhang von Ausdifferenzierung und Perspektivierung durch keine Einheitsperspektive hintergangen werden kann, zielte der Bildungsbegriff schon in seinen neuhumanistischen Anfängen auf die Entwicklung einer Subjektivität, die in der Erschließung der Welt das Inkompatible, das Ganze *in seinen Differenzen*, zusammenhalten kann. Die Ausdifferenzierung des Bildungssystems aus der vormodernen Einheit von Leben und Lernen ist genau darin alternativlos, dass die Funktionalität der Systeme der Gesellschaft durch die reflexive Selbststeuerung von Bildungsprozessen gesichert wird.[19] Den Menschen werden in ihrer Lebensführung nicht einfach unterschiedliche Qualifikationen abverlangt, sondern sie haben zu entscheiden, wann und wo wissenschaftlich fundierte oder moralische oder ästhetische oder religiöse Kompetenzen angemessen zum Zuge kommen sollen. Sie haben dabei zu beurteilen, worin die damit beanspruchten Weltdeutungsperspektiven inkompatibel sind, worin sie sich möglicherweise aber auch berühren und welche blinden Flecke der Weltwahrnehmung sie jeweils mit sich führen. Zu der dafür erforderlichen Urteilsfähigkeit gehört die Fähigkeit elastischer Selbstrelativierung, die es ermöglicht, gleichsam verschiedene Rollen zu spielen, ohne dass die Identität der in den unterschiedlichen Rollen agierenden Person zerrissen wird.[20] Vor diesem Hintergrund lässt sich der Ort der christlichen Religion als Erfahrung unbedingter Anerkennung von Menschen *als Personen und im Unterschied zu Sachen* bestimmen. Ausdifferenzierungsprozesse behalten nur dann ihren humanen Sinn, solange der Rückbezug der objektivierten Formen menschlichen Lebens auf die Wirklichkeit menschlicher Subjekte noch erfahrbar möglich ist. Eben in dieser Erfahrung sind die Menschen die Grenze der Systeme, ohne sich

19 Vgl. Dietrich Korsch, Den Atem des Lebens spüren – Bildungsstandards und Religion; in: ZPT 2/2006, 167.

20 Ein gebildeter Mensch „lebt nicht so in verschiedenen Welten, dass er bewusstlos von der einen in die andere hinübergleitet. Er kann verschiedene Rollen spielen, aber es ist immer er, der sie spielt" (Robert Spaemann, Wer ist ein gebildeter Mensch?; in: Scheidewege 24 [1994/95], 35). Ähnlich Niklas Luhmann: „... man braucht sich nicht zu halbieren, aber man muss die Fähigkeit haben, von einer Teilnahme zu einer anderen zu wechseln. Man muss eine Art innere Elastizität haben" (Die Selbstbeobachtung des Systems. Niklas Luhmann im Gespräch; in: I. Breuer / P. Leusch / D. Mersch, Welten im Kopf. Profile der Gegenwartsphilosophie. Deutschland, Berlin 1996, 169). Zu den Bedingungen und Grenzen multipler Identität siehe auch die empirischen Beobachtungen von Richard Sennett, Der flexible Mensch. Die Kultur des neuen Kapitalismus, Berlin 2000.

deshalb gegen die Systeme positioniert zu sehen – sofern sie als diese Grenze nicht überwältigt werden.[21]

Nun hat die moderne Kultur gegen die von ihr hervorgebrachte Ausdifferenzierung und Perspektivierung der Weltwahrnehmung und Weltgestaltung und gegen die damit verbundenen Relativierungszumutungen immer wieder Einheitskonzepte, die kritisch sogenannten „großen Erzählungen"[22] hervorgebracht. Ernst Cassirer beobachtete bereits, dass jede symbolische Form innerhalb der Lebenswelt, in der sie in Gebrauch ist, eine Art Hegemonie anstrebt.[23] Religiöse Kulturen zogen einst alles in den Bann religiöser Interpretation. Heute ist nach meiner Überzeugung ein Fundamentalismus anderer Provenienz bedrohlicher: Die wissenschaftliche Sicht der Welt imponiert den Menschen in aller Regel so, dass sie dazu tendieren, alles im Sinne eines szientistischen Reduktionismus zu verwissenschaftlichen.[24] Die Schule ist mit ihrer Tendenz, alles in Wissensgegenstände zu verwandeln, an diesem Prozess auf eine leider noch nicht genau untersuchte Weise beteiligt. Sie droht damit freilich dem Bildungsbegriff selbst die Grundlage zu entziehen, insofern der für die Bildsamkeit von Menschen konstitutive Begriff freier Subjektivität in naturalistisch-szientistischer Perspektive schlicht verschwindet.

Andererseits gehört zur Widersprüchlichkeit der Diskussionslage, dass im Diskurs der „Postmoderne" die Entdeckungen Kants und Humboldts wieder ins Bewusstsein gerückt sind. Einheitsideologische Gegenmodelle idealistischer wie materialistischer Art gelten zwar weitgehend als gescheitert.[25] Doch mit dem einheitswissenschaftlichen Prinzip, außersprachlich über Wahrheit oder Falschheit einer Sprache zu entscheiden, ist gleichsam als mit der Verlockung eines Sicherheitsdenkens auch jenseits bewusster erkenntnistheoretischer Optionen an der Schule ständig zu rechen. Die *Möglichkeit* der Einsicht aber, dass sich das schulisch vermittelte Wissen nie zu einem harmonischen Ganzen fügen kann, scheint mir im gegenwärtigen kulturellen Klima gewachsen zu sein. Und nur im Versuch zu *verstehen*, was der Unterschiedlichkeit der Welt-

---

21 An dieser Stelle erhält die von Jürgen Habermas geprägte Metapher der „Kolonialisierung der Lebenswelt" durch systemische Vergesellschaftungsformen ihre Prägnanz. Vgl. ders., Theorie des kommunikativen Handelns, Frankfurt a. M. 1981. , Bd. II, 171–293.

22 Jean-François Lyotard, Das postmoderne Wissen. Ein Bericht, Wien 1986 (frz. 1979).

23 Vgl. Heinz Paetzold, Die Realität der symbolischen Formen. Die Kulturphilosophie Ernst Cassirers im Kontext, Darmstadt 1994.

24 Das bedeutet keineswegs die Allgegenwart von Wissenschaftlichkeit im Sinne kognitiver Standards, sondern die Vorherrschaft einer Weltsicht, die alles so zu begreifen versucht, *als ob* es sich um Tatsachenwissen handelt. Selbstverständlich soll alles schulische Lernen wissenschaftsbasiert bleiben, aber eben im Bezug auf eine Wissenschaft, die ihre Grenze kennt.

25 Nachdem die „Nation" und die „Geschichte" in dieser Hinsicht ihre Rolle ausgespielt haben, scheint nun der „Markt" an ihre Stelle getreten zu sein. Eine Bildungspolitik, die vor allem in ökonomistischen Kategorien denkt, wäre das Ende aller Bildung, die sich der Differenz der Weltzugänge verpflichtet weiß.

wahrnehmungsmodi zugrunde liegt, kann verhindert werden, dass sie sich zu jenem Dualismus von Natur- und Geisteswissenschaften auswächst, den Charles P. Snow als Spaltung des Weltbildes in zwei nicht verständigungsfähige „Kulturen" diagnostizierte.[26]

Die Inkommensurabilität unterschiedlicher Rationalitätsformen ist heute kein Elitenwissen mehr – und darf es im Blick auf den obligatorischen Umgang mit Pluralität nicht mehr sein. Dieses Wissen sickert gleichsam in den Lebensalltag eines jeden ein, lässt sich aber nur durch seine Überführung in reflexives Wissen stabilisieren. Dass in der Schule viele Fächer unterrichtet werden, führt nicht mehr unbefragt die Illusion mit sich, dass das Wissen der verschiedenen Fächer sich am Ende doch bruchlos zu einer vollständigen und einheitlichen Weltwahrnehmung zusammenfügt. Allerdings immer wieder bedroht ist die anspruchsvolle Einsicht, dass die Synthesis der unterschiedlichen Modi der Weltwahrnehmung nur als Lebensführungskohärenz am Ort des Subjekts zu denken ist. Sie ist z. B. durch naturalistische Menschenbilder bedroht. Mithin bedarf diese Einsicht als Bildungsprogramm besonderer Pflege.

Nicht zuletzt geht es also auch um Menschenbilder. Menschenbilder sind weltanschauungsaffin und deshalb ideologieanfällig. Freilich gibt es soziale Grundmuster, deren relative Unstrittigkeit es ermöglicht, das hier vertretene bildungstheoretische Konzept und seine didaktischen Konsequenzen nicht nur wissenschafts- und kulturtheoretisch zu begründen, sondern auch anthropologisch zu fundieren. Die Fähigkeit zum Perspektivenwechsel – „taking the role of the other" – ist mit George Herbert Mead als kulturelle Basisleistung zu verstehen, die alles Lernen begleitet.[27] Wahrscheinlich gründet die Fähigkeit zum Perspektivenwechsel phylogenetisch wie ontogenetisch auf der Empathiefähigkeit.[28] Damit hat der Perspektivenwechsel nicht nur eine erkenntnis- bzw.

---

26 Charles Percy Snow, Die zwei Kulturen, Stuttgart 1967. Zu dieser Debatte auch grundsätzlich: Jürgen Habermas, Zwischen Naturalismus und Religion. Philosophische Aufsätze, Frankfurt a. M. 2005.

27 George Herbert Mead, Geist, Identität und Gesellschaft aus der Sicht des Sozialbehaviorismus, Frankfurt a. M. 1968 (Orig.: Mind, Self, and Society. Edited by Charles W. Morris. Chicago 1934). Vgl. Hans Joas, Praktische Intersubjektivität: Die Entwicklung des Werkes von George Herbert Mead, Frankfurt a. M. 1989. In etwas anderer theoretischer Perspektive wird die Fähigkeit zur Rollenübernahme entwicklungstheoretisch untersucht und im Blick auf Lernkontexte ausgewiesen bei Richard L. Selman, Die Entwicklung des sozialen Verstehens. Entwicklungspsychologische und klinische Untersuchungen, Frankfurt a. M. 1984.

28 „Die Anderen als Andere wahrnehmen, sich in sie hineinversetzen, ihre Intentionen nachvollziehen und schließlich in explizitem symbolischem Handeln zu ihnen Stellung nehmen zu können ist offensichtlich die Grundfähigkeit, die in ihrer in der Evolution entstandenen Ausprägung den Menschen als Menschen auszeichnet. Es ist zugleich die Fähigkeit, die schließlich aus den wiederholten Spiegelungen seiner selbst am handlungsfähigen Anderen in seiner Andersheit das Ich-Bewusstsein entstehen lässt." (Helmut Peukert, Erziehungswissenschaft – Religionswissenschaft – Theologie – Religionspä-

wissenschaftstheoretische und kulturhermeneutische Dimension, sondern ist auch von grundlegender ethischer Bedeutung. Er ist mit jenem Vermögen verbunden, kraft dessen wir unsere Umwelt überschreiten können und die Frage nach der Wirklichkeit selbst überhaupt erst zu stellen in der Lage sind:

> „Das Vermögen, das uns auf See zu wissen erlaubt, dass in dem fernen, kaum wahrnehmbaren Schiff am Horizont, das im Kontext unseres Lebens keine Rolle spielt, Menschen sitzen, die ebenso wie wir in der Mitte ihres Blickfeldes sind und für die wir nur am Rand des Horizontes erscheinen und ebenfalls keine Rolle spielen."[29]

Nicht zuletzt in dieser Fähigkeit zur Selbstüberschreitung leuchtet unsere Personwürde auf.

4. *Didaktik des Perspektivenwechsels: Kompetenz und Performanz*

Was die ältere Entwicklungspsychologie als Fähigkeit zur Rollenübernahme thematisierte, wird heute grundsätzlicher unter dem Terminus „theory of mind" verhandelt.[30] Kinder können recht früh im kollektiven Rollenspiel Handlungen und Gegenstände in mehreren Bezugssystemen zugleich denken. In ihrer Kommunikation bewegen sie sich dabei erstaunlich „souverän ‚zwischen' den Bezugssystemen der Alltagsrealität, der Spielfiktion und der gemeinsamen Konstruktion ihres Fortgangs."[31] Der kontrafaktische Charakter der Spielfiktion bleibt gewissermaßen immer präsent. Die darin erkennbare intersubjektive Kommunikationsfähigkeit wird aber erst dann zu einer auch metarepräsentationalen Einstellung, wenn „die ‚falsche' Annahme eines anderen Mitspielers in der eigenen Orientierung als positive Tatsache in Rechnung" gestellt werden kann. „Nur wer eine ‚theory of mind' hat, kann z. B. explizit wissen, dass ein anderer etwas *nicht* weiß."[32] Im beobachtbaren Aufbau solcher Metarepräsentationen im kollektiven Symbol- und Rollenspiel sehe ich das präfiguriert, was auch eine Didaktik des Perspektivenwechsels zu leisten hätte.

---

dagogik; in: Engelbert Groß [Hg.], Erziehungswissenschaft, Religion und Religionspädagogik, Münster 2004, 69).

[29] Robert Spaemann, Der Gottesbeweis; in: „Die Welt", 26.03.2005. Mit Spaemann meine ich, dass diese Fähigkeit zur Selbsttranszendenz, wenn sie reflexiv wird, nicht ohne den Gottesgedanken auskommt. In dem hier zur Debatte stehenden Themenzusammenhang genügt allerdings die Anerkennung dieser Fähigkeit als eines nicht allein naturalistisch zu fassenden humanen Vermögens, um sich auf bildungs- und lerntheoretische Folgerungen verständigen zu können.

[30] Vgl. z. B. mit Bezug auf Symbolisierungsfähigkeiten Clemens Knobloch, „Kritische Kontexte" in der Entwicklung der kindlichen Symbol- und Erzählfähigkeit; in: Hans Dieter Erlinger, Kinder und ihr Symbolverständnis, München 2001, 11–30.

[31] Knobloch, a. a. O., 19. „Dass Kinder sich je in der Spielfiktion verloren hätten, ist nicht bekannt." (ebd.).

[32] Ebd.

Der Zusammenhang mit Spracherwerbstheorien ist keineswegs zufällig. Von der zunächst auf emotionaler Ebene sich entwickelnden Fähigkeit zur Perspektivenübernahme und einem kommunikativ-praktischen Sinn kindlicher Intersubjektivität ist in Lernprozessen fortzuschreiten zu einer *gewussten* Perspektivität des Wissens, zur Fähigkeit, in zwei oder mehreren Bezugssystemen zugleich zu agieren.[33] Allerdings stellt sich die Frage, warum die hierfür schon früh im kindlichen Spiel zu beobachtenden Entwicklungspotenziale dann im frühen Jugendalter so oft in den Sog eines eindimensionalen Wirklichkeitsverständnisses, gleichsam einer einheitswissenschaftlichen Fiktion, geraten? Ist womöglich die Schule mit ihren Lernkonzepten daran beteiligt, weil sie die Aspektivität unserer Weltwahrnehmungen zwar de facto mittels ihres Fächerkanons anerkennt, aber zu wenig reflexiv thematisiert?

Nun kennzeichnet es gerade die Kulturtechniken, die als Medien zur Signifikation schulischer Inhalte in Gebrauch genommen werden, dass sie „sich von allen anderen Techniken durch ihren potentiellen Selbstbezug, durch eine Pragmatik der Rekursion (unterscheiden). Von Anfang an kann man vom Sprechen sprechen, das Kommunizieren kommunizieren." Als „second order techniques", als „Techniken zweiter Ordnung fungierten die Kulturtechniken von Anfang an als Techniken der Selbstthematisierung."[34] In die schulischen Kompetenzkonzepte ist damit eine reflexive Dimension immer schon eingebaut. Die muss dann freilich auch expliziert und transparent gemacht werden. Man könnte vielleicht von Kompetenz-Kompetenz als einer allgemeinen Qualifikation für ein Leben in der Kultur der reflexiven, der „zweiten Moderne"[35] sprechen: Kompetenz-Kompetenz als die *allgemeine* Disposition, *spezielle* Fähigkeiten zu erwerben; und als das Vermögen, mit seinen eigenen Kompetenzen so umzugehen, dass man nicht von ihnen beherrscht wird, sondern umgekehrt seine Kompetenzen beherrscht. Freilich ist dabei eine Operationalisierungsgrenze in Rechnung zu stellen. So gewiss Kompetenz-Kompetenz in Lernprozessen gefördert werden kann, so ist doch auf *allgemeiner* Ebene kaum zu entscheiden, durch welchen *speziellen* Fähigkeitserwerb dies geschehen kann.[36] In unterrichtlichen Lernprozessen sind solche Arrangements zu inszenieren, von denen die Erfahrung lehrt, dass in ihnen der Erwerb reflexiver Kompetenzen ermöglicht wird. Mehr als Erfahrungswissen wird den Lehrenden in absehbarer Zeit trotz aller lernpsychologischen und neurophysiologischen Fortschritte kaum dienlich sein können. *Dass* reflexive Kompetenzen erworben sind, lässt sich ja immer nur *ex post* sagen.

---

33 A. a. O., 27.

34 Thomas Macho, Tiere zweiter Ordnung. Kulturtechniken der Identität; in: Heinrich Schmidinger / Clemens Sedmak (Hg.), Der Mensch – ein „animal symbolicum"?, Darmstadt 2007, 51f.

35 Ulrich Beck / Anthony Giddens / Scott Lash, Reflexive Modernisierung, Frankfurt a. M. 1996.

36 Vgl. Bernhard Dressler, Bildung – Religion – Kompetenz; in: ZPT 3/2004, 261f.

Ein solcher Ermöglichungsraum reflexiver Kompetenzen wird nun eröffnet durch eine Didaktik des Perspektivenwechsels oder der Code-Differenz. Sie ist nicht als allgemeine Didaktik auszuformulieren, sondern nur im Medium einer jeweiligen Fachlichkeit, zu der die jeweils spezifischen fachlichen Symbolsysteme gehören. Allerdings: Der – gut begründete, hier aber nicht zu diskutierende – verfassungsrechtliche Sonderstatus der Religion in der Schule bedeutet in dieser Hinsicht keinen didaktischen Sonderstatus. Das Wissen, *dass* man in einem spezifischen Symbolsystem kommuniziert, entsteht nur dort, wo man es erstens in Gebrauch nimmt und zweitens vermittels des Wechsels der Kommunikationsperspektive in eine reflexive Distanz rückt. Der reflexiven fachlichen Kompetenz hat die Performanz fachlicher Kommunikation vorauszugehen: Eine ästhetische Produktion wird in die Perspektive eines verbalsprachlich codierten Geschmacksurteils gerückt; ein Experiment mit Gebetssprache wird aus religionsphänomenologischer Distanz ausgewertet; ein naturwissenschaftliches Theoriemodell wird hinsichtlich seiner ethischen Folgeprobleme anderen Maßstäben als empirischen Richtigkeitskriterien ausgesetzt; ein mathematischer Algorithmus wird in sogenannten Textaufgaben auf seine lebensweltliche Tauglichkeit getestet und eben dadurch in seiner die alltagssprachlichen Grenzen sprengenden Leistungskraft erkannt. Perspektivische Welterschließung mittels der Ingebrauchnahme fachlicher Symbolsysteme setzt voraus, dass zunächst deren Geltungsansprüche in Kraft gesetzt und anerkannt werden müssen, statt sie sogleich einer ideologiekritischen Verdachtshermeneutik auszusetzen, wie es seit den 1970er Jahren vielerorts im Unterricht üblich wurde. Schon Ludwig Wittgenstein fragte, wie ein „Kind an dem gleich zweifeln (kann), was man ihm beibringt? Das könnte nur bedeuten, dass es gewisse Sprachspiele nicht erlernen könnte."[37] Verstehen konstituiert sich nicht anders als durch die Teilnahme an einem Sprachspiel. Noch grundsätzlicher: Wenn das Repräsentationsmodell der Sprache auch didaktisch nicht mehr gelten kann – unter der Voraussetzung also, dass weder Worte für Gegenstände noch Sätze für Sachverhalte stehen –, dann lässt sich das Phänomen des Verstehens „nur aus der *Regelmäßigkeit des Gebrauchs*" erklären.[38] „Durch den Gebrauch der gemeinschaftlich geteilten Symbolsysteme werden Aushandlungsprozesse von Bedeutung und Kommunikation zwischen den Individuen notwendig und möglich."[39] Vor diesem Hintergrund lässt sich präzisieren, dass eine Didaktik des Perspektivenwechsels zwischen einer beobachtend-analytischen und einer teilnehmend-handlungsorientierten Perspektive gleichsam oszilliert. Dabei muss sie umso sorgfältiger den jeweiligen perspektivischen Modus markieren.

---

37 Ludwig Wittgenstein, Über Gewissheit, Frankfurt a. M. 1970, § 283, 76.

38 Manfred Frank, Die Grenzen der Verständigung, Frankfurt a. M. 1988, 45.

39 Bettina Lange, Narrative Strukturen in (Kinder-)Geschichten und eine Analyse ihrer formalen Kennzeichen; in: Hans Dieter Erlinger, Kinder und ihr Symbolverständnis, a. a. O., 124.

Dieser Perspektivenwechsel lässt sich didaktisch besonders dort signifikant machen, wo sich die Symbolsysteme eines Faches auf eine kulturelle Praxis beziehen lassen – z. B. im Religionsunterricht und in den musisch-künstlerischen Fächern. Den Lesarten, die ein Zeichensystem ermöglicht, öffnet sich ein Raum zwischen Denotation und Konnotation. Religiös-symbolisch und künstlerisch-musische Kommunikationen sind außer durch ihren vergleichsweise direkten Bezug auf eine kulturelle Praxis auch durch eine größere Konnotationsdichte gekennzeichnet. Das für ein Fach konstitutive Symbolsystem wird im unterrichtlichen Vollzug im Modus des Probedenkens und Probehandelns[40] in Gebrauch genommen. Da der Begriff der „Probe" manchen Diskussionsteilnehmern, z. B. in der Religionspädagogik, zu trivial erscheint oder als im Vergleich zum Ernst einer kulturellen Praxis zu „unauthentisch", könnte man auch von der Übernahme virtueller Systemperspektiven sprechen.[41] Anders freilich ist die Wirklichkeit im künstlichen Lernraum der Schule nicht zuhanden, weil sie eben mit dem Leben nicht unmittelbar verkoppelt ist.

Jedem Schulfach kann die Erschließung seiner spezifischen Wissensformen und Kompetenzen nur auf dem Wege einer fachlichen Sprachlehre gelingen. Die Grammatiken unterschiedlicher Symbolsysteme sind zu lernen, weil die fachlichen Semantiken außerhalb ihrer Codes gleichsam nicht „funktionieren" und unverstanden bleiben. Zur fachlichen Bildung, als Sprachlehre verstanden, gehört es also, nicht nur ihre jeweilige welterschließende Funktion zu thematisieren, sondern auch die sachangemessene Ingebrauchnahme der Fachsprachen[42] praktisch zu erlernen und zu erproben. Es sei noch einmal wiederholt und unterstrichen: Performanz geht dem Kompetenzerwerb systematisch voraus, und erworbene Kompetenz zeigt sich nur auf der Ebene von Performanz. Performativität als Kennzeichen der Vollzugformen eines bestimmten Zeichengebrauchs weist unmittelbar auf den Zeichencharakter, die Semiotizität, der unterrichtlichen Kommunikationsformen hin: Dem berühmten didaktischen Dreieck, wonach Unterrichtsinhalte nicht außerhalb bestimmter Inszenierungsmuster zu denken sind, korrespondiert eine semiotische Dreistelligkeit[43]: Etwas (1) wird von jemandem (2) *als* etwas (3) wahrgenommen und gedeutet. Die Art und Weise, „etwas *als* etwas" zu verstehen, setzt einen Sprach- bzw. Zeichengebrauch voraus, den Ernst Cassirer als „Darstellungsform" von der „Ausdrucksform" unterscheidet, und wovon er wiederum die

40 Thomas Ziehe, Zeitvergleiche. Jugend in kulturellen Modernisierungen, Weinheim/München 1991, 96 u. ö.

41 Dietrich Korsch, Atem des Lebens, a. a. O., 167.

42 Für religiöse Bildung gilt freilich die besondere Schwierigkeit, dass sich religiöse Kommunikationsformen von theologischen Sprachformen unterscheiden, und dass dieser Unterschied nicht übersprungen werden darf.

43 Die Dreistelligkeit der Zeichenfunktion ist ein Grundgedanke in der Semiotik von Charles S. Pierce.

Dimension der „reinen Bedeutung" abhebt.[44] Damit sind drei genealogisch aufeinander folgende, aber auch systematisch aufeinander aufbauende Weisen des Symbolgebrauchs bezeichnet, ein reflexiv unterschiedliches Verständnis *von* und ein Umgehen *mit* Symbolizität. Die „Ausdrucksform" als elementarste Form des Sinnverstehens trennt Zeichen und bezeichnete Sache noch nicht. Es handelt sich dabei um ein bloßes *Benennen*, das sich seiner Kontingenz und Willkür noch nicht bewusst ist. Die „Darstellungsform" unterscheidet bewusst zwischen Zeichenform und Zeichengehalt. Sie stellt eine referenzielle Beziehung zwischen Zeichen und Gegenstand sprachlich her, sodass ein Sachverhalt intersubjektiv gültig kommuniziert werden kann. Als dritte Dimension symbolischer Funktionen schließt bei Cassirer die Funktion der reinen Bedeutung als die Domäne des Wissens und des diskursiven Erkennens an die Darstellungsfunktion an. Nun ergibt sich die Einsicht, dass Inhalte grundsätzlich nur über austauschbare Zeichen vermittelt werden.[45] „Reine Bedeutung heißt: maximale Selbstreflexion, Selbstdurchsichtigkeit der Symboltätigkeit."[46]

Worin liegt die Bedeutung dieser Einsicht für die Didaktik? Die Einsicht in die Semiotizität der Unterrichtsgegenstände ist in didaktischer Hinsicht deshalb von Bedeutung, weil damit die Differenz von Authentizität und Virtualität des Symbolgebrauchs gleichsam unterlaufen wird, ohne dass sie aufgehoben wird. Der Ernst des wirklichen Lebens kann in dieser Sichtweise nicht mehr gegen die Künstlichkeit unterrichtlicher *performance*, gegen die probeweise Ingebrauchnahme fachlicher Symbolsprachen ausgespielt werden.

Im Blick auf die religionspädagogische Diskussion, die hier gleichsam nur als „Spezialfall" meiner Überlegungen erscheint, bleibt insbesondere festzuhalten: Eine performative Didaktik wird grundsätzlich missverstanden, wenn sie nur als die Fortsetzung handlungsorientierter Methoden unter neuem Etikett gilt. Sie wird auch missverstanden, wenn sie als Spezifikum des Religionsunterrichts begründet wird, statt für den Religionsunterricht auf spezifische Weise konkretisiert zu werden.[47] Performanzorientierte Religionsdidaktik[48] bean-

---

[44] Ernst Cassirer, Philosophie der symbolischen Formen. Zweiter Teil: Das mythische Denken, Darmstadt 1977 (zuerst 1923), 11; Dritter Teil: Phänomenologie der Erkenntnis, Darmstadt 1982 (zuerst 1929), 118 u. 525.

[45] Vgl. Reinhard Margreiter, Grenzen des Symbolischen und des Medialen; in: Heinrich Schmiedinger / Clemens Sedmak (Hg.), Der Mensch – ein „animal symbolicum"?, a. a. O., 73f.

[46] A. a. O., 83.

[47] Mehr als ein Missverständnis liegt freilich bei der Exklusionsanmaßung Godwin Lämmermanns vor, der eine „performative Religionsdidaktik" als eine „neumoderne" „religiöse Sonderdidaktik" ähnlich wie die „klassischen kerygmatischen" Konzepte als „gänzlich ausgeschlossen" aus der Schule verbannen will (Zeitzeichen 7/2007, 27). Es bleibt Lämmermanns Geheimnis, warum er ein didaktisches Konzept, das auf die genuinen Kommunikationsformen der Religion rekurriert, als Klerikalismus und Rückfall in evangelische Unterweisung meint anschwärzen zu müssen. Als performative Didaktik jedenfalls ist die Religionsdidaktik gerade keine „religiöse Sonderdidaktik", sondern eine fach-

sprucht, die fachspezifische Variante eines allgemeinen didaktischen Prinzips zu sein. Sie hat dann freilich im Vergleich zu anderen Fächern noch eine besondere Spezifität ihres Gegenstandes zu berücksichtigen und damit ein sprachtheoretisch gewendetes *theologisches* Argument geltend zu machen: Über die Performanzmuster einer Fachsprache hinaus lebt religiöse Kommunikation – jedenfalls in der christlichen Religion – von der Unterscheidung zwischen konstativen Sätzen und performativen Sprechakten. In dieser Unterscheidung kommt zugleich die besondere Metaphorizität und Symbolizität religiöser Sprache zum Zuge.[49] Ohne diese Unterscheidung didaktisch fruchtbar zu machen, ist es nicht möglich, „Sinn und Geschmack" für Religion zu wecken, zu pflegen und reflexivem Nachdenken zu öffnen. Ohne diese Unterscheidung bleibt Religion anfällig für jene Kategorienfehler, wie sie bei Kreationisten ebenso zu beobachten sind wie bei wissenschaftsgläubigen Religionskritikern. Mit dieser Unterscheidung darf die „Wahrheitsfrage" im Religionsunterricht nicht gestellt werden, ohne zuvor geklärt zu haben, *in welchem Modus* die Wahrheitsfrage gestellt wird.

5. *Unterricht, kulturelle Praxis, Ethos*

Die Distinktionsgewinne, die vor diesem theoretischen Hintergrund möglich werden, liegen auf der Hand. Ich will sie abschließend am Beispiel der Musik durchspielen.[50] Niemand wird bestreiten wollen, dass einem Musikunterricht etwas fehlt, in dem nicht auch gesungen und musiziert wird, und dass dabei grundlegende Kompetenzen erworben werden können. Das unterrichtliche Musizieren bezieht sich zwar auf die kulturelle Praxis des Musizierens, ist aber nicht unmittelbar mit ihr identisch. Und es werden im Musikunterricht, wenn er denn auch ein Bildungsprozess sein soll, reflexive Kompetenzen angestrebt, die auf dem Musizierenkönnen zwar aufbauen, aber darüber hinausgehen. Die musikalische Kompetenz entwickelt und vervollständigt sich durch das Erlernen der Notenschrift, durch musikhistorisches Wissen, durch die Fähigkeit, die

spezifische Variante allgemeiner fachdidaktischer Prinzipien. Gerade so gewinnt sie Anschluss an die allgemeine fachdidaktische Diskussion, ohne die Besonderheit ihres „Gegenstandes" aus dem Blick zu verlieren. Im Übrigen wird damit die Religionsdidaktik nicht neu erfunden, aber ein wesentlicher neuer Akzent gesetzt, neben dem bewährte herkömmliche Verfahren und Prinzipien der Texthermeneutik und des Lebensweltbezugs nicht nur ihr Recht behalten, sondern gerade neu ins Recht gesetzt werden.

[48] Zur Wahl dieser Bezeichnung siehe: Bernhard Dressler, Stichwort „Performativer Religionsunterricht" in: http://www.bibelwissenschaft.de/wirelex/das-wissenschaftlich-religionspaedagogische-lexikon.

[49] Vgl. Bernhard Dressler / Thomas Klie, Strittige Performanz. Zur Diskussion um den performativen Religionsunterricht; in: PTh 6/2007, 241–254.

[50] Es dürfte leicht fallen, dieses Beispiel ohne größere Modifikationen auf das Verhältnis zwischen Religionsunterricht und religiöser Praxis in der Schule zu übertragen.

Strukturprinzipien eines Musikkunstwerks erkennen zu können usw. Musikalisches Können und ästhetische Urteilsfähigkeit sollen sich im Wechselspiel entwickeln. Das ist das unterrichtliche Feld der Didaktik als eines inszenierten Perspektivenwechsels. Wenn nun die Schülerinnen und Schüler zur musikalischen Gestaltung einer schulischen Feier beitragen, treten sie *unmittelbar* in den Raum einer kulturellen Praxis ein. Das Beispiel wird nicht für alle Fächer in gleichem Maße gelten können. Aber jeder Schule ist zu wünschen, dass jene Lebenspraxen, Rationalitätsformen und Weltwahrnehmungsmuster, auf die sich ihre Fächer nur mittelbar, nur reflexiv und immer nur ästhetisch gebrochen beziehen können, im schulischen Leben exemplarisch in der einen oder anderen Form vorkommen. Und wenn es stimmt, was Otto Schily vermutet hat, dass nämlich die Schließung von Musikschulen die innere Sicherheit gefährde, dann führt das musikalische Leben einer Schule zugleich Effekte moralischer Orientierung und sozialer Integration mit sich. Freilich so, dass die kalkulierte erzieherische Instrumentalisierung der Musik diese Effekte gerade verhindern würde. Dieser Dreiklang kennzeichnet die Schule: Didaktische Inszenierung, kulturelle Praxis und – als nicht operationalisierbarer Effekt – moralische Orientierung. Die drei Lernfelder sind nicht voneinander zu trennen, aber deutlich zu unterscheiden.

Ich fasse zusammen: Ich plädiere dafür, schulische Didaktik als eine Didaktik des Perspektivenwechsels zu konzeptualisieren. Die aber ist grundsätzlich nicht allgemein, sondern nur im Kontext der Fächer zu formulieren, also im Kontext unterschiedlicher Weltbeobachtungs- und Weltgestaltungsperspektiven. Der Perspektivenwechsel gilt dabei nicht nur im Wechsel zwischen den Fächern. In den Unterricht der einzelnen Fächer selbst werden Unterscheidungen eingezogen: Einerseits wird eingeführt in das, was man die fachliche „Binnenperspektive" nennen kann, wozu die jeweils spezifischen Sprachspiele, Zeichenformen und Gestaltungsmuster gehören, gleichsam der jeweilige fachliche „Code". Andererseits wird im Unterricht aber auch reflexiv *über* die jeweilige Fachperspektive kommuniziert. Das Fach wird sozusagen in die „Außenperspektive" gerückt.[51] Im Unterricht wird die Welt aus einer bestimmten Per-

---

[51] Die griffige „Innen-Außen"-Metaphorik darf im Blick auf die Religion nicht zu Vereinfachungen führen. Es ist die Frage, ob es in der christlichen Religion – jedenfalls in ihrer protestantischen Spielart – überhaupt jemals die Beschränkung auf eine reine Binnenperspektive (die sich als solche ja gar nicht bewusst sein könnte!) gegeben hat. Eine vollständige Disjunktion von „außen" und „innen" ist jedenfalls nicht möglich. Präziser wäre es, religionsdidaktisch von der Spannung zwischen Teilnahme und Beobachtung auszugehen und ein Spektrum unterschiedlicher Distanzspielräume zwischen teilnehmender Beobachtung und beobachtender Teilnahme zu öffnen. So ist der Irrtum zu vermeiden, das „Innen" durch Einfühlungsqualitäten und psychische Beteiligungen, das „Außen" demgegenüber als Handeln charakterisiert zu sehen. Im Licht der Unterscheidung von Beobachtung und Teilnahme *ist* das Handeln das „Innen". Die Umstellung der Didaktik auf den Kompetenzbegriff kann genau dieses berücksichtigen und als Religionsdidaktik zumal Abstand gewinnen von dem – niemals evaluierbaren und ethisch proble-

spektive beobachtet und zugleich wird diese Beobachtung beobachtet. Eine Didaktik der Code-Differenz ermöglicht es, Beobachtungen erster und zweiter Ordnung zu verschränken *und zu unterscheiden*. Nur so ist ein szientistischer Fundamentalismus vermeidbar, der behauptet, die Welt erschöpfend durch empirisches Tatsachenwissen beschreiben und erklären zu können. Aus bildungstheoretischen und fachdidaktischen Gründen gehört deshalb ein obligatorisches wissenschaftstheoretisches Propädeutikum für alle Fächer zum Lehramtsstudium.

matischen – Versuch, Gesinnungen zu erzeugen. Teilnahme impliziert Stellungnahme. In didaktischer (wie auch in wissenschaftlicher) Hinsicht, darf freilich die Berücksichtigung von Teilnehmerperspektiven nicht als deren Übernahme missverstanden werden. Verstehen unterliegt keinem Zwang zum Einverständnis. (Ich verdanke diese Präzisierungen einem Vortrag von Michael Moxter zum Verhältnis zwischen Theologie und Religionswissenschaft am 19.09.2007 in Bonn).

Religionspädagogik zwischen Bildungstheorie und Kompetenzdidaktik

„Kompetenz ist (...) eine Disposition, die Personen befähigt, bestimmte Arten von Problemen erfolgreich zu lösen."[1] Muss sich die Religionspädagogik genötigt sehen, die Zielsetzungen unterrichtlicher „Kompetenzorientierung" anzuerkennen, um im Konzert der schulischen Fächer ihre Stimme nicht zu verlieren? Steht sie damit wieder einmal vor der Gefahr einer Funktionalisierung der Religion? „Das Christentum lehrt nicht, dass die menschlichen Probleme lösbar sind, sondern dass das Flehen erhört wird", so formuliert es Nicolas Gomez Davila in einem Aphorismus. Wie kann das zusammengehen: Die christliche Religion und die Kompetenz, Probleme zu lösen?

1. *Die bildungspolitische und erziehungswissenschaftliche Ausgangslage: Kompetenzen statt Stoffe als Antwort auf die Misere der Schule*

Als Reaktion auf die ernüchternden Ergebnisse der ersten PISA-Studie werden die Zielvorgaben für das allgemeinbildende Schulsystem in Deutschland gegenwärtig grundlegend umgestellt. Das wohl bedeutendste Dokument dieses Umstellungsprozesses ist das sog. „Klieme-Gutachten" von 2003, eine gemeinsam vom Bundesbildungsministerium und der Kultusministerkonferenz in Auftrag gegebene Expertise „Zur Entwicklung nationaler Bildungsstandards". Der Unterricht soll nicht mehr an material definierten Lernstoffen ausgerichtet werden, wie sie bislang in Lehrplänen als Themenkanon kodifiziert wurden, sondern an der Vermittlung von Kompetenzen, d. h. von Handlungsdispositionen, in denen sich Wissen mit Können verbindet. Entscheidend soll nicht mehr sein, welcher Stoff durchgenommen wurde, sondern was in einem schulischen Lernprozess nachweislich gelernt wurde, d. h. *gekonnt* wird. Damit verbindet sich die Erwartung, dass sich der Unterricht nicht mehr in der Produktion „trägen" – und in der Regel: flüchtigen – Wissens erschöpft. Nicht mehr soll unsituiert gelerntes Wissen unsituiert reproduziert werden können (und danach bald vergessen werden), sondern im Blick auf bestimmte Problemkonstel-

1 Bundesministerium für Bildung und Forschung (Hg.), Expertise: Zur Entwicklung nationaler Bildungsstandards, Bonn 2003, 72; im Folgenden: „Klieme-Gutachten" (Autoren: Eckhard Klieme u. a.).

lationen angeeignetes Wissen soll sich in Praxiskontexten[2] – d. h. freilich für den artifiziellen[3] Lernraum der Schule überwiegend: virtuellen Praxiskontexten – zeigen. Kompetenzen als Dispositionen zeigen sich nur im Modus ihrer Performanz. Anders sind sie nicht beobachtbar und nicht evaluierbar.[4] Neben der Erwartung größerer Nachhaltigkeit der Lernergebnisse soll die Kompetenzorientierung nun allerdings auch realistischere Evaluationen und Problemdiagnosen des Schulsystems ermöglichen. Darin liegt jedenfalls der ursprüngliche Sinn der Formulierung bestimmter Kompetenzniveaus in Form von *Bildungsstandards.*

Bildungsstandards sollen die Leistungsfähigkeit des Schulsystems verbessern. Sie sollen nicht einfach an die Stelle der bisherigen Tests und Prüfungen treten, sondern als länderübergreifend kompatible Instrumente zur Messung der Leistungen *von Schulen* (und nicht in erster Linie von Schülern!) dienen.[5] Der Zusammenhang von Kompetenzorientierung und Bildungsstandards ist insofern differenziert zu beurteilen.[6] Standards sind ohne Kompetenzorientie-

---

2 „Kompetenz stellt die Verbindung zwischen Wissen und Können her und ist als Befähigung zur Bewältigung von Situationen bzw. von Aufgaben zu sehen. Jede Illustration oder Operationalisierung einer Kompetenz muss sich daher auf konkrete Anforderungssituationen beziehen." („Klieme-Gutachten", 73).

3 Die Verbindung von Wissen und praktischen Gebrauchskontexten ist nicht unbedingt identisch mit der reformpädagogischen Forderung nach größerer Lebensnähe, insofern damit die für die Schule konstitutive Artifizialität nicht unterlaufen werden soll. Die Schule ist nur zu verstehen vor dem Hintergrund der für moderne Gesellschaften unerlässlichen Auflösung des unmittelbaren Zusammenhangs von Leben und Lernen.

4 Das „Klieme-Gutachten" versteht (im Anschluss an das Kompetenzkonzept F. E. Weinerts) „unter Kompetenzen die bei Individuen verfügbaren oder von ihnen erlernbaren kognitiven Fähigkeiten und Fertigkeiten, bestimmte Probleme zu lösen, sowie die damit verbundenen motivationalen, volitionalen und sozialen Bereitschaften und Fähigkeiten, die Problemlösungen in variablen Situationen erfolgreich und verantwortungsvoll nutzen zu können." (72). Wie weit „motivationale" und „volitionale" Bereitschaften, zu denen auch Gesinnungen gehören, vermittelbar und evaluierbar sind, halte ich für eine offene Frage. Dabei sind m. E. nicht nur pragmatische, sondern auch ethische Grenzen des pädagogischen Handelns in Betracht zu ziehen.

5 Die dafür gängige Terminologie (Umstellung von der sog. Input- auf eine Outcome-Steuerung) droht mit ihrem ökonomistischen Tonfall diese geradezu revolutionäre Umkehrung der Legitimationsverhältnisse bei der Messung schulischer Lernerfolge in Misskredit zu bringen. Kontraproduktiv wirken freilich die Rahmenbedingungen der jeweiligen kultusministeriellen Vorgaben, die u. a. die hierfür erforderliche größere Schulautonomie nur zögerlich einräumen und im Zusammenhang mit der Diskussion um die Dauer gymnasialer Bildung („G8") mit der bloßen Umverteilung von Stoffmengen auf kürzere Schulzeiten das Prinzip der Kompetenzorientierung unterlaufen sowie mit dem Ausbau z. B. des Zentralabiturs die Schulen auf das ganz entgegengesetzte Prinzip des *teaching for the test* konditionieren. Hier finden die Gegner der Kompetenzorientierung Nahrung für ihre ansonsten unbelegte Behauptung, „Kompetenzen" sollten an die Stelle von „Wissen" bzw. von „Inhalten" treten.

6 So ist z. B. quer zu der Frage, wie Kompetenzniveaus zu bestimmen und zu ermitteln sind, zwischen didaktischen Aufgaben zur Kompetenzvermittlung und Prüfaufgaben zur Kom-

rung nicht zu denken. Es lässt sich aber kompetenzorientiert unterrichten, ohne deshalb zwingend standardisiert zu evaluieren. Die Standardisierung von Kompetenzen erscheint also als „eine nachgeordnete empirische und politisch-gewichtende Aufgabe".[7] Das ist umso mehr zu betonen, als Standards nur dann als valide Messinstrumente dienen können, wenn sich bei ihrer Formulierung der *normative* Bezug auf Bildungsziele mit dem *empirischen* Bezug auf die realistische Erwartbarkeit bestimmter Kompetenzniveaus verbindet. Sofern dafür nicht nur auf das „Erfahrungswissen der Fachdidaktiken" zurückgegriffen wird[8], konzentrieren sich die erforderlichen kostenträchtigen empirischen Untersuchungen weitgehend auf die sog. „Hauptfächer". Sie stoßen zudem bei den sog. „weichen" (sprachlich-literarischen und musisch-ästhetischen) Fächern, nicht zuletzt also auch beim Religionsunterricht, in besonderer Weise auf das Problem einer überaus schwierig zu bestimmenden messtechnischen Grenze zwischen evaluierbaren Kompetenzzuwächsen und nichtstandardisierbaren, nur hermeneutisch wahrzunehmenden und jede quantifizierende Wertung ausschließenden Lernergebnissen.

Nun ist die gegenwärtige Diskussion um Bildungsstandards bildungs*politisch* leider so stark auf messtechnische Fragen verengt, dass ihr bildungs*theoretischer* Rahmen[9] und der damit verbundene Paradigmenwechsel weithin ausgeblendet bleiben. Die grundsätzlichen Einwände, dass Bildung nicht nach quantifizierbaren Effektivitätskalkülen zu beurteilen ist und die in Bildungsprozessen erworbenen Lernergebnisse, wenn überhaupt, dann nur höchst begrenzt messbar sind, liegen auf der Hand.[10] Freilich betont gerade auch das „Klieme-Gutachten", dass sich schulisches Lernen keineswegs im Erwerb evaluierbarer Kompetenzen erschöpfen soll, und dass sich im Unterricht unterschiedlicher Fächer in unterschiedlichem Maße Entscheidendes *jenseits* der

---

petenzermittlung zu unterscheiden. Vgl. Dietrich Benner, Unterricht – Wissen – Kompetenz. Zur Differenz zwischen didaktischen Aufgaben und Testaufgaben; in: Ders. (Hg.), Bildungsstandards. Chancen und Grenzen, Beispiele und Perspektiven, Paderborn 2007, 124–138.

7 Dietlind Fischer, Ein Kompetenzmodell für religiöse Bildung – Entwurf der Expertengruppe am Comenius-Institut; in: Clauß Peter Sajak (Hg.), Bildungsstandards für den Religionsunterricht – und nun?, Berlin 2007, 92.

8 „Klieme-Gutachten", 71.

9 Hierzu grundlegend und exemplarisch: Jürgen Baumert, Deutschland im internationalen Bildungsvergleich; in: Nelson Killius u. a. (Hg.), Die Zukunft der Bildung, Frankfurt a. M. 2002, 100–150; Dietrich Benner, Die Struktur der Allgemeinbildung im Kerncurriculum moderner Bildungssysteme. Ein Vorschlag zur bildungstheoretischen Rahmung von PISA; in: ZfP 2002, 69–90.

10 Zu den Problemen der Operationalisierbarkeit und Messbarkeit von Lernergebnissen speziell im Blick auf den Religionsunterricht: Rudolf Englert, Religionsunterrichtliche Bildungsstandards und das Lehrbarkeitsproblem; in: Ders., Religionspädagogische Grundfragen, Stuttgart 2007, 217–232.

Standardisierungsdimension abspielt.[11] Das gilt grundsätzlich für jeden Unterricht, für den Religionsunterricht allerdings in gesteigertem Maße. Denn in religiösen Lernprozessen soll sich über die Vermittlung religionskundlichen Wissensstoffs hinaus die hermeneutische Dimension religiöser Selbst- und Welterschließung jenseits präzise artikulierbarer Lernergebnisse auf intensive und innige Weise mit individuellen Gewissheiten und Lebensorientierungen verbinden. Indes hat *jeder* Unterricht *auch* erzieherische Wirkungen und erschließt *auch* Erfahrungen und Verstehensgewinne, die sich der Sichtbarwerdung in einem beobachtbaren Können entziehen. Und bei aller gerechtfertigten Geringschätzung eines auf bloße Wissensakkumulation reduzierten Lernens darf nicht von der Tatsache abgesehen werden, dass Urteilsfähigkeit und Kenntnisse in der Regel korrelieren. Anders gesagt: Wissen ist ein Indikator für Können – jedenfalls dann, wenn es in Lernprozessen nicht nur lexikalisch abgespeichert, sondern innerhalb von Gebrauchskontexten erworben wurde – Performanz und Kompetenzerwerb gehen ebenso zusammen wie Kompetenzerweis und Performanz.

Nun ist bei den Grenzbestimmungen dieses Themas der pragmatische Hintergrund nicht aus dem Blick zu verlieren: Die Diskussion um Bildungsstandards konzentriert sich nicht nur – wie es leider in den bildungs*politischen* Debatten immer wieder zu hören ist – auf das Problem, wie die Leistungsfähigkeit des Schulsystems zum Zwecke der ökonomischen Konkurrenzfähigkeit des „Standorts Deutschland" zu steigern ist. Es geht vielmehr um die Nachhaltigkeit unterrichtlichen Lernens und dabei dann nicht zuletzt auch um die Frage, wie dem skandalösen Umstand zu begegnen ist, dass ein großer Anteil der Schüler jedes Jahrgangs in Deutschland die Schule ohne Abschluss als funktionale Analphabeten verlässt. Ebenso, wie den bildungsfremden, rein ökonomistischen Erwartungen an die Schule kritisch zu begegnen ist, ist der Ideologie hehrer Ziele, die den Misserfolg der Schule vernebelt und folgenlos bleibt, nüchtern zu begegnen. „Die Misere des deutschen Bildungssystems hat ihren Ursprung in einer fatalen Asymmetrie: wir überfrachten den Bildungsbegriff und verkennen die Erziehungswirklichkeit."[12] Effizienz von Bildungsarbeit ist dann keine falsche Forderung, wenn nicht der gesamte Bildungsprozess auf Effizienzkalküle umgestellt wird. Unter diesen Vorzeichen sind Kompetenzorientierung und Bildungsstandards „bescheiden, pragmatisch und dennoch

[11] „Klieme-Gutachten", 48 u. ö. Vgl. hierzu auch: Bernhard Dressler, Religionsunterricht – mehr als Kompetenzorientierung?; in: Andreas Feindt / Volker Elsenbast / Peter Schreiner / Albrecht Schöll (Hg.): Kompetenzorientierung im Religionsunterricht. Befunde und Perspektiven, Münster / New York / München / Berlin 2009, 23–37.

[12] Wolf Lepenies, Bildungspathos und Erziehungswirklichkeit; in: Nelson Killius / Jürgen Kluge / Linda Reisch (Hg.), Die Bildung der Zukunft, Frankfurt a. M. 2003, 15.

höchst konstruktiv".[13] Sie sollen sich nicht gegen ein emphatisches Bildungsverständnis richten, das sich utilitaristischen Verzweckungskalkülen verweigert, wohl aber gegen bildungsidealistische Überhöhungen ebenso wie gegen das politisch ambitionierte, die Schule jedoch überfordernde und die Grenzen des pädagogischen Handelns prinzipiell überdehnende Ziel, die „epochaltypischen Schlüsselprobleme" dieser Welt zum leitenden Prinzip bei der Ermittlung von Unterrichtsinhalten und Lernzielen zu machen.[14] Im Lichte solch unrealisierbarer Vorgaben bleiben zugleich die tatsächlichen Leistungen des Schulsystems unsichtbar. Als normative Vorgabe gilt für die Bildungsstandards, dass „man ... (I) fähig (wird), sich in der eigenen Welt zu orientieren und mit fremden Welten zu kommunizieren. Man versteht (II) die Modellierbarkeit der Welt in Theorien der Naturwissenschaften und der symbolischen Strukturen der Mathematik und ist fähig, ihre Gestaltung als Möglichkeit des Handelns zu sehen und dabei (III) Normen und Traditionen der eigenen und anderer Kulturen zur Geltung zu bringen, sie zumindest auf ihre Geltung hin zu prüfen, und das alles so, dass man (IV) das eigene Leben dabei organisiert. Mehr darf man gar nicht erwarten."[15]

2. *Bildung und sozialkulturelle Ausdifferenzierung – Religion im Ensemble des schulischen Fächerkanons.*

Zumindest für einen Teil der Rezeption der PISA-Studien und für manche kultusministerielle Operationalisierung von Bildungsstandards trifft die Kritik an einem technokratischen und messtechnischen Problemreduktionismus durchaus zu. Was dabei aber zumeist abgeblendet wird: Der von Tenorth kurz skizzierte bildungstheoretische Rahmen knüpft bei allem Pragmatismus historisch und systematisch an die klassischen Bildungskonzepte bei Humboldt, Herder und Schleiermacher an: Bildung soll Subjekt und Welt so vermitteln, dass die Welt mittels der inkompatiblen, aber komplementären Perspektiven unterschiedlicher (wissenschaftlicher, moralischer, ästhetischer und religiöser) Rationalitätsformen erschlossen wird, ohne diesen *Differenz*zusammenhang einheitswissenschaftlich (z. B. szientistisch bzw. naturalistisch) aufzuheben.[16] Bildungsziele, auch wenn sie als Kompetenzen formuliert werden, werden also nicht mehr prognostisch von gesellschaftlichen Bedarfsanalysen (wie in der

13 Heinz-Elmar Tenorth, Welche Orientierung liefern Tests und Standards dem Bildungssystem (nicht)?; in: Volker Elsenbast. u. a. (Hg.), wissen – werten – handeln. Welches Orientierungswissen braucht die Bildung?, Berlin 2005, 42.

14 Kritische Einwände gegen die von Wolfgang Klafki für die Ermittlung allgemeiner Bildungsziele veranschlagten „epochaltypischen Schlüsselproblemen" siehe in diesem Buch unter dem Titel „Performanz und Kompetenz" (S. 34f.)

15 Heinz-Elmar Tenorth, a. a. O., 44.

16 Vgl. hierzu auch in diesem Buch: Performanz und Kompetenz, S. 29–46.

Curriculum-Theorie der 1970er Jahre) oder im Blick auf epochaltypische Schlüsselprobleme abgeleitet. Sie werden im Medium der Fächer und deren Inhalten sowie mit Bezug auf „domänen“-typische Rationalitätsmuster formuliert: Im schulischen Fächerkanon bilden sich die unterschiedlichen „Modi der Welterschließung“[17] ausdifferenziert ab. Weil Bildung nicht utilitaristisch zu denken ist, sondern immer ein gewisses Maß an Zweckfreiheit in sich trägt, ist sie nicht von wie auch immer politisch begründeten gesellschaftlichen Verwertungsbedarfen her zu denken. Ohnehin wissen wir viel zu wenig darüber, was heute gelernt werden muss, weil es zukünftig gebraucht wird. Vor allem aber unterstellt die moderne Bildungsidee, dass der Mensch mehr ist, als gesellschaftlich von ihm verlangt und erwartet wird. Fächerbasierte oder domänenspezifische Kompetenzen sind eben deshalb nicht von Bedarfsprognosen abhängig. Was mit ihnen beurteilt und gekonnt werden soll, ist von den kulturellen Praxen her zu denken, die den Referenz- und Resonanzraum der Fächer bilden und an denen die Schüler als künftige Bürger partizipieren können sollen.

Ohne die Verschränkung der Kompetenzorientierung mit inhaltlich qualifizierten „Modi der Welterschließung“ ließe sich das Problem, wie Lernziele und Lerngegenstände zu definieren sind, nicht lösen. Anders ließe sich aber auch Kompetenzorientierung nicht mit einem Bildungskonzept verbinden. Da Kinder und Jugendliche immer in eine schon gewordene Welt hineinwachsen, kann Bildung nicht einfach auf den Erwerb formaler subjektiver Fähigkeiten und Fertigkeiten hinauslaufen, sondern muss in die Welt einführen und Weltbezüge ausbilden. Das aber kann nur durch Verstehen gelingen. Verstehen ist immer bestimmtes, konkretes Verstehen. Freilich laufen die „Modi der Welterschließung“ nicht unmittelbar auf einen Fächerkanon hinaus. Es geht dabei nicht um fachliches Wissen als bloßem Lernstoff, sondern um die in den Fächern exemplarisch eröffneten Perspektiven der Welterschließung und damit um ein offenes und variables Konstruktionsprinzip sowohl für einen Fächerkanon als auch für die Auswahl exemplarischer fachspezifischer Unterrichtsgegenstände. Die Welterschließungsmodi sind weder hierarchisch zu ordnen noch wechselseitig substituierbar. Sie halten das Bewusstsein des Unterschie-

---

[17] Baumert und Klieme unterscheiden: 1. „Kognitiv-instrumentelle Modellierung der Welt“ (Mathematik, Naturwissenschaften), 2. „Ästhetisch-expressive Begegnung und Gestaltung“ (Sprache/Literatur, Musik/Malerei/Bildende Kunst, Physische Expression), 3. „Normativ-evaluative Auseinandersetzung mit Wirtschaft und Gesellschaft“ (Geschichte, Ökonomie, Politik/Gesellschaft, Recht), 4. „Probleme konstitutiver Rationalität“ (Religion, Philosophie). Natürlich müssen diese inhaltlich definierten „Modi der Weltbegegnung“ verschränkt werden mit eher formalen „kulturellen Basiskompetenzen“, also grundlegenden Kulturtechniken, um schulische Lernprozesse ermöglichen und strukturieren zu können (Jürgen Baumert, Deutschland im internationalen Bildungsvergleich (Fußn. 10), 113; „Klieme-Gutachten“, 68). Dieses Tableau halte ich im Einzelnen für verhandelbar und im Grundsatz für zustimmungsfähig. Ähnliche quadruple Schemata sind schon bei Humboldt und Herder zu finden.

des zwischen Welt*modellierungen* und bloßen Weltbeschreibungssystemen wach. Das gilt in Sonderheit auch für die Naturwissenschaften, die sich in dieser Hinsicht - wie die anderen Fächer auch - nicht einfach auf Empirie, sondern auf eine bestimmte kulturelle Praxis beziehen. Religion kann in diesem Zusammenhang in ihrer spezifischen Differenz gegenüber empirischem Tatsachenwissen, aber auch in ihrer Unterschiedenheit gegenüber Moral und Metaphysik erscheinen - gleichsam als „eigene Provinz" nicht nur im Gemüt, sondern auch im Ensemble der Weltzugänge. Vor allem aber verschiebt sich in dieser bildungstheoretischen Perspektive die Legitimation des Religionsunterrichts an öffentlichen Schulen: Religion ist nicht - wie es leider auch in manchen Kirchenleitungsverlautbarungen geschieht - durch ihre Instrumentalisierung zu rechtfertigen; sie hat nicht in erster Linie für etwas anderes gut zu sein, für Moralerziehung, Wertevermittlung oder sozialkulturelle Integration (auch wenn sie gleichsam als Kollateralnutzen für all das gut *ist*). Religion gehört in den schulischen Fächerkanon, weil sie ein unverzichtbarer Modus der Welterschließung ist, ohne den der kulturelle und epistemische Horizont der allgemeinbildenden Schule unvollständig wäre. Mit dem Religionsunterricht korrespondiert das Vorhandensein einer kulturellen Praxis, die bei der Vorbereitung junger Menschen auf die kompetente Partizipation an der gesellschaftlichen Gesamtpraxis nicht fehlen darf, wenn denn die Inanspruchnahme der Grundrechte, zu der die Schule befähigen soll, das Recht auf positive Religionsfreiheit einschließt.

Von Anfang an ist der moderne Bildungsbegriff als Reaktion sowohl gegen den aufklärerischen Utilitarismus des *Philanthropinum* als auch gegen das Hegelsche Totalitätsdenken zu verstehen. Bildung erhebt im Unterschied zu Ausbildung den Anspruch, der modernen Gesellschaft und der für sie konstitutiven Ausdifferenzierung in unterschiedliche Teilsysteme auf eine Weise gerecht zu werden, die die Menschen als Grenzen der Systeme anerkennt, ohne sich gegenüber den Anforderungen moderner Systemimperative nur zu verweigern. Es soll ihnen durch die unterschiedlichen Erkenntnis- und Handlungslogiken hindurch die Integrität und Kohärenz ihrer Lebensführung ermöglicht werden.[18] Bildung soll die Möglichkeit eröffnen, dass „Menschen (...) ihr Leben *führen*, es also nicht nur wie einen objektiven Prozess erfahren, als wäre es einer Krankheit ähnlich, die sie befällt"[19] - und eben darin besteht die wechselseitige Affinität von Religion und Bildung. In dieser Hinsicht wird auch deutlich, warum es zu kurz greifen würde, das Ziel religiöser Bildung dergestalt

---

[18] Bei Jürgen Habermas werden die Ausdifferenzierungsgewinne moderner Gesellschaften vor allem im Blick auf die Expertenkulturen veranschlagt. Der normative Impetus seiner Theorie kommunikativen Handelns zielt demgegenüber darauf ab, das lebensweltliche „Zusammenspiel" von Kognition, Moral und Ästhetik nicht aufzusprengen (vgl. bes. J. Habermas, Die Moderne - ein unvollendetes Projekt; in: Ders., Philosophisch-politische Aufsätze 1977–1990, Leipzig 1990, 459ff.).

[19] Dieter Henrich, Bewußtes Leben. Stuttgart 1999, 81.

kulturhermeneutisch zu verkürzen, als ginge es nur um die Fähigkeit, religiöse Traditionsspuren in den kulturellen Äußerungen der Geschichte und der Gegenwart lesen zu können, sei es in den Museen und in der Literatur, in der Architektur und im Kino. Ein besonderes Unterrichtsfach, noch dazu unter dem Mitwirkungsrecht der Religionsgemeinschaften (Art. 7.3 GG), ließe sich so nicht begründen.[20] Zwar wäre religiöse Kulturhermeneutik als Teil allgemeiner Bildung nicht nichts. Doch kommt es *darüber hinaus* darauf an, Religion als eine spezifische kulturelle Praxis zu erschließen, die nicht in der Kultur aufgeht, und dabei den in der Religion *gestalteten* „Sinn und Geschmack für das Unendliche“ zu entwickeln und von anderen Gestalten kultureller Lebensäußerung zu unterscheiden.

3. *Bildung zielt auf Partizipation am kulturellen Gesamtleben der Gesellschaft*

Wenn nun allgemeine Bildung unter den genannten Voraussetzungen nicht als Ausbildung misszuverstehen ist, gibt es dann dennoch so etwas wie ein allgemeines Regulativ für Bildungs*ziele*? Bildung schließt gesellschaftliche Verwertungszwecke insofern nicht völlig aus, als ohne die in ihr vermittelten „kulturellen Basiskompetenzen“ niemand einen Beruf ausüben könnte. Das darf aber nicht den Blick darauf verstellen, dass Bildung vollständig nur zu denken ist als die Einführung der jüngeren durch die ältere Generation in das, was Friedrich Schleiermacher „Mitgesamttätigkeit“[21] genannt hat – es geht um die mündige, d. h. reflektierte und urteilsfähige Teilhabe am kulturellen Gesamtleben der Gesellschaft. Die allgemeinbildende Schule ist keine Berufsvorbereitungsanstalt.[22] Dennoch werden die fachlichen Lernziele der Schule unter der Hand oft an beruflichen Ausbildungskriterien ausgerichtet. Dann gelten im Chemie-Unterricht künftige Chemiker, im Religionsunterricht künftige Theologen, im Musikunterricht künftige Musikerinnen mehr oder weniger explizit als Regulativ. Der allgemeinbildende Unterricht zielt aber nicht auf künftige Experten, sondern auf gebildete Laien.[23] So sehr ein Fachunterricht für eine spätere Be-

---

20 Schon Humboldt rechnete religiöse Bildung keinem eigenen Fach, sondern dem Geschichtsunterricht zu.

21 Friedrich Schleiermacher, Grundzüge der Erziehungskunst (Vorlesungen 1826); in: Texte zur Pädagogik Bd. 2 (hg. v. M . Winkler u. J. Brachmann), Frankfurt a. M. 2000, 16.

22 „Sprangers These, dass der ‚Weg zu der höheren Allgemeinbildung (...) über den Beruf und nur über den Beruf‘ führe, ist heute nicht mehr zu retten und war auch schon im Kontexte der Weimarer Republik und der in dieser gegebenen überberuflichen demokratischen Öffentlichkeit so nicht haltbar.“ (Dietrich Benner, Schulische Allgemeinbildung *versus* allgemeine Menschenbildung?; in: Ders. Bildungstheorie und Bildungsforschung, Paderborn 2008, 225).

23 Der österreichische Bildungstheoretiker und Mathematikdidaktiker Roland Fischer hat als regulative Idee für die schulische Allgemeinbildung statt fachlichem Expertenwissen

rufsorientierung begeistern kann, ist sein Zweck weder die Rekrutierung künftigen Fachpersonals, noch die Verwissenschaftlichung aller Lebensführungskompetenzen. Zwar gehört es zur Bildung, unmittelbare Umgangsformen unserer Alltagspraxis von szientifisch orientierten Kommunikations- und Handlungsmustern unterscheiden zu können. Allgemeingebildete Laien sind aber anders als Experten nicht an den operativen Kompetenzen der hinter den Schulfächern stehenden Fachwissenschaften interessiert, sondern an generellen, sie selbst oder die Gesellschaft allgemein betreffenden Fragen.[24] Sie müssen wissen, was sie von fachlicher Expertise dazu erwarten können und was nicht. Experten werden über fachliche Grundkenntnisse hinaus über operatives Wissen verfügen müssen. Den allgemein gebildeten Laien reichen Grundkenntnisse, vor allem aber sollten sie über fachliches Reflexionswissen verfügen, das die Experten wiederum zwar nicht zwingend für ihr fachliches Handeln brauchen, wohl aber deshalb, weil sie ja immer über ihren Beruf hinaus auch mündige Bürger sind. Für die Ermittlung der Themen und Inhalte des Religionsunterrichts dürfen also nicht nur einfach „abbilddidaktisch" wissenschaftlich-theologische Strukturen und Inhalte erfasst und miniaturisiert werden.

Die Religionspädagogik ist noch einigermaßen am Anfang, wenn es darum geht, über die aktuell diskutierten Kompetenzmodelle hinaus für die konkreten unterrichtlichen Lernprozesse jeweils genau zu fragen, was zu religiöser Partizipation – bzw. zu *begründeter* religiöser Abstinenz – gehört. Fruchtbare Leitfragen könnten dabei sein: Was gehört zu der Fähigkeit, religiöse Fragen im Horizont des eigenen Selbstverhältnisses und im Blick auf die individuelle Lebensführung stellen und reflektieren zu können? Was gehört auf dem Feld der Religion zur sachgerechten Kommunikation der Partizipanten untereinander und mit Menschen anderer religiöser und weltanschaulicher Überzeugungen? Wie ist religions*politische* Kompetenz ins Verhältnis zu religiöser Kompetenz zu setzen, also vor dem Hintergrund einer eigenen Religionspraxis deren Verhältnis (oder das Verhältnis anderer Religionen) zu anderen gesellschaftlichen Handlungsfeldern zu beurteilen und zu gestalten? *Neben* diesen Fragen kann *im Sinne einer regulativen Idee* gefragt werden, was dazu gehört, religiöse Experten, diejenigen also, die professionell mit Religion zu tun haben, zu verstehen (was natürlich reziprok mit der Frage zusammenhängt, wie sich Experten gegenüber Laien sachgerecht verständlich zu machen haben). Was z. B. gehört dazu, einen Segen im Gottesdienst oder bei einer Kasualie nicht als magische Handlung, den geistlichen Zuspruch in einem Seelsorgegespräch nicht als therapeuti-

die „Kommunikationsfähigkeit mit Experten" vorgeschlagen (Höhere Allgemeinbildung und Bewusstsein der Gesellschaft; in: Erziehung und Unterricht 5–6/2003, 559–566).

24 Im Anschluss an das Habermas'sche Theoriemodell könnte man sagen: Expertenwissen ist dem öffentlichen Streit auszusetzen. Dazu müssen Expertendiskurse externalisiert werden und exoterische Brücken zum Lebensalltag geschlagen werden. Es geht also um die „Aneignung der Expertenkultur aus dem Blickwinkel der Lebenswelt" (J. Habermas, Die Moderne – ein unvollendetes Projekt, 462). (S. Fußn. 18).

schen Heilungsversuch, die symbolisch-metaphorische Gebets- oder Predigtsprache nicht als Sachverhaltsbehauptungen, den texthermeneutischen Hintergrund einer Predigt nicht biblizistisch misszuverstehen usw.?[25] Für das Feld der Religion, zumindest der christlichen Religion, gilt dabei allerdings im Unterschied zu anderen Professionsfeldern wie z. B. der Medizin, dass es nicht nur de facto, sondern aus normativen Gründen – das „allgemeine Priestertum aller Gläubigen" – fließende Übergänge zwischen professionellem Expertentum und Laien gibt. Das wiederum hängt damit zusammen, dass religiöse Kompetenz, die in unterrichtlichen Lernprozessen zu erwerben ist, auf von ihr selbst zu unterscheidenden, aber nicht zu trennenden Glaubensgewissheiten aufruht, die aus theologischen und aus pädagogischen Gründen nicht didaktisch zu operationalisieren sind. Darauf wird zurückzukommen sein.

Didaktisch ist maßgeblich, dass für die reflexiv-urteilsfähige Teilhabe am kulturellen Gesamtleben einer Gesellschaft ein Zusammenhang von Teilnahme und Beobachtung charakteristisch ist, der sich beschreiben und konzeptualisieren lässt als Zusammenhang von Kompetenz und Performanz. Zunächst: Jede Teilnahme an einer kulturellen Praxis bedarf, wenn sie urteilfähig sein soll und die Subjekte nicht gleichsam aufsaugen soll, der (Selbst-)Beobachtung, also einer gewissen Distanzierungsfähigkeit. Es geht hier keineswegs um eine Besonderheit religiösen Lernens. Wer die Partizipation an einer außeralltäglichen ästhetischen Erfahrung für das ganze Leben hält, verkennt die ästhetische Praxis als *Unterbrechung* der Alltagswirklichkeit. Wer als in geschlossenen Kausalbeziehungen denkender Naturwissenschaftler sein Fachwissen zu einer Lebensführungsmaxime extrapoliert, kann die Lebenserfahrung freien Handelns nur noch als Illusion deuten. Wer Religion ohne Selbstdistanz und ohne Anerkennung religiöser Pluralität praktiziert, verengt seinen Glauben fundamentalistisch. Indem Menschen sich zur Teilnahme an kulturellen Praxen reflexiv verhalten können, können sie zugleich die Unterscheidungen treffen, ohne die sie der Ausdifferenziertheit von Rationalitätsmustern und Handlungslogiken, in die das Leben eingespannt ist, nicht gerecht werden könnten. Es gilt für alle kulturellen Praxen, dass die Möglichkeit, sie zu verstehen, sich nur innerhalb eines Spannungsverhältnisses zwischen interner Partizipantenperspektive und externer Beobachterperspektive eröffnet. Beobachtung ohne Teilnahme ist leer, Teilnahme ohne Beobachtung ist blind. Partizipationskompetenz entsteht *auch* durch Einübung, aber im Kontext von Bildungsgängen

[25] Es liegt auf der Hand, dass gemeindepädagogische Bildungsangebote ganz ähnliche Ziele verfolgen. Vor dem Hintergrund der Kompetenzorientierung werden die Unterschiede zwischen dem schulischen Religionsunterricht und kirchlichem Bildungshandeln neu (und wahrscheinlich diffiziler) justiert werden müssen. Maßgeblich wird dabei der jeweils didaktisch zu inszenierende Distanzierungsspielraum sein. Vgl. hierzu Bernhard Dressler, Religion im Vollzug erschließen! Performanz und religiöse Bildung in der Gemeinde; in: Hartmut Rupp / Christoph Th. Scheilke (Hg.), Bildung und Gemeindeentwicklung (Jahrbuch für kirchliche Bildungsarbeit 2007), Stuttgart 2007, 173–182.

eben nicht nur durch Einübung, sondern durch eine didaktisch systematisierte Distanznahme, durch den inszenierten Wechsel zwischen experimenteller, probeweiser[26] Teilnahme und Beobachtung der Teilnahme. Unterricht ist in altersangemessener Dosierung immer Weltbeobachtung (als Teilnahme an einer kulturellen Praxis) und Beobachtung der Weltbeobachtung, d. h. Unterricht verschränkt Beobachtungen erster und zweiter Ordnung. Es ist eine Didaktik des Perspektivenwechsels, die auf diese Weise einen Ermöglichungsraum reflexiver Kompetenzen eröffnet.

Vor dem Hintergrund dieser Überlegungen gibt es zu denken, dass der Soziologe Armin Nassehi im „Bertelsmann-Religionsmonitor"[27] auf der Basis hermeneutisch-rekonstruktiver Interviewauswertungen die These aufgestellt hat, in Deutschland herrsche eine „erhebliche religiöse Kompetenz" vor, allerdings um den der „Kulturalisierung" von Religion geschuldeten Preis erheblicher inhaltlicher „Inkonsistenzen". Nassehi sieht hierin nur einen vermeintlichen Mangel, der dadurch mehr als kompensiert werde, dass die religiösen Orientierungen im Modus von „Authentizität" geäußert würden – und sich eben darin als von kirchlich normierter Religion unterschieden wüssten. Den Kirchen rät er folgerichtig, ihre Kommunikationsmaßstäbe von inhaltlichen Kriterien auf ästhetische Stimmigkeit umzustellen.[28] Es lässt sich jedoch auch ohne Bezug auf empirische Untersuchungen sagen, dass viele als gebildet geltende Menschen unter Religion das Fürwahrhalten vormoderner Weltbilder und wissenschaftlich widerlegter Tatsachen verstehen – und sie aus eben diesem Grund ablehnen. Religion wird als sachverhaltsförmiges Jenseitswissen verstanden. Und wo ein solches nicht unter esoterischen Vorzeichen afffirmiert wird, wird sie mit der Zumutung assoziiert, Tatsachen für richtig halten zu sollen, die seit Galilei und Darwin als obsolet gelten können. Zwar ist durchaus schon bei Schülern der Sekundarstufe I die gleichsam „religionsaffine" Fähigkeit zu beobachten, zwischen empirischer Tatsachenrichtigkeit und den Erkenntnisfunktionen und Geltungsansprüchen poetisch-metaphorischer Sprache und narrativ entfalteter Selbst- und Weltdeutungen unterscheiden zu können. Dass diese Kompetenz jedoch für religiöse Hermeneutik nicht fruchtbar genug wird, liegt vermutlich daran, dass religiösen Texten und Zeichen der Status von Sachverhaltsrichtigkeit zugeschrieben wird – und zwar aus einem

---

26 Der Erziehungswissenschaftler Thomas Ziehe spricht von „Probedenken" und „Probehandeln" als *grundlegenden Modi* unterrichtlicher Kommunikation (Ders., Zeitvergleiche. Jugend in kulturellen Modernisierungen, Weinheim/München 1991, 96 u.ö). Im religionsdidaktischen Diskurs wird dieser Vorschlag häufig als gleichsam „unernster" Aktionismus missverstanden („Religion spielen").

27 Armin Nassehi, Erstaunliche religiöse Kompetenz. Qualitative Ergebnisse des Religionsmonitors; in: Bertelsmann-Stiftung, Religionsmonitor 2008. Gütersloh 2007, 113–132.

28 Vgl. auch Armin Nassehi, Warum die Welt katholischer wird. Nicht in der Botschaft, sondern in ihrer Unbestimmbarkeit liegt die Kraft der Religion; in: DIE ZEIT, 12.04.2007.

durchaus nicht ganz sachfremden Motiv: Die zu Recht unterstellte existenzielle Bedeutung, also der besondere „Ernst" religiöser Aussagen, scheint es nicht zuzulassen, sie „nur" symbolisch zu verstehen. Sofern der Sinn und Geschmack für den symbolischen Kommunikationsmodus nicht gleich ganz naturalistisch-szientistischen Weltzugängen geopfert wird, wird er in religiösen Kontexten für defizitär gehalten.

Nun hat der Religionsunterricht an der öffentlichen Schule nicht das Ziel, empirisch vorfindliche inkonsistente und inhaltlich unbestimmte Religiosität in eine kirchlich genehme Form von Religion zu transformieren. Ein religiöses Bildungskonzept bringt aber normative Kriterien zumindest so weit zur Geltung, dass die Akzeptanz von Inkonsistenz nicht auf die Legitimierung von Obskurantismus hinausläuft. Es geht in Bildungsprozessen nicht um die Bestärkung authentischer, sondern um die Förderung urteilsfähiger religiöser Praxis. Dazu gehört im Sinne einer religiösen Sprachlehre ein angemessenes Verständnis religiöser Kommunikation. Authentizität enthält kein Kriterium, wie die Alternative von Fundamentalismus oder Indifferenz zu vermeiden ist. Keinesfalls kann sich ein Bildungsprogramm damit zufrieden geben, dass die Regeln intersubjektiver Gültigkeit durch ästhetische Eindrücklichkeit *ersetzt* werden, weder in *religiöser* Kommunikation noch beim Reden *über* Religion. Eine solche Option kann in Bildungsprozessen, auch wenn sie pragmatisch erfolgversprechend wäre, aus normativen Gründen nicht gewollt werden. *Im Kontext von Bildungsprozessen* ist Reflexivität und nicht Authentizität die zentrale Kategorie der Kommunikationsfähigkeit und des Selbstverhältnisses von Menschen. Gewiss können und sollen Menschen ihr Leben nicht in allen Situationen als gebildete Subjekte führen. Die Religionspraxis lebt von Momenten der Unmittelbarkeit, in denen jede Reflexion unterbrochen ist. Und auch aus protestantischer Perspektive kann man sagen, „dass die moderne Sozialform der Religion eher auf einen Erwartungs*stil* als auf konkrete Inhalte verweist."[29] Keineswegs sind die besonderen ästhetischen Kommunikationsformen, auf die Religion angewiesen ist, nur als gegenüber dem Gehalt der Botschaft *sekundäre* Gestaltungsweisen zu verstehen. Deshalb verfolgt gerade auch eine Didaktik, die die *Gehalte* der christlichen Religion mittels der Ingebrauchnahme ihrer ästhetischen *Gestalten* erschließen will, eine *kognitive* Intention: Sie ermöglich ein Urteil darüber, in welchem von anderen Modi der Welterschließung unterschiedenen *Modus* im Religionsunterricht die Wahrheitsfrage zu stellen ist.

---

[29] Nassehi, Erstaunliche religiöse Kompetenz, a. a. O., 122.

4. *Kompetenzorientierung - Reflexivität - Bildung im Kontext von Religion und Glaube*

Kompetenzen in dem hier verhandelten Sinne sind als fachlich fundiertes Vermögen nicht nur formale, inhaltlich unbestimmte subjektive Fähigkeiten und Fertigkeiten.[30] Als Bildungsziele sind sie zudem auf andere (wenn auch daran möglicherweise anzuschließende) Weise zu konzeptualisieren, als die zu Zwecken analytischer Deskription entwickelten Kompetenzmodelle.[31] Zwei grundlegende Perspektiven und Dimensionen dessen, was ein religiös gebildeter Mensch wissen und können sollte, zeichnen sich ab: Er sollte die spezifische Semantik bzw. die spezifische Extension und Intension religiöser Kommunikation beurteilen können. Das wäre die Grammatik religiöser Kommunikation. Und er sollte die damit verbundenen Kenntnisse in der Teilnahme an religiöser Kommunikation in Gebrauch nehmen können. Das wäre die Pragmatik religiöser Kommunikation. Es bietet sich daher an, allen Kompetenzmodellen einen Dual von Deutungskompetenz und Partizipationskompetenz zu Grunde zu legen.[32] Diese zunächst rein formale Ausdifferenzierung könnte auch für eine Vielzahl anderer Schulfächer gelten.[33] Sie muss dann domänen- oder fachspezifisch inhaltlich bestimmt werden. Die dabei möglichen weiteren Ausdifferenzierungen sind verhandelbar.[34]

---

[30] Ich würde deshalb auch davon abraten, für den Religionsunterricht weiterhin jene ursprünglich aus der Berufsbildungspädagogik stammenden formalen „Schlüsselkompetenzen" wie „Personal"-, „Sozial"- und „Methodenkompetenz" zu veranschlagen und dann additiv durch „Fachkompetenz" zu ergänzen (so z. B. Helmut Hanisch, Unterrichtsplanung im Fach Religion. Theorie und Praxis, Göttingen 2007, 175f.). Damit wird, von allen anderen hier verhandelten Gründen einmal abgesehen, nicht zuletzt der Gewinn wieder verspielt, der aus der fachbezogenen Kompetenzorientierung als Abschied von den Allzuständigkeitsphantasien und thematischen Entgrenzungen zu ziehen ist, die den Religionsunterricht seit den 1970er Jahren belastet haben.

[31] Das gilt z. B. für das von Ulrich Hemel im Anschluss an Charles Y. Glock ausgearbeitete Modell der Dimensionierung von Religion, auf das gegenwärtig immer wieder zurückgegriffen wird. Dessen deskriptive Valenz ist gar nicht in Frage zu stellen. Für Kompetenzen im Bildungsprozess ist das Verhältnis zwischen deskriptiven und normativen Aspekten m. E. aber anders zu justieren. (Vgl. Ulrich Hemel, Religionspädagogik im Kontext von Theologie und Kirche, Düsseldorf 1986, 54ff.).

[32] Vgl. Rolf Schieder, Verordnete, gefühlte oder messbare Bildungsstandards? Konzeption und Forschungsstand eines interdisziplinären Berliner Projekts; Sajak (Hg.), Bildungsstandards für den Religionsunterricht?, a. a. O., 71.

[33] Dietrich Benner, Unterricht – Wissen – Kompetenz. Zur Differenz zwischen didaktischen Aufgaben und Testaufgaben; in: Ders. (Hg), Bildungsstandards. Chancen und Grenzen, a. a. O., 134.

[34] So werden z. B. in den von der Kultusministerkonferenz verabschiedeten „Einheitlichen Prüfungsanforderungen" (EPA) für das Fach Ev. Religion folgende fünf Kompetenzbereiche genannt, die am Ende des gymnasialen Religionsunterrichts erworben sein sollen: (1) Wahrnehmungs- und Darstellungsfähigkeit – religiös bedeutsame Phänomene wahrnehmen und beschreiben; (2) Deutungsfähigkeit – religiös bedeutsame Sprache und Zeugnis-

Noch einmal: Dass Religion, auch gebildete Religion, nicht in Kompetenzen aufgehen kann, ist unstrittig, unterscheidet den Religionsunterricht aber nicht von anderen Fächern. Wie für den Unterricht an öffentlichen Schulen überhaupt nur „eine solche Kompetenz maßgebend sein (kann), die sich auf ein reflexives Können dessen bezieht, was als unterrichtliche Erweiterung der Erfahrung bezeichnet werden kann", so kann es speziell im Religionsunterricht nicht darum gehen, „Religiosität in dem Sinne zu messen, dass etwa Glaubensstärken oder Spiritualitätsgrade erhoben und bewertet würden."[35] Wenn es nicht schon andere religionstheoretische Gründe gäbe, *analytisch* zu unterscheiden zwischen der Religion als dem – erlernbaren – kulturellen Zeichensystem, in dem ein Glaube intersubjektiv kommunikabel wird, und eben dem Glauben als einem individuell gewissen Gottvertrauen, so müsste diese Unterscheidung im Interesse einer Religionsdidaktik allererst eingeführt werden.[36] Der katholische Religionspädagoge Rudolf Englert wendet sich in einer kritischen Analyse des Kompetenzmodells der CI-Expertengruppe gegen die angeblich „strikte" Unterscheidung zwischen „objektivierbarer Religion" und dem Glauben als einer „Form persönlicher Gewissheit (...), die man religiösen Lehr- und Lernbemühungen völlig entzogen sieht". Er hält „ein solches Auseinanderdividieren von Religion und Glaube eher dogmatischen Prämissen als religionspädagogischem Sachverstand" geschuldet.[37] Ich würde indes nicht nur aus theologischen, sondern auch aus pädagogischen Gründen an den hier zur Debatte stehenden Unterscheidungen festhalten wollen, ohne sie freilich in dieser angeblichen „Striktheit" überhaupt für möglich zu halten. Dass der Glaube (als *fides qua*) nicht als Resultat eines intentionalen Lernprozesses lernbar ist, ist auch an dem analogen Sachverhalt abzulesen, dass mentale Zustände ganz generell nicht durch Entschlüsse erreicht werden können. Sie sollen auch nicht das Ziel pädagogischer Interventionen sein, sofern diese nicht in indoktrinierender Absicht die Freiheit der Edukanden unterlaufen. Man kann sich weder dazu entschließen, zu glauben, oder dieses Glauben-wollen zum Aus-

se verstehen und deuten; (3) Urteilsfähigkeit – in religiösen und ethischen Fragen begründet urteilen; (4) Dialogfähigkeit – am religiösen Dialog argumentierend teilnehmen; (5) Gestaltungsfähigkeit – religiös bedeutsame Ausdrucks- und Gestaltungsformen verwenden. Der Nachweis dieser Fähigkeiten soll auf vier Bezugsfeldern des christlichen Glaubens erbracht werden, nämlich (1) den religiös bedeutsamen Erfahrungen und Fragen der Schülerinnen und Schüler, (2) den pluralen religiösen Lebensentwürfen und Weltdeutungen, (3) den religiös geprägten Ausdrucksformen in der Gegenwartskultur und (4) den religiös-ethischen Herausforderungen in Kultur, Wissenschaft, Politik und Wirtschaft. (EPA für den Ev. RU in der Fassung der KMK vom 16.11.2006).

35 Dietrich Benner u. a., Ein Modell domänenspezifischer religiöser Kompetenz, 142; in: Ders., Bildungsstandards. Chancen und Grenzen, Beispiele und Perspektiven, Paderborn 2007, 142.

36 Vgl. hierzu meine Ausführungen in: Bernhard Dressler, Religionsunterricht. Bildungstheoretischer Grundlegungen, Leipzig 2018, 279f.

37 Rudolf Englert, Religionsunterrichtliche Bildungsstandards, a. a. O., 228f.

gangspunkt eines individuell gesteuerten Lernprozesses zu machen, noch kann Glaube als operationalisierbares Resultat einer didaktischen Anstrengung durch eine Lehrperson „erzeugt" werden. Theologisch hat das seinen Grund in der zumal protestantisch akzentuierten Unverfügbarkeit des Glaubens (Martin Luther im „Kleinen Katechismus": „Ich glaube, dass ich nicht aus eigener Vernunft noch Kraft an Jesus Christus, meinen Herrn, glauben oder zu ihm kommen kann").[38] Pädagogisch hat diese Einsicht ihr Äquivalent in der Erfahrung, dass ein Gefühl, eine moralische Präferenz oder eine Gesinnung zwar erzieherisch angestrebt werden kann, aber nicht didaktisch erzeugt werden kann. Das gilt umso mehr für das elementare, dem Glauben zugrundeliegende Gefühl eines Selbst- und Weltvertrauens, das nicht einmal empirisch sicher bestimmten Sozialisationsvoraussetzungen zugeschrieben werden kann. Es ist bei religiösen Lernprozessen jedoch auszugehen von einer äußerst komplexen Gemengelage von emotionalen Widerständen, sozialisatorisch verankerten Erfahrungswiderständen, in Missverständnissen wurzelnden kognitiven Widerständen, die pädagogisch und didaktisch *bearbeitet* werden können. Dann muss der Glaube keine Erkenntnis sein, die sich in einer Art Konversionsakt einstellt, sondern kann sich langsam entwickeln. Die kognitiven Anteile, die daran *auch* eine Rolle spielen können, lassen sich kaum trennscharf von anderen Motiven unterscheiden. Und schließlich: Die Fähigkeit zur religiösen Expression und Kommunikation von Glaubensgewissheiten wirkt stärkend auf diese zurück, ohne dass sie deshalb als durch Religion erzeugt gelten können. Ohne religiöse Appetenz jedoch lässt sich religiöse Kompetenz kaum vermitteln. Man wird religiös kompetent sein können, ohne „religiös musikalisch" zu sein zu müssen – aber das ist eher unwahrscheinlich.

Kompetenzorientierung, so lässt es sich resümierend formulieren, bewegt sich auf einem schmalen Grat zwischen neuen Lernchancen und der Gefahr bzw. der Illusion einer technizistischen Verkürzung des Lernverständnisses.[39] Gewiss: Kompetenzorientierung erscheint anfällig für funktionalistische oder ökonomistische Lesarten. Und doch lässt sich vor diesem Hintergrund der Kompetenzbegriff, weil und sofern er auf fachlichen Gegenstandslogiken aufruht, von jenem normativ fragwürdigen, aber auch praktisch unterkomplexen Qualifikationsbegriff unterscheiden, der der Curriculumdiskussion der 1970er Jahre zugrunde lag und mit dem sich die Differenz zwischen allgemeiner Bil-

---

38 Freilich sollte der pneumatologische Vorbehalt auch nicht vorschnell erhoben werden, um nicht religiöse Lernprozesse in die Grauzone einer Mystifikation zu rücken. Emotionen und psychische Tiefenstrukturen sind dabei auf komplexe Weise mit Erfahrungen und Kognitionen verwoben.

39 Es ist als ein Symptom dieser Gefahr zu werten, dass aus der sog. „Neurodidaktik" zunehmend Folgerungen gezogen werden, die Bildung mit Konditionierung und Lernen mit Medikamentierung oder Dressur verwechseln. Hier sind allerdings Motive und naturalistische Menschenbilder wirksam, auf die der pädagogische Diskurs nur beschränkten Einfluss hat.

dung und Ausbildung so nivellierte, dass konsequenterweise für längere Zeit die Begriffe Lernen und Sozialisation an die Stelle des Bildungsbegriffs traten. In der Praxis von Lehr-Lern-Prozessen ist eine nie ganz trennscharfe, aber doch analytisch mögliche Unterscheidung zwischen Qualifikationen und Kompetenzen zur Geltung zu bringen.[40] Qualifikationen sind Resultat von Ausbildungsgängen in gewissem Maße fremdbestimmt. Die Ingebrauchnahme einer Kompetenz schließt dagegen die Bewusstheit des Handlungsmotivs und die Entscheidungsfreiheit gewissermaßen reflexiv mit ein. Weil der so präzisierte Kompetenzbegriff als bildungstheoretisch kompatibel gelten kann, ist er auch widerständig gegen seine funktionalistische Reduzierung. Die größere Gefahr einer Funktionalisierung der Religion scheint mir indes gegenwärtig von ganz anderer Seite zu drohen: Eher durch einen verschwiemelten Bildungsidealismus, der von so wenig ausweisbaren *erzieherischen* Zielen wie „Persönlichkeitsentwicklung" raunt, oder durch die von außen an den Religionsunterricht herangetragenen und von manchen Religionslehrkräften gerne erfüllten moralerzieherischen Erwartungen.

Im „Klieme-Gutachten" werden Kompetenzen als eben die „Fähigkeiten der Subjekte" verstanden, „die auch der Bildungsbegriff gemeint und unterstellt hatte: Erworbene, also nicht von Natur aus mitgegebene Fähigkeiten, die an und in bestimmten Dimensionen der Wirklichkeit erfahren wurden und zu ihrer Gestaltung geeignet sind, Fähigkeiten zudem, die der lebenslangen Kultivierung, Steigerung und Verfeinerung zugänglich sind."[41] Wenn es nun um Graduierungsmodelle geht, in denen Kompetenzstufen und Stufen des Kompetenzerwerbs unterschieden werden können, so ist dabei „parallel zur alten Bildungstheorie (...) *der Grad der Reflexivität der Problembearbeitung*, also die kritische Beobachtung des eigenen Lernens und der Welt, der Aufgaben und der Lösungsprozesse der beste Indikator, um solche Graduierung zu konstruieren und für konkrete Handlungsbereiche des Menschen zu entwickeln."[42]

Schulisches Lernen erfolgt immer im Medium bestimmter *Inhalte*. Zugleich verstärkt die gegenwärtige kompetenzorientierte Wende mit dem Rekurs auf die *fachliche* Perspektivierung der Welterschließung die Inhaltsbezogenheit des Unterrichts eher gegenüber seiner Orientierung an vermeintlichen (und wissenschaftlich wie politisch kontroversen) zukünftigen Problemlösungserfordernissen („Schlüsselqualifikationen" und „epochaltypische Schlüsselprobleme"). Dennoch verschiebt sich aber doch das unterrichtliche Verhältnis von Inhaltlichkeit und Intentionalität: Nicht länger soll ein Lehrplan die Inhalte vorgeben, sondern Kompetenzen sollen sich gleichsam ihre immer wieder neu

[40] Vgl. hierzu in diesem Buch: Performanz und Kompetenz, S. 35.
[41] „Klieme-Gutachten", 65.
[42] „Klieme-Gutachten", 66 (Kursivierung B. D.).

zur Disposition stehenden Inhalte suchen.[43] In gewisser Weise werden Lernstoffe auf diese Weise funktionalisiert. Unter dem Gesichtspunkt ihrer Exemplarizität geschieht dies aber schon immer. Zu finden ist ein Weg jenseits der Alternative zwischen einer materialen, d. h. über Stoffe definierten, und einer formalen, d. h. *allein* über abstrakte (statt fachlich formatierte) Kompetenzen definierten Bildungstheorie.[44] Dabei ist dem Problem nicht zu entkommen, nicht mehr einfach von einem unstrittigen Kanon von „Bildungsgütern" ausgehen zu können (der heute angesichts expandierenden Wissens und strittiger Kriterien immer schwieriger auszuhandeln wäre), sondern Lerninhalte exemplarisch bestimmten Lehrintentionen zuordnen zu müssen. Mit der bewussten Anerkennung, dass Lernen nur im Medium konkreter Inhalte denkbar ist, und mit der bildungstheoretischen Reflexion dieses Sachverhalts sind nun zwar keine Garantien gegen ein Lernverständnis gegeben, das Inhalte funktionalistisch instrumentalisiert; wohl aber wird dem damit drohenden Bedeutungsverlust der Lerngehalte gewehrt.[45] Für den Religionsunterricht jedenfalls ist nicht jene sinkende Halbwertzeit des Bildungswissens zu veranschlagen, mit denen sich die Fächer auseinanderzusetzen haben, deren Stoffe unmittelbarer an expandierende empirische Forschung anschließen. So ist pragmatisch davon auszugehen, dass sich aufgrund der Bewährtheit und Zentralität bestimmter Gehalte (Themen, biblische Texte, religiöse Praxen) so etwas wie ein „Kerncurriculum"[46] einspielen wird.

Sollen nun also doch auf religiösem Feld „Probleme gelöst" werden? Hier ist ein Missverständnis abzuwehren. Selbstverständlich geht es auch auf dem Feld der Religion um Kompetenzen, mit denen auf bestimmte situative Anforderungen reagiert werden kann. *Didaktisch* werden Erwerb und Erprobung

---

43 Vgl. hierzu Bernhard Dressler, Kanon als Inhaltsvorgabe? – Oder: Suchen sich Kompetenzen ihre Inhalte?; in: Gerhard Büttner / Volker Elsenbast / Hanna Roose (Hg.), Zwischen Kanon und Lehrplan, Berlin 2009, 134–142.

44 Es war dies das Anliegen der frühen „kategorialen Bildungstheorie" Wolfgang Klafkis: Kategoriale Bildung; in: Ders., Studien zur Bildungstheorie und Didaktik, Weinheim u. Basel 1963.

45 Anzuerkennen ist freilich das Problem, dass die in der Komplementarität von Kompetenzen und fachlichen Inhalten liegenden Chancen Lehrpersonen mit hohem fachlichem Urteilsvermögen voraussetzen. Möglicherweise ist dies der Grund, warum manche kulturministeriellen Versionen (und amtskirchlichen Vorgaben) von Bildungsstandards doch wieder mit Stoffkatalogen aufgefüllt werden. Es sollte dieser Kompromiss dann allerdings aus Gründen systematischer Klarheit auch explizit benannt werden, um nicht den Paradigmenwechsel der Kompetenzorientierung zu verundeutlichen. Ganz problematisch allerdings wird es, wenn die Rückkehr zur Stofforientierung sich *de facto* einspielt als Reaktion einer durch zentrale Prüfungsanforderungen und gleichzeitige Reduktion der Schulzeit („G 8") unter Druck geratenden Schule. Kritisch und exemplarisch zu diesem Problemkomplex auch: Lothar Kuld, Standards ohne Kompetenzmodell? Anfragen an die Bildungsstandards für katholische Religionslehre/Grundschule in Baden-Württemberg; in: Sajak, Bildungsstandards, a. a. O..

46 Vgl. „Klieme-Gutachten", 90ff.

solcher Kompetenzen im Blick auf *als Handlungsprobleme formulierte exemplarische Lebenssituationen* angestrebt.[47] Die *Lebenssituationen*, in denen religiöse Kompetenz gefragt ist, werden aber *im Unterschied zu den schulischen Lernaufgaben* gar nicht überwiegend als lösbare „Probleme" wahrgenommen werden können. Religiöse Kompetenz schließt gerade das Wissen ein, dass das Leben nicht nur im Aktivismus von Problemlösungen bestehen kann und soll. Sie schließt die Anerkennung des Umstands ein, dass ein religiöser Glaube ganz auf passiven Erfahrungen gegründet ist, auf Erfahrungen des Anerkanntseins jenseits aller persönlichen Eigenschaften und Leistungen, jenseits auch aller Kompetenzen.

5. *Fazit: Was gewinnt die Religionsdidaktik aus der Kompetenzorientierung? Die Erschließung von Religion als kulturelle Praxis*

Wenn es, so kann hier kurz resümiert werden, bei der Kompetenzorientierung des Schulunterrichts darum geht, Lernprozesse nicht mehr daran auszurichten, welche Themen und Gegenstände unterrichtlich behandelt werden, sondern an der Frage, was am Ende nicht nur gewusst, sondern gekonnt wird, so gilt das für den Religionsunterricht wie für alle Schulfächer. Bislang träges, schnell wieder verlerntes Wissen soll in Verbindung mit Können nachhaltiger werden. Für den Religionsunterricht scheint die Umstellung von der „Stoffvermittlung" auf die „Kompetenzorientierung" mit dem Gewinn verbunden zu sein, dass Religion deutlicher *als eine kulturelle Praxis* wahrgenommen wird, mit der sich Menschen in ihrem Leben orientieren und durch deren *Vollzug* sie sich zur Unverfügbarkeit ihres Lebenssinnes verhalten. So verstanden wird eine Religion nicht dadurch erschlossen, dass man auf eine bestimmte Gesinnung verpflichtet wird oder bestimmte Behauptungen für wahr hält. Vielmehr gehören die Vollzugselemente und Vorstellungsgehalte der Religion zusammen.

Für das Verstehen der christlichen Religion gilt das nun auf besondere Weise. Ganz generell kann man sagen, dass im Blick auf die kommunikativen Vollzüge, in denen Religion zu Darstellung kommt, sich allererst ihr Eigensinn im Vergleich zu anderen kulturellen Praxen und anderen Weisen, die Welt zu verstehen und sich zur Welt zu verhalten, zeigt und charakterisieren lässt. Das heißt: Die Modalität religiöser Kommunikation ist für das Verstehen von Religion mindestens ebenso wichtig wie ihr semantischer Gehalt. Kein religiöser *Gehalt* erschließt sich ohne das Verstehen seiner kommunikativen *Gestalt*.

Die Stofforientierung schulischen Lernens hat in religiösen Bildungsprozessen das Missverstehen von Religion als eines sachverhaltsförmigen Wissens befördert. Stofforientierung verstellt den Blick auf den Modus religiöser Kom-

[47] Das „Klieme-Gutachten" spricht von „Anwendungssituationen" (79).

munikation, deren Gestalt – wie gesagt – nicht vom Gehalt abzuziehen ist und in der deshalb (mit den Begriffen Schleiermachers) „Darstellung" und „Mitteilung" nur verschränkt zu denken sind.[48] Im Blick auf die Religion sind es gerade ihre kommunikativen Formgestalten, die Bedeutungsüberschüsse über die dabei verwendeten sprachlichen Begriffe hinaus enthalten – ganz ähnlich wie in der Poesie, deren Gehalte zum Verschwinden gebracht werden, wenn man sie in begriffliche Aussagen jenseits ihrer ästhetischen Formen zu übersetzen versucht. Aus diesem Grund kann religiöses Lernen auch nicht auf eindeutige Einsichten zielen, sondern auf das Verstehen von und den Umgang mit Mehrdeutigkeiten. Es geht nicht darum, die Frage nach den Inhalten religiösen Lernens vorschnell mit der Frage nach Wahrheit zu verbinden und den Religionsunterricht ausgehend von dem bestimmten Wahrheitsanspruch seiner jeweiligen Bezugsreligion zu konzipieren und inhaltlich zu bestimmen. Es wäre gar nichts damit gewonnen, wenn man im Religionsunterricht die *Zustimmungsbereitschaft* zu den Sätzen des christlichen Glaubensbekenntnisses erzeugen könnte. Aus bildungs- und lerntheoretischen Gründen, aber auch aus theologischen Gründen hat nämlich die Frage Vorrang, *in welchem Modus* Geltungs- und Wahrheitsansprüche in den unterschiedlichen „Modi der Weltbegegnung" jeweils begegnen.

Wenn im Religionsunterricht gelernt wird, die kategorial unterschiedlichen Bedeutungsdimensionen von *puto* („ich glaube" im Sinne von „ich vermute"; engl.: „I think") und *credo* („ich vertraue"; engl.: „I believe") nicht zu verwechseln, dann ergibt sich daraus auch die (freilich niemals zwingende) *Möglichkeit* der Einsicht, dass Gott im Modus des *credo* kein Objekt eines Wissens oder einer Vermutung ist, sondern der Adressat eines Vertrauens, mit dem auch unser Wissen allererst in einen Sinnhorizont gerückt wird. Ohne diese kognitive (!) Einsicht in den Vollzugssinn religiöser Kommunikation kann der weit verbreitete Irrtum nicht bearbeitet werden, die Teilnahme an religiöser Praxis laufe auf das Fürwahrhalten von wissenschaftlich längst widerlegten Aussagen über die Welt, ihre Entstehung und ihre Zukunft hinaus. Es geht, vorsichtig gesagt, darum, die Missverständnisse abzubauen, die einer reflektierten *Einstimmensbereitschaft* in das Credo entgegenstehen, ohne den damit verbundenen Glauben für erzeugbar zu halten.

Bislang war hier überwiegend allgemein von „Religion" die Rede. Das ist insofern notwendig, als es zunächst darum gehen muss, die spezifische Differenz zu verstehen, mit der sich Religion generell von anderen kulturellen Pra-

---

[48] Friedrich Schleiermacher sieht den kommunikativen Modus der christlichen Religion durch die Gleichzeitigkeit von „Mitteilung und Darstellung" charakterisiert. Darauf bezieht er auch den kirchlichen Unterricht mit der Bemerkung, dass „im Unterricht selbst die darstellende Mitteilung und die mittheilende Darstellung sein muss, die im Cultus ist, aber auf eine auf die Beschaffenheit der Kinder sich beziehende Weise und keineswegs unter der Form des Cultus." (Schleiermacher, Praktische Theologie, Berlin / New York 1983, Nachdruck der Ausgabe von 1850, 71).

xen und Wissenssystemen unterscheidet. Eben deshalb ist zu betonen, dass auch die Naturwissenschaften, wenn man ihre Erkenntnisreichweite und ihre Erkenntnisgrenzen im Blick behalten will, als kulturelle Praxen zu verstehen sind. Es ist ein Irrtum zu meinen, die Besonderheit der Naturwissenschaft bestünde darin, dass durch sie die Welt gleichsam unmittelbar und wie sie wirklich ist erkannt werde. Naturwissenschaften modellieren die Welt durch ihre Erkenntnisweisen. In den naturwissenschaftlichen Fächern zeigt sich nicht die Welt, sondern zeigt sich die Welt, wie sie sich dem naturwissenschaftlichen Blick zeigt. Das gilt also nicht anders als für die Religion, die die Welt ebenfalls aus einer bestimmten Perspektive deutet.

Nun gibt es aber kein religiöses Esperanto. Religion existiert immer nur in der Form einer bestimmten konkreten Religion, an der der Unterschied zwischen Religion und anderen Weltzugängen *exemplarisch* aufzuzeigen ist. Um die christliche Religion zu verstehen, ist zu lernen, dass sich in ihr Vollzugsformen und Vorstellungsgehalte auf eine besondere Weise verbinden. Die christliche Religion ist ebenso wenig eine Welterklärung in Gestalt einer bestimmten Lehre oder Doktrin, wie sie auch nicht auf eine bestimmte Ethik zu reduzieren ist. An ihrem Ursprung steht vielmehr ein *Ereignis* – das als Menschwerdung Gottes gedeutete Leben und Sterben Jesu von Nazareth, der als der *Christus* erinnert und im Gottesdienst vergegenwärtigt wird. Von sich sagt Jesus nicht: „Ich lehre euch die Wahrheit, und wie man richtig lebt“, sondern: „Ich *bin* die Wahrheit und das Leben“ (Joh 14,6). Die christliche Religion ist in ihrem Kern die Erinnerung und Vergegenwärtigung des Christusereignisses. In diesem Horizont, in dem das Leben, das Sterben und die von seinen Jüngerinnen und Jüngern bezeugte Auferstehung Jesu als Christusereignis *gedeutet* wird (und anders als in Form einer Deutung hat kein historisches Ereignis Bedeutung), eröffnet sich zugleich eine Weltdeutung, die die Führung eines bewussten Lebens orientieren kann.

Auch wenn zu einer solchen Lebensführung nicht die regelmäßige Teilnahme am christlichen Gottesdienst gehören muss, so kann man doch verstehen lernen, warum im Gottesdienst als einer konkreten Form kultureller Praxis des Erinnerns und Vergegenwärtigens der Kern der christlichen Religion sichtbar wird. Christlich-religiöse Lernprozesse sollen deshalb zu verstehen geben, warum *Erzählungen* und die Gottesanrede im *Gebet* die konstitutiven Sprachformen der christlichen Religion sind. Deshalb sollte der evangelische Religionsunterricht auch von Lehrkräften erteilt werden, die aus eigener Erfahrung „Sinn und Geschmack“ für religiöse Praxis in den Unterricht mitbringen.

Der Kompetenz zur urteilsfähigen Teilhabe an einer kulturellen Praxis ist, wie an anderer Stelle schon gezeigt wurde, ein Zusammenhang von Teilnahme und Beobachtung vorausgesetzt.[49] Ohne gewisse Teilnahmeerfahrungen lässt sich gar nicht verstehen, worum es in dieser Praxis geht. Jede Teilnahme an

49 S. in diesem Buch S. 45 u. ö.

einer kulturellen Praxis bedarf aber, wenn sie urteilskräftig sein soll und die Subjekte nicht gleichsam aufsaugen soll, der (Selbst-)Beobachtung, also einer gewissen, jeweils altersangemessen zu dosierenden Distanzierungsfähigkeit. Es gilt für alle kulturellen Praxen, dass die Möglichkeit, sie zu verstehen, sich nur innerhalb eines Spannungsverhältnisses zwischen interner Teilnahmeperspektive und externer Beobachterperspektive eröffnet. Beobachtung ohne Teilnahme ist leer, Teilnahme ohne Beobachtung ist blind.

Partizipationskompetenz entsteht *auch* durch Einübung, aber im Anspruch von Bildungsgängen eben *nicht nur* durch Einübung, sondern durch eine mit didaktischen Mitteln systematisierte Distanznahme, durch den inszenierten Wechsel zwischen probeweiser Teilnahme und Beobachtung der Teilnahme. Unterricht ist in altersangemessener Dosierung immer im Wechsel von Weltbeobachtung und Beobachtung der Weltbeobachtung zu gestalten. Anders gesagt: Um die Brille zu erkennen, durch die wir sehen, müssen wir sie abnehmen. Das gilt natürlich vor allem für den Unterricht in den Sekundarstufen, während in der Grundschule der Erwerb der kulturellen Basiskompetenzen im Vordergrund steht, vor allem Lesen und Schreiben, mit denen man über die schulischen Inhalte anders als im unmittelbar lebenspraktischen Umgang kommuniziert.

Auch in dieser Hinsicht zeigt sich, warum es im Interesse religiösen *Verstehens* nicht nur aus methodischen Gründen sinnvoll, sondern aus sachlichen Gründen geboten ist, Religion im Unterricht weder als ein Gesinnungsphänomen noch als eine Sammlung von textlich kodifizierten Lehren zu erschließen, sondern als eine bestimmte kulturelle Praxis, die sich im Wesentlichen in symbolischen Kommunikationsgestalten ausdrückt und darstellt. Symbole leben von ihrer Mehrdeutigkeit und lassen ihre Bedeutungen erst in ihren jeweiligen Gebrauchskontexten erkennen. Symbole *sind* nicht religiös oder nichtreligiös. Sie werden religiös *im religiösen Gebrauch*. Deshalb gewinnt religiöse Bildung ihr spezifisches fachliches Profil nicht durch Themen, sondern durch den Modus und den Stil des Zeichengebrauchs. Religionsdidaktik hat deshalb die Unterscheidung zur Voraussetzung, *was für wen unter welchen Umständen als religiöse Kommunikation* gilt. Im Verhältnis von (nur jeweils individuell zu verstehendem) Gehalt und (nur jeweils gemeinschaftlich und leiblich artikulierbarer) Gestalt wird zugleich grundlegend das Verhältnis sichtbar, wie im Raum der Religion Individuum und Gemeinschaft, Subjekt und Kultur, Deutung und Tradition zueinander ins Verhältnis treten. In schulischen Lernprozessen ist deshalb die Wahrnehmungs- und Erschließungsperspektive, in der sich die Gegenstände überhaupt erst konstituieren, von gleicher Bedeutung wie der Sachgehalt der Lerngegenstände. Eben deshalb sind im Unterricht nicht nur Bedeutungen zu vermitteln, sondern auch je bestimmte Kommunikationsformen zu inszenieren, um deren Sinn verstehen zu können. Dazu müssen diese Kommunikationsformen *experimentell in Gebrauch genommen* werden können („Teilnahme“), es muss aber jederzeit deutlich sein, *dass* es sich um ein Experiment handelt („Beobachtung"). Wenn z. B. *über* das Beten gesprochen wird, ohne dass sich durch die experimentelle *Ingebrauchnahme* von Gebetssprache der semantische Mehrwert dieser *Sprachform* erschließt, kann in religiöser Hinsicht gar nichts gelernt werden. Es geht also nicht um ein „Probebeten", bei dem der Unterschied zwischen einer authentischen Gebetspraxis und einer didaktisch definierten Unterrichtssituation verwischt wäre. Wenn es – z. B. auf Wunsch einer Klasse aufgrund eines sie stark berührenden Ereignisses – einmal dazu kommen sollte, dass während der Religionsunterrichtsstunde gebetet wird, dann ist der Unterricht für die Dauer des Gebets *unterbrochen.*

Wie aber könnte ein Experiment mit Gebetssprache gestaltet werden? Z. B. könnten zur Verhältnisbestimmung von Ethik und Religion ethische Themen probeweise in die Sprachformen einer Fürbitte übersetzt werden, in denen Leid und Schmerz sensibel in den Blick rücken. In der Bitte um Gerechtigkeit rückt die Welt in ein anderes Licht als in der moralischen Forderung nach gerechtem Handeln. Oder erfahrene Freuden werden dankbar vor Gott gebracht. Es entstehen Sprachgestalten des Betens. Mit denen kann nun experimentiert werden – was verändert sich z. B., wenn der Text individuell gemurmelt oder chorisch (liturgisch) gesprochen wird? Welche Textveränderungen erscheinen dafür angemessen? In einer in religionsphänomenologischer Distanz zu gestaltenden Auswertung kann dann gefragt werden, wie mit dem sprachlich bis in die grammatischen Formen hinein zu beobachtendem Umschlag vom Wünschen zum Bitten, vom Bedauern zum Klagen, vom Freuen zum Danken jeweils ein anderes Verhältnis zur Welt und den Mitmenschen verbunden ist. Es stellt sich die Frage: Was würde sich verändern, wenn es (k)einen Adressaten von Bitte, Klage und Dank gäbe? Und was könnte der religiöse Ertrag eines solchen Lernprozesses sein? Nach und nach wird das Gebet vom Versuch einer magischen Beeinflussung Gottes unterschieden werden können. Im glücklichsten Fall kann gelernt werden, dass sich im Bitten-Können selbst – und nicht erst durch die Erfüllung der Bitte – ein Sinn eröffnet. Denn im Gebet wird nicht über die Existenz Gottes spekuliert, sondern tritt Gott in den Existenzraum der Betenden ein. Diese Erfahrung wird der Unterricht selbst kaum vermitteln können. Für diese Erfahrung aber zu öffnen und sie dann, wenn sie im Leben gemacht wird, angemessen reflektieren und ausdrücken zu können: das wäre ein genügend anspruchsvolles Ziel des Religionsunterrichts.

Wie geht das nun, wenn es nicht um eine unmittelbar als Praxis zu beschreibende religiöse Kommunikationsform wie das Beten geht, sondern um jene andere für die christliche Religion konstitutive Sprachform des Erzählens? Hier wird auch zugleich deutlich, dass es den Gedanken der Kompetenzorientierung überlastet, wenn daraus gefolgert wird, religionsdidaktische Erschließungsaufgaben müssten immer sogleich mit einem praktischen Gebrauchszusammenhang verbunden werden. Die Verstehensvoraussetzungen der christlichen Religion sind zwar nicht ohne den Sinn für religiöse Praxis zu denken, sie sind aber so anspruchsvoll und komplex, dass sie darüber hinausgehen. Um den Zusammenhang von Erinnern und Vergegenwärtigen zu verstehen, muss verstanden werden, was da in welcher Gestalt erinnert wird. Darum geht es zentral in der Bibeldidaktik. Deren Hermeneutik würde nun zu kurz greifen, wenn der existentielle Sinn einer biblischen Erzählung sich immer nur mittels einer konkreten lebensweltlichen Anwendungssituation erschließen würde. Das wird deutlich bei der Frage nach den Bedingungen des Verstehens von Erzählungen: Wie ist in die biblischen Geschichten wie in eine bewohnbare Welt hineinkommen, statt sie immer vorschnell vor die Alternative *fact or fiction* zu stellen? Statt immer nur auf den Ebenen von Nacherzählung und Interpretation im Sinne der Ermittlung eines abstrakten Textsinns zu bleiben: Wie lassen sich vor aller Interpretation Identifikationen mit handelnden Personen aufbauen (z. B. durch „innere Monologe"); wie lassen sich alternative Handlungsabläufe entwerfen; Gespräche mit oder zwischen den handelnden Personen fingieren; anachronistisch: Personen der modernen Gegenwart in die fremde Welt der biblischen Stories schicken und sich dort umsehen lassen?

Im Zentrum jeder Bibeldidaktik steht das Problem des Verhältnisses von Ereignis und Deutung im Vergleich zum Verhältnis von Faktum und Fiktion. Fiktionalität darf nicht als Gegenbegriff zur Wirklichkeit verstanden werden, weil die Erzählung ohne sie keine Erfahrungsräume öffnen würde. Die biblischen Texte (denken Sie einmal nur an die lukanische Weihnachtsgeschichte) sind ohne ihre fiktionale (und damit zugleich exemplarische) Dimension gar nicht vorstellbar. Zudem ist jede Erzählung, gleich, ob sie fiktional ist oder sich auf ein Ereignis bezieht, das mitzuteilen sie beabsichtigt (oder: vorgibt), von diesem Ereignis durch den Modus der Narrativität kategorial entfernt. Fiktionale *Erzählung* und Geschichts*erzählung* sind näher beieinander, als es für die Beziehung von Erzählung und „Ereignis"-Wirklichkeit gilt, die wir (selbst im Grenzfall einer filmischen Dokumentation), *nie* unmittelbar kennen. Auch historische Erzählung ist nie nur Abbildung des Gegebenen[50] – das gilt nicht nur für die Evangelien. Für die aber gilt auf strenge Weise: „Worüber man nicht argumentieren kann, darüber muss man erzählen" (Umberto Eco).

Vor allem, und das gilt dann auch auf weniger anspruchsvollem Niveau, kommt bei diesen Verfahren die Dialektik von Aneignung und Vermittlung ohne Belehrung aus. Im Vollzug der narrativen Operationen wird deutlich, dass Interpretationen *Lesarten* sind. Gerade das Anachronistische des gleichsam als Exploration einer fremden Welt gestalteten Textzugangs hält den Vorgang der Lesartenproduktion durchschaubar. Freilich: Die Lesarten sind nicht beliebig, sie müssen sich in den variierten *performances* des Textes plausibilisieren lassen. Die Verhandlungen der Lerngruppe über diese Gestaltungen setzen mehr hermeneutische Energie frei als jedes Gespräch „über" den Text. Zugleich

50 Vgl. Martina Kumlehn, Geöffnete Augen – gedeutete Zeichen. Historisch-systematische und erzähltheoretisch-hermeneutische Studien zur Rezeption und Didaktik des Johannesevangeliums in der modernen Religionspädagogik, Berlin / New York 2007, 265f.

bleibt aber das Missverständnis ausgeschlossen, es gebe die eine eindeutige Textwahrheit. Keine Hermeneutik überführt Mehrdeutigkeit in Eindeutigkeit. Gewiss können exegetische Informationen über den Text hilfreich sein – gegebenenfalls muss sich die Lehrperson zum Anwalt des Textes machen können, sofern sich die Frage nach der Grenze der Interpretation stellt. In der Reflexion der experimentellen Ergebnisse wird die Frage zu stellen sein, welche Bedeutungen sich *nur narrativ* (oder im Blick z. B. auf Psalmen: *nur lyrisch-poetisch*) wahrnehmen und kommunizieren lassen? Was geht bei ihrer „Übersetzung" in Begriffe verloren? Wie kann dieser Verlust im Modus begrifflicher Sprache reflektiert und bewusst gehalten werden? Nun generiert das „Spiel" einen *kognitiven* Lerneffekt: Welche Sinnverschiebungen sind mit dem Wechsel der Erzählperspektiven und mit dem Wechsel von Narration (oder Poesie) im weitesten Sinne verbunden? Warum können Ereignisse, die als Handeln Gottes gedeutet werden, nur erzählt werden? Was unterscheidet die biblischen Erzählungen von Tatsachenberichten? Zu erwarten ist, dass die fremde (und oftmals befremdende) Erzählperspektive biblischer Texte anerkannt wird, ohne sich nur *deshalb*, weil sie fremd ist, vor ihr zu verschließen. Die Welt erscheint darin *als eine andere Welt*. Wie im Gebet wird auch hier alles durch die Annahme, dass Gott handelt, in ein anderes Licht gerückt. Die Welt nicht auf das Faktische zu reduzieren, kann als Alternative zu einer gleichgültigen oder zynischen oder verzweifelten Weltsicht einleuchten. Die Erschließung der christlichen Religion beginnt mit der Einsicht, dass die Welt mehr ist als das, was der Fall ist.

Religiöses Lernen kann deshalb nicht auf eindeutige Einsichten zielen, sondern auf das Verstehen von und den Umgang mit Mehrdeutigkeiten. Ohne die Anerkennung von Mehrdeutigkeit werden die Bedeutungsüberschüsse symbolischer Kommunikation verspielt. „Unscharfe Ränder" sind ein nicht billigend in Kauf zu nehmendes, sondern produktiv zu gestaltendes Charakteristikum religiöser Kommunikation. Religionsdidaktik ist deshalb nur als „Ambiguitätsdidaktik"[51] sachgerecht. Dazu gehört der Verzicht auf eindeutige moralische Botschaften. Inhaltliche Offenheit dagegen verbindet sich vor allem mit der ästhetischen – narrativen und poetischen – Verfasstheit religiöser Sprache. Religiöse Lernprozesse werden gründlich missverstanden, wenn sie auf „Begriffskonstruktionen" als „Voraussetzung (!) für religiöse Kommunikation" abzielen sollen.[52] Es ist gerade umgekehrt: Religiöse Kommunikation kann nur dann verstanden werden, wenn die sekundär zu ihrer Reflexion ins Spiel gebrachten theologischen Begriffe selbst von der Unschärfe der Metaphern und Symbole affiziert bleiben, auf die sie sich beziehen. *Eben das* verlangt frei-

[51] Michael Meyer-Blanck, Vom Symbol zum Zeichen. Symboldidaktik und Semiotik, Rheinbach ^{2}2002, 78.

[52] Helmut Hanisch, Begriffskonstruktionen – Voraussetzung für religiöse Kommunikation; in: Michael Domsgen (Hg.), Religionspädagogik in systemischer Perspektive. Chancen und Grenzen, Ev. Verlagsanstalt, Leipzig 2009, 113–126.

lich nach *kognitiver* Einsicht. Und deshalb reichen zum Verstehen der Religionen Kenntnisse im Wissensformat nicht aus, sondern muss die Beherrschung der spezifisch-religiösen Kommunikationsformen dazukommen. So bringt sich die Standardformel der Kompetenzorientierung, dass das Wissen immer mit einem Können verbunden sein muss, im Religionsunterricht zur Geltung.

Überlegungen zu einem evangelischen Verständnis religiöser Bildung

Vorbemerkungen zum Bildungsbegriff und seiner Übersetzbarkeit

Der deutsche Begriff „Bildung“ ist nur schwer übersetzbar. Er ist von „Erziehung“ ebenso zu unterscheiden wie von allen anderen Bezeichnungen für Vorgänge des „Lehrens“ und „Lernens“. Freilich ist es auch im deutschen Sprachraum üblich geworden, „Bildung“ als Passepartout für *alle* Phänomene der Erziehung und *Aus*bildung in Institutionen des unterrichtlichen Lernens zu benutzen. Diese Entwicklung hängt mit einer Ökonomisierung des Schul- und Hochschulwesens zusammen, die nur noch Kriterien der Effizienz und Funktionalität im Blick auf den Arbeitsmarkt zulässt. Dabei kann dann z. B. musische oder religiöse Bildung zunehmend für entbehrlich gehalten werden. Unter Bildung wurde aber immer mehr als die Vorbereitung auf das Erwerbsleben verstanden. Darin besteht ja gerade der spezifische semantische Gehalt dieses Begriffs. Bildung zielt auf die Fähigkeit zur mündigen und urteilsfähigen Teilnahme am kulturellen Gesamtleben einer Gesellschaft. Das schließt die Religion als Gegenstand des Lernens in öffentlichen Bildungsinstitutionen ein. Sofern Kirchen und Religionsgemeinschaften die Aufgabe religiöser Bildung wahrnehmen, geschieht das nicht nur im Interesse ihrer jeweils eigenen Stabilisierung, sondern im Sinn von Mündigkeit und Urteilsfähigkeit, d. h. als Förderung der lernenden Individuen und ihrer selbständigen Lebensführung. Religiöse Bildung, auch wenn sie im kirchlichen Rahmen stattfände, die nur der Rekrutierung und Sicherung des eigenen Mitgliederbestandes dienen würde, wäre Indoktrination und würde nicht nur ihrem begrifflichen Anspruch widersprechen. Sie würde auch der christlichen Maxime widersprechen, etwas zu tun, ohne selbst davon zu profitieren.

Man kann sich die Semantik von Bildung u. a. daran klarmachen, dass das Substantiv „Bildung“ immer im doppelten Sinne zu verstehen ist: Als eine Art *Eigenschaft* einer „gebildeten“ Person – ihre „Gebildetheit“ – *und* als den lebensgeschichtlich unabschließbaren *Prozess* der Aneignung von Kenntnissen und Fähigkeiten, die der Teilnahme am gesellschaftlichen Gesamtleben dienen. Zugleich ist das Verb „bilden“ nur reflexiv und intransitiv zu gebrauchen. Man kann nicht, jedenfalls nicht *durch jemanden*, gebildet werden, sondern immer nur *sich* bilden. Damit ist die Einsicht verbunden, dass Menschen zwar durch Belehrung orientiert werden können. Solange sie aber nicht lernen, Orientierungsangebote so zu nutzen, dass sie *sich selbst* orientieren, unterliegen sie fremder Verfügung. Man kann im Deutschen zwar sagen: „Ich erziehe dich“, aber eben nicht: „Ich bilde dich". Wenn sich Menschen nur selbst bilden können, ist die Bildung eines Menschen geradezu mit einem „reflektierten Selbstverhältnis" zu identifizieren.[1] Ob Lernprozesse nur „Erziehung", gar nur Dressur oder Training sind, oder ob sie bildende Qualität haben, ist deshalb daran zu erkennen, ob sie sich als die Inszenierung von Lernchancen für Subjekte verstehen, die sich aktiv selbst bilden.

Es sind Besonderheiten der deutschen Geistes- und Ideengeschichte[2], die den Bildungsbegriff, wie er sich uns über seinen alltagssprachlichen Gebrauch hinaus theoriegeschichtlich darstellt, in Deutschland so wirkmächtig werden ließen, während er in andere Sprachen kaum übersetzbar ist. Niklas Luhmann kommentiert diesen Sachverhalt mit dem Hinweis auf die reziproke Unübersetzbarkeit von Begriffen, die aus dem anglo-amerikanischen Bereich übernommen werden (z. B. „*cultural capital*"): „Solche Übersetzungsschwierigkeiten müssen beachtet werden. Sie sollten uns jedoch nicht hindern, vom deutschen Wort auszugehen" – um dessen Erschließungskraft für individuelle Lern- und Entwicklungsprozesse nicht preiszugeben.[3] Dass es sich nicht nur um ein Übersetzungsproblem handelt, sondern um ein Problem der Sache selbst, zeigt sich daran, dass es „keine Möglichkeit einer gehaltvollen Definition (gibt), die der faktischen Begriffsverwendung voll gerecht werden könnte."[4] Wenn in Frankreich gelegentlich von „La Bildung" gesprochen wird, hängt das wohl auch damit zusammen, dass es für Bildung „im Französischen kein Wort, aber großen Sinn gibt. Bildung ist nicht *formation*, sondern Souveränität, die sich *aus Talent, Geschmack, esprit und bonne sens* zusammensetzt, ohne je das eine auf die anderen zurückführen zu können."[5] Sie ist weder auf *éducation* (Erziehung) noch auf *instruction* (Lehre/Unterricht) zu reduzieren.

---

[1] Ernst Tugendhat, Selbstbewusstsein und Selbstbestimmung. Sprachanalytische Interpretationen, Frankfurt a. M. 1979, 31.

[2] Klaus Prange rechnet den Begriff „Bildung" einer Art deutschem Sonderweg zu und verwahrt sich zugleich gegen seinen gegenwärtig zu beobachtenden inflationären und entleerten Gebrauch. Vgl. Klaus Prange, Erziehung im Reich der Bildung; in: Zeitschrift für Pädagogik 52 (2006), 4–10. In Deutschland konnte sich die bürgerliche Kritik an den vormodernen Lebens- und Herrschaftsformen nicht derart machtvoll politisch (wie in Frankreich) und ökonomisch (wie in England) in Szene setzen, sondern sah sich gleichsam kompensatorisch auf die Bildungsinstitutionen verwiesen – allerdings weder unumstritten noch mit durchschlagendem Erfolg. Hier mag einer der Gründe für die Ideologieanfälligkeit des Bildungsbegriffs und für die zuweilen beobachtbare Selbstüberschätzung der gesellschaftsgestaltenden Wirkung der Pädagogik in Deutschland liegen. Man kann vermuten, dass außerhalb Deutschlands ein pragmatischeres Erziehungsverständnis vorherrscht.

[3] Niklas Luhmann, Das Erziehungssystem der Gesellschaft, hg. v. Dieter Lenzen, Frankfurt a. M. 2002, 187 f.

[4] Herwig Blankertz, Art. „Bildung – Bildungstheorie"; in: Christoph Wulf (Hg.), Wörterbuch der Erziehung, München/Zürich 1976, 65.

[5] Jürgen Oelkers, Kultur und Bildung. Neue Aspekte eines alten Problems; in: Peter Biehl / Klaus Wegenast (Hg.), Religionspädagogik und Kultur, Neukirchen-Vluyn 2000, 243.

Wie vertrackt sich diese Probleme darstellen, wird an Ausführungen des amerikanischen Philosophen Richard Rorty unter der Zwischenüberschrift „Bildende Philosophie" deutlich:

„Da das Wort ‚Erziehung' zu flach klingt und ‚Erbauung' zu überschwenglich, möchte ich diesem Projekt – der Suche nach neuen, besseren, interessanteren und ergebnisreicheren Beschreibungsweisen (sc. erkenntnistheoretischer und hermeneutischer Probleme; B. D.) – den Titel ‚Bildung' geben."[6] Dazu merkt der Übersetzer in einer Fußnote an, das Original laute folgendermaßen:

> „Since ‚education' sounds a bit too flat, and ‚Bildung' a big too foreign, i shall use ‚edification' to stand for this project ...", und fährt dann fort: „Das Problem ist, daß ‚education' und ‚edification' zwei mögliche Übersetzungen von ‚Bildung' ins Englische darstellen. Da ‚Bildung' im Deutschen natürlich nicht fremd klingt und ‚Erbauung' (edification) tatsächlich etwas überschwenglich, habe ich diesen und ihm entsprechende Kontexte im obigen Sinn abgeändert."[7]

Warum sollte man dann nicht auf einen so sperrigen und eigentlich unübersetzbaren Begriff verzichten, zumindest in Kontexten internationaler Diskurse? Nun, man würde auf die Distinktionskraft des Begriffs „Bildung" im Blick auf Lernprozesse auch außerhalb des deutschen Sprachraums verzichten – auf Lernprozesse, die mit einem Interesse an der Autonomie der lernenden Subjekte und an ihrer Widerstandskraft gegen die Verwertung ihrer erlernten Kenntnisse und Fähigkeiten durch fremde Interessen ökonomischer oder politischer Art verbunden sind.

Als „Bildung" ist der Prozess der Vermittlung von Selbst und Welt, von Subjekt und Objekt, zu verstehen, in dem sich beide Seiten, Person und Welt, verändern. Die Welt gilt dann nicht als Grenze der Individualität, sondern als Medium ihrer Entfaltung. Im christlichen Verständnis von Bildung kann man sagen, dass Menschen immer schon Personen sind, deren Würde nicht vom Grad ihrer Bildung abhängt, aber dass sie urteils- und handlungsfähige Subjekte erst durch Bildung werden. Die für Bildungsprozesse konstitutive Reflexivität ist nicht ohne Subjektivität in einem emphatischen Sinne zu denken. Sie soll die Entwicklung einer zweckfreien Subjektivität fördern, insofern sie die Subjekte nicht als Mittel für Zwecke wie kulturelle Integration oder ökonomische Prosperität ansieht. Nur Maschinen gehen – im Gegensatz zu Menschen – darin auf, für etwas gut zu sein. Freilich schließt Bildung die Erwartung kultureller Integration und ökonomischer Prosperität keineswegs aus, sondern hofft umso mehr darauf, je weniger sie solche Ziele anstrebt. Sie hat es mit dem in allem pädagogischen Handeln wirksamen Paradox zu tun, dass das Unintendierte und Nichtfunktionale oft das Nachhaltigere und Funktionalere ist. Sub-

---

6 Richard Rorty, Der Spiegel der Natur. Eine Kritik der Philosophie. Übers. von Michael Gebauer, Frankfurt/M. 1987, 390.

7 Ebd.

jektivität erhält ihren Spielraum in Bildungsprozessen, in denen die Welt (mit Schleiermacher und Humboldt) nicht als Grenze, sondern als Medium zur Steigerung von Individualität verstanden wird. Aber Subjektivität hat in Bildungsprozessen, die sich auf die Welt als einen Differenzzusammenhang beziehen, nicht mehr (wie bei Hegel) für das Ganze der Welt aufzukommen. Deshalb kann Bildung auf einem „schwachen" Subjektbegriff[8] aufbauen, der um die Begrenztheit und Brüchigkeit von Subjektivität weiß. Bildung hat es mit einer Subjektivität zu tun, die sich selbst entzogen ist und nur begrenzt dem eigenen Willen unterliegt.[9] Anders nämlich würde das sich bildende Subjekt der Illusion verfallen, es verdanke sich vermittels des Bildungsprozesses sich selbst.[10] Es könnte womöglich den Bildungsprozess religiös aufladen und als Heilsvermittlungsprozess missverstehen. „Gebildet" zu sein, wäre dann eine Eigenschaft, die der Selbstrechtfertigung dienen würde. Weil das nicht sein kann und nicht sein soll, ist Bildung, auch religiöse Bildung, niemals eine religiöse Praxis. So sehr sich religiöse Bildung auf religiöse Praxis beziehen soll, bleibt sie doch im Sinne der Lutherschen Unterscheidungslehre ein „weltliches" Ding.

Zwei Aspekte, die für den Bildungsbegriff von Anfang an konstitutiv waren, sind besonders hervorzuheben: Das *Prinzip der „Bildsamkeit"* des Menschen[11] verbietet es, die Entwicklung einer Person allein auf Anlagen- und Umwelteinflüsse zurückzuführen. Systematisch ausgeführt wird der Begriff „Bildsamkeit" von Johann Friedrich Herbart[12], sachlich vorausgesetzt allerdings bereits bei Humboldt und Schleiermacher. Bildungsprozesse übersteigen in deren Sicht die Vorstellungen von Reifung und Prägung. Sie dürfen sich auch nicht gesellschaftlichen Vorgaben ohne die Möglichkeit zu deren Kritik fügen. Damit wird

8 „Schwach" ist hier in Analogie zu dem von Gianni Vattimo geprägten Begriff des *pensiero debole* zu verstehen: Ders., Glauben – Philosophieren, Stuttgart 1997.

9 Vgl. Dietrich Zilleßen, Die Humanität des Christentums. Humanistische Religion; in: Ders., Gegenreligion, Münster 2004, 99–108.

10 Zumindest missverständlich ist daher die von Volker Ladenthin verwendete Formel, Bildung diene der „Menschwerdung des Menschen". Wenn nicht rechtfertigungstheologisch zwischen der Person, die jemand immer schon ist, und dem Subjekt, das sich im Bildungsprozess entwickelt, unterschieden wird, droht auch der Versuch einer christlichen Orientierung des Bildungsdenkens in ein hypertrophes Selbstmissverständnis des Menschen umzuschlagen – der Mensch wird zum „Werk seiner selbst". Vgl. Volker Ladenthin, Was ist „Bildung"? Systematische Überlegungen zu einem aktuellen Begriff; in: EvTh 4/2003, 241f., 254.

11 Hierzu ausführlicher: Bernhard Dressler, Personsein und Subjektwerdung. Bildsamkeit als bildungstheoretischer Schlüsselbegriff; in: Thomas Schlag / Henrik Simojoki (Hg.): Mensch – Religion – Bildung. Religionspädagogik in anthropologischen Spannungsfeldern (FS Friedrich Schweitzer), Gütersloh 2014, 83–93.

12 Johann Friedrich Herbart, Umriß pädagogischer Vorlesungen (1841), § 1: „Der Grundbegriff der Pädagogik ist die Bildsamkeit des Zöglings." Herbart verstand unter Bildsamkeit keine Bestimmung durch eine anlagenbedingte Determination, sondern sah sie als Ausdruck des „Willens zu Sittlichkeit" (Johann Friedrich Herbart, Pädagogische Schriften, hg. von W. Asmus, Bd.3, Düsseldorf 1965, S. 165).

der Mensch als ein Wesen begriffen und anerkannt, das an seiner Subjektwerdung selbsttätig mitwirkt. Es geht also in der pädagogischen Praxis nicht nur darum, anzuerkennen, dass der Mensch nicht durch Natur oder durch Sozialisation determiniert ist, auch nicht nur darum, Meinungs- und Handlungsfreiheit zu gewähren. Das Gelingen pädagogischer Interaktionen ist vielmehr damit verbunden, dass die Lernenden von solcher Freiheit auch tatsächlich Gebrauch machen können.

Das *Prinzip der Aufforderung zur Selbsttätigkeit* schließt direkt an die Bildsamkeit an, indem der Mensch in der pädagogischen Interaktion zur selbsttätigen Mitwirkung an seinem Bildungsprozess tatsächlich aufgefordert wird und diese Interaktion von der Bildsamkeit her begriffen wird. Hier geht es also um Grundaussagen über die Art und Weise pädagogischen Wirkens. Selbsttätigkeit bedarf der Motivation und der Anregung. Dieses Prinzip verweist auf die pädagogische Grundparadoxie, wie Heranwachsende, die von ihrer Freiheit noch keinen durchweg vernünftigen Gebrauch machen können, gleichwohl im Prozess der pädagogischen Interaktion in ihrer Befähigung zum Selbstgebrauch der Freiheit wachsen. Es geht um die „Fremdaufforderung zur Selbsttätigkeit".[13] Im Anschluss an das biblische Menschenbild formuliert: Pädagogisches Handeln setzt aus Achtung vor der Unverfügbarkeit des Ebenbildes Gottes dessen Freiheit voraus, es muss aber – pragmatisch – die Befähigung zur Freiheit als Ziel von Bildung und Erziehung allererst anstreben. „Wie kultiviere ich die Freiheit bei dem Zwange?", lautete schon die Frage Kants zu diesem scheinbar paradoxen Problem[14], denn ohne die Freistellung zum Gebrauch der eigenen sittlichen Vernunft würde im Bildungsprozess die Würde der Person verletzt werden.

So wird in Bildungsprozessen den Lernenden nahe gelegt, sich so zu verhalten, dass sie nicht wie Maschinen auf eindeutige Impulse eindeutige Reaktionen zu zeigen haben. Aber alle Pädagogik unterliegt einem „Dilemma von Freiheit und Kausalität": „Von Freiheit, die vorauszusetzen, zu respektieren und herzustellen ist, und von Kausalität, ohne die der Erzieher sich selbst überflüssig vorkommen müsste."[15] Die Prinzipien der Bildsamkeit und der Aufforderung zur Selbsttätigkeit verlangen, dass ein Bildungsprozess nicht den Intentionen der Erziehenden und Unterrichtenden unterworfen wird. Es gehört damit konstitutiv zum Bildungsprozess, dass sich die Lernenden auch gegen dessen Inhalte wenden können müssen.[16]

---

13 Dietrich Benner, Allgemeine Pädagogik. Eine systematisch-problemgeschichtliche Einführung in die Grundstruktur pädagogischen Denkens und Handelns, Weinheim und München ^{4}2001, S. 59, 71ff., 80ff.

14 Immanuel Kant, Über Pädagogik (1803); vgl. Jörg Ruhloff, „Wie kultiviere ich die Freiheit bei dem Zwange?"; in: Vierteljahresschrift für Wissenschaftliche Pädagogik 51 (1975), 2–18.

15 Niklas Luhmann, Die Gesellschaft der Gesellschaft. Bd. 2, Frankfurt a. M. 1998, 977.

16 Herwig Blankertz, Theorien und Modelle der Didaktik, München 1969, 41.

Keine Theologie der Bildung – aber theologische Reflexion der Bildung

Die evangelische Theologie sucht nach einer Zeit der Bildungsvergessenheit seit einiger Zeit wieder den Anschluss an bildungstheoretisches Denken.[17] Seither ist eine gewisse Vollmundigkeit zu beobachten, mit der der Bildungsbegriff für die christliche – zumal natürlich für die protestantische – Tradition reklamiert wird. Wenn gelegentlich bereits Meister Eckhart zu einem bildungstheoretischen „Klassiker" erklärt wird, von dem über die Reformatoren und die Neuhumanisten eine gerade Linie in die Gegenwart zu ziehen sei[18], dann werden in der Verschleifung aller Unterschiede auch alle Katzen grau. Ohnehin besteht die Neigung, den Bildungsbegriff als Passepartout zu benutzen, mit dem sich gleichermaßen die Reduktion der Schule auf ein Dienstleistungsunternehmen für den Arbeitsmarkt wie verschwiemelte bildungsbürgerliche Ideale legitimieren lassen.

Bildung in einem präzisen Sinne ist jedoch nicht unabhängig von einem bestimmten neuzeitlichen Begriff von Subjektivität zu denken, wie er bei Wilhelm von Humboldt und Johann Gottfried Herder, nicht zuletzt bei Friedrich Schleiermacher zu finden ist. Bei ihnen ist im Übrigen der Begriff des Subjektes von den hypertrophen Ansprüchen des Idealismus – wie bei Hegel – unterschieden. Nicht vergessen werden darf dabei, auf welche Invektiven der Bildungsbegriff zwischenzeitlich innertheologisch stieß – sei es im Verdikt der dialektischen Theologie Karl Barths gegen den mit Bildung vermeintlich verbundenen Anspruch auf Selbstmächtigkeit, sei es in den theologisch aufgeladenen autoritären pädagogischen Gehorsamsforderungen des Neuluthertums. Wenn das bedacht wird, darf man dann freilich dem Gedanken nachgehen, dass Bildung mit dem Christentum, insbesondere mit der Reformation zu tun hat – zumal im Blick auf Deutschland, in dessen Grenzen dieser in andere Sprachen unübersetzbare Begriff ja nicht zufällig reüssierte. Eindeutige Elternschaftsverhältnisse aber sind nicht auszumachen, sondern nur hochkomplexe Verwandtschaftsbeziehungen. Ganz davon abgesehen, dass zwischen Genese und Geltung zu unterscheiden ist[19], kommt es deshalb weniger darauf an, den Bildungsbegriff durch genealogische Ableitungen für das Christentum zu rekla-

---

17 Zwischenzeitlich waren in den pädagogischen Aufbruchstimmungen der späten 1960er und 1970er Jahre freilich auch in den Erziehungswissenschaften die Begriffe „Lernen" und „Sozialisation" an die Stelle von „Bildung" getreten, der ein bürgerlich-konservatives Verständnis zugeschrieben wurde.

18 So etwa Joachim Kunstmann, Religion und Bildung. Zur ästhetischen Signatur religiöser Bildung, Gütersloh und Freiburg 2002, 130 u. 221.

19 Hierzu ausführlicher: Bernhard Dressler, Bildungsgeschichte und Bildungstheorie. Das systematische Verhältnis von Genese und Geltung in der Religionspädagogik; in: David Käbisch / Johannes Wischmeyer (Hg.), Transnationale Dimensionen religiöser Bildung in der Moderne, Göttingen 2018, 73–92.

mieren, sondern zu zeigen, wie er über die Bestimmung seines sachlichen Gehalts an theologische Reflexion *anschlussfähig* wird.

Bildung kann dann als der Weg der zerbrechlichen Subjektwerdung des Menschen verstanden werden, in dem das in der Tradition der Aufklärung akzentuierte Ziel der Verfügung des Menschen über sich selbst seine Grenze findet am Gedanken der Unverfügbarkeit der Person. Als Geschöpf und Ebenbild Gottes und als von Gott gerechtfertigte Person bleibt der Mensch zu seinem eigenen Wohl sich selbst so weit entzogen, dass er sich nicht selbst zu seinem eigenen Projekt machen kann und nicht machen muss. Die Instrumentalisierung des Lernens wird auf diese Weise ebenso abgewehrt wie die Vollkommenheitsideale menschlichen Gebildetseins. Bei aller Kunstfertigkeit und denkbaren Professionalisierung ist den pädagogischen Handlungsoptionen eine nicht nur technisch, sondern auch ethisch beschreibbare Grenze gezogen, eine Grenze der Operationalisierbarkeit.

Darüber hinaus kann eine allgemeine Bildungstheorie nicht allein theologisch begründet werden, wenn sie öffentliche Geltung, etwa im Blick auf Institutionen der Allgemeinbildung, beanspruchen will. Ein wie auch immer theologisch erhobener Geltungsanspruch kann nicht mit öffentlicher Akzeptanz rechnen, was freilich weder ein historisches noch ein systematisches, sondern ein bildungs*politisches* Argument ist. Er wäre aber auch aus normativen Gründen problematisch, denn damit würde die moderne Ausdifferenzierung der Pädagogik als eines eigenständigen Handlungsfeldes hintergangen werden.[20] Schon Schleiermacher sah nicht die Theologie, sondern die philosophische Ethik als den Begründungsort der Pädagogik.

> „Die Entwicklung einer allgemeinen Bildungstheorie ist die Aufgabe einer säkularen Pädagogik, die unter den Bedingungen der Neuzeit ohne theologische Prämissen arbeitet und jede theologische Bevormundung strikt ablehnt. Die Theologie kann nur erwarten, dass es sich bei der Bildung um eine offene Interpretationskategorie handelt, die nach dem *Modell von Analogie und Differenz* weiter ausgestaltet werden kann."[21]

Karl Ernst Nipkow hat die Selbständigkeit der Pädagogik zu Recht in den Zusammenhang der lutherischen Zwei-Regimenten-Lehre gerückt.[22] So gesehen

---

[20] Das trifft auch zu für den Versuch Reiner Preuls, mittels einer „evangelischen Bildungstheorie" die theologische Normierung des Bildungsgedankens überhaupt zu versuchen. Folgerichtig bleibt dann der historische und systematische Kern von Bildung unterbelichtet, nämlich die ausdifferenzierten kulturellen Praxen der modernen Gesellschaft am Orte des Subjekts zu einer differenzkompetenten Lebensführung zu integrieren. (Vgl. Reiner Preul, Evangelische Bildungstheorie, Leipzig 2013).

[21] Peter Biehl, Die Wiederentdeckung der Bildung in der gegenwärtigen Religionspädagogik. Ein Literaturbericht; in: Ders. / Karl Ernst Nipkow, Bildung und Bildungspolitik in theologischer Perspektive, Münster 2003, 111.

[22] Karl Ernst Nipkow, Bildung und Protestantismus in der pluralen Gesellschaft; in: Friedrich Schweitzer (Hg.), Der Bildungsauftrag des Protestantismus, Gütersloh 2002, 30.

kann es zwar christliche Politiker und christliche Pädagogen geben, aber ebenso wenig wie eine christliche Politik eine evangelische oder christliche Pädagogik. Auch christlich-religiöse Bildung ist keine Religionspraxis, sondern weltliches Geschäft *im Dienste* der Kommunikation des Evangeliums. Um der quasireligiösen Aufladung des Bildungsbegriffs, wie sie manchen idealistisch-humanistischen Bildungskonzepten zu eigen ist, kritisch begegnen zu können, ist darauf zu achten, Bildung nicht mit Heilsansprüchen zu verbinden. Sie dient niemals der Rettung, garantiert keine moralische Güte, sondern enthält immer „nur" eine Hoffnung auf Humanität. Wie religiös inspiriert auch immer das Bildungshandeln sein mag, Bildung bleibt menschliches Werk. Unter neuzeitlichen Bedingungen müssen bildungstheoretische Argumente schon deshalb ohne theologische Begründungen plausibel sein, weil auch religiöse Bildung die Zustimmung zur Grundlage dieser Kritik nicht erzwingen kann. Eine der paradoxen Pointen des Bildungsverständnisses besteht ja gerade darin, dass Bildungsprozesse von der Möglichkeit leben, dass die in ihnen kommunizierten Inhalte prinzipiell auch abgelehnt werden können.

Zwar wird man also sagen können, dass der Bildungsbegriff eine „auffällige Nähe zum Religionsbegriff" aufweist[23], aber die Feststellung von Analogien und Affinitäten erübrigt keine spezifischere Untersuchung von Anschlussfähigkeit und Differenz. Die Behauptung, dass Bildung immer schon eine religiöse Dimension enthalte, gründet auf einer theologischen *Interpretation* der in Bildungsprozesse einzutragenden Unbedingtheitsansprüche. Theologische Aufgabe ist es, in dieser Hinsicht Bildungstheorien und Bildungshandeln darüber aufzuklären, dass sie dann auf Religion angewiesen sind, „wenn sie nicht auf Endlichkeitserfahrung verzichten und den Sinn fürs Absolute nicht verdrängen" wollen.[24] In religiöser Perspektive kann die Freiheit verständlich werden, mit der wir uns als endliche Wesen begabt sehen und in die wir immer schon praktisch verwickelt sind. Solange Bildung keine totalitären Ansprüche erhebt und nicht selbst das Ganze von Leben und Welt widerspruchsfrei zu vermitteln beansprucht, kann sie deshalb die theologisch zu erschließende Freiheit praktisch für sich geltend machen. Aber

> „aus der Tatsache, dass der Bildungsbegriff religiöse Wurzeln hat, lässt sich nicht schließen, dass Bildung in theologischer Perspektive heute noch in Geltung sei und die Theologie ihn nicht von der Pädagogik übernehmen müsse. Ist der Bildungsbegriff einmal erschlossen, ist er auch unabhängig von seiner Genese in der Pädagogik in Geltung."[25]

---

[23] Joachim Kunstmann, Religion und Bildung. Zur ästhetischen Signatur religiöser Bildung, Gütersloh/Freiburg 2002, 151.

[24] Peter Biehl, Die Wiederentdeckung der Bildung, a. a. O., 115 .

[25] A. a. O., 122.

Zwar lässt sich ganz grundsätzlich sagen, dass die moderne Individualitätskultur, an der der Bildungsbegriff hängt, sich dem (reformatorischen) Christentum (mit) verdankt.[26] Aber der Hinweis auf die Herkunft greift nur, wenn diese auch im säkularen Kontext noch verständlich und anerkannt ist. Es bedarf jedenfalls eines auch säkular geltenden Arguments, um die Bedeutung des Christentums für jene humane Lebenskultur zu begründen, auf die Bildung angewiesen ist und auf die sie hinzielt. Zwar kann gezeigt werden, dass sich das normative Bewusstsein dieser Kultur weitgehend auf dem Boden des Christentums gebildet hat und wahrscheinlich nur hat bilden können. Die rechtfertigungstheologische Unterscheidung zwischen Personen und ihren Taten sowie ihren empirischen Eigenschaften ist die Grundlage des modernen Menschenwürde-Postulats. Aber kein Mensch wird damit auf eine *bestimmte Begründung* dieses Postulats verpflichtet. Sein Geltungsanspruch muss von der Zustimmung bzw. Zugehörigkeit zu einer religiösen Praxis abgekoppelt werden können.

Aufgrund der jeweiligen Autonomie des theologischen und pädagogischen Denkens ist also kein gemeinsamer Nenner zu erwarten. Aber mit dem Hinweis auf die im Bildungsbegriff enthaltene Anfälligkeit für Selbsterlösungsideologien ist eben das Spannungsverhältnis zwischen Pädagogik und Theologie und zwischen Bildung und Religion bezeichnet, das gerade in deren enger Wechselbeziehung hervortritt. Das lässt sich sagen, ohne konfrontativ und prinzipiell auf argumentative Anschlussfähigkeit verzichten zu wollen. In theologischer Perspektive kann die Bildungstheorie an den fundamentalen Unterscheidungen der christlichen Religion gemessen werden: An die biblischen Unterscheidungen zwischen Gott und Welt und Gott und Mensch schließen sich die Unterscheidungen zwischen Gesetz und Evangelium, zwischen Person und Subjekt, zwischen Glaube und Werken, damit auch zwischen Personen und ihren Taten bzw. ihren Eigenschaften an. Auch säkularen Selbstverständnissen können die damit eröffneten Unterscheidungen zwischen Würde und Wert, zwischen Jemand und Etwas, Vorletztem und Letztgültigem einleuchten.

So lässt sich sagen, „dass der Begriff der Bildung im biblischen Verständnis immer an die Grenzen des Machbaren führt. (...) Er erinnert an das, was der Mensch wird, ohne es zu machen, auch wenn er selbst daran beteiligt ist. Der Begriff ‚Bildung' betont das Moment des Unverfügbaren, im Gegensatz zum Lernbegriff."[27] Auch wenn eine religiöse Begründung und Interpretation dieses Gedankens wiederum nicht zwingend ist – Unverfügbarkeit lässt sich auch in nichtreligiösen Kategorien von Kontingenz denken – so kann man doch sagen, dass die kritische Aufgabe der Theologie sich gegen die Funktionalisierung von

---

26 Hierzu differenziert: Henning Schluß, Die Pädagogik Martin Luthers – Versuch einer Rekonstruktion; in: Ders., Religiöse Bildung im öffentlichen Interesse. Analysen zum Verhältnis von Pädagogik und Religion, Wiesbaden 2010, 27–55.

27 Michael Meyer-Blanck, Kleine Geschichte der evangelischen Religionspädagogik. Dargestellt anhand ihrer Klassiker, Gütersloh 2003, 119.

Bildung ebenso wie gegen die im Kontext des Bildungsthemas immer wieder drohende Funktionalisierung von Religion richtet.

Bildung soll die Antwort auf die Frage geben, „wozu wir Wissen und Fertigkeiten brauchen, welchen Zielen unser Handeln in Wirtschaft, Politik und Wissenschaft dienen soll."[28] Bildung unterliegt deshalb *nicht selbst* der „Wozu-Frage", sondern ist jenseits instrumenteller Zweckkalküle angesiedelt. Umso genauer lassen sich die kritischen Fragen aus theologischer Perspektive formulieren: Der „Glaube an Gott den Schöpfer" impliziert eine „Kritik aller Bildungsideale, die den Prozess der Bildung als die Verwirklichung des neuen Menschen begreifen"; der „Glaube an Gott den Versöhner" zielt auf eine „Kritik aller Bildungsvorstellungen, die die Fehlbarkeit, ja sogar das Gefallensein des Menschen ignorieren"; der „Glaube an Gott als den Vollender der Welt" schließlich nimmt alle Perfektibilitäts-Ideale kritisch in den Blick.[29]

Christliche Theologie hat die Pädagogik auf diese Weise mit Fragen nach ihrem jeweiligen Menschenbild zu konfrontieren, dessen normierende Kraft gerade dann durchschlägt, wenn die Pädagogik sich gegenüber anthropologischen Fragen abstinent hält: Wo schlagen Bildungsideale in Vollkommenheitsansprüche um, die die Endlichkeit und Fehlbarkeit des Menschen ausblenden? Wo schreibt sich die Pädagogik selbst quasireligiöse Aufgaben des Heils, innerweltlicher Erlösungsansprüche zu? Wo schlagen Subjektivitätsideale in Individualisierungskonzepte um, die die Sozialität des Menschen ignorieren und seiner Fähigkeit zur Solidarität nichts zutrauen? Wo werden Bildungsziele auf Qualifikationsmerkmale reduziert, mit denen Menschen für Zweckkalküle instrumentalisiert werden? Es ist diese letzte Frage, die in den gegenwärtigen bildungs*politischen* Auseinandersetzungen am schärfsten zu formulieren ist. Die kritische Funktion der Theologie in Bildungsprozessen richtet sich also gegen ein idealistisches pädagogisches Selbstmissverständnis ebenso wie gegen die Auslieferung der Bildung an ökonomisch-instrumentelle Zwecksetzungen. Diese kritische Funktion der Theologie bedeutet nicht zuletzt, die an Bildungsprozessen Beteiligten immer wieder daran zu erinnern, mit wem sie es zu tun haben: Mit Menschen – also weder mit Göttern noch mit Sachen.

Religiöse Bildung und die Unterscheidung zwischen religiösem Reden und Reden über Religion

Im Blick auf die Welt und im Vollzug unseres Lebens nehmen wir immer schon unterschiedliche Perspektiven ein. Das gehört inzwischen weitgehend zum lebensweltlichen Regelwissen. In der Regel wissen wir, welche Perspektive jeweils situativ angemessen ist. Gleichwohl ist das dafür notwendige Unter-

[28] Christoph Schwöbel, Glaube im Bildungsprozeß; in: ZPT 2/1998, 180.
[29] A. a. O., 183f.

scheidungsvermögen nicht immer zu beobachten. Wer etwa seine Selbstachtung evolutionstheoretisch als funktionales Äquivalent für Überlebensvorteile zu verstehen versucht, streicht damit seine Selbstachtung gerade durch. Wer seine Liebe als Epiphänomen von Drüsensekretionen wahrnimmt, hat sich von ihr schon verabschiedet. Wer zur ästhetischen Beurteilung eines Gemäldes nach der chemischen Analyse seines Farbmaterials verlangt, wird mit seinem Urteil kaum jemanden überzeugen können. Wer seine Kompetenzen und seine Bedürfnisse nur als ökonomische Parameter gelten lässt, macht sich selbst zu einem Objekt anonymer Marktmechanismen. Wer das Selbsterlebnis freien Handelns durch die Beobachtungsmöglichkeit des zerebralen Neuronengewitters auf einem Bildschirm dementiert sieht, kann sich schon durch die Wahl seiner Beobachtungsperspektive nicht länger als freie Person verstehen. Und schließlich auch: Wer die religiöse Deutung eines erschütternden Ereignisses von der religionstheoretischen Erörterung der Frage abhängig macht, ob die Deutung dieses Ereignisses von funktionalem Wert für die weitere Lebenspraxis ist, dessen Sinn und Geschmack für Religion droht zu verkümmern wie die Beziehung des Tauben zur Musik.[30]

Solche Kategorienfehler, oft einem szientistischen Naturalismus oder einem ökonomistischen Reduktionismus zuzurechnen, scheinen sich gegenwärtig zu häufen. Auch große Teile des öffentlichen Bildungsdiskurses bleiben in diese Fehler verstrickt, wenn etwa von expansiven Bildungsinstitutionen die ökonomische Standortsicherung Deutschlands im globalen Wettbewerb erhofft wird, oder wenn die Nachhaltigkeit von Lernprozessen durch Optimierungstechniken angestrebt wird, an deren Ende konsequenterweise Erziehung und Bildung durch Medikamentierung zu ersetzen wären.[31]

Wenn man unter Bildung mit einer Standardformulierung Wolfgang Klafkis das „wechselseitige Erschlossensein von Welt und Person“[32] verstehen will, dann hat Bildung fundamental mit Differenzen der Welterschließung zu tun. Lernen im Bildungsprozess ist dann nicht ohne *bewussten* Perspektivenwechsel denkbar. Es sind also Unterscheidungen zu treffen – Unterscheidungen, nicht Trennungen, wenn man z. B. daran denkt, dass die Eleganz der Lösung einer Mathematikaufgabe einen Überschuss über ihre Richtigkeit bedeuten kann, ohne dass deshalb Richtigkeitsmaßstäbe zugunsten ästhetischer Maßstäbe außer Kraft gesetzt werden dürfen. Wenn man mit dem Begriff „Ganzheitlichkeit“ keinen Totalitätsanspruch im Zugriff auf die lernenden Subjekte erhebt, sondern den selbstverständlichen Umstand bezeichnen will,

30 Dass dem taub *Gewordenen* eine ganz eigenartig tiefe Beziehung zur Musik möglich ist, ist freilich an Beethoven zu sehen.

31 Niklas Luhmann stellt lapidar fest: Bildung ist „Arbeit an sich selbst. Sie lässt sich nicht durch Infusion erwerben“ (Ders., Das Erziehungssystem der Gesellschaft, hg. v. Dieter Lenzen, Frankfurt a. M. 2002, 189).

32 Wolfgang Klafki, Kategoriale Bildung; in: Ders., Studien zur Bildungstheorie und Didaktik, Weinheim u. Basel 1963.

dass alles Lernen – so die Pestalozzische Formel – mit „Kopf, Herz und Hand“ geschieht, dann hat man ja genau damit einen Differenzzusammenhang bezeichnet. Kopf, Herz und Hand werden sich hoffentlich in ihren Weltbezügen unterscheiden und sich manchmal auch – hoffentlich – nicht verstehen. Man kann sagen, dass Bildung überhaupt nur deshalb möglich und notwendig ist, weil alles Lernen mit Wahrnehmungen von Differenzen und mit differenten Wahrnehmungen zu tun hat.[33]

Entscheidend ist, dass die „Modi der Welterschließung“, womit Jürgen Baumert die unterschiedlichen Perspektiven des Weltverstehens und des Weltumgangs bezeichnet[34], nicht wechselseitig substituierbar sind. Sie können sich nicht als funktionale Äquivalente ersetzen und sind nicht nach Geltungshierarchien geordnet. Die Naturwissenschaft hat weder einen Vorrang vor Ästhetik und Religion, noch kann sie an deren Stelle treten. Hermeneutische Fächer sind für das Verstehen kultureller Praxis unverzichtbar, aber sie ersetzen keine Beobachtung und Auswertung eines chemischen oder physikalischen Experiments. Für die religiöse Bildung gelten zwei fundamentale Grundsätze: Religion gehört an die Schule, weil sie ein unverzichtbarer Modus der Welterschließung ist. Religion gehört nicht an die Schule, weil sie für etwas anderes gut ist – etwa für die Vermittlung moralischer Werte oder für die soziale Integration.[35] Religion gilt in diesem Konzept ausdifferenzierter Weltzugänge als nicht funktionalisierbar. Ebenso gilt aber auch: Religion hat keinen Geltungsanspruch, der sie über die anderen Modi der Welterschließung erhebt. Sie hat keinen Suprematsanspruch und keinen ganzheitlichen Anspruch mehr zu stellen. Weder ein Weltdeutungsmonopol noch ein Weltgestaltungsmonopol steht ihr zu.

Bei *religiöser* Bildung im engeren, eigentlichen Sinne geht es um mehr als um religiöse *Erziehung* oder um das Erlernen religiöser Kenntnisse. Entscheidend ist auch hier wieder eine Unterscheidung: Zwischen „Glaube“ (im Sinne von *faith*) und „Religion“. *Der christliche Glaube kann kein Resultat von Bildung sein.* Er hängt vielmehr an jenem Selbst- und Weltverhältnis, das Menschen eingestiftet ist als der Zusammenhang Selbstvertrautheit und Weltvertrauen. Es

---

33 Ich habe aus diesem Grund meinem ersten größeren bildungstheoretischen Versuch den Titel „Unterscheidungen“ gegeben. (Bernhard Dressler, Unterscheidungen. Religion und Bildung, Leipzig 2006).

34 Zu Jürgen Baumerts Tableau unterschiedlicher „Modi der Welterschließung“ siehe in diesem Buch S. 57 u. ö.

35 Selbstverständlich wird religiöse Bildung z. B. moralische, hoffentlich auch ästhetische „Nebeneffekte“ haben. Das gilt mehr oder weniger für alle schulischen Fächer. Religionsunterricht dient auch der ethischen Orientierung, indem in ihm diese „Nebeneffekte“ nicht nur als unintendierte Drittwirkungen (mit denen bei allem pädagogischen Handeln zu rechnen ist) in Kauf genommen, sondern explizit und positiv einbezogen werden. Sie sollen aber weder systematisch noch quantitativ ins Zentrum religiöser Bildung gerückt werden. Dass der Religionsunterricht oft wenig nachhaltig bleibt, scheint mir nicht zuletzt an Missverständnissen in eben dieser Hinsicht zu liegen.

kann nicht einfach argumentativ hergestellt werden. In der christlichen Tradition ist davon als Gottvertrauen (*fiducia*) die Rede – ein Selbst- und Weltverhältnis, das man mit guten Gründen frühkindlichen Erfahrungen zuschreiben kann – etwa dem „Glanz im Mutterauge" –, ohne es darin doch empirisch erfassen zu können. Dieses Selbst- und Weltverhältnis des Glaubens ist uns in der Gottesbeziehung Jesu von Nazareth ansichtig. Im Neuen Testament heißt es dazu, dass Menschen werden müssen „wie die Kinder", um in dieses Gottesverhältnis eintreten zu können (Mt 19,14; Lk 18,17).

Dieser These von der Inkompatibilität von Bildung und christlichem Glauben steht sogleich eine zweite These entgegen: Die Möglichkeit, in modernkulturellen Lebensverhältnissen, d. h. vor allem unter Bedingungen weltanschaulicher und religiöser Pluralität religiös zu sein, muss eine Frage der Bildung werden. Niklas Luhmann hat die im Blick auf die christliche Religion in den säkularen Gesellschaften des Westens oft formulierte Diagnose vom Traditionsabbruch spezifiziert durch die Feststellung, dass es heute – zumindest tendenziell – „keine nichtreligiösen Gründe mehr gibt, sich zu einer Religion zu bekennen."[36] Religiös zu sein ist also keine Frage einer schicksalhaften Traditionszugehörigkeit mehr – und indem die Zugehörigkeit zu einer religiösen Tradition eine Frage der Wahl wird, wird all dem, was wir bislang als Traditionszugehörigkeit verstanden haben, der Boden entzogen. Insofern weltanschaulich-religiöse Pluralität zur kulturellen Moderne gehört, spricht Peter L. Berger vom „häretischen Imperativ", vom unentrinnbaren „Zwang zur Wahl".[37] Das heißt, heute wissen religiöse Menschen ihre Religion als eine Religion unter anderen Religionen – und müssen sich daher auch aus der Distanz, mit den Augen der anderen Religion (oder der anderen nichtreligiösen Weltanschauung) sehen können. Diese ins religiös-weltanschauliche Selbstverhältnis heute unumgänglich eingebaute Reflexivität rechne ich religiöser Bildung zu. Fundamentalismen reagieren – als *modernes* Phänomen – auf diese Situation mit der Verweigerung von Reflexivität.

Diese beiden Thesen – *Glaube und Bildung sind inkompatibel; Religion ist unter modernen Bedingungen nur als gebildete Religion denkbar* – sind ohne offenkundigen Widerspruch nur aufrecht zu erhalten, wenn die dahinterstehende, ebenfalls an neuzeitliche Denkvoraussetzungen gebundene Unterscheidung beachtet und geteilt wird: die Unterscheidung zwischen Glaube und Religion.[38] Unter *Glaube* verstehe ich ein als Gottesverhältnis gedeutetes *je individuelles* Selbst-

---

36 Niklas Luhmann, Die Religion der Gesellschaft, Frankfurt a. M. 2000, 136.

37 Peter L. Berger, Der Zwang zur Häresie, Religion in der pluralistischen Gesellschaft, Frankfurt a. M. 1980.

38 Hierbei handelt es sich um eine *analytische*, theologisch auszubuchstabierende Unterscheidung, die selbst eher normativen als deskriptiven Charakter hat, deshalb auch nicht einfach empirisch zu rekonstruieren ist. Vgl. hierzu auch Gerhard Ebeling, Evangelium und Religion; in: Theologie in den Gegensätzen des Lebens, Bd. IV: Wort und Glaube, Tübingen 1995, S. 42f.

verhältnis; *Religion* ist ein ohne *Sozialität* nicht denkbarer Kommunikationsraum, man könnte auch sagen: das Medium der Glaubensdarstellung – sodass zugleich zwischen Glauben und Glaubensausdruck, Offenbarung und Offenbarungszeugnis unterschieden werden kann und muss. Für religiöse Bildungsprozesse ist es konstitutiv, dass sich Glaube im Gebrauch religiöser Zeichen vermittelt, in der Praxis symbolischer Kommunikation. Religion als ein kulturelles Zeichensystem konstruiert gleichsam einen Wahrnehmungs- und Artikulationsraum, in dem Glaube wie in einer Nährlösung gedeihen kann, ohne dass er deswegen als „erzeugt" gelten kann.

Neben der Unterscheidung zwischen Glaube und Religion ist eine weitere, ebenfalls für das neuzeitliche Christentum konstitutive Differenz zu bedenken: Die Differenz zwischen *religiösem Reden* (in dem sich der Glaube artikuliert und zugleich von sich selbst verschieden weiß und das alle nichtsprachlichen, z. B. liturgischen Formen symbolischer Kommunikation einschließt) *und dem Reden über Religion*.[39] Zugleich *über Religion* kommunizieren zu können und *religiös* bzw. *als Religion* kommunizieren zu können – in dieser mit der Geschichte der konfessionellen Differenzierung des europäischen Christentums verbundenen doppelten Fähigkeit sieht Niklas Luhmann eine der bedeutsamsten kulturellen Errungenschaften des alten Europas.[40] Es handelt sich dabei nun aber nicht mehr, wie ursprünglich, nur um eine Fähigkeit der kulturellen Eliten, denn diese Unterscheidungsfähigkeit ist uns inzwischen durch die religiös-weltanschauliche Pluralisierung aufgenötigt.

Ohne die damit verbundene Perspektivendifferenz zu bedenken und urteilsfähig die sprachlichen Ausdrucksformen wechseln zu können, gerieten wir in die Gefahr, dass die eine Perspektive die andere dementiert: Religiöse Reflexion würde religiöse Praxis verstellen und religiöse Praxis würde sich gegen religiöse Reflexion versperren. Wir würden entweder nur beobachten können, wie Religion die Welt beobachtet – also „über" Religion reden, oder wir wären darauf beschränkt, religiös die Welt zu beobachten. Eben die Fähigkeit zum Perspektivenwechsel zwischen religiösem Reden und Reden über Religion verbinde ich mit gebildeter Religion und eben deshalb ist Religion anders als gebildete heute unter pluralistischen Bedingungen nicht mehr denkbar – es sei denn man optiert für eine fundamentalistische Position, die aber schon deshalb, weil auch sie nur als Option denkbar ist, die Spuren kultureller Modernität gar nicht abschütteln kann.

[39] Michael Meyer-Blanck, Zwischen religiöser Rede und der Rede über Religion: Die Praktische Theologie als Vermittlungstheorie zwischen Theologie, Kirche und Kultur; in: Evangelische Theologie 61 (2001), 414–424.

[40] Niklas Luhmann, Religion als Kultur; in: Otto Kallscheuer (Hg.), Das Europa der Religionen. Ein Kontinent zwischen Säkularisierung und Fundamentalismus, Frankfurt a. M. 1996, 291–315. Diese Differenz gilt analog zur Unterscheidung zwischen Glaube und Religion.

Allerdings: Wir können, wenn Religion *als Religion* ernstgenommen wird, nicht einfach eine Religion ergreifen und bilden, sondern müssen von einer Religion ergriffen und gebildet werden. Denn sonst würden wir eben Religion als das kulturelle Symbolsystem, mit dem wir uns zum Unverfügbaren zu verhalten und ins Verhältnis zu setzen suchen, wie ein Instrument des Verfügens über uns selbst und die Welt in Gebrauch nehmen und damit als Religion dementieren. So sehr wir durch unsere Partizipation an einer Religion diese immer auch *aktiv* gestalten und *bilden*, so sehr werden wir doch auch von einer Religion – *passiv* – *gebildet*.

Zum entscheidenden Kriterium für *religiöse* Bildung als einem unverzichtbaren Aspekt *allgemeiner* Bildung wird also die Fähigkeit, die Binnenperspektive des Vollzugs einer Religion und die Außenperspektive des distanzierten Nachdenkens über Religion ins Verhältnis setzen zu können. In religiösen Bildungsprozessen kann nicht „über Religion" geredet werden, ohne dabei die Differenz zu „religiösem Reden" bewusst zu halten. Das wiederum kann nur gelingen, indem die – nicht nur thematischen, sondern auch modalen – Eigenarten „religiösen Redens" und die genuinen Formgestalten religiösen Redens elementar erschlossen werden: Es geht um symbolische Kommunikation einschließlich aller dazu gehörigen metaphorischen und szenisch-gestischen Formen in ihrer Differenz zu diskursiv-argumentierender Sprache – aber immer wieder im Anschluss an und im Übergang zu diskursiver Sprache. Zu lernen ist gleichsam die „Grammatik" religiöser Kommunikation: Dass man z. B. in Formen der Bitte und des Danks der Welt anders begegnet und die Welt anders erlebt, als wenn man ihr nur mit Ansprüchen begegnet. Dass also mit den unterschiedlichen Sprachgestalten eines bittenden und eines fordernden Weltumgangs unmittelbar unterschiedliche Weltwahrnehmungen, unterschiedliche Lesarten der Welt verbunden sind. Religiösen Kommunikationsformen haftet ihre Eigenschaft nicht unabhängig von ihrem Gebrauch an. Kommunikative Zeichen *sind* nicht religiös oder nichtreligiös. Sie werden religiös *im Gebrauch*. Auch deshalb gewinnt religiöse Bildung ihre spezifische Differenz, ihr Proprium, nicht durch Themen, sondern durch den Modus und den Stil des Zeichengebrauchs. Religionspädagogik hat sowohl auf der Wahrnehmungsseite als auch auf der Handlungsseite die Kunst der Unterscheidung zur Voraussetzung, *was für wen unter welchen Umständen als religiöse Kommunikation* gilt. Religiös wird Bildung also nicht vermittels der Wort- oder Zeichenbedeutungen, sondern vermittels der Modi des Wort- oder Zeichengebrauchs – nicht unter semantischem, sondern unter performativem Aspekt. Die Unterscheidungen zwischen heilig und profan, zwischen religiös und säkular markieren keine Sachverhaltsunterscheidung, sondern eine Perspektivendifferenz. Diese Differenz ist bei religiöser Bildung in Rechnung zu stellen, wenn auch als solche nie in feste Begriffe zu fassen. Analog zur Ablösung einer Werkästhetik in der Kunst durch eine Rezeptions- und Produktionsästhetik entscheidet es sich im Akt subjektiver Zuschreibung, welche Bedeutung religiöse Kommunikationen „haben".

Die damit verbundenen Ambiguitäten sind aus keinem Lernprozess zu verbannen.

Wissenschaftliche Beobachtungsperspektiven sind damit als spezifische (in bestimmten Zusammenhängen natürlich notwendige und erfolgreiche) Möglichkeiten des Weltzugangs ausdrücklich nicht ausgeschlossen. Ihnen wird aber das Monopol bestritten. Entscheidend für Bildungsprozesse ist also die Möglichkeit des Perspektivenwechsels statt eines Perspektivenmonopols. Religiöse Bildungsprozesse spielen nicht nur eine andere Perspektive in das Ensemble der allgemeinen Bildung ein. Sie tragen *in sich selbst* noch einmal die Differenz zwischen religiöser und wissenschaftlicher Weltsicht ein, indem sie den Wechsel zwischen religiöser Rede und religionstheoretischer Rede *über* Religion methodisch kontrolliert gestalten. Nicht zwei Wirklichkeiten werden damit postuliert, wohl aber die Notwendigkeit einer mehrdimensionalen Betrachtung der einen Wirklichkeit. In religiösen Bildungsprozessen ist deshalb zu lernen, dass uns mit dem religiösen Blick auf die Welt keine andere Welt, aber diese Welt *als eine andere* begegnet.[41]

Es geht also (mit einem von Ludwig Wittgenstein geprägten Begriff) um die Fähigkeit zum situativ angemessenen Wechsel von Sprachspielen.[42] Ich muss im Blick auf die Situationen und die Orte meiner Lebensführung entscheiden können, wann ich nach Regeln alltagspraktischer Klugheit kommuniziere und wann nach Regeln privater Intimität, wann nach Regeln wissenschaftlicher Geltungsansprüche und wann nach Regeln ästhetischer Geschmacksurteile – und eben auch: Wo und wann religiöser Zeichengebrauch angemessen, sinnvoll, lebensdienlich und existenziell geboten ist. Ich spreche hier wohlgemerkt von Lebenssituationen, die ich bewusst gestalten kann und in denen meine Reflexionskraft nicht suspendiert ist. Natürlich ist Religion auch und gerade *spontan* in Situationen der Erschütterung mit überwältigenden Affekten verbunden – Trauer, Scham, Schuld, Glück. In *dieser* Hinsicht von gebildeter Religion zu sprechen, verbietet sich allerdings. Persönliche Religiosität mag ihre entscheidenden Impulse außeralltäglichen Grenzsituationen verdanken. Sie muss dann aber im lebensweltlichen Wechsel von Alltag und Außeralltäglichkeit verstetigt werden. Erst dabei wird religiöse Bildung bedeutsam, dann aber entscheidend.

Zur situativen Angemessenheit des Sprachspielwechsels gehört es dann auch, die unterschiedlichen Sprach- und Rationalitätsformen wechselseitig anschlussfähig halten zu können. Das heißt unter anderem, die Differenz zwischen symbolischer Kommunikation und diskursiver Rede nicht zu übersprin-

---

41 Bernhard Waldenfels, In den Netzen der Lebenswelt, Frankfurt a. M. 1985, 231ff. Auf andere epistemologische Weise als der Phänomenologe Waldenfels, aber daran m. E. anschlussfähig, ist der Buchtitel von Markus Gabriel zu verstehen: Ders., Warum es die Welt nicht gibt, Berlin 2013.

42 Ludwig Wittgenstein, Philosophische Untersuchungen (1953), Frankfurt a. M. 2001.

gen, wohl aber lebenspraktisch und kommunikativ vermitteln zu können. Aufgeklärt und gebildet zu sein, wird dann nicht mehr als die Unterwerfung meines Denkens und Handelns unter wissenschaftlich-diskursive Geltungsansprüche verstanden werden können. Es handelt sich vielmehr um ein Differenzierungs- und Relativierungsvermögen, verbunden mit einem Zuwachs an Selbstrelativierung und der Einsicht in die unvermeidliche Gebundenheit kognitiver Urteile an je „passende" Gestaltungskontexte. Damit ist Bildung Selbstaufklärung darüber, welcher Wissenstypus und welche Ausdrucksgestalt in welchem Kontext angemessen ist und welcher nicht. Eben dies geschieht paradigmatisch in *religiösen* Bildungsprozessen, für die der Wechsel zwischen Binnen- und Außenperspektive, zwischen Teilnahme- und Beobachtungsperspektive konstitutiv ist. Auch insofern kommt in religiöser Bildung der Bildungsgedanke selbst an seinen Kern.

Wenn religiöse Bildung zur mündigen und urteilsfähigen Teilnahme an religiöser Praxis als einer besonderen Form von Selbst- und Weltdeutung befähigen soll, kann sie gleichwohl nicht auf eine solche Praxis verpflichten. Sie ist aber nicht außerhalb eines solchen Praxishorizonts denkbar und dient deshalb zugleich mit der Pflege religiöser Traditionen und ihrer Semantiken auch dazu, dass eine religiöse Lebensführung in modernen Lebensverhältnissen überhaupt *möglich* bleibt. Wenn in religiösen Bildungsprozessen gelernt wird, worüber man redet, wenn man über Religion redet, und zugleich, dass die damit verbundene Haltung reflexiver Distanz die Gehalte der religiös-symbolischen Kommunikation nicht dementiert, wird das Verstehen vom Modus einer unmittelbaren „ersten Naivität" in den einer reflektierten „zweiten Naivität" transformiert. Ich sehe diesen Paul Ricoeur zugeschriebenen Begriff durch die Fähigkeit charakterisiert, beide Perspektiven aufeinander bezogen zu halten und die wechselseitigen Übergänge zwischen den damit verbundenen unterschiedlichen Sprachformen offen zu halten. Das ermöglicht uns, Symbole und Metaphern der Glaubenssprache mitzusprechen, ohne sie als empirische Sachverhaltsbehauptungen misszuverstehen. Das geht aber nur im Bewusstsein sprachlicher Unterschiede und im Bewusstsein der Grenzen der Übersetzbarkeit. Ohne die Haltung einer „zweiten Naivität" wird man heute außerhalb fundamentalistischer Selbstbornierungen kaum noch religiös sein können. Die Alternative wäre religiöse Indifferenz. Auch insofern lässt sich sagen: Religiös zu sein ist in der modernen Gegenwartskultur zu einer Frage der Bildung geworden.

Bildung und Leben in einer zerrissenen Welt

Es sollte deutlich geworden sein: Die bleibende Bedeutung der über 200 Jahre alten klassischen neuhumanistischen Bildungskonzepte besteht weder in ihrer Ehrwürdigkeit noch in ihrer Idealität, sondern darin, dass in ihnen „die neuzeitliche *Grundsituation, vor der wir heute immer noch stehen*, in aller Schärfe erkannt" wurde.[43] Es sind die sozialhistorisch mit der Auflösung ständischer Ordnungen und mentalitätsgeschichtlich mit der Aufklärung verbundenen Entsicherungen, die auf die Frage, wozu der Mensch bestimmt sei, keine Antworten im Sinne tradierter Selbstverständlichkeiten mehr zuließen. Die teleologischen Muster des Welt- und Selbstverständnisses, wonach alles seinen Sinn und Zweck hat, zeigten erste Risse. Die aus der Antike überkommene und mit dem christlichen Schöpfungsglauben verbundene Kosmosfrömmigkeit wurde erschüttert. Das bürgerliche Selbstbewusstsein setzte erworbene gegen ererbte Autorität und untergrub damit den Geltungsanspruch von Traditionen. Als Zerrissenheit des bürgerlichen Lebens wurde thematisch, was wenig später mit der Diagnose der „Entfremdung" des Menschen einen Grundton modernen Lebensgefühls anstimmt. Mit der Entwicklung marktwirtschaftlicher Verhältnisse gewinnt die funktionale Ausdifferenzierung der Gesellschaft in eine Vielfalt von Teilsystemen mit jeweils eigenen Rationalitätsmustern und Handlungsregeln als das Grundprinzip der Moderne eine neue Qualität. Hier liegt das verbindende Motiv zwischen dem historischen Ursprung des modernen Bildungsbegriffs und der Gegenwart: „Bildung wird dann zum Thema, wenn der Ausgang des Menschen aus zerbrochenen Selbstverständlichkeiten bewältigt werden soll."[44] Von Anfang an richtet sich Bildung auf die Entwicklung einer Subjektivität, die in der Erschließung der Welt das Inkompatible, das Ganze *in seinen Differenzen*, zusammenzuhalten in der Lage ist. Alles, was Bildung nur im Kontext „ganzheitlicher" Sozialformen gelten lässt, erweist sich daher gemessen an den Ursprüngen des Bildungsdenkens als reaktionäre Sozialromantik, für die gewisse reformpädagogische Strömungen anfällig sind. Den Kern des Bildungsdenkens bildet seit jeher ein (selbst)*kritischer* Bezug auf die Aufklärung, vor allem auf eine in der Aufklärung virulente rationalistisch-utilitaristische Strömung: Die Ablehnung sowohl einer rationalistischen Reduktion des Menschen als auch seiner Verzweckung durch wissenschaftliche, wirtschaftliche oder politische Ziele.

Freilich hat sich seither das kulturelle und soziale Szenario noch grundlegender gewandelt. In den letzten ca. 30 Jahren hat sich das Bewusstsein über das Gewordensein moderner Gesellschaften und ihrer Bauprinzipien und Regeln verallgemeinert. Nichts anderes war unter dem inzwischen etwas aus der Mode gekommenen Begriff „Postmoderne" zu verstehen. Die moderne Gesellschaft wird gleichsam von außen beobachtbar, d. h. sie wird selbstreflexiv, und zwar, das ist das Neue, bis in die Alltagswelt hinein. Zugleich werden auch die Menschen selbst zunehmend selbstreflexiv: Ihre „Innenbeleuchtung ist eingeschaltet", wie Niklas Luhmann es in seiner lakonischen Metaphorik formu-

43 Peter Biehl, Religionspädagogik und Ästhetik, JRP 5 (1988), 41 (Hervorhebung B. D.).

44 Christoph Schwöbel, Glaube im Bildungsprozess, a. a. O., 177.

liert.[45] Es wird allgemein bewusst, dass sich unterschiedliche kulturelle Wertsphären (so der themeneinschlägige Begriff Max Webers), Rationalitätsformen und Systemlogiken so weit ausdifferenziert haben, dass keine Einheitsperspektive mehr das Ganze überwölben kann. Was seit Kant als Elitenwissen gelten konnte, dringt nun ins Alltagswissen ein: Es kann keine Zentralperspektive mehr in Anspruch genommen werden, aus der die Welt ohne blinden Fleck, wie mit den Augen Gottes zu betrachten wäre. Bildung steht nicht zuletzt vor der Frage, wie das Alltagsbewusstsein auf die damit verbundenen Anforderungen vorbereitet werden kann. Jedenfalls kann Bildung weder die mit der modernen Kultur unvermeidlich verbundenen Unsicherheiten beseitigen, noch irgendeine Einheitsperspektive anbieten, in der sich die Differenzen auflösen. Bildung zielt nicht auf Sicherheit, sondern auf Unsicherheitstoleranz, nicht auf ganzheitliche Weltsicht, sondern auf „Differenzkompetenz."[46] In modernen Gesellschaften müssen nunmehr alle Menschen wissen, aus welchen unterschiedlichen Perspektiven sie in unterschiedlichen beruflichen, gesellschaftlichen, privaten Situationen die Welt wahrnehmen, und welcher blinde Fleck mit jeder dieser Perspektiven unvermeidlich verbunden ist. Differenzkompetenz ist im Zusammenhang allgemeiner Bildung sachlich vermutlich am schärfsten herausgefordert durch die immer wieder neuen Tendenzen, hinter den Ausdifferenzierungen von Rationalitätsformen und gesellschaftlichen Praxen neue einheitswissenschaftliche Grundlagen zu suchen. Naturalistische Menschenbilder in der Hirnforschung sind dafür die gegenwärtig prominentesten Kandidaten im Wissenschaftsbereich, der neoliberale Ökonomismus ist das ideologische Pendant im Bereich der sozialen und kulturellen Lebensgestaltung. Hier hat religiöse Bildung ihre besondere Aufgabe, indem sie das ihr eigene Unterscheidungsprinzip in den Prozess der allgemeinen Bildung insgesamt einträgt. Mit religiöser Bildung gewinnt der christliche Glaube „da kritische Schärfe, wo irgendetwas Weltliches zum Zweck von Letztvergewisserungen beansprucht wird"[47] oder sich einen Totalitätsanspruch anmaßt.

Religion kann den Verlust einer einheitswissenschaftlichen Gesamtsicht der Dinge nicht dadurch ersetzen, dass sie ihn zu kompensieren versucht, indem sie gleichsam die Lücke füllt. Sie hat keinen Allzuständigkeitsanspruch zu stellen und keine Metaperspektive zu bieten. Umso schärfer stellt sich die Frage, ob die christliche Religion den „flexiblen Menschen"[48] der Gegenwart dabei helfen kann, ein „Leben *führen*" zu können, „es also nicht nur wie einen objek-

---

45 Niklas Luhmann, Soziologische Aufklärung, Opladen 1995, 110.

46 Dietrich Korsch, Religion – Identität – Differenz. Ein Beitrag zur Bildungskompetenz des Religionsunterrichts; in: EvTh 4/2003, 278.

47 Dietrich Korsch, Religion mit Stil. Protestantismus in der Kulturwende, Tübingen 1997, 149.

48 Vgl. Richard Sennett, Der flexible Mensch. Die Kultur des neuen Kapitalismus, Berlin 1998.

tiven Prozess erfahren, als wäre es einer Krankheit ähnlich, die sie befällt."[49] Nur wer sein Leben *führt*, kann seine Lebensgeschichte erzählen, ohne sich als deren Autor missverstehen zu müssen. Es geht, so hat es bereits Ernst Troeltsch formuliert, um die „Zusammenbestehbarkeit" des Handelns in einer immer desintegrierter erscheinenden Welt[50] – durch die Differenzen des Lebens hindurch. Vielleicht kann man sagen, dass auf diese Weise der holistische Anspruch von Religion Geltung behält, ohne dass sie damit einen Allzuständigkeitsanspruch erhebt. Und vielleicht ist so für die Gegenwart Schleiermachers Diktum zu präzisieren, aus Sicht des Christentums habe „alles" menschliche Handeln „mit", aber „nicht aus" Religion zu geschehen.[51] Gewiss ist Subjektivität nicht ohne das Vermögen zur geistigen Synthesis zu denken. Das synthetische Vermögen eines gebildeten Subjekts ist aber nicht mehr so sehr (wie bei Kant) auf dem Feld der Erkenntnisfähigkeit zu suchen, sondern auf dem Feld einer Lebenspraxis, die durch die Differenzen hindurch (d. h. ohne sie aufzuheben) auf das Handeln in einer desintegrierten Welt abzielt. Genau dies geht nicht ohne Erzählungen, an denen die Erzählbarkeit der eigenen Lebensgeschichte partizipiert. Dabei wird die Kohärenz einer Lebensgeschichte nicht in die Souveränität des Subjektes zurückgelegt. Aber sie scheint in den Stilkriterien einer Lebenspraxis auf, die sich den Differenzen stellt, ohne sich ihnen bewusstlos auszuliefern. Eine Lebensdeutung soll möglich sein, die den Perspektivenpluralismus umgreift, ohne ihn aufheben zu können, die ihn dabei in ein Selbstverhältnis zu integrieren verhilft, das keiner Einheitsphantasie erliegt und in dem das Ich sich deshalb nicht als Herr seiner selbst, als Souverän seines Lebens begreifen muss. Der christliche Glaube erhofft sich eine solche Lebensmöglichkeit aus dem Gottesverhältnis des gerechtfertigten Sünders. Als operationalisierbares Ziel von Bildungsprozessen ist das nicht zu denken. Es kann aber in religiösen Bildungsgängen so zu verstehen gegeben werden, dass man in die Lage gerät, eine solche Lebensdeutung entweder mit Gründen abzulehnen oder sich ihr zu öffnen.

Gegenüber der Philosophie, mit der sie an der Schule gemeinsam für den Welterschließungsmodus der „konstitutiven Rationalität" einstehen soll, hat Religion nun als eine besondere kulturelle Praxis einen besonderen Vorzug. Jürgen Habermas bemerkt hinsichtlich der von ihm hervorgehobenen „identitätsbildende(n) und -sichernde(n) Funktion" von Weltbildern, dass das damit verbundene „*identitätsverbürgende Wissen* (...) auf der Linie vom geschlossenen zum offenen Weltbild immer formaler" werde und „an Strukturen (haftet), die sich immer weitergehend von den zur Revision freigegebenen Inhalten lö-

49 Dieter Henrich, Bewußtes Leben. Stuttgart 1999, 81.

50 Ernst Troeltsch, Die christliche Weltanschauung und die wissenschaftlichen Gegenströmungen (1893); Gesammelte Schriften II, Tübingen 1922, 229.

51 Friedrich Schleiermacher, Über die Religion. Reden an die Gebildeten unter ihren Verächtern; in der Ausgabe von R. Otto, Göttingen [7]1991, 60.

sen."[52] Dieses Verblassen der Weltbilder, ihre Einschrumpfung auf immer formalere Geltungsansprüche, ist vermutlich genau der Preis, der für den Versuch der Identitätsbildung im Horizont abstrakter Universalität zu zahlen ist: Identität artikuliert sich als Stimme ohne Körper. Tatsächlich orientieren sich Menschen in der Welt aber in der Regel auf ganz andere Art und Weise. Sie suchen Weltdeutungen in Erzählungen und Bildern, und zwar umso mehr, je abstrakter die ausdifferenzierten Rationalitätsmuster der unterschiedlichen Systemwelten werden, in denen unsere Lebenspraxis zu zerfasern droht. Menschen begreifen sich nur als ihre Geschichten, die sie aber nur dann erzählen können, wenn sie auf die Bilder und Erzählmotive zurückgreifen können, die ihnen ihre jeweilige Kultur bereitstellt.[53] Religiöse Bildung erschließt in den Erzählungen einer Religion (und in deren Erzählpraxen, zu denen auch ihre Liturgien gehören), wie sich die Welt dem Blick dieser Religion darstellt.

Wenn denn religiöse Bildung darin ihr Gütekriterium findet, dass sie sich von bloßer Einübung in eine Religion unterscheidet[54], dann eröffnet sie nicht nur eine religiöse Perspektive auf die Welt, sondern dann wird mit der durch sie methodisch-systematisch ermöglichten reflexiven Distanznahme zugleich deutlich, *dass* es sich dabei um eine perspektivische Weltwahrnehmung handelt.

Der Begriff der Modellierung der Welt kommt nicht ohne die Einsicht aus, dass es Wahrheit nur noch im Plural gibt. Wir erschließen uns die Welt und ihre Wirklichkeit(en) nicht, indem wir gleichsam die Welt vor uns hingestellt betrachten als einen übersichtlichen und transparenten Sachzusammenhang.

---

52 Jürgen Habermas, Theorie des kommunikativen Handelns, Bd. I, Frankfurt a. M. 1981, 100.

53 „Je mehr wir rationalisieren, umso mehr müssen wir erzählen. Je moderner die Welt wird, desto unvermeidlicher wird die Erzählung: Narrare necesse est." (Odo Marquardt, Philosophie des Stattdessen, Stuttgart 2000, 63). Über diesen kompensatorischen Ansatz noch hinaus zu einer konstitutiven Orientierung durch Erzählung geht Richard Rorty (Kontingenz, Ironie und Solidarität, Frankfurt a. M. 1992, 122). Im Medium der Narration kann die kognitivistische Verengung des universalpragmatischen Konzepts von Jürgen Habermas aufgesprengt werden. Universalisierbare Geltungsansprüche (etwa hinsichtlich der Menschenwürde oder der Unterscheidung zwischen Personen und Sachen) werden damit nicht preisgegeben. Sie haben sich aber zu legitimieren im Blick darauf, dass sie mit besonderen Lebensformen vereinbar bleiben – statt dass besondere Lebensformen (und noch gibt es keine anderen) vor den Gerichtshof einer universalistischen Vernunft gezerrt werden. In dieser Hinsicht reflektiert Jürgen Habermas das Verhältnis von Vernunft und Glaube und von Säkularität und Religion heute weit offener, als in der „Theorie des kommunikativen Handelns"; so z. B. in: Habermas Zwischen Naturalismus und Religion, Frankfurt a. M. 2005.

54 Keine Zugehörigkeit zu einer Religion ist möglich ohne Einübung. Gewiss soll auch der schulische Religionsunterricht die Möglichkeit der Entscheidung für eine religiöse Lebenspraxis offenhalten. Er wird aber keine Einübung in eine Religion sein können und dürfen. Weitgehend noch ungeklärt sind die Probleme, die sich daraus ergeben, dass die Schule jedoch für die meisten Menschen der erste und einzige Ort ist, an dem ihnen Religion als kulturelle Praxis begegnet.

Was als Weltwirklichkeit gelten kann, hängt ab vom jeweiligen kognitiven und perzeptiven Wahrnehmungskontext und von den Beschreibungssystemen, die wir verwenden. Zwischen einer Wirklichkeitsbeschreibung und dem, was wir Wirklichkeit nennen, besteht keine externe Differenz. Wir treffen damit vielmehr eine Unterscheidung innerhalb unserer Sprach- und Interpretationspraxis. Religionspädagogen würden sich als „die Magier des christlichen Glaubens"[55] verstehen müssen, wenn Worte Inhalte vermitteln würden als wären sie deren Stellvertreter, sodass auch ihre Bedeutungen wie Gegenstände zu denken wären, die sich sprachlich vermitteln ließen wie Handelsgüter im Warenverkehr.

[55] Werner Brändle, Systematische Theologie und Religionspädagogik. Differenz und Einheit; in: M. Rothgangel / E. Thaidigsmann (Hg.), Religionspädagogik als Mitte der Theologie? Theologische Disziplinen im Diskurs, Stuttgart 2005, 109.

Die Kirche – eine Bildungsinstitution?

Zum Verhältnis von allgemeiner Bildung, religiöser Bildung und religionsprofessioneller Ausbildung

1. *Vorbemerkung zum Begriff der Kirche als „Bildungsinstitution"*

Was ist im Horizont des Bildungsthemas das Besondere an der Kirche *als Organisation* im Vergleich zu anderen im öffentlichen Raum agierenden Organisationen? Wie soll das professionelle kirchliche Personal in seinem Handeln dem Bildungsgedanken entsprechen? Kann man die Kirche gar mit Reiner Preul als „Bildungsinstitution" *definieren*?[1] Ich meine, man kann Preul zustimmen, wenn man mit ihm darunter einen eher heuristischen Begriff zum Zwecke genauerer Formulierung kirchlicher Aufgaben versteht, aber keine theologisch erschöpfende ekklesiologische Bestimmung. Und wie es z. B. erkenntnisfördernd sein kann, Religion *als* eine kulturelle Praxis zu beobachten, ohne sie darauf zu reduzieren, kann es eben auch erkenntnisfördernd sein, die Kirche *als* Bildungsinstitution zu betrachten, ohne sie darauf zu reduzieren.

Immerhin springt eine Analogie ins Auge: Wie Bildung ihre instrumentelle Verzweckung nicht überlebt, trägt auch die Kirche im Unterschied zu den partikularen Zwecken anderer Organisationen – Parteien, Gewerkschaften, Verbände – ihren Zweck in sich selbst, insofern die *cura animarum*, die Sorge um das Seelenheil der Menschen, eben nicht als ein Partikularinteresse aufgefasst werden kann. Freilich bleibt der Bildungsprozess jenseits solcher Analogien ein „weltliches Ding", das nicht zu einem Heilsvermittlungsprozess religiös aufgeladen werden darf. Preul erläutert, dass er die Kirche als Bildungsinstitution „einer Gruppe von Institutionen" zuordnen will, „die sich an das Bewusstsein, das Gefühl und das Erleben der Menschen wenden und somit in irgendeinem Sinne zu ihrer Bildung beitragen. Das sind die Institutionen des Bildungswesens (vom Kindergarten über die Schule bis zur Universität ...), der Kunst aller Stilrichtungen und der Öffentlichen Medien."[2] Er ergänzt: „Mit diesem Begriff werden all diejenigen Institutionen zusammengefasst, deren Aufgabe in ir-

---

[1] Reiner Preul, Kirchentheorie. Wesen, Gestalt und Funktionen der Evangelischen Kirche, Berlin u. New York 1997, 140ff. Ich fasse im Folgenden einen Gedankengang zusammen, der näher ausgeführt wird in: Bernhard Dressler, Kirchenleitung und Bildung. Der Pfarrberuf als Bildungsaufgabe; in: Regina Sommer / Julia Koll (Hg.), Schwellenkunde. Einsichten und Aussichten für den Pfarrberuf im 21. Jahrhundert, Stuttgart 2012, 39–51.

[2] Preul, a. a. O., 141.

gendeiner Weise das gemeinschaftliche und individuelle Symbolisieren ist."[3] Keineswegs darf damit, das stellt Preul klar, etwa der Gottesdienst auf einen didaktischen Zweck reduziert werden. Als Feier und Ritus ist er Selbstzweck.

Ich verbinde nun mit einer „Bildungsinstitution" neben der Vermittlung basaler Kulturtechniken alle jene Funktionen, die dazu dienen, der menschlichen Lebensführung gegen die bedrängenden Systemzwänge moderner Gesellschaften die Möglichkeit bewusster und integrer Lebensführung zu bewahren. Bildung soll Menschen die urteilsfähige Teilnahme am kulturellen Gesamtprozess der Gesellschaft ermöglichen – Friedrich Schleiermacher fand dafür das treffende Wort der „Mitgesamttätigkeit"[4]. Bildung soll die Bedingungen dafür fördern, dass Menschen ihr Leben *führen* können. Indem Bildung gleichzeitig mit der „Klärung der Sachen" die „Menschen stärkt"[5], dient sie der Verteidigung der Lebenswelt gegen deren systemische „Kolonialisierung"[6], etwa durch den Druck der Ökonomisierung und der digitalen Vernetzung. Und sie spielt dieser Verteidigung Reflexionsfähigkeit und symbolische Ausdrucksmöglichkeiten zu. So wird man auch sagen können, dass *alles* kirchliche Handeln bilden soll, ohne dass Bildung in allem kirchlichen Handeln *intentional* die dominante Dimension oder das dominante Motiv ist.

2. *Keine Theologie der Bildung – aber theologische Reflexion der Bildung*

Die evangelische Theologie sucht nach einer Periode der Bildungsvergessenheit seit einiger Zeit, ich würde sagen: seit Anfang der 1990er Jahre, wieder den Anschluss an bildungstheoretisches Denken. Seither ist eine gewisse Vollmundigkeit zu beobachten, mit der der Bildungsbegriff für die christliche – zumal natürlich für die protestantische – Tradition reklamiert wird. Nun besteht ohnehin die Neigung, den Bildungsbegriff als Passepartout zu benutzen, mit dem alles Mögliche und Unvereinbare bezeichnet wird: Abgehobene bildungsbürgerliche Ideale ebenso wie die Reduktion der Schule auf ein Dienstleitungsunternehmen für den Arbeitsmarkt. Bildung in einem präzisen Sinne ist aber nicht unabhängig von einem bestimmten Begriff von Subjektivität und Individualität zu denken. Umso weniger darf vergessen werden, auf welche Invektiven der Bildungsbegriff zwischenzeitlich vonseiten der Kirche stieß – sei es im Verdikt der dialektischen Theologie gegen den mit Bildung vermeintlich ver-

---

3 Preul, a. a. O., 147.

4 Friedrich Schleiermacher: Grundzüge der Erziehungskunst (Vorlesungen 1826); in: Texte zur Pädagogik Bd. 2 (hg. v. M . Winkler u. J. Brachmann), Frankfurt a. M. 2000, 16.

5 Hartmut von Hentig, Die Menschen stärken, die Sachen klären. Ein Plädoyer für die Wiederherstellung der Aufklärung, Stuttgart 1985.

6 Zur Metapher der „Kolonialisierung der Lebenswelt" durch die Sachzwanglogiken der Systeme siehe: Jürgen Habermas, Theorie des kommunikativen Handelns, Frankfurt a. M. 1981, Bd. II, 171–293.

bundenen Anspruch auf Selbstmächtigkeit, sei es in den theologisch aufgeladenen schwarzpädagogischen Gehorsamsforderungen des Neuluthertums. Erst wenn das alles gesagt und bedacht worden ist, darf man dem Gedanken nachgehen, dass Bildung mit dem Christentum, näherhin mit dem reformatorischen Christentum zu tun hat. Gerade um der quasi-religiösen Aufladung des Bildungsbegriffs – wie in manchen idealistisch-humanistischen Bildungskonzepten – kritisch begegnen zu können, ist nun darauf zu achten, Bildung nicht in Heilskategorien auszubuchstabieren. Sie dient niemals der Rettung, garantiert keine moralische Güte, sondern enthält immer „nur" eine Hoffnung auf Humanität. Wie religiös inspiriert auch immer das Bildungshandeln sein mag, Bildung bleibt weltliches Menschenwerk. Bildungstheoretische Argumente müssen, wenn sie gegenwärtig überzeugen sollen, ohne theologische Begründungen plausibel sein.

Die Felder des theologischen und pädagogischen Denkens sind aufgrund ihres unterschiedlichen Eigensinns zwar auf keinen gemeinsamen Nenner zu bringen. Es darf aber nicht übersehen werden, dass mit der im Bildungsbegriff enthaltenen Anfälligkeit für Selbsterlösungsideologien ein Spannungsverhältnis zwischen Pädagogik und Theologie und zwischen Bildung und Religion hervortritt, das gerade auf deren enge Wechselbeziehung hinweist. Das lässt sich sagen, ohne konfrontativ und prinzipiell auf argumentative Anschlussfähigkeit verzichten zu wollen. In theologischer Perspektive kann die Bildungstheorie an Unterscheidungen gemessen werden, die den fundamentalen Selbstunterscheidungen des christlichen Glaubens entsprechen[7]: Zwischen Person und Subjekt und zwischen Glaube und Werken. So lässt sich sagen, „dass der Begriff der Bildung im biblischen Verständnis immer an die Grenzen des Machbaren führt. (...) Er erinnert an das, was der Mensch wird, ohne es zu machen, auch wenn er selbst daran beteiligt ist. Der Begriff ‚Bildung' betont das Moment des Unverfügbaren, im Gegensatz zum Lernbegriff."[8] Eine religiöse Begründung und Interpretation dieses Gedankens ist zwar nicht zwingend, doch kann man sagen, dass die kritische Aufgabe der Theologie sich gegen die Funktionalisierung von Bildung ebenso wie gegen die im Kontext des Bildungsthemas immer wieder drohende Funktionalisierung von Religion richtet. Sie richtet sich gegen ein idealistisches pädagogisches Selbstmissverständnis ebenso wie gegen die Auslieferung der Bildung an ökonomisch-instrumentelle Zwecke.

---

7 Hierzu grundsätzlich: Bernhard Dressler, Unterscheidungen. Religion und Bildung, Leipzig 2006.

8 Michael Meyer-Blanck, Kleine Geschichte der evangelischen Religionspädagogik. Dargestellt anhand ihrer Klassiker, Gütersloh 2003, 119.

3. *Theologie als Wissenschaft im Spannungsverhältnis zur Religion*

Auch wenn die Frage nach der Bedeutung von kirchlicher Bildungskompetenz zur Professionalität des Pfarrberufs gehört, ist vorab aus Gründen, die noch zu zeigen sein werden, die bleibende Bedeutung der Unterscheidung von Religion und Theologie zu bedenken. Die Professionalität von Theologinnen und Theologen besteht nicht darin, die gelebte Religion der Menschen, mit denen sie es in ihrem Berufsfeld zu tun haben, klerikal zu normieren oder zu überformen. Sie sollen aber den Menschen in Bildungsprozessen wie auch auf allen Feldern des kirchlichen Verkündigungshandelns Angebote zuspielen, die die Prägnanz und Kohärenz der empirischen gelebten Religion zu steigern vermögen. Das ist wichtig, weil die Religion aufgrund ihrer konstitutiven Inkonsistenz – ihrer Mehrdeutigkeit und Ambivalenz – immer der Gefahr unterliegt, in Indifferenz oder Fundamentalismus, gar in Obskurantismus abzugleiten. Damit würde Religion die Fähigkeit zur kognitiven Bezugnahme auf andere, nicht nur theoretisch präsente, sondern im praktischen Leben wirkmächtige Rationalitätsformen verlieren. Hier liegt dann der Grund für das weit verbreitete Missverständnis, die christliche Religion nötige zum Fürwahrhalten wissenschaftlich längst widerlegter Sachverhalte.

Insbesondere die Praktische Theologie in allen ihren Facetten – Predigtlehre, Seelsorge, Liturgik, aber auch Religionspädagogik – reflektiert und kultiviert das Bewusstsein über die Differenz zwischen gelebter Religion und kirchlicher Lehre. Die neuzeitliche „Unterscheidung von Theologie und Religion“[9] ist das konstitutive Merkmal Praktischer Theologie als wissenschaftlicher Teildisziplin. Indem sie die „Vermittlungsbedürftigkeit zwischen theologisch-theoretischem Lehrbegriff und empirischen Vollzügen der christlich-kirchlichen Lebenswirklichkeit“ aufweist[10], kann die Praktische Theologie die Kunstregeln kirchlichen Amtshandelns formulieren, wodurch sich die Theologie insgesamt als eine „positive“, praktischer Notwendigkeit folgende Wissenschaft verstehen kann.[11] Die Frage, *was* Theologie ist, wird in dieser Perspektive

---

[9] Botho Ahlers, Die Unterscheidung von Theologie und Religion. Ein Beitrag zur Vorgeschichte der Praktischen Theologie im 18. Jahrhundert, Gütersloh 1980.

[10] Christian Albrecht, Zur Stellung der Praktischen Theologie innerhalb der Theologie – aus praktisch-theologischer Sicht; in: Christian Grethlein / Helmut Schwier (Hg.), Praktische Theologie. Eine Theorie- und Problemgeschichte, Leipzig 2007, 16f.

[11] Friedrich Schleiermacher, Kurze Darstellung des theologischen Studiums (1. Auflage 1810), hg. von Heinrich Scholz, Darmstadt 1973: Aufgabe der Theologie insgesamt (also aller ihrer durch Spezialisierung ausdifferenzierten Formen) ist die „Lösung einer praktischen Aufgabe“ im Rahmen einer „gemeinsame(n) Beziehung auf eine bestimmte Glaubensweise“ (§ 1). Schleiermachers Bezug dieser „praktischen Aufgabe“ auf das „Kirchenregiment“ ist keineswegs auf kirchenleitende Aufgaben in einem engen Sinne beschränkt: „Der Ausdruck Kirchenleitung ist hier im weitesten Sinne zu nehmen, ohne daß an irgendeine bestimmte Form zu denken wäre“ (§ 3). Es wäre genauer zu diskutieren, inwieweit es unter gegenwärtigen Bedingungen darüber hinaus um jeweils konfessions-

durch die Frage ersetzt, *wozu* Theologie dient. In thematischer Hinsicht kann Religion ebenso legitim wie der Gegenstand von Theologie auch der Gegenstand von Religionswissenschaft, Soziologie, Kulturwissenschaft usw. sein. Die Theologie aber dient als „positive Wissenschaft" der Erhaltung und Gestaltung des christlichen Glaubens als religiöser Praxis, insofern der Glaube einer autonomen, staats- und politikunabhängigen Kontinuierung des Religionssystems bedarf.[12] Die Grundunterscheidung zwischen Theologie und Religion läuft also nicht nur auf eine Legitimierung theologischer Wissenschaft hinaus, sondern dient zugleich auch der Rechtfertigung einer von theologischen Normierungen und Bevormundungen *unabhängigen* Religiosität. Die Praktische Theologie als jene theologische Subdisziplin, die die besonderen Kunstregeln zur Förderung und Gestaltung einer individuell verantworteten, aber im Bezug auf das Christentum Kontinuität und Substanz gewinnenden Religionspraxis entwickelt, ist zwar vor diesem Hintergrund nicht ohne Rekurs auf die Systematische Theologie denkbar. Sie setzt aber zugleich auch die zeitdiagnostischen und hermeneutischen Standards für eine Dogmatik, die sich gegenüber der Religionspraxis nicht verselbständigt. Auch so rückt die wachsende Bedeutung des Bildungshandelns für das theologische Selbstverständnis in den Blick.

Die gerade knapp umrissene funktionale Bestimmung von Theologie bedeutet also insbesondere im Blick auf das kirchliche Bildungshandeln, Expertise für die Förderung der christlichen Religion bereit zu stellen. Bildungsprozesse sollen aber nicht die an ihnen teilnehmenden Menschen zu Experten machen. Sie sollen bei Laien die „Kommunikationsfähigkeit mit Experten"[13] fördern. Reziprok soll Expertenwissen so kommuniziert werden, dass Laien es verstehen können, ohne Experten werden zu müssen. Anderenfalls würde allgemeine Bildung – wozu ich religiöse Bildung in Kirche und Schule rechne – auf Ausbildungszwecke reduziert werden, was in der Erwartung vieler gesellschaftlicher Interessengruppen an die Schule leider längst geschieht. So sehr Bildungsprozesse für eine spätere Berufsorientierung begeistern können, so ist ihr Zweck weder die Rekrutierung künftigen Fachpersonals, noch die Verwissenschaftlichung aller Lebensbereiche.

---

bezogene Kontinuierungsaufgaben im Blick auf das ginge, was man mit Niklas Luhmann allgemein das „Religionssystem" nennen kann.

12 Schon bei Schleiermacher ist ja die Reaktion darauf zu erkennen, „dass sich die christliche Grundorientierung der Gesellschaft insgesamt nicht mehr von selbst versteht. Sie ergibt sich auch nicht aus dem Gehalt des Christentums als einer bloß traditionsbestimmenden Größe, sondern muss sich in der Form von Darstellung und Mitteilung stets neu erzeugen." (Dietrich Korsch, Theologie; in: W. Gräb / B. Weyel (Hg.), Handbuch Praktische Theologie, Gütersloh 2007, 837f.).

13 Vgl. zum Folgenden: Roland Fischer, Höhere Allgemeinbildung und Bewusstsein der Gesellschaft; in: Erziehung und Unterricht 5–6/2003, 559–566.

4. *Die Integration des Bildungsgedankens in theologische Ausbildungsziele*

Bildung ist nicht Ausbildung. Allgemeinbildung zielt eben deshalb nicht auf Expertentum, sondern auf gebildetes Laientum, auf „Kommunikationsfähigkeit mit Experten“. Dem entspricht komplementär die Fähigkeit von wissenschaftlich Ausgebildeten, Wert und Bedeutung ihrer Expertise für Laien verständlich und damit für die Lebenswelt bedeutsam zu machen. Ohne Bezug zur Lebenswelt verliert das Wissenschaftssystem Sinn und Legitimität. Als Experten sind Menschen *aus*gebildet worden. Aber die akademische Berufstätigkeit in jenen Professionen, in denen wissenschaftliche Expertise unmittelbar in ein von Vertrauen getragenes Verhältnis zu den Lebensverhältnissen von Menschen tritt – exemplarisch bei Ärzten, Anwälten und eben auch PfarrerInnen –, erfordert es, dass der Bildungsgedanke und der Ausbildungszweck auf bestimmte Weise *integriert* werden. In diesem Sinne verstehe ich die Professionalität im Pfarrberuf (und auf davon im Einzelnen genauer zu unterscheidende Weise auch im Lehrberuf) als ein Resultat von Bildung und Ausbildung *zugleich*. Ein Umstand, der übrigens gegenwärtig unter dem Bologna-Diktat der *employability* an den Hochschulen zu ihrem Schaden vergessen zu werden droht. Und es ist eine offene Frage, ob die von „Bologna“ bislang weitgehend verschonte Theologie sich von diesem allgemeinen Trend wird freihalten können.

Warum Bildung und Ausbildung zugleich? Nun, ein gemeinsames Kennzeichen von Pfarrberuf und Lehrberuf (wie auch einiger anderer akademischer Professionen) besteht darin, dass in ihren Handlungsfeldern Standardisierbarkeit und Routinisierbarkeit auf enge Grenzen stoßen. Das liegt daran, dass sie neben den Unsicherheiten wissenschaftlichen Erkenntnisgewinns *auch* mit der Mehrdeutigkeit von Situationsanalysen zu tun haben. Die beruflichen Handlungsanforderungen sind daher nicht allein durch berufliches Regelwissen, sondern nur durch einen je individuellen *Berufshabitus* auszubalancieren. Diese Berufe verlangen also die Ausbildung von Fähigkeiten, die angesichts der Komplexität und angesichts der niemals identischen, immer unterschiedlichen Situiertheit ihrer Handlungsbedingungen nicht als Verhaltensregeln lernbar sind. Sie lassen sich nicht standardisieren und nur sehr begrenzt routinisieren, weil sie – anders als ein Handwerk – nicht nach bestimmten mechanischen Regeln funktionieren, die präzise und möglichst unverändert auf bestimmte Situationen anwendbar sind. In solchen Berufen braucht man zuerst die Fähigkeit, Situationen, die sich nie völlig gleichen, einzuschätzen, um dann über die Angemessenheit eines bestimmten Handelns zu entscheiden. Handlungsfähigkeit ist nur in Verbindung mit Urteilskraft denkbar, die (nach Kant im Unterschied zu allgemeinen Vernunftsregeln und ethischen Maximen) immer nur im Blick auf den konkreten, nicht verallgemeinerbaren Fall gelten kann, gleichwohl aber beansprucht, nicht nur subjektiven Gründen zu folgen. Hier kommt zum Zuge, was für gebildete Menschen charakteristisch ist: Ein reflexives Verhältnis zu sich selbst und zu den Handlungsbedingungen zu haben, unter denen sie agieren.

Aus all diesen Gründen muss *Aus*bildung für solche Berufe immer *auch* Bildung sein, insofern Bildung nicht nur im Erlernen von Kenntnissen und Handlungsregeln besteht, sondern ein selbstreflexives Moment in sich trägt. Schleiermacher spricht deshalb von „Kunstlehre".[14] Die „Brauchbarkeit" oder „Nützlichkeit" der hierfür zu erwerbenden Kenntnisse und Fertigkeiten stehen jedenfalls nicht in einem einfach kalkulierbaren Verhältnis zu den Lernarrangements der Ausbildungsgänge, sondern erscheint eher als eine Art Kollateralnutzen.

Neben Wissen und Urteilsfähigkeit muss deshalb Erfahrung zum Zuge kommen, die nur als selbst gemachte Erfahrung wirksam ist. Erfahrung kann – man denke z. B. auch an die diagnostische Intuition eines Arztes oder die pädagogische Intuition einer Lehrerin – nie medial oder technisch substituiert werden. Handlungskompetenz in den hier als Professionen verstandenen Berufen kann deshalb immer erst in situierten Lernkontexten erworben werden. Deshalb schließt sich bei ihnen in der Regel an das Studium eine zweite, praxisbezogene Ausbildungsphase als Vikariat oder Referendariat an.

Zu den Aufgaben, die nicht ohne Situationsgespür und Selbstreflexivität zu bewältigen sind, aber auch nicht ohne eine gedankliche Verarbeitung dessen, was die vorhin umrissene Aufgabe der wissenschaftlichen Theologie ist, gehört nun die je spezifische Weise, wie sich religiöse Experten, diejenigen also, die professionell mit Religion zu tun haben, gegenüber Laien sachgerecht verständlich machen können. Im Blick auf theologische Professionalität wäre z. B. zu fragen: Was gehört dazu, einen Segen im Gottesdienst oder bei einer Kasualie nicht als magische Handlung, den geistlichen Zuspruch in einem Seelsorgegespräch nicht als therapeutischen Heilungsversuch, die symbolisch-metaphorische Gebets- oder Predigtsprache nicht als Sachverhaltsbehauptungen, den texthermeneutischen Hintergrund einer Predigt nicht biblizistisch misszuverstehen usw.? Es geht immer darum, Religion in ein auch kognitives Verhältnis zu nichtreligiösen Formen menschlicher Rationalität und menschlichen Handelns zu setzen. Für die christliche Religion gilt dabei allerdings im Unterschied zu anderen Professionsfeldern wie z. B. der Medizin, dass es nicht nur de facto, sondern aus normativen Gründen fließende Übergänge zwischen professionellem Expertentum und Laien gibt. Religiöse Kompetenz, die in Lernprozessen zu erwerben ist, beruht nämlich auf von ihr selbst zu unterscheidenden,

[14] Dass „Kunstregeln" auf ihren Gebieten zur Anwendung kommen, verbindet religiöse und pädagogische Professionen. Den „Charakter" der Kunst trägt eine Tätigkeit nach Friedrich Schleiermacher dann an sich, wenn „mit den Regeln nicht auch die Anwendung gegeben ist, d. i. nicht mechanisiert werden kann." (Hermeneutik und Kritik, hg. und eingeleitet von Manfred Frank, Frankfurt a. M. 1977, 81).

aber nicht zu trennenden *Glaubens*gewissheiten, für die im Unterschied zur Experten-Laien-Differenz das „allgemeine Priestertum aller Getauften“ gilt.[15]

5. Die Transformation der Religion in Bildungsprozessen

Das Ineinander von Bildung und Ausbildung für die Religionsprofessionen wird gegenwärtig noch einmal dadurch bestärkt, dass sich das Verhältnis von Religion[16] und Bildung generell verändert. Der Kirche stellt sich in mindestens zweifacher Hinsicht die Aufgabe, Bildungsprozesse anzuregen und zu gestalten: *Zum einen* ist sie derzeit die einzige gesellschaftliche Großinstitution, die Bildung dezidiert nicht nur als Dienstleitung für die sich rapide verändernden Ansprüche des Arbeitsmarktes versteht. Es ist ihre gesellschaftsdiakonische Aufgabe, der Funktionalisierung und Trivialisierung von Bildung entgegenzuwirken. *Zum anderen* muss sie auch im eigenen Interesse darauf reagieren, dass die Tradierung der christlichen Religion sich immer weniger in Form von Sozialisation, Konvention und organisatorischer Inklusion vollzieht, sondern eben als Bildungsprozess. Damit sind unvermeidlich Individualisierungsdynamiken und distanzierte Partizipationsmuster verbunden, also all das, was in der Vergangenheit unter der Diagnose des „Bildungsdilemmas der Volkskirche“ verhandelt wurde.[17] Ist mit einem Zuwachs von Bildung immer auch das Risiko der Abwendung von der Kirche verbunden? Gilt das auch noch dann, wenn Bildung kein soziales Klassenmonopol mehr ist und kaum noch dünkelhafte Distinktionsgewinne ermöglicht, sondern (in einem wie auch immer funktional ausgedünnten Sinne) für jede Art aktiver sozialer und kultureller Partizipation *obligatorisch* wird?

Nun stößt die christliche Religion evangelischer Spielart auf diese Situation nicht ganz unvorbereitet, insofern sie nicht erst seit heute wenigstens normativ den Bedingungen individueller Anverwandlung unterliegt. Als Kern von Bildungsprozessen soll die Fähigkeit gelten, die eigenen Kompetenzen, Lebensauffassungen und Handlungsmaximen reflektieren zu können. Dann

---

[15] Dabei ist zu beachten, dass es um die Unmittelbarkeit der durch Christus vermittelten Gottesbeziehung geht. Sachgerecht ist deshalb nicht von „allgemeinem *Theologen*tum“ die Rede.

[16] Unabhängig davon, dass ich eine religionstheoretische – trotz aller Schwierigkeiten mit einem *allgemeinen* Religionsbegriff arbeitende – Fundierung religiöser Bildung insbesondere an öffentlichen Schulen für unausweichlich halte, ist natürlich bewusst zu halten, welcher Ausdifferenzierung ein solcher Religionsbegriff bedarf. Es ist ja unverkennbar, dass hier von einem protestantischen Religionsverständnis die Rede ist, das sich bereits von einem katholischen (zumeist inklusivistischen) Verständnis unterscheidet, von den Unterschieden zu anderen Religionen ganz abgesehen.

[17] Vgl. Volker Drehsen, Das Bildungsdilemma der Volkskirche – das kirchliche Dilemma der religiösen Sozialisation; in: Ders., Wie religionsfähig ist die Volkskirche? Sozialisationstheoretische Erkundungen neuzeitlicher Christentumspraxis, Gütersloh 1994, 41–65.

verschiebt sich aber noch einmal das für die Aneignung von Religion spezifische Rezeptionsverhältnis. Eine „Religion, die zu sich hinbildet, unterliegt ihrerseits unhintergehbar einem Umbildungsprozess."[18]

Gegenwärtig schiebt sich ein Sachverhalt, der mit der bislang üblichen Konnotation der Rede vom „Bildungsdilemma" nicht genügend gewürdigt wurde, in den Vordergrund: Die Bedingung der Möglichkeit für eine weder indifferente noch fundamentalistische Religionspraxis ist heute zunehmend die *Bildungsgestalt* der Religion. Zu religiöser Bildung als dem vorherrschenden Tradierungsmodus von Religion gibt es – jedenfalls im Sinne einer expressionsfähigen und auch kognitiv explikationsfähigen Religion – in der modernen, funktional ausdifferenzierten und pluralisierten Gesellschaft empirisch keine Alternative – und soll es im protestantischen Verständnis auch normativ keine Alternative geben.

Im Zusammenhang mit der Auswertung der fünften Kirchlichen Mitgliedschaftsuntersuchung der EKD sieht Gerhard Wegner den Hauptgrund für die darin konstatierten Traditionsabbrüche im Verlust religiöser Sozialisation in der Familie. Religion werde immer bestärkt durch einen „Zusammenhang zwischen Familienleben und religiöser Praxis. Einzelpersonen erreicht Kirche kaum."[19] „Traditionsabbruch" bezeichnet indes weniger das Verschwinden von Religion, sondern ihren Formwandel, nicht nur, aber vor allem durch die grundlegende Veränderung innerfamilialer Erziehungs- und Kommunikationsformen. Der Verlust an religiöser Sozialisation hat auch, aber eben nicht nur, damit zu tun, dass Eltern religiöse Erziehung nicht mehr wollen oder sich nicht mehr dazu in der Lage sehen. Die Erziehungsverhältnisse sind generell, ob man das beklagt oder feiert, mit einem zunehmenden Verzicht auf autoritäre Einflussversuche verbunden. Strittiges wird in den Familien immer weniger autoritär entschieden, sondern intergenerationell ausgehandelt. Man will seinen Kindern alle Optionen offenhalten. Zugleich ist die Generationsgrenze nicht mehr dadurch definiert, dass Heranwachsende von bestimmten Themen und Wissensgebieten fern gehalten werden. Die innerfamilialen Thematisierungsmöglichkeiten (einschließlich einer neuen Wechselseitigkeit der Belehrungsverhältnisse) und die Aushandlungsspielräume erweitern sich. Dabei wird das Spektrum der Wissens-, Zeichen- und Erfahrungswelten, das zu verarbeiten ist, immer breiter und offener, nicht zuletzt durch den Gebrauch digitaler Medien, von dessen mentalitäts- und weltbildverändernder Wirkung wir uns noch gar keine genaue Vorstellung machen können. Welt- und Selbstdeutungsangebote vervielfältigen sich – Möglichkeiten reflexiven Umgangs mit sich selbst nehmen zu.

---

18 Volker Drehsen, a. a. O., 46.

19 Gerhard Wegner, „Weitergabe des Glaubens keine Selbstverständlichkeit mehr" (epd-Interview) (https://www.evangelisch.de/inhalte/92910/06-03-2014).

Die Art und Weise, wie man mit Religion bekannt gemacht wird, wird sich also – mehrheitlich und irreversibel – verschieben. Pointiert gesagt: Eine Religion, die allererst in Bildungsprozessen oder medial vermittelten Lernprozessen bekannt gemacht und erschlossen wird, wird sich grundsätzlich (nicht in jedem individuellen Fall, aber im Großen und Ganzen) unterscheiden von einer durch Sozialisation und familiale Erziehung erworbenen Religion, die dann sekundär in Bildungsprozessen reflexiv verarbeitet wurde. Deshalb können wir von einem Formwandel der Religion auch dann sprechen, wenn wir noch nicht genau wissen, worauf dieser hinausläuft. Von einer sozialisatorisch-erzieherisch tradierten, in Bildungsprozessen gleichsam sekundär reflektierten Religion (dem bisherigen „bürgerlichen" Modell, für dessen Stabilität es ja aber auch keine Garantie gab und gibt) wird sich eine Religion unterscheiden, die weniger erzieherisch tradiert wird, sondern allererst in Bildungsprozessen angeeignet wird. Institutionell und organisatorisch werden damit distanziertere, jedenfalls flexiblere Zugehörigkeits- und Partizipationsmuster verbunden sein.

Der Gestaltwandel der Religion schließt nicht aus, dass die gegenwärtigen und künftigen Lebensformen mit ihren gesteigerten Kontingenzzumutungen – man denke nur an die Flexibilierung der Berufsbiographien – gerade auch eine gesteigerte Religionsproduktivität der modernen Gesellschaften freisetzen. Das liefe sogar auf einen Bedeutungszuwachs von Religion hinaus, der aber durchaus fundamentalistische oder diffus-esoterische Formen von Religiosität einschließen kann, solche Formen also, die man sich als aufgeklärt-religiöser Mensch gerade nicht wünscht. Gegen die Säkularisierungstheorien würde ich jedenfalls betonen: Die Dialektik der Säkularisierung entbindet Religion. Den Grund kann man mit dem Soziologen Niklas Luhmann lapidar formulieren: Es gibt – jedenfalls tendenziell – „keine nichtreligiösen Gründe mehr, religiös zu sein".[20] Religion wird, nicht vollständig, aber weitgehend „entkonventionalisiert". Mit dem Kraftverlust religiöser Erziehung hängt der Übergang zur Optionalität religiöser Lebensformen zusammen. Die konfessionellen Glaubensüberzeugungen werden jetzt allgemein als Wahlakte kenntlich, und zwar nicht mehr nur für eine kleine religiös hoch „musikalische" Minderheit, sondern als die „normale" Existenzform christlicher Religion. Optionalität produziert proportional zum Konventionalitätsverlust gesteigerte Überzeugtheitserwartungen, die ohne Bildung entweder enttäuscht oder fundamentalistisch überzogen werden. Optionalität ist nicht so sehr ein soziologisches, sondern ein mentales Phänomen, das im Protestantismus nicht nur empirische, sondern auch normative Bedeutung hat: Auch wenn wir in eine Religion hineingewachsen sind oder wenn uns eine Religion ergriffen hat, pflegen wir sie doch und stellen unser Bekenntnis und unsere Zugehörigkeit zu ihr auf Dauer, *als hätten wir sie gewählt.*

[20] Niklas Luhmann, Die Religion der Gesellschaft, Frankfurt a. M. 2000, 136.

Religiöse Lebensformen werden immer weniger durch Mitgliedschaftsverhältnisse im Sinne institutioneller Vergemeinschaftungsformen stabilisiert. Früher mussten die Menschen erst davon überzeugt werden, dass individuelle Deutungen und Ausgestaltungen religiöser Überzeugungen und ritueller Praxen nicht nur erlaubt, sondern angemessen sind. Dagegen scheinen gegenwärtig die religiösen Ausdrucks- und Handlungsgestalten, die *über*individuelle Geltung beanspruchen, hinter dem „Patchwork" individueller Kombinationsmuster geradezu zu verschwinden. Damit würde die kulturprotestantische Bildungsgestalt der christlichen Religion als deren zugleich individualisierte *und* institutionalisierte Form an Bedeutung verlieren, eine Form, in der sich die Menschen an der Kirche rieben, aber eben damit den Spannungszusammenhang von Glauben und moderner Kultur bearbeiteten.[21] Religiöse Institutionen und Zugehörigkeitsformen werden zwar nicht überflüssig, aber ihre Funktion verändert sich auf eine noch nicht recht absehbare Weise. Religiöse Indifferenz wird auch oft kirchliche Unansprechbarkeit bedeuten. Und ohne das Bewusstsein, dass ohne Gott „etwas fehlt"[22], ohne eine Wahrnehmung für das, was zum Himmel schreit, stößt Religion auf taube Ohren.

6. *Was ist von religiöser Bildung zu erwarten?*

Wenn Kinder und Jugendliche überhaupt Kontakt zur christlichen Religion gewinnen sollen, muss religiöse Bildung zunehmend *an die Stelle* religiöser Sozialisation treten, ohne deren Ausfall freilich kompensieren zu können. Eine Religion, die nicht mehr mit jener starken Kraft intimer Verinnerlichung angeeignet wird, wie sie in familialer frühkindlicher Sozialisation wirksam ist, sondern die auf gleichsam sekundären, institutionalisierten Bildungs- und Erziehungsprozessen beruht, wird eine andere sein – wenn denn solche sekundären Prozesse überhaupt nachhaltig funktionieren. Also noch einmal: Der Verlust fehlender familialer Sozialisation ist nicht zu kompensieren. Das gilt jedenfalls im statistischen Durchschnitt, auch wenn es individuelle Ausnahmen gibt.

Über die Wirkung und Nachhaltigkeit religiöser Bildungsprozesse, insbesondere des Religionsunterrichts an öffentlichen Schulen, gibt es indes kaum valide Erkenntnisse. So viel lässt sich aber sagen: In der öffentlichen Schule als einer Institution der Allgemeinbildung kann Religion anders als in innerkirchlichen Bildungsangeboten nur frei von erzieherischen Zwecksetzungen gedacht werden. Es kann nicht um Gesinnungen und Einstellungen gehen. Aber

---

[21] Armin Nassehi, Religiöse Kommunikation: Religionssoziologische Konsequenzen einer qualitativen Untersuchung; in: Bertelsmann-Stiftung (Hg.), Woran glaubt die Welt?, Gütersloh 2009, 196.

[22] Vgl. Michael Reder / Josef Schmidt (Hg.), Ein Bewußtsein von dem, was fehlt. Eine Diskussion mit Jürgen Habermas, Frankfurt a. M. 2008.

wer am kulturellen Gesamtleben partizipieren will, muss sich auch zur Religion *urteilsfähig* verhalten können. Es geht um die Möglichkeit der kompetenten Inanspruchnahme des Grundrechts auf aktive und passive Religionsfreiheit.

Freilich ist nicht ausgemacht, dass die Unverzichtbarkeit religiöser Bildung auch zukünftig und dauerhaft das derzeit geltende Modell eines konfessionell-positionellen Religionsunterrichts einschließt. Einem möglichen Bedeutungsverlust des Religionsunterrichts an öffentlichen Schulen werden die Kirchen durch die verstärkte Übernahme von Bildungsverantwortung in eigener Regie entgegenwirken können und müssen. Ich halte es freilich – wie gesagt – für illusorisch, durch entsprechende familienorientierte Angebote könnte eine Trendwende im Blick auf Sozialisationsprozesse erreicht werden. Jene intensiven Verinnerlichungsprozesse, in denen Religion durch familiale Religionspraxis eingestiftet wird, werden rückläufig bleiben. Wenn die Kirche als Bildungsinstitution im eigenen Interesse darauf reagiert, dass die Tradierung der christlichen Religion sich immer stärker als Bildungsprozess vollzieht, muss sie die damit verbundenen unvermeidlichen Individualisierungsdynamiken und reflexiv-distanzierten Partizipationsmuster riskieren, weil die für Bildungsprozesse unerlässliche Reflexivität zugleich die Bedingung der Möglichkeit einer bewussten Religiosität in der kulturellen Moderne ist. Zwar ist religiöse Bildung nicht die Voraussetzung religiöser Praxis. Religiöse Bildung ist aber die Voraussetzung dafür, religiöse Reflexivität und religiöse Authentizität so in der Balance zu halten, dass sie sich nicht wechselseitig behindern.

Zu Bildungsveranstaltungen, die die Kirche in eigener Regie anbietet, gehört auch, dass in der sog. „Konfirmandenarbeit" jene Formen, die vormals unter „Konfirmanden*unterricht*" verstanden wurden, nicht vollständig durch Handlungsangebote verdrängt werden, die – in gewissem Umfang zu recht – in der kirchlichen Jugendarbeit erprobt sind. In der kirchlichen Jugendarbeit kommen bewährte Beteiligungsformen in Betracht, in denen sich gesellige und unterhaltende Handlungsformen, bildende Impulse und spirituelle Praxen auf unterschiedliche Weise so mischen, dass sie religiös-erzieherische Wirkung haben. Man kann mit guten Gründen vermuten, dass diese Wirkung umso nachhaltiger ist, je weniger intentional und in ihrer Absichtlichkeit durchschaubar sie angestrebt wird. Die Intensität und Tiefenwirkung familialer frühkindlicher Religionserziehung wird auch damit nie erreicht werden können.

Religiöse Bildung wird dem bei Jugendlichen weit verbreiteten Missverständnis entgegenwirken müssen, es ginge in der christlichen Religion um das Fürwahrhalten von Sachverhalten, von denen sie nicht nur in der Schule lernen, dass sie als wissenschaftlich widerlegt gelten. Es geht darum zu lernen, dass der christliche Glaube nicht aus Satzwahrheiten besteht, sondern in einem durch Jesus Christus eröffneten Gottvertrauen, in dem sich die Welt in einem anderen Lichte zeigt, als im Lichte wissenschaftlicher Erkenntnis. In religiöser Sicht erschließt sich zwar keine andere Welt, aber diese Welt als eine andere. Das kann in religiösen Bildungsprozessen nur verstanden werden, wenn deutlich wird, dass Religion in einem eigenen Modus kommuniziert wird, der mit den Modi des Wissens nicht konkurriert. Der *Gehalt* der christlichen Religion erschließt sich nur, wenn zugleich ihre kommunikative *Gestalt* erschlossen wird. Dazu gehören neben narrativen und metaphorisch-symbolischen Kommunikationsformen auch szenisch-gestische, also liturgische Formen. Zumindest einen unschätzbaren Vorteil haben kirchliche Bildungsangebote deshalb gegenüber dem schulischen Religionsunterricht: Die für das Verstehen (also mehr als das Einüben!) solcher Formen erforderlichen Lernprozesse sind im räumlichen und atmosphärischen Spannungsverhältnis zwischen – bildlich gesprochen – Gemeindehaus und Sakralraum leichter zu inszenieren als in den Räumen der öffentlichen Schule. Aber – das sei abschließend betont – ohne die Weite und Offenheit eines Religionsunterrichts, der zur schulischen Allgemeinbildung gehört, bliebe das Verständnis der Kirche als Bildungsinstitution unvollständig.

Religionspädagogik als Praktische Theologie

Mit einem kritischen Blick auf den Diskurs zur „Kindertheologie“

Wenn nicht alles täuscht, versucht die Religionspädagogik gegenwärtig eine ihr eigene Theologizität zurückzugewinnen und fragt wieder verstärkt nach ihrem Ort in der enzyklopädischen Einheit und Vielfalt der theologischen Teildisziplinen.[1] Dabei wird die religionspädagogische Praxis keineswegs mit kirchlichen Bekenntnissätzen kerygmatisch kurzgeschlossen. Es werden aber auch keine aus den Humanwissenschaften deduzierten Handlungsregeln der christlichen Religion nur äußerlich und additiv appliziert. Ich würde den Beginn dieser Wendung der Religionspädagogik vor allem mit der Ablösung der sogenannten „Problemorientierung“ als dem vorherrschenden (wenn auch keineswegs völlig abgegoltenen) religionsdidaktischen Konzept durch die Symboldidaktik markiert sehen. Seither wächst auch in der Religionspädagogik die Einsicht, dass „Vollzugselemente und Vorstellungsgehalte der Religion“ zusammen gehören[2], soweit sie sich – in der Diktion Schleiermachers – dem Programm verpflichtet sieht, die christliche Religion im Doppelmodus von „Darstellung“ und „Mitteilung“ zu kommunizieren.[3]

Denkbar wird dieses Selbstverständnis der Religionspädagogik *als* Theologie nur vor dem Hintergrund, dass nach der Ära der Dialektischen Theologie der Gewinn neuzeitlicher Unterscheidungen wieder stärker anerkannt und fruchtbar gemacht wird: Die Unterscheidung zwischen Glaube (als individuellem Gottvertrauen), Religion (als dem kulturellen, im Christentum vor allem narrativ und metaphorisch ausbuchstabierten Zeichensystem, in dem der Glaube überindividuell kommunikabel wird) und Theologie (als der von Religionswissenschaft oder Religionsphilosophie zu unterscheidenden Reflexionspraxis, die Glaube und Religion in ihrem Unterschied und ihrer wechselseitigen Bezogenheit zur Sprache bringt) wird heute wieder positiv zur Geltung ge-

1 Vgl. Bernd Schröder, Katechetik und Religionspädagogik; in: Christian Grethlein / Helmut Schwier (Hg.), Praktische Theologie. Eine Theorie- und Problemgeschichte, Leipzig 2007, 685–731. Siehe auch Ders., Religionspädagogik, Tübingen 2012, und die Beiträge in Thomas Schlag / Jasmine Suhner (Hg.), Theologie und religiöse Bildung. Bildungstheoretische Perspektiven zur Theologizität der Religionspädagogik, Stuttgart 2017.

2 Dietrich Korsch, Theologie; in: W. Gräb / B. Weyel (Hg.), Handbuch Praktische Theologie, Gütersloh 2007, 835.

3 Bernhard Dressler, Darstellung und Mitteilung. Religionsdidaktik nach dem Traditionsabbruch; in: rhs. Religionsunterricht an höheren Schulen 1/2002, 11–19.

bracht.[4] Theologie wie Religionswissenschaft unterscheiden sich von ihrem Gegenstand, der Religion. Ohne diese Unterscheidungen wäre religiöse Bildung in Form von Unterricht gar nicht möglich. Während ein Glaube (wie alle Gesinnungen und Mentalitätszustände) niemals didaktisch operationalisiert werden kann, ist Religion als Zeichensystem einer kulturellen Praxis lehr- und lernbar. Und gewisse graduelle Unterschiede für religionsunterrichtliche Didaktiken ergeben sich dann daraus, welche Referenzwissenschaft jeweils religionspädagogisch gelten soll – Theologie oder Religionswissenschaft.

In einer Situation wachsender religiöser und weltanschaulicher Pluralität, vor allem aber: fortschreitender Ausdifferenzierung unterschiedlicher sozialer und kultureller Praxen *quer* zu den Lebensführungsmustern der Menschen, *kann* die christliche Religion nicht mehr selbstverständlich alle Lebensbereiche imprägnieren und regulieren. Sie muss daher die Fähigkeit entwickeln, die Perspektive, mit der sie gleichsam „von außen" wahrgenommen wird, in ihre Binnenperspektive zu integrieren. Nirgendwo tritt diese Nötigung, die eben zugleich die Freisetzung einer modernitätsfähigen Lebensform christlicher Religion ist, so deutlich zu Tage wie in der Praxis religiöser Bildungsprozesse.

Ich will der hier kurz skizzierten Thematik nachgehen, indem ich 1. mein Verständnis der Konstitutionsbedingungen gegenwärtiger Praktischer Theologie in einigen Grundzügen rekonstruiere, 2. daraus Folgerungen für die Religionspädagogik *als* Theologie ziehe, und abschließend 3. das Verhältnis von christlicher Religion und Theologie kritisch im Blick auf Grenzen des Konzepts der „Kindertheologie" erörtere.

1. *Praktische Theologie – und die Unterscheidung von Religion und Theologie*

Konstitutives Merkmal Praktischer Theologie als wissenschaftlicher Teildisziplin ist die neuzeitliche „Unterscheidung von Theologie und Religion".[5] Weder sind Religion und Theologie zu identifizieren, noch gegenseitig auszuspielen, sondern spannungsvoll aufeinander zu beziehen.[6] Es war vor allem Schleierma-

---

4 Natürlich schließen solche analytischen Unterscheidungen die Erkenntnis ein, dass in den empirischen Praxen, auf die sie sich beziehen, die *Übergänge fließend* sind.

5 Botho Ahlers, Die Unterscheidung von Theologie und Religion. Ein Beitrag zur Vorgeschichte der Praktischen Theologie im 18. Jahrhundert, Gütersloh 1980.

6 Michael Meyer-Blanck, Praktische Theologie und Religion; in: Christian Grethlein / Helmut Schwier (Hg.), Praktische Theologie, a. a. O., 357. So ist die „Theologie allgemein (...) am kürzesten als diejenige Theorie zu beschreiben, welche die Theorie der Rede über Religion und die Theorie der religiösen Rede voneinander zu unterscheiden und aufeinander zu beziehen weiß" (353). Die hierbei notwendigen Unterscheidungen folgen der Einsicht, dass die „Theologie (...) ihrer *Funktion für die Glaubenskommunikation* (Kursivierung B. D.) umso weniger nach(kommt), je mehr sie sich durch Verwischen der Differenz zwischen Handeln und Beobachten von dieser sprachlich und sachlich ununterscheidbar zu

chers theologisches Reformprogramm, in dem diese „Problemdimension der Differenz zwischen Theologie und Religion aufgenommen" wurde.[7] Theologie ist damit „Theorie der religiösen Praxis und als solche zugleich auf Praxis bezogen wie von ihr distinguiert."[8] Die Praktische Theologie eröffnet allererst die Wahrnehmung der auch vorneuzeitlich unvermeidlichen, aber erst neuzeitlich ins Bewusstsein tretenden Differenz zwischen kirchlich-theologischen Lehrsätzen und den empirischen Formen gelebter Religion, und zwar so, dass kirchlich Handelnde „in die Lage versetzt" werden, „die von der Theologie unterschiedene Welt der gelebten Religion selbst thematisch werden zu lassen."[9] Indem die Praktische Theologie nicht nur ein entsprechendes Differenzbewusstsein kultiviert und die „Vermittlungsbedürftigkeit zwischen theologisch-theoretischem Lehrbegriff und empirischen Vollzügen der christlich-kirchlichen Lebenswirklichkeit" aufweist[10], kann sie allererst jene Kunstregeln kirchlichen Amtshandelns formulieren, wodurch sich die Theologie insgesamt als eine „positive", praktischer Notwendigkeit folgende Wissenschaft verstehen kann.[11] Ohne diesen praktisch-*funktionalen* Bezug auf die „Kirchenleitung"[12] würde sie in Philologie, Ethik und Geschichte zerfallen. Die Frage, *was* Theologie ist, wird also durch die Frage ersetzt, *wozu* Theologie dient. Indem sich die Praktische Theologie bei Schleiermacher „durch einen funktionalen Bezug auf eine vorfindliche religiöse Praxis konstituiert" sieht[13], ist die Kirchenleitung als ihr Bezugspunkt nicht im Sinne eines institutionellen Leitungs*organs* misszu-

---

machen sucht." (Ingolf U. Dalferth, Kombinatorische Theologie. Probleme theologischer Rationalität, Freiburg u. a. 1991, 42). Zugleich kann damit der Religionsfriede unter Bedingungen wachsender Pluralität gesichert werden, indem man sich über Religion verständigen kann, ohne sich religiös verstehen zu müssen.

7 Christian Albrecht, Zur Stellung der Praktischen Theologie innerhalb der Theologie – aus praktisch-theologischer Sicht; in: Grethlein/Schwier (Hg.), Praktische Theologie, a. a. O., 11.

8 Volker Drehsen, Neuzeitliche Konstitutionsbedingungen der Praktischen Theologie. Aspekte der theologischen Wende zur sozialkulturellen Lebenswelt christlicher Religion, Gütersloh 1988, Bd.1, 86. „Ebensowenig wie die religiöse Praxis bloß Ausläufer einer theologischen Theorie sein kann, stellt die Theologie einen bloßen Reflex vorfindlicher Praxis dar; das eine ist überhaupt nicht ohne das andere" (87).

9 Albrecht, Zur Stellung der Praktischen Theologie, a. a. O., 16.

10 A. a. O., 16f.

11 Friedrich Schleiermacher, Kurze Darstellung des theologischen Studiums (1. Auflage 1810), hg. von Heinrich Scholz, Darmstadt 1973: Aufgabe der Theologie insgesamt (also aller ihrer durch Spezialisierung ausdifferenzierten Formen) ist die „Lösung einer praktischen Aufgabe" im Rahmen einer „gemeinsame(n) Beziehung auf eine bestimmte Glaubensweise." (§ 1).

12 Schleiermacher, Kurze Darstellung, (§ 3). „Der Ausdruck *Kirchenleitung* ist hier im weitesten Sinne zu nehmen, ohne daß an irgendeine bestimmte Form zu denken wäre."

13 Martin Laube, Zur Stellung der Praktischen Theologie innerhalb der Theologie – aus systematisch-theologischer Sicht; in: Grethlein/Schwier (Hg.), Praktische Theologie, a. a. O., 68.

verstehen, sondern als die umfassende *Gestaltungsaufgabe* kirchlich-religiösen Lebens. Auf diese Weise wird Theologie als *Professionstheorie* der auf die Förderung von Religionspraxis gerichteten Berufe verstanden. Damit wird zugleich dem Umstand Rechnung getragen, dass sich Theologie von anderen auf Religion bezogenen Wissenschaften, die sie zudem als ihre „Hilfswissenschaften" nutzt (wie z. B. Religionssoziologie oder Religionspsychologie), *nicht thematisch* unterscheiden lässt. Wenn nun die Theologie als „positive Wissenschaft" der praktischen Aufgabe der Erhaltung und Gestaltung der Religionspraxis dient, so kann man unter den Bedingungen der Gegenwart sagen, dass sie nicht mehr nur der wissenschaftlichen Fundierung kirchenleitenden Handelns dient, sondern – weiterhin im Unterschied zur Religionswissenschaft – der Erhaltung des christlichen Glaubens, insofern dieser überhaupt einer autonomen, staats- und politikunabhängigen Kontinuierung des Religionssystems bedarf.[14] In eben diesem *funktionalen* Sinne ist die christliche Theologie der christlichen Religion als einer bestimmten kulturellen Praxis *normativ* verbunden.[15] Das läuft freilich vor dem Hintergrund der dargestellten Distinktionsgewinne nicht nur auf eine Legitimierung theologischer Wissenschaft hinaus, sondern dient zugleich auch der Rechtfertigung einer von theologischen Normierungen und Bevormundungen *unabhängigen* Religionspraxis. Für die Religion als einem subjektiven Lebensvollzug, in dem sich Menschen in Bezug auf Kontingenz- und Unverfügbarkeitserfahrungen nicht nur verstehen, sondern auch *verhalten*, können kirchliche Lehrsätze nicht mehr inhaltlich konstitutiv sein. Ihnen kann „auch ungeachtet ihres im Protestantismus immer mitlaufenden praktischen Sinnes (...) nur zugestimmt werden, wenn sie sich als aussagekräftig und deutungsmächtig im individuellen Leben aneignen lassen."[16]

Die praktische Aufgabe der Theologie ist die Förderung der lebensweltlichen Religionspraxis. Religionspraxis kann und soll damit nicht normiert werden. Ihr sollen aber mit professioneller, in wissenschaftlicher Ausbildung fundierter Kompetenz Möglichkeiten größerer Prägnanz und Kohärenz zugespielt werden. In diesem normativ-positionellen (nicht normierenden!) Bezug auf eine religiöse Praxis ist weiterhin die Unterscheidung der Theologie von Religionsphilosophie und Religionswissenschaft begründet. Damit ist zugleich im Blick auf die in Deutschland noch vorherrschende Form eines konfessionsgebundenen Religionsunterrichts auch eine religionspädagogisch zentrale

---

[14] Schon bei Schleiermacher ist ja die Reaktion darauf zu erkennen, „dass sich die christliche Grundorientierung der Gesellschaft insgesamt nicht mehr von selbst versteht. Sie ergibt sich auch nicht aus dem Gehalt des Christentums als einer bloß traditionsbestimmenden Größe, sondern muss sich in der Form von Darstellung und Mitteilung stets neu erzeugen." (Korsch, Theologie, a. a. O., 837f.).

[15] „Den Einheitsgrund der Theologie bildet ihre substanzial-funktionale Doppelkonstitution als Wissenschaft vom Christentum zur Förderung des Christentums." (Martin Laube, Zur Stellung der Praktischen Theologie, 81).

[16] Korsch, Theologie, a. a. O., 834.

Aufgabe formuliert, nämlich die sich in der Gegenwart verschärfende Differenz zwischen kirchlich-theologischen Lehrsätzen und den empirischen Formen gelebter Religion wahrzunehmen. Das heißt im Blick auf religiöse Bildungsprozesse generell, besonders aber auf den Religionsunterricht an öffentlichen Schulen: *Theologie gehört auf die Seite der Religionslehrkräfte, nicht auf die Seite der Schülerinnen und Schüler.* Es sei denn, die Entscheidung für einen allgemeinen religionskundlichen Unterricht für alle führt zu dem noch schärferen Ausschluss von Theologie für *beide* Seiten.

Vor diesem Hintergrund ist zu verstehen, dass die Praktische Theologie als jene theologische Subdisziplin, die die besonderen „Kunstregeln"[17] zur Förderung und Gestaltung einer individuell verantworteten, aber im Bezug auf das Christentum Kontinuität und Substanz gewinnenden Religionspraxis entwickelt, nicht ohne Rekurs auf die Systematische Theologie denkbar ist. Sie setzt aber zugleich auch die zeitdiagnostischen und hermeneutischen Standards für eine sich gegenüber der Religionspraxis nicht verselbständigende Dogmatik. Diese Rolle verblasste in der Ära der Dialektischen Theologie wegen der Entgegensetzung von Glaube und Religion und wegen einer als *unmittelbar praktisch* verstandenen Dogmatik, für die sich die Praktische Theologie deshalb auf ein bloßes Hilfsmittel der Dogmatik ohne *eigenen* Sinn reduzierte. Demgegenüber nahm dann infolge der „empirischen Wende" der 1970er Jahre die Praktische Theologie eine Fülle humanwissenschaftlicher Einsichten auf. Mit diesem Wahrnehmungsgewinn ging allerdings nicht nur gelegentlich ein Verlust der theologischen Bestimmtheit professionellen Umgangs mit Religion einher. „Die Bearbeitung der Handlungslogiken der praktischen Theologie schien zeitweilig die Reflexion ihrer dogmatischen Bestimmtheit ersetzen zu wollen."[18] Empirische Wahrnehmungsschärfe und praktischer Gestaltungsanspruch im Blick auf eine religiöse Deutungskultur ließen sich dann erst durch die „erneute Rezeption der kulturell offenen Theologien Schleiermachers und Troeltschs seit den 80er Jahren des 20. Jh." produktiv ins Verhältnis setzen.[19] Für die Religionspädagogik scheinen mir (mit gewissen zeitlichen Verschie-

---

[17] Dass „Kunstregeln" auf ihren Gebieten zur Anwendung kommen, verbindet religiöse und pädagogische Professionen. Den „Charakter" der Kunst trägt eine Tätigkeit nach Friedrich Schleiermacher dann an sich, wenn „mit den Regeln nicht auch die Anwendung gegeben ist, d. i. nicht mechanisiert werden kann." (Hermeneutik und Kritik, hg. und eingeleitet von Manfred Frank, Frankfurt a. M. 1977, 81).

[18] Korsch, Theologie, a. a. O., 838. Korsch verweist u. a. auf: Gert Otto, Grundlegung der Praktischen Theologie, Bd.1, München 1986. Es dürfte kein Zufall sein, dass Otto seinem Eintreten für LER bzw. einen „allgemeinen Religionsunterricht" einen theologisch unterbestimmten Religionsbegriff zugrunde legte.

[19] Ebd.

bungen und etwas anderen inhaltlichen Akzenten) ganz ähnliche Beobachtungen zu gelten wie für die Praktische Theologie insgesamt.[20]

2. *Religionspädagogik als Theologie?*

Es gehört zur Selbstverständigung der Religionspädagogik, sich im Bezug sowohl auf die Theologie als auch auf die Pädagogik zu verorten und in jeweils unterschiedlicher Nähe und Distanz zu diesen Bezugspolen ihr Profil zu bestimmen. Gelegentlich wird die Religionspädagogik daher als eine „Verbundwissenschaft" zu verstehen gegeben, die sich „sowohl auf die anderen theologischen Disziplinen (...) als auch auf nicht-theologische Wissenschaften" bezieht.[21] Zu einer präziseren Verhältnisbestimmung gelangt man freilich mit der Feststellung, dass in systematischer Betrachtung „religiöse Erziehung und Bildung *sowohl* unter theologischen *als auch* unter erziehungswissenschaftlichen Aspekten thematisiert und erforscht werden" können.[22] Dann aber handelt es sich bei dieser Verhältnisbestimmung um eine Frage der Perspektivität, d. h. die jeweilige Zuordnung entscheidet sich nicht durch den jeweiligen thematischen Gegenstand, sondern im Blick auf die Perspektivierung eines Themas. Deshalb ist Friedrich Schweitzer zuzustimmen, dass die Religionspädagogik nicht „zwischen" Theologie und Pädagogik zu verorten ist, sondern dass von einer „doppelten Zuordnung" auszugehen ist: Die Religionspädagogik gehört

> „zwei verschiedenen Wissenschaften an, die jeweils für sich eine Einheit oder einen geschlossenen Theoriezusammenhang darstellen wollen. Soweit sich die Religionspädagogik nicht von der Theologie verabschieden kann, wenn sie ihren Bezug auf Religion nicht ins Diffus-Allgemeine auflösen will, sich aber gegenüber der Erziehungswissenschaft nicht zu isolieren vermag, wenn sie pädagogisch ausweisbaren Ansprüchen Genüge tun will, braucht die Religionspädagogik eine doppelte Verankerung sowohl in der Theologie als auch in der Erziehungswissenschaft. (...) Ein inklusives Einheitsverhältnis mit doppelter Verankerung von Religionspädagogik in Theologie und Erziehungswissenschaft entspricht den vor allem in Ländern wie Deutschland (...) anzutreffenden Verhältnissen etwa einer Kooperation zwischen Staat und Religionsgemeinschaften beim Religionsunterricht in der Schule ..."[23]

So hat die Religionspädagogik sich nicht einfach zur Theologie *ins Verhältnis* zu setzen, sondern jeweils zu klären, wann und inwieweit *sie selbst Theologie betreibt.* Christian Grethlein hält es für einen Verdienst Karl Ernst Nipkows, „da-

---

[20] In kulturtheoretischer Perspektive ist dieser Umstand dargestellt in: Bernhard Dressler, Performanzen des Glaubens in der Religionspädagogik; in: Verkündigung und Forschung 2/2009, 64–75.

[21] Friedrich Schweitzer, Religionspädagogik, Gütersloh 2006, 271.

[22] Schweitzer, Religionspädagogik, a. a. O., 272 (Kursivierung B. D.).

[23] A. a. O., 273.

rauf hingewiesen zu haben, daß eine spannungsfreie, entweder nur theologisch oder nur pädagogisch begründete Religionspädagogik wichtige Probleme religiöser Erziehung und Bildung in der Gegenwart verfehlt." Gleichwohl meint Grethlein, dass das für das Selbstverständnis der Religionspädagogik „grundlegende konvergenztheoretische Verständnis der Disziplin in der Spannung von Theologie und Pädagogik", wie Nipkow es vorgeschlagen hat, „systematische und praktische Probleme (enthält). Eine gleichberechtigte Konvergenz und Divergenz zweier Wissenschaften in einer Disziplin, nämlich der Theologie und Pädagogik in der Religionspädagogik, dürfte nicht nur logisch schwierig, sondern auch praktisch unmöglich sein, spätestens bei der Formulierung leitender Ziele."[24] Mir scheint dieses Problem jedoch dann hinfällig zu werden, wenn nicht sachliche Zuordnungen, sondern perspektivische Modi für die jeweilige Verhältnisbestimmung ausschlaggebend sind.

Bei dieser situativen und perspektivischen Verhältnisbestimmung ist freilich zu bedenken, dass der christlichen Religion eine pädagogische Dimension immer schon eingeschrieben war. Von Anfang hat sich der christliche Glaube vor die Herausforderung gestellt gesehen, als „denkender Glaube" (Carl Heinz Ratschow) erschlossen zu werden. So sehr seine religiösen Vollzüge *auch* eingeübt werden müssen, und so sehr die Taufe als ein Initiationsritus jenseits aller pädagogischen Intention gelten kann, so erschließt sich der christliche Glaube doch von Anfang an nicht allein auf mystagogischem Weg als Einweisung in ein Geheimnis, dass sich dem denkenden Nachvollzug entzieht. Mit der Tradierung des Christentums verbindet sich deshalb immer schon katechetische Praxis. Und der damit verbundene pädagogische Impuls – etwa im Verhältnis zur apologetischen Auseinandersetzung mit der antiken Philosophie – hatte keine geringe Bedeutung bei der Herausbildung der christlichen Theologie als einer eigenen Reflexionspraxis der christlichen Religion. In der Gegenwart ist diese dem Christentum *inhärente* pädagogische Dimension nun aber unter der Bedingung zu bedenken, dass die Pädagogik sich inzwischen als autonomes Feld kultureller Praxis mit ihren eigenen Rationalitätsformen, ihrem eigenen *Proprium*[25], entwickelt hat. Indem die pädagogischen Handlungsmaximen nunmehr zunehmend in ein kritisches Verhältnis zur Theologie treten, verstärkt sich in religionspädagogischer Hinsicht die in der Theologie wirksame kritische *Selbst*reflexivität der christlichen Religion. Und wenn sich das pädagogische Generationenverhältnis von anderen kommunikativen Praxen durch die darin konstitutiv eingebaute *Asymmetrie* unterscheidet – eine Asymmetrie aber, die, anders als im Verhältnis von Priestern und Laien, ihre eigene Überwindung zum Ziel hat –, ist der Gedanke des allgemeinen Priester-

[24] Christian Grethlein, Religionspädagogik, Berlin / New York 1998, 194.

[25] Dietrich Benner, Allgemeine Pädagogik. Eine systematisch-problemgeschichtliche Einführung in die Grundstruktur pädagogischen Denkens und Handelns, Weinheim/München 1987, 9.

tums aller Gläubigen *bei Fortbestand ordinierter Ämter* nicht zuletzt auch als Ausdruck eines Paradoxons zu verstehen, das der Kirche durch ihre Bildungspraxis eingeschrieben ist.[26]

Im Religionsunterricht nun kommt die ihm eigene Theologizität dadurch zur Geltung, dass er nicht nur religiöse Kenntnisse vermittelt und nicht nur kulturelle Traditionsmotive lesbar macht (obwohl das nicht gering zu schätzen ist), sondern dass er Orientierung zur Führung eines bewussten Lebens bieten soll. Man könnte auch sagen: Dass er die Erschließung der christlichen Religion in eine daseinshermeneutische Perspektive rückt. Das ist zwar von einem Verkündigungsmodus zu unterscheiden, aber *wie das pastorale Handeln auch* auf die Förderung religiöser Lebensformen ausgerichtet. Dass unter Bildungsvorzeichen sich die Schülerinnen und Schüler im Religionsunterricht auch gegen dessen Gehalte müssen entscheiden können, widerspricht dem nicht – damit wird in didaktischer Hinsicht handlungskonstitutiv, was für jede Art der religiösen Kommunikation gilt, nämlich dass in ihr niemals zwingende Gründe zum Zuge kommen.

Die Religionspädagogik hat auf diese Weise Anteil an der Aufgabe der Praktischen Theologie insgesamt, die Religionspraxis zu kontinuieren[27] und dabei „Partizipationskompetenz"[28] zu vermitteln. Als ein Modus der Praktischen Theologie ist die Religionspädagogik mehr als nur jene „Religions*didaktik*, die sich vor allem auf die Lehrerschaft stützt und auf unterrichtliche Lernprozesse bezieht."[29] Sie erschließt und fördert Religion als *eigenständige und eigensinnige* kulturelle Praxis, die ihren Sinn und ihr Gewicht nicht im funktionalen Bezug auf andere (z. B. politische und sozial-moralische) Praxen zu erweisen hat. Dieser Gedanke wird durch die Stellung des Religionsunterrichts im schulischen Fächerensemble akzentuiert. Der bildungstheoretische Paradigmen-

26 Das Predigtamt verbindet im reformatorischen Verständnis daher pastorale und lehrmäßige Aspekte. Hier wäre im Blick auf die Vokation evangelischer Religionslehrkräfte ihr Verhältnis zum ordinierten Amt professionstheoretisch näher zu bestimmen.

27 So gesehen ist Peter Biehl zuzustimmen, wenn er in dem „Religionsunterricht an öffentlichen Schulen" einen „Testfall" dafür sieht, „ob der Praxisbegriff der Theologie auch nicht-kirchliche Lebensformen umfasst." (Ders., Die Stellung der Religionspädagogik im Haus der Theologie; in: Martin Rothgangel / Edgar Thaidigsmann [Hg.], Religionspädagogik als Mitte der Theologie. Theologische Disziplinen im Diskurs, Stuttgart 2005, 14).

28 Vgl. Bernhard Dressler, Religionspädagogik zwischen Bildungstheorie und Kompetenzdidaktik; in diesem Buch S. 47–71.

29 Friedrich Schweitzer, Wider die Suche nach der theologischen Leitdisziplin; in: Rothgangel / Thaidigsmann (Hg.), Religionspädagogik als Mitte der Theologie, a. a. O., 77. Schweitzer diagnostiziert in dieser Hinsicht m. E. zu Recht einen gewissen Geburtsfehler der Religionspädagogik bei ihrer Konstitution als eigenständiger Wissenschaft am Beginn des 20. Jh.s: „(...) als Religionsdidaktik ressortiert Religionspädagogik doch von vornherein als Unter-Unter-Abteilung einer Pädagogik, die sich über die Allgemeine Didaktik hinaus in zahlreiche Fachdidaktiken entfaltet und die an der wissenschaftlich wenig profilierten, deutlich als nachrangig behandelten Stellung dieses Bereichs partizipiert." (Ebd.).

wechsel von den „epochalen Schlüsselproblemen" zu einem Ensemble wechselseitig nicht substituierbarer „Modi der Welterschließung" lässt die religionspädagogische Grundaufgabe noch schärfer hervortreten.[30] Als ein Leitgedanke für ein religionsunterrichtliches Kerncurriculum lässt sich die Frage formulieren: Was gehört dazu, um als Christ und Zeitgenosse ein Leben in den ausdifferenzierten Lebensverhältnissen der (Spät)Moderne „zusammenbestehen", d. h. führen und nicht nur erleiden zu können?[31] Dieser Leitgedanke ist bildungstheoretisch und theologisch auf unterschiedliche, aber ins Verhältnis zu setzende Weise auszubuchstabieren.

Vor diesem Hintergrund ist auch das Verhältnis zwischen der Religionspädagogik und den anderen theologischen Teildisziplinen, insbesondere der Dogmatik, näher zu bestimmen. Generell wird man sagen können, dass „die Praktische Theologie insgesamt als Verstehenslehre christlicher Praxis praktische Fundamentaltheologie sein (wird). Das heißt: Es geht um die geschichtlichen Bedingungen der Möglichkeit, das Evangelium mitzuteilen und zu verstehen."[32] Für die Religionspädagogik gewinnt dieser Gedanke noch einmal an Gewicht, weil sie – zu ihrem eigenen Gewinn! – genötigt ist, sich nicht umstandslos auf genuin theologische Begründungsfiguren für den schulischen Religionsunterricht zu beschränken. Sonst wäre keine öffentliche Zustimmung zum Religionsunterricht zu erwarten, aber auch die domänenspezifischen Aspekte von Religion im Gesamtzusammenhang unterschiedlicher „Modi der Welterschließung" könnten sonst nicht signifikant werden. Die Begründung eines von den Religionsgemeinschaften mit verantworteten Religionsunterrichts an öffentlichen Schulen muss allgemein – und insbesondere auch aus erziehungswissenschaftlicher Perspektive – zustimmungsfähig sein, um nicht als Ausdruck eines Partikularinteresses zurückgewiesen zu werden. Gleiches gilt auch für die Konstruktion seines Curriculums. Es ist theologisch (auch im Rekurs auf exegetische, geschichtliche und systematische Sachgehalte) zu begründen, *nachdem* es religionstheoretisch[33] von der Domäne „konstitutiver

30 Im Kontext des neuen bildungstheoretischen Paradigmas unterschiedlicher „Modi der Weltbegegnung" (siehe in diesem Buch S. 52 u. ö.) ist der Eigensinn bzw. die Eigenlogik der Theologie nicht mehr gegen das didaktische Interesse auszuspielen.

31 Zur „Zusammenbestehbarkeit" (Ernst Troeltsch) von Christentum und moderner Kultur siehe in diesem Buch S. 24–92. Das damit verbundene Problem stellt sich nicht leichter, wenn unter „postmodernen" Vorzeichen andere und beweglichere Kombinatoriken zwischen unterschiedlichen Modi des Weltumgangs denkbar werden. Mit dieser Problematik setzt sich auseinander: Ingolf U. Dalferth, Evangelische Theologie als Interpretationspraxis. Eine systematische Orientierung, Leipzig 2004.

32 Meyer-Blanck, Praktische Theologie und Religion, a. a. O., 391.

33 Eine theologische Religionstheorie öffnet – im Unterschied zur deskriptiven oder nach der Funktion von Religion fragenden Religionswissenschaft – im Rahmen einer fundamentaltheologischen Verhältnisbestimmung von christlicher Religion zu den anderen Modi der Weltbegegnung die theologischen Anschlussstellen für die einzelnen fachdidaktisch zu bestimmenden Themen und Gegenständen des Religionsunterrichts.

Rationalität" her legitimiert und *dann* als evangelischer Religionsunterricht spezifiziert wird. Es muss aus systematischen Gründen von einem wissenschaftstheoretischen Ausgangspunkt zunächst gefragt werden, was die *spezifische Differenz eines religiösen Weltverhältnisses* im Vergleich nicht nur zu *kognitiv-instrumentellem, moralisch-evaluativem* und *ästhetischem*, sondern auch – innerhalb der gemeinsamen Domäne – zu *philosophischem* Weltverstehen ist, bevor theologisch das Proprium der christlichen Religion zur Geltung gebracht werden kann. Zuerst ist also Religion allgemein (also in der Pluralität ihrer Erscheinungsformen) kultur- und religionstheoretisch von den unterrichtlichen Domänen anderer Modi der Welterschließung zu unterscheiden, bevor dann auch der evangelische oder katholische (oder jüdische oder islamische) Religionsunterricht inhaltlich und modal profiliert werden kann. Es gibt gleichsam zwei systematisch (*nicht* in der zeitlichen Folge des Bildungsprozesses) in Beziehung zu setzende Propria: Das Proprium von Religion als jener kulturellen Praxis, mit der Menschen sich in ihrer Lebensführung und in ihren Lebensorientierungen zum Unverfügbaren ins Verhältnis setzen und dabei die das Religionssystem bestimmende Leitdifferenz Immanenz/Transzendenz zur Geltung bringen, *und* das Proprium einer hinsichtlich ihrer Inhalte (narrative Überlieferungen und Lehraussagen) und hinsichtlich ihrer Observanzformen (Kult und Ethos) bestimmten exemplarischen Religion. Ein didaktischer Perspektivenwechsel zwischen Außen- und Binnenperspektive wäre sonst ebenso wenig möglich wie eine auch außertheologisch nachvollziehbare bildungstheoretische Begründung des Religionsunterrichts an öffentlichen Schulen. Auf den „gewohnten Schutz einer Leitfaden-Dogmatik" ist dabei zu verzichten, indem „sich ein (...) religiöses Profil aufbauen lässt, das seinen Zusammenhang nicht der traditionell dogmatischen Logizität, sondern der elastischen Anwendung auf wandelbare Lebenssituationen bei bleibender Prinzipientreue verdankt."[34]

3. *Warum die Religionspädagogik nicht als „Kindertheologie" zu verstehen ist*

Mit dem Konzept der Kindertheologie (später auch ergänzt durch eine nur etwas anders akzentuierte „Jugendtheologie"[35]) hat sich seit einiger Zeit, nachdem es zunächst in erster Linie um empirische Fragen im Zusammenhang mit entwicklungspsychologischen Beobachtungen zum Verständnis religiöser Vorstellungen von Kindern ging, ein neues Paradigma der Religionspädagogik

---

34 Dietrich Korsch, Deuten lehren – deuten lernen; in: Rothgangel/Thaidigsmann (Fußn. 29), 123.

35 Thomas Schlag / Friedrich Schweitzer, Brauchen Jugendliche Theologie? Jugendtheologie als Herausforderung und didaktische Perspektive, 2011. Reaktionen auf dieses Buch sind versammelt in: Thomas Schlag / Friedrich Schweitzer, Jugendtheologie. Grundlagen – Beispiele – kritische Diskussion, 2012.

herausgebildet.[36] Man kann fragen, ob damit Impulse zur Realisierung des hier vorgeschlagenen Verständnisses einer theologischen Religionspädagogik verbunden sind. Ich trage dagegen den kritischen Einwand vor, dass der Theologiebegriff unter diesem Label trivialisiert wird und der Religionsbegriff unklar bleibt. Das allein wäre ein akademisches Problem von vergleichsweise geringer Bedeutung, wenn es nicht mit problematischen Auswirkungen auf die Konzeptionierung religiöser Bildung verbunden wäre.

Nun sind im Blick auf die Kindertheologie von Anfang an Unbestimmtheiten im Spiel, die Henning Schluß m. E. zu Recht mit der Feststellung moniert hat, dass mindestens drei unterschiedliche Verständnisse von Kindertheologie zu beobachten sind: 1. Die (möglichst) herrschaftsfreie Kommunikation von Kindern untereinander und zwischen Kindern und Erwachsenen über religiöse Themen; 2. ein didaktisches Verfahren in der religionspädagogischen Lehrpraxis; 3. ein Modus wissenschaftlichen Forschens.[37] Es scheint der Kindertheologie nicht recht zu gelingen, ihre beiden Anstöße – zum einen die empirische Erforschung entwicklungspsychologischer Muster kindlicher Religionsaneignung und -äußerung, zum anderen die Praxis des „Philosophierens mit Kindern“[38] – in eine kohärente religionsdidaktische Perspektive zu transformieren. Empirische Erkenntnisgewinne sind unverkennbar[39], aber das für jede Praxis-

---

[36] „Kindertheologie verspricht ein neues Paradigma der Religionspädagogik zu werden“ – so schon Henning Schluß, Ein Vorschlag, Gegenstand und Grenze der Kindertheologie anhand eines systematischen Leitgedankens zu entwickeln; in: ZPT 1/2005, 23–35, hier: 23). Siehe dazu v. a. das seit 2002 erscheinende „Jahrbuch für Kindertheologie“ (JBKTh) und das Themenheft zur Kindertheologie (ZPT 1/2005); bes.: Anton A. Bucher, Kindertheologie. Provokation? Romantizismus? Neues Paradigma?; in: JBKTh 1 (2002), 9–27. Die Untersuchung von Miriam Zimmermann, Kindertheologie als theologische Kompetenz von Kindern, Neukirchen-Vluyn 2010, ist als systematisch angelegte Zwischenbilanz zu lesen. Das JBKTh (seit 2018 fortgeführt als „Jahrbuch für Kinder- und Jugendtheologie“) bringt gelegentlich auch kritische Stimmen zu Gehör. Insgesamt stellt sich aber der Eindruck eines von der Religionspädagogik insgesamt abgekapselten Sonderdiskurses ein. Meine mehrfach öffentlich geäußerte Grundsatzkritik ist, von wenigen Randbemerkungen abgesehen, ohne Antwort geblieben.

[37] Henning Schluß, Kindertheologische Differenzierungen – Zwei Fragen zur Kindertheologie; in: JBKTh 7 (2008), 21–24.

[38] Dass sich die Kindertheologie „auf den Spuren der Philosophiedidaktik“ bewegt (Gerhard Büttner / Anton A. Bucher, Kindertheologie – Eine Zwischenbilanz; in: ZPT 1/2005, 36), ist besonders sorgfältig im Blick darauf zu bedenken, dass die Philosophie anders als die Theologie nicht auf eine vom Modus verbal-sprachlicher Diskursivität unterschiedene kulturelle Praxis referiert. Wie kann in diesem Bezugsfeld die Differenz zwischen (bestenfalls religionsphilosophischer) Religionskunde und konfessionellem Religionsunterricht bedacht werden?

[39] Vgl. aber kritisch zur Validität und Reliabilität empirischer Befunde im Rahmen der Kindertheologie: Marcel Saß, „Maria war die Frau von Jesus“? Chancen und Grenzen kindertheologischer Zugänge; in: Gott gehört so ein bisschen zur Familie“. Mit Kindern über Glück und Heil nachdenken; in: JBKTh 10 (2011), 133.

theorie unvermeidliche Grundproblem, wie der Zirkel von Deskriptivität und Normativität bearbeitet wird, bleibt ungeklärt.

Der vordergründige Charme des entwicklungspsychologischen Impulses nach dem Motto des Klassikers „Wird Gott nass, wenn es regnet?“ wird in den Titeln „kindertheologischer“ Publikationen erkennbar: „Wenn wir immer tiefer graben (...) kommt vielleicht die Hölle“[40]; „Im Himmelreich ist keiner sauer“[41]; „Man hat immer ein Stück Gott in sich“[42]. Immerhin wird im „kindertheologischen“ Diskurs selbst zuweilen die Frage aufgeworfen, ob hier nicht ein gewisser „Kindheitsromantizismus“ gepflegt wird. Zudem kann in empirischer Hinsicht gezeigt werden[43], dass die für religiöse Gespräche veranschlagte Anschlussfähigkeit der kindlichen Vorstellungen über Gott oder über biblische Geschichten an theologische Reflexionsmuster äußerst unterschiedlich ausfällt, je nachdem, ob man solche Vorstellungen bei Kindern in bildungsfernen Milieus erhebt, oder, wie es in der „Kindertheologie“ zuweilen unter der Hand geschieht, bei den Kindern von Theologieprofessoren. Bedenklich ist auch, dass die gleichen Kinder zu unterschiedlichen Beobachtungszeitpunkten und in unterschiedlichen Gesprächskonstellationen völlig unterschiedliche Vorstellungen äußern, ihre Äußerungen also in einem hohen Maße von je aktuellen Kontexten abhängen und daher höchst kontingent sind.

Keineswegs soll die nicht erst im Rahmen der Kindertheologie gemachte Entdeckung in Frage gestellt werden, dass Kinder in religiöser Hinsicht *nicht defizitär, sondern anders* denken und fühlen. Schon gar nicht sollen Kinder in religiösen Bildungsprozessen nach Maßgabe kirchlich-theologischer Richtigkeitsmaßstäbe beurteilt oder gar konditioniert werden. Kinder sind als religiöse (und ich würde eben nicht sagen: als theologische!) Gesprächspartner ernst zu nehmen. Die entsprechenden Veröffentlichungen z. B. von Rainer Oberthür[44] sind nach wie vor eindrücklich. Kinder sind als Subjekte und Akteure ihres Glaubens zu würdigen. Dagegen, dass die Kindertheologie die – religionsdidaktisch ja nicht neuen – „Impulse der subjektorientierten Religionspädagogik“ aufnimmt und noch weiter „verschärft“[45], ist nichts einzuwenden. Das darf freilich nicht im Überschwang dazu führen, die Alterität der Kinder zu ignorieren.

---

40 Anton A. Bucher, Plädoyer für die erste Naivität; in: Katechetische Blätter, Jg. 9/1989, H. 114, S. 654–662.

41 Anton A. Bucher (Hg.), Kinder als Exegeten, JKTh 2, Stuttgart 2003.

42 Mit Kindern biblische Geschichten deuten, Jahrbuch der Kindertheologie, Sonderband 2004.

43 Marcell Saß, „Maria war die Frau von Jesus“?, a. a. O.

44 Rainer Oberthür, Kinder und die großen Fragen. Ein Praxisbuch für den Religionsunterricht, München 1995; Ders.: Kinder fragen nach Leid und Gott. Lernen mit der Bibel im Religionsunterricht, München 1998.

45 Bernhard Grümme, Kindertheologie: Modethema oder Bereicherung für die Religionspädagogik?; in: Religionspädagogische Beiträge 57/2006, 105.

Mein Einwand liegt auf einer anderen Ebene. Ich meine, dass im Rahmen der „Kindertheologie" der mit der Unterscheidung zwischen Religion und Theologie gegebene Distinktionsgewinn vorschnell preisgegeben wird. Auch Friedrich Schweitzer warnte früh vor einem unterbestimmten Begriff von Kindertheologie und warf die (rhetorische?) Frage auf, „warum (...) nicht einfach vom *religiösen* Denken des Kindes gesprochen (wird), das verstärkt ernst genommen werden soll?"[46] Er gibt darauf die nur auf den ersten Blick einleuchtende Antwort, dass „sich der Begriff einer Kindertheologie nur dadurch rechtfertigen (lässt), dass dem Kind über ein allgemeines religiöses Denken hinaus auch eine gleichsam selbstreflexivere Form des Denkens über religiöses Denken zugetraut wird."[47] Was unter Theologie zu verstehen ist, wird so mit jeder Form der Reflexion von Religion verschliffen. Wenn man Schweitzers Vorschlag folgt, zwischen einer „Theologie *der* Kinder", einer „Theologie *mit* Kindern" und einer „Theologie *für* Kinder" zu unterscheiden[48], ist durchaus zu konzedieren, „dass auch eine Kinder*theologie* nicht schlechthin religiöses Denken sei, sondern die Meta-Ebene zu diesem, die Reflexion über religiöses Denken."[49] Aber es bleibt doch eine mangelnde begriffliche Trennschärfe: „Kindertheologie kann anscheinend gleichermaßen die ausgeübte Praxis wie die institutionalisierte Reflexion bezeichnen. Es steht zu befürchten, dass mit einer solchen Ausweitung des Begriffs seine spezifische Leistungsfähigkeit verloren geht."[50]„Kindertheologie" hat gleichsam als Hermeneutik kindlicher Religionsäußerungen begonnen. Die Identifikation dieser Äußerungen mit einem neuen Begriff von Theologie läuft dann aber darauf hinaus, dass alle Differenzierungsgewinne, die mit der Unterscheidung von Religion und Theologie verbunden sind, wieder einkassiert werden. Das ist mit dem Anschein eines Entdogmatisierungsgestus verbunden, birgt aber genau die Gefahr einer neuen

---

46 Friedrich Schweitzer, Was ist und wozu Kindertheologie?; in: JBKth 2 (2003), 9.

47 Schweitzer, a. a. O., 10. Dort heißt es weiter: „Auch die Frage, welches *Religionsverständnis* die Kindertheologie zugrunde legen soll, scheint mir durchaus offen." (12). Eher tautologisch erscheint mir das Argument: „Die Notwendigkeit, dennoch eigens von der Kindertheologie zu sprechen, ergibt sich aus dem Anliegen, einer kirchlichen und allgemeingesellschaftlichen Öffentlichkeit die Bedeutung von Kindertheologie *als Theologie im Unterschied zur Philosophie* vor Augen zu führen." (10). Die Tatsache, dass sich die Philosophie nicht wie die Theologie auf eine von ihr unterschiedene kulturelle Praxis beziehen kann, ist ja kein Grund, die Unterscheidung zwischen Theologie und Religion aufzuheben. Und warum sollen sich *religiöse* Gespräche mit Kindern nicht gegenüber der Kinderphilosophie hinreichend unterscheiden lassen? Wie aber auch umgekehrt *religions*philosophische Gespräche denkbar sind, deren Unterschied zur Theologie in diesem Kontext ganz unklar bliebe.

48 Schweitzer, Kindertheologie, 11–14. Vgl. Henning Schluß, Kindertheologische Differenzierungen, a. a. O., 23.

49 Schluß ebd. Vgl. Friedrich Schweitzer, Auch Jugendliche als Theologen? Zur Notwendigkeit, die Kindertheologie zu erweitern; in: ZPT 1/2005, 47.

50 Schluß, Ein Vorschlag, a. a. O., 24.

Dogmatisierung der Religionspraxis: Sie droht als naive Version dogmatischen Begriffsgeklappers missverstanden zu werden, wenn sie aus dem *Spannungsverhältnis* von Glaube, Religion und Theologie herausgelöst wird.[51]

Nun ist ja gar nicht zu bestreiten, dass Kinder sich reflexiv zu religiösen Fragen ins Verhältnis setzen und äußern können. Aber abgesehen davon, dass die Kindertheologie sich im wesentlichen auf das *Reden über* religiöse Themen zu beschränken scheint, stellt sich die Frage, wie weit hier der Unterschied gegenüber einem theoretisch gehaltvollen und professionstheoretisch operationablen Begriff von Theologie verschliffen wird.[52] Gerhard Büttner spricht von einer „alltagspraktischen Theologie"[53], die nicht neben wissenschaftlicher Theologie stehen, sondern sich darauf konstruktiv beziehen soll. Diese Verhältnisbestimmung bleibt unklar *und* enthält die Gefahr, die wissenschaftliche Theologie (soweit sie nicht nur Philologie und Historie ist) aus der Verpflichtung zu alltagspraktischer Orientierungskraft zu entlassen. Wilfried Härle macht den Vorschlag, Kindertheologie als eine besondere Form von „Laientheologie" der Getauften zu verstehen.[54] Wenn Theologie als eine „spezifische Funktion des christlichen Glaubens" verstanden wird, nämlich „diejenige, die der gedanklichen Durchdringung, Reflexion und Überprüfung, also der denkenden Rechenschaft über den christlichen Glauben dient", dann, so Härle, laufe es auf eine „Verengung" hinaus, wenn man die unter dem Label „Kindertheologie" verhandelten Gehalte „immer schon und nur auf die *wissenschaftli-*

---

51 Zur unklaren Verhältnisbestimmung zwischen Religion und Theologie vgl. exemplarisch Gerhard Büttner, Strukturen theologischer Argumentation – Versuch einer Kartographie der Kindertheologie; in: JBKTh 5 (2006), 56–68. Dort heißt es: „In unserem Fall interessiert uns eine spezifische Kommunikation, die durch das Thema Religion, genauer Theologie (sic!) gekennzeichnet ist." (57). Dazu in einer Fußnote (13): „Im Blick auf die Codeunterscheidung ‚Immanenz/Transzendenz' ergibt die Unterscheidung zwischen Religion und Theologie keinen Sinn." Das kann doch aber kein Argument dafür sein, diese Unterscheidung gleichsam unter der Hand fallen zu lassen. An anderer Stelle schlägt Büttner „Mündlichkeit" als „ein entscheidendes Differenzkriterium zwischen einer Laien- und damit auch Kindertheologie und einer eher textgestützten wissenschaftlichen Theologie" vor. Das Kriterium ist willkürlich. Was würde das für populärwissenschaftlich-theologische Texte bedeuten?

52 So werden z. B. von Oswald Bayer alle Unterschiede zwischen Glaube, Religion und Theologie soweit eingezogen, dass der Begriff der Theologie substanzlos wird. Er postuliert, „jeder Mensch" sei Theologe, auch die Kinder, deren „Theologizität" bereits in ihrem „Geschöpfsein" bestehe. Es nützt dann auch wenig, die Unterscheidungen durch die Hintertür mittels der Bezeichnung unterschiedlicher theologischer Modi (Theologie I, II etc.) wieder einzuführen. („‚Jeder Mensch ist Theologe' – also auch Kinder?", Interview mit Oswald Bayer, ZPT 1/2005, 3–11).

53 Gerhard Büttner, „Jesus hilft!" Untersuchungen zur Christologie von Schülerinnen und Schülern, Stuttgart 2002, 90.

54 Wilfried Härle, Was haben Kinder in der Theologie verloren? Systematisch-theologische Überlegungen zum Projekt einer Kindertheologie; in: JBKTh 3 (2004), 11–28, hier bes. 23ff.

che Theologie bezöge."[55] Die Laientheologie sei „selbst das Resultat spezifischer Bildungsprozesse" und bedürfe „deswegen ihrerseits zwar nicht der Reglementierung, wohl aber der Deutung und der Pflege." Sie verbinde „alle Christenmenschen miteinander (...), weil und sofern sie in irgendeiner Form über ihren christlichen Glauben nachdenken, während wissenschaftliche Theologie eine spezielle Aufgabe ist, die aus kirchlicher Sicht den Charakter eines speziellen Amtes hat."[56] Dem wird man weitgehend zustimmen können, dabei aber akzentuieren, dass Härle vom *„Resultat"* religiöser Bildungsprozesse spricht. Welche *Voraussetzungen* für die Qualifizierung religiöser Äußerungen *als „theologisch"* gelten sollen, wäre in dieser Hinsicht eben genauer zu bestimmen. Gebildete Laien und mehr oder weniger religiös sozialisierte Kinder sind doch wohl zu unterscheiden, wenn von *Theologie* (und nicht vom *Glauben*!) gesprochen wird, und wenn man nicht unter der Hand einem Kindheitsromantizismus Vorschub leisten will. Und man sollte die notwendige Unterscheidung zwischen gebildeten Laien und theologischen Experten nicht durch ein gemeinsames Label schwächen, auch und gerade nicht im Blick auf Bildungsziele.[57] Zwar ist einzuräumen, dass es auf dem Feld der christlichen Religion im Unterschied zu anderen Praxen nicht nur de facto, sondern aus normativen Gründen des „allgemeinen Priestertums aller Gläubigen" fließende Übergänge zwischen professionellem Expertentum und Laien gibt. Das hängt eben damit zusammen, dass religiöse Kompetenz, die in Bildungsprozessen zu erwerben ist, auf von ihr selbst *zu unterscheidenden, aber nicht zu trennenden* Glaubensgewissheiten aufruht, die aus theologischen und aus pädagogischen Gründen nicht didaktisch zu operationalisieren sind. Es ist der daseinshermeneutische Bezug religiöser Bildung, der im Vergleich zu anderen Disziplinen auf ein differenzierteres Verhältnis zwischen Experten und Laien hinausläuft.[58] Aus dem normativen Anspruch des allgemeinen Priestertums darf aber nicht die Gleichsetzung empirisch und kategorial unterschiedlicher Formen religiöser Kommunikations- und Reflexionskompetenz im Spektrum zwischen gebildeter Laientheologie

55 Härle, a. a. O., 23.

56 Härle, a. a. O., 23f.

57 Generell ist zu sagen, dass in Bildungsprozessen (jedenfalls in schulischen Bildungsprozessen) gebildetes Laientum und keine berufliche oder wissenschaftliche Expertise angestrebt werden kann. Auch wenn der Religionsunterricht nicht ohne elementare theologische Reflexionsformen auskommt, würde ich sein primäres Ziel im Aufbau religiöser (und allenfalls nachgeordnet: theologischer) Kompetenz sehen. Der österreichische Bildungstheoretiker Roland Fischer (Höhere Allgemeinbildung und Bewusstsein der Gesellschaft; in: Erziehung und Unterricht 5–6/2003, 559–566) schlägt daher als Ziel fachlicher Allgemeinbildung „Kommunikationsfähigkeit mit Experten" vor. Natürlich schließt das Mindeststandards an Wissen, Kognition und Reflexivität ein. Siehe auch in diesem Buch S. 99.

58 So stellt etwa Bernhard Grümme die Frage, wie Laien zu Experten werden können, „die auch die eigene Existenz und das eigene Denken nochmals im Lichte ihrer kategorialen Denkvoraussetzungen reflektieren." (Grümme, Kindertheologie, a. a. O., 117).

und kindlichen Äußerungen gefolgert werden. Das allgemeine Priestertum ist in erster Hinsicht soteriologisch (und dann allenfalls abgeleitet ekklesiologisch) zu verstehen. Es geht um die Unmittelbarkeit der durch Christus eröffneten Gottesbeziehung. Das droht im Kontext von Bildungsfragen abgedunkelt zu werden. De facto und im allgemeinen Bewusstsein ist das Verhältnis von professionellen Experten und Laien an die Stelle des (theologisch davon durchaus zu unterscheidenden) Verhältnisses von ordiniertem Amt und allgemeinem Priestertum getreten. Bei Luther ist das allgemeine Priestertum konkret z. B. als Anleitung der familieninternen Frömmigkeitspraxis durch den Hausvater gedacht worden. Man muss also fragen, wie die nicht mehr der Realität entsprechenden Rahmenbedingungen heute zu bedenken sind. Die von Luther für das Verständnis des allgemeinen Priestertums in den Blick genommenen empirischen Verhältnisse sind jedenfalls in den derzeitigen volkskirchlichen Strukturen, von dem darüber hinausreichenden Horizont des Religionsunterrichts ganz zu schweigen, nicht mehr vorzufinden. Dadurch werden zwar die von Luther geltend gemachten theologischen Gründe nicht obsolet, aber doch in pragmatischer Perspektive relativiert. Ohnehin lassen sich die pneumatologischen Gründe, die Luther jedem einfältigen Christenmenschen zutrauen ließen, das Evangelium klar zu verstehen, im Bildungsbegriff nicht aufheben, ganz zu schweigen von ihrer didaktischen Operationalisierung.

Wenn im kinder- und jugendtheologischen Diskurs der Gedanke einer „Laientheologie" in Verbindung mit dem „allgemeinen Priestertum" aller Getauften erörtert wird, so muss das insbesondere auch befremden, weil es im evangelischen Verständnis für den konfessionellen Religionsunterricht keine Teilnahmebeschränkung auf getaufte Schülerinnen und Schüler gibt. Man mag ja von einer „Laientheologie" im Blick auf binnenkirchliche Bildungsprozesse sprechen können. Gebildete Laien und mehr oder weniger religiös sozialisierte Kinder sind aber doch zu unterscheiden, wenn von *Theologie* (und nicht vom *Glauben*!) gesprochen wird. Kindliches Gottvertrauen, so hoch es auch im Licht der neutestamentlichen Reich-Gottes-Predigt geschätzt gehört, ist eben nicht schon Theologie. So unterläuft der „Kindertheologie" ein Kategorienfehler, bei dem der Begriff von Theologie bis zur Substanzlosigkeit entgrenzt wird.

Das Konzept der Kindertheologie neigt dazu (vorsichtig gesagt), die Asymmetrie des Experten-Laien-Verhältnisses[59] ebenso abzublenden wie – und das ist für die Religions*pädagogik* von besonderem Gewicht – die *konstitutiv* zum pädagogischen Verhältnis gehörende Asymmetrie.[60] Ohne die Differenzierung

---

59 Diese Asymmetrie schließt die Notwendigkeit der „Externalisierung" von Expertendiskursen ein: Es geht dann um die „Aneignung der Expertenkultur aus dem Blickwinkel der Lebenswelt." (Jürgen Habermas, Die Moderne – ein unvollendetes Projekt; in: Ders., Philosophisch-politische Aufsätze 1977–1990, Leipzig 1990, 462).

60 Schluß, Kindertheologische Differenzierungen, a. a. O., 22. Vgl. auch Schluss, Vorschlag, a. a. O., 25.

zwischen Religion und Theologie gibt es keine reflexiv-kritische Instanz zur *Beurteilung* religiöser Äußerungen.

Wie sonst sollen z. B. die eher Hörfehlern entsprechenden Missverständnisse von kindspezifischen Kognitionsformen unterschieden werden? Die Gefahr der Affirmation kindlicher Äußerungen nach dem Kindchen-Schema ist doch nicht zu übersehen, wenn z. B. die Konnotation einer Schöpfkelle mit dem Bild Gottes als Schöpfer als „unerwartete, aber originelle" Vorstellung gewertet wird.[61] Härle[62] bemerkt, es löse bei Erwachsenen „Schmunzeln oder Lachen" aus, weil „einzelne – weniger vertraute – Wörter von Kindern missverstanden werden", aber in „solchen Verfremdungen" stecke „ein beachtliches kreatives Potential." Aber lässt sich das für alle solche Missverständnisse sagen und ist deshalb die Unterscheidungsfähigkeit von Erwachsenen suspendiert?

Im Zusammenhang mit kindlichen „Verfremdungen" bemerkt Gerhard Büttner, einer der intensiv an der Entwicklung der „Kindertheologie" beteiligten Religionspädagogen: „Im Sinne des Konstruktivismus könnte man (...) sagen, die Konstruktionen der Theologen und die der Kinder sind beides Mal Konstruktionen." Er schließt die problematische Folgerung an: „Es gibt gute Gründe, die Konstruktionen der Theologen ‚über' die der Kinder zu stellen – wahrscheinlich geht es dabei um ‚Wahrheit', gewiss aber auch um Macht. Insofern impliziert *Kindertheologie* an dieser Stelle eine Infragestellung stillschweigend gesetzter Hierarchien."[63] Hier führt der Bezug auf den Konstruktivismus in ein leichtfertiges Spiel mit der „Wahrheitsfrage" und die unumgängliche schwierige Frage, wie mit der Asymmetrie im pädagogischen Verhältnis umzugehen ist, wird als Machtfrage nur zu leicht denunziert. Umso unsinniger ist es dann, wenn Büttner kindliche Äußerungen zwischen „Orthodoxie" und „Häresie" verortet – eine unsinnige Zuschreibung, die man sich nur dann einhandelt, wenn man *religiöse* Äußerungen von Kindern unmittelbar einem dogmatisch-theologischen Maßstab zuordnet. Dann wird freilich das Schwanken zwischen Traditionseinpassung, dem Verzicht, kindliche „Konstruktionen" zu korrigieren, und der Kontrafaktizität pädagogischen Handelns nahezu unvermeidlich.[64]

Ohne die Differenzierung zwischen Religion und Theologie gibt es keine reflexiv-kritische Instanz zur *Beurteilung* religiöser Äußerungen. Was ist davon zu halten, dass ernsthaft darüber diskutiert wird, ob die Äußerung, Maria sei die Frau von Jesus, im Unterricht zu korrigieren ist? Auch wenn man das Eigenrecht kindlich-religiöser Vorstellungen anerkennt, wird man in Bildungsprozessen darauf bestehen müssen, Äußerungen gelebter Religion auch kritisch beurteilen zu dürfen. Ohne eine gegenüber einer Lerngruppe in Anspruch

61 Büttner/Bucher, Zwischenbilanz, a. a. O. 39.

62 Härle, Was haben Kinder in der Theologie verloren?, a. a. O. 26.

63 Gerhard Büttner, Die Kindertheologie und die Theologie; in: JBKTh 11 (2012), 15.

64 Gerhard Büttner, Kinder-Theologie oder Kinder-Theo-Fantasie. Möglichkeiten und Notwendigkeiten einer Kinder-Theologie; in: entwurf 1/1998, 25.

genommene theologische Urteilskompetenz auf Seiten der Lehrkräfte wird es unmöglich sein, divergente, inkohärente oder schlicht uninformierte Schüleräußerungen in eine Gesprächsperspektive zu rücken, in der sowohl Verständigungen als auch Lernfortschritte möglich sind.

Dass sich nach dem Vorlauf der „Kindertheologie" mit gleichem Recht die Frage nach einer „Jugendtheologie" stellen würde, war zu erwarten.[65] Worin unterscheiden sich die unter diesem Etikett abgehandelten Fragen von denen der „Kindertheologie"? Alle altbekannten Probleme des Sekundarstufenunterrichts tauchen hier wieder auf: Jene „Einbrüche" und „Transformationen" des Kindheitsglaubens[66], die Jugendliche überwiegend auf kritische Distanz gehen lassen – wenn schon nicht zur Religion überhaupt, dann doch zumindest gegen ihre christlich-konfessionelle, insbesondere kirchliche Gestalt. Wenn Schlag und Schweitzer als eine „entscheidende Lebenserfahrung im Jugendalter" betonen zu müssen meinen, „dass sich Glaubensfragen nicht eindeutig beantworten lassen und der eigene Zweifel alle denkbaren Sicherheiten mindestens in Frage stellt"[67], muss freilich gefragt werden, was daran spezifisch jugendlich ist. Mit solchen Argumenten könnte auch noch eine „Seniorentheologie" oder eine „Midlife-Theologie" gefordert werden.

Vor allem aber wird bei Schlag und Schweizer jede auch nur entfernt auf Religion oder auch nur auf religionsanaloge Formen von Sinnsuche bezogene Kommunikation als Theologie vereinnahmt. Gerade *weil* in religiösen Bildungsprozessen auch die unbestimmte, „unsichtbare" Religion als *gelebte* Religion wahrzunehmen ist, ist sie von Theologie zu unterscheiden. Gewiss ist es z. B. dem Religionssoziologen gestattet, „Inkonsistenz" zum genuinen Charakteristikum religiöser Kompetenz zu erklären, sofern deren Äußerung zugleich „authentisch" sei.[68] Theologisch wird man freilich darauf bestehen müssen, Äußerungen gelebter Religion auch kritisch beurteilen zu dürfen. Ohne eine auch gegenüber einer Lerngruppe in Anspruch genommene theologische Urteilskompetenz auf Seiten der Lehrkräfte wird es unmöglich sein, divergente und inkohärente Schüleräußerungen – zumal angesichts ihrer unterschiedlichen Herkünfte – in eine Gesprächsperspektive zu rücken, in der sowohl Verständigungen als auch Lernfortschritte möglich sind. Dabei geht es gar nicht

---

65 Friedrich Schweitzer, Auch Jugendliche als Theologen? Zur Notwendigkeit, die Kindertheologie zu erweitern; in: ZPT 1/2005, 46–53. Später dann die beiden oben (Fußnote 35) erwähnten Publikationen von Thomas Schlag und Friedrich Schweitzer.

66 Petra Freudenberger-Lötz, „Einbruchstellen" oder „Herausforderungen" des Glaubens? Studierende erwerben professionelle Kompetenzen in Theologischen Gesprächen mit Jugendlichen; in: JBJTh I, 2013, 89f.

67 Thomas Schlag / Friedrich Schweitzer, Jugendtheologie in der Praxis von Schule und Gemeinde; in: Dies., Jugendtheologie, a. a. O., 20.

68 Vgl. Armin Nassehi, Erstaunliche religiöse Kompetenz. Qualitative Ergebnisse des Religionsmonitors; in: Bertelsmann-Stiftung (Hg.), Religionsmonitor 2008. Gütersloh 2007, 113–132. Siehe dazu auch in diesem Buch S. 245–262.

darum, empirisch vorfindliche inkonsistente und inhaltlich unbestimmte Religiosität in eine kirchlich genehme Form von Religion zu transformieren. Aber normative Kriterien werden so weit in Geltung gesetzt werden dürfen, dass z. B. die Akzeptanz von Inkonsistenz nicht auf die Legitimierung von Obskurantismus hinausläuft.

Wie alle Pädagogik ist die Religionspädagogik immer auch ein kontrafaktisches, normatives Geschäft und steht darin keineswegs im Widerspruch zu ihrer Funktion als Theologie. So sehr sich die Kindertheologie zu Recht „mit dem Ernstnehmen der Kinder um eine größtmögliche Symmetrie der Kommunikation bemüht", ist doch darauf zu insistieren, dass aus theologischen und pädagogischen Gründen „das asymmetrische Gefälle in der pädagogischen Situation nicht ignoriert, sondern zu überwinden" versucht wird.[69] Anderenfalls wird der Umstand, dass die vorgeblich bekannte Kindheit immer eine Konstruktion von Erwachsenen ist, so weit abgeblendet, dass die Kindheit der Kinder umso mehr verfehlt und für das pädagogische wie theologische *Interesse* von Erwachsenen instrumentalisiert wird.[70] Paul Ricoeur hat bekanntlich die kindliche Unmittelbarkeit als „erste Naivität" von einem reflektierten Gebrauch religiöser Bilder und Metaphern in Form einer „zweiten Naivität" unterschieden. Umso mehr wäre zu klären, „wie die Erste Naivität zu schützen ist, ohne das Recht der Kinder auf eine Zweite Naivität zu dementieren."[71] Muss ausdrücklich betont werden, dass die Asymmetrie im Laien-Experten-Verhältnis generell und dann besonders im Blick auf Kinder *auch* den produktiven Effekt hat, zuweilen festgefahrene Ordnungsmuster theologischer Professionalität aufzumischen?

4. *Fazit: „Kindertheologie" kann kein Konzept für schulischen Religionsunterricht sein.*

Ich plädiere für einen Religionsunterricht als einen Bildungsprozess, der sich auf die Religion als eine besondere, über ihren Gehalt wie über ihre Gestalt zu erschließende kulturelle Praxis bezieht und zum Zwecke der Vermittlung von Kompetenzen zur urteilsfähigen Partizipation an der Religionspraxis theologischer Anleitung und Reflexion bedarf. Didaktisch wird er dazu Innen- und Außenperspektive, (virtuelle) Teilnahme und reflexive Beobachtung *ins Verhältnis setzen* müssen. Das Konzept der Kindertheologie löst diesen vermittelten Zusammenhang von Religionspraxis, Unterricht und Theologie tendenziell auf – wenn auch nicht zwangsläufig immer in der pädagogisch-didaktischen Praxis,

---

69 Schluß, Ein Vorschlag, a. a. O., 26

70 A. a. O., 31: „Kinder ernst zu nehmen" bedeutet, „Kinder nicht immer schon besser verstehen zu wollen, als diese sich selbst verstehen könnten."

71 Grümme, Kindertheologie, a. a. O., 110.

so doch auf die Weise, dass theoretisch keine angemessenen Begriffe für die Reflexion dieses vermittelten Zusammenhanges zur Verfügung stehen. Die didaktische Intention, die Erschließung von Religion als einer eigenartigen, über Texthermeneutik hinausreichenden *Praxis*, kann zugleich das *theologische* Verständnis für das, was wir im Religionsunterricht tun, schärfen: Wenn die empirischen Phänomene von Religion didaktisch erschlossen werden, aber zugleich *theologisch* in einen kritischen Reflexionszusammenhang gerückt werden, kann entgegen der hermeneutischen „Wut des Verstehens" (Schleiermacher) das bewusst werden, was uns im Medium religiöser Zeichen *entzogen* bleibt.

Religion darf als Resonanzraum von – wenn man so will: laientheologischer – Reflexion umso weniger ausgeblendet werden, je mehr Kinder und Jugendliche ohne lebendige und signifikante Aufenthaltserfahrungen im Raum der Religion am Religionsunterricht teilnehmen. Dazu muss im Religionsunterricht dieser Resonanzraum nicht einfach appellativ vorausgesetzt, sondern didaktisch inszeniert und erschlossen werden. So nötigt z. B. der Befund von Marcel Saß[72], dass bei Kindern, die in religionsfernen Milieus aufwachsen, „kindertheologische" Kommunikationsmuster zu beobachten sind, die vergleichsweise wenig zu einem produktivem Verständnis von Glaubensthematiken führen, zu der Frage, welchen religiösen Resonanzraum kindertheologische Diskurse benötigen, um allererst gehaltvoll und fruchtbar werden zu können? Wenn z. B. *über* das Beten gesprochen wird, ohne dass sich durch die experimentelle *Ingebrauchnahme* von Gebetssprache der semantische Mehrwert dieser *Sprachform* erschließt, kann in religiöser Hinsicht gar nichts gelernt werden. Gleiches gilt im Blick auf den für die christliche Religion konstitutiven Bezug auf ihren Narrationsraum, ohne den der Unterschied zwischen einer Religion als Lehrgestalt und der christlichen Religion als Erinnerung und Vergegenwärtigung eines *Ereignisses* – des Christusereignisses – auch kognitiv nicht erschlossen werden kann. Begrifflich formatierte Reflexion kommt *als Theologie* immer nur ex post ins Spiel. Im Konzept der Kindertheologie wird m. E. dieser konstitutive Wechselbezug zwischen religiöser Praxis (einschließlich narrativer Praxis) und (davon zu unterscheidender!) theologischer Reflexion zu wenig im Blick behalten, um über die (durchaus erkenntnisreiche) Beobachtung kindlicher Kognitions- und Kommunikationsmuster hinaus als religiöses *Bildungs*konzept gelten zu können. Bernhard Grümme konstatiert „ein kognitives Gefälle (...), das weder anthropologisch noch dem Profil des Glaubenlernens angemessen ist."[73] Ich würde indes eher von einem diskursiv-verbalsprachlichen Gefälle reden, in dem die Anbahnung möglicher *kognitiv* gehaltvoller Unterscheidungen zwischen verschiedenen Kommunikationsmodi nicht hinreichend bedacht wird. Hier schlägt wahrscheinlich die Erbschaft der (ja durchaus nicht unumstritte-

72 Marcel Saß, „Maria war die Frau von Jesus"?, a. a. O.

73 Grümme, Kindertheologie, a. a. O., 116.

nen) „Kinderphilosophie“ durch, die sich im Unterschied zum Religionsunterricht auf nichts anderes als eine Diskurspraxis beziehen *kann*. Eben darin besteht ja im wesentlichen der Unterschied zwischen Philosophie und Religion in der gemeinsamen schulunterrichtlichen Domäne „konstitutiver Rationalität.“

Büttner votiert, dem hier vertretenen Verständnis von Religionsunterricht auf den ersten Blick nahe stehend, für ein explizit religiöses Proprium des Religionsunterrichts gegen dessen Verwahrlosung zum problemorientierten Laberfach und argumentiert gegen die „Vorstellung, man könne aus den religionsähnlichen Bausteinen der jugendlichen Lebenswelt selbst ein tragfähiges Identitätskonzept gewinnen“. Er will mit der „Kinder“- und „Jugendtheologie“ die Affinitäten zwischen Schüleräußerungen und Vorstellungen der theologischen Tradition aufspüren und so explizieren, dass „Anschlussmöglichkeiten“ an die „Kommunikation biblischer Sprache und Semantik“ hergestellt werden.[74] Es sind aber gerade diese religionspädagogischen Herausforderungen, die theologische Kompetenz auf der Seite der Lehrkräfte erfordern und die es angeraten sein lassen, nach wie vor zwischen lebensweltlicher Religion und deren theologischer Reflexion zu unterscheiden. Ohne diese Unterscheidung laufen die Überlegungen Büttners auf eine im Blick auf den Religionsunterricht an öffentlichen Schulen nun wirklich hochproblematische Wende hinaus: Er will „all diejenigen Jugendlichen, die sich theologisierenderweise auf Gott beziehen, zumindest situativ im Kreise derer (...) verorten, die zur Kirche Jesu Christi gehören.“ Büttner bezieht sich auf Helmuth Kittels Qualifizierung der evangelischen Unterweisung als „Kirche in der Schule“[75], wie vormals im Konzept der evangelischen Unterweisung, das sich ja explizit gegen einen auf Allgemeinbildung abzielenden Religionsunterricht richtete.

Wenn Allgemeinbildung die Möglichkeit der urteilsfähigen Inanspruchnahme der Grundrechte im Sinne der Teilhabe am kulturellen Gesamtleben eröffnen soll, kann religiöse Bildung an allgemeinbildenden Schulen nur so gestaltet werden, dass damit die Möglichkeit eröffnet wird, sich im Blick auf die unterschiedlichen Religionspraxen kompetent zwischen Partizipation oder Abstinenz entscheiden zu können. Dazu müssen die für das Religionssystem konstitutiven Kommunikationsformen verstanden und gedeutet werden können. Diese Aufgabe stellt sich nicht nur einem konfessionell gebundenen schu-

---

[74] Gerhard Büttner, Die Sozialgestalte(n) einer Jugendtheologie; in: Schlag/Schweitzer (Hg.), Jugendtheologie. Grundlagen – Beispiele – kritische Diskussion, a. a. O., 151f. Vgl. auch Büttners Kritik an Schweitzers Weigerung, „Themen aus dem klassischen Repertoire der Theologie mit Kindern zu diskutieren“: Schweitzers Themen könnten deshalb „auch aus dem Programm der Kinderphilosophie stammen“. Es fehle „konsequenterweise auch jeder Hinweis auf die Christologie“. (Ders., Die Kindertheologie und die Theologie, JBKTh 11/2012, 16f.).

[75] Gerhard Büttner, Braucht die Jugendtheologie eine „ekklesiologische“ Fundierung?; in: Veit-Jakobus Dieterich (Hg.), Theologisieren mit Jugendlichen – ein Programm, Stuttgart 2012, 76f.

lischen Religionsunterricht, sondern gehört unabhängig von der Rechtsform des Religionsunterrichts unverzichtbar zur Allgemeinbildung in einem Staat, der die passive wie die aktive Religionsfreiheit als Grundrecht (Artikel 4 GG) kodifiziert. Dass religiöse Bildung ihre Aufgabe besser als durch eine weltanschaulich neutrale Religionskunde durch einen Religionsunterricht erfüllen kann, der einer bestimmten Religion perspektivisch bzw. normativ verpflichtet ist, hat damit zu tun, dass Religion sachgerecht am besten erschlossen wird, wenn sie nicht nur als religionskundliches Wissen, sondern in Gestalt von Überzeugungen und Gewissheiten in Erscheinung tritt, ohne dass der Religionsunterricht auf diese Überzeugungen verpflichtet. Verstehen konstituiert sich immer nur durch die Teilnahme an einem Sprachspiel. Wie jede andere kulturelle Praxis kann auch Religion nur am exemplarischen Beispiel und mittels des didaktisch inszenierten Wechsels zwischen Teilnahme und Beobachtung erschlossen werden. Theologie ist dann aber Sache der Lehrerinnen und Lehrer, nicht, schon gar nicht obligatorisch, der Schülerinnen und Schüler.

Für die Kompetenz, Äußerungen von Schülerinnen und Schülern im Religionsunterricht unter Anschluss an theologische Denkfiguren interpretieren zu können, plädiert m. E. zu Recht Petra Freudenberger-Lötz.[76] Das scheint mir indes etwas anderes zu sein, als an diese Äußerungen selbst die Erwartung von Theologizität zu richten. Und es wäre wieder etwas anderes, die Identifizierbarkeit individueller religiöser Motive mit Begriffen des theologischen Diskurses oder der theologischen Tradition als ein Lernziel des schulischen Religionsunterrichts zu behaupten.

Die „Kindertheologie" droht den konstitutiven Wechselbezug zwischen religiöser Praxis (einschließlich narrativer Praxis) und (davon zu unterscheidender) theologischer Reflexion aus dem Blick zu verlieren. Über ihre (durchaus erkenntnisreiche) Beobachtung kindlicher Kognitions- und Kommunikationsmuster hinaus kann sie deshalb kaum als religiöses *Bildungs*konzept gelten. In dem im Theologisieren mit Kindern zu beobachtenden diskursiv-verbalsprachlichen Gefälle kann die Anbahnung *kognitiv* gehaltvoller Unterscheidungen zwischen verschiedenen Kommunikationsmodi, also zwischen Metaphorik, Narration und begrifflichem Diskurs, nicht hinreichend bedacht werden. Hier schlägt wahrscheinlich die Erbschaft der „Kinderphilosophie" durch, die sich im Unterschied zum Religionsunterricht auf nichts anderes als eine Diskurspraxis beziehen *kann*. Im Religionsunterricht soll, wie gesagt, nicht (jedenfalls nicht nur) gelernt werden, über Religion räsonieren zu können, sondern sich in seiner Lebensführung urteilsfähig zu religiöser Praxis (aktiv, passiv, abstinent) verhalten zu können. Mit dem Programm einer „Kinder- und Jugendtheologie" kann aus diesen Gründen zu einer Delegitimierung des Reli-

---

[76] Petra Freudenberger-Lötz, Theologische Gespräche mit Kindern. Untersuchungen zur Professionalisierung Studierender und Anstöße zum forschenden Lernen im Religionsunterricht, Stuttgart 2007.

gionsunterrichts an öffentlichen Schulen beitragen: Wenn jede Form der Reflexion über Religion als „Theologie“ firmiert, droht der ohnehin schon virulente Verdacht befördert zu werden, der Religionsunterricht an öffentlichen Schulen diene einem klerikalen Partikularinteresse. Schüler müssen sich gerade auch in gleichsam „religionswissenschaftlicher“ oder agnostischer Distanz zur gelebten Religion verhalten dürfen, um den Religionsunterricht von jedem Verdacht der Indoktrination oder eines theologischen Rekrutierungsinteresses fernzuhalten.

Religionsunterricht als Wertevermittlung?

Eine Problemanzeige

1. *Vorbemerkung zur Diskussionslage*

Schon vor fast zwanzig Jahren konnte eine Recherche unter den Stichworten „Werteerziehung" oder „Wertevermittlung" auf einen merkwürdigen Befund stoßen: Aggressive Äußerungen gegen einen von den Religionsgemeinschaften mitverantworteten schulischen Religionsunterricht fanden sich neben Plädoyers für den Religionsunterricht *als Wertevermittlung*. „Freie Humanisten" forderten eine vorgeblich „weltanschaulich neutrale" Werteerziehung im Sinne des brandenburgischen Schulfachs LER – unter pädagogischen Prämissen, die wiederum ganz ähnlich im Kontext der Tübinger „Stiftung Weltethos" begegneten.

Der Ruf nach Wertevermittlung eint auch noch gegenwärtig in der Schul- und Bildungspolitik ganz unterschiedliche Lager: Diejenigen, die den konfessionellen Religionsunterricht (wie schon in Berlin) durch ein obligatorisches Fach ersetzen wollen, mit dem eine staatliche Werteerziehung angestrebt wird („was Werte sind, bestimmen jetzt wir"), und diejenigen, die bis in die Kirchenleitungen hinein den Religionsunterricht der Öffentlichkeit eilfertig als die allseits geforderte Wertevermittlung andienen, froh darüber, dass der Religionsunterricht nun endlich in dieser Hinsicht im öffentlichen Bewusstsein als *brauchbar* zu gelten scheint.

Wenn auch bei manchen Religionspädagogen im Blick auf den Religionsunterricht und seine „Ersatzfächer" (je nach Bundesland „Ethik", „Werte und Normen" oder „praktische Philosophie") zusammenfassend von den „Wertefächern" die Rede ist, oder dem Religionsunterricht ausdrücklich die Aufgabe der „Wertebildung" zugeschrieben wird, so kann das als Problemanzeige verstanden werden.

Dagegen vertrete ich die These, dass der Religionsunterricht nicht nur kein Werteunterricht ist, sondern dass sich religiöse Bildung in welcher Form auch immer gegen die Erwartung verwahren muss, der Wertevermittlung dienen zu sollen. Für diese These sind pädagogische Gründe geltend zu machen, aber auch Gründe, die mit meinem Verständnis von Religion zu tun haben. Religion ist kategorial von jenen funktionalistischen Nutzenkalkülen unterschieden zu halten, die von ihr vor allem den sozialmoralischen Kitt erwarten, der die Gesellschaft zusammenhält, und der sie in den Augen ihrer Kritiker allererst zu dem werden lässt, was sie ihr vorhalten: Opium des Volkes.

2. *Zur Problematik der Wertedebatte: Schlaglichter aus soziologischer, philosophischer und theologischer Perspektive*

Wie ist die Konjunktur von Wertediskursen und des Rufes nach Werteerziehung zu verstehen? Indem fast kampagneartig „Werte" verteidigt werden und ihre Wiederherstellung gefordert wird, wird ungewollt deutlich, dass sie entweder nicht mehr den Status fragloser kultureller Selbstverständlichkeiten haben – oder dass die Kraft abhandengekommen ist, praktisch das zu verwirklichen, was selbstverständlich gültig zu sein scheint. Aber: „Durch moralische Aufrüstung und durch moralische Selbstverwirklichung gewinnt das menschliche Handeln die fundamentalen Selbstverständlichkeiten nicht zurück, die es in solchen Vorhaben als problematisiert eingesteht und deren Verbindlichkeit doch gerade vorausgesetzt wird."[1] Zum Beispiel dass Gewalt verwerflich ist, gehört zu diesen Selbstverständlichkeiten, die gewissermaßen *gefährlich plausibel* sind. Über der Evidenz, mit der die Liebesbotschaft des Neuen Testamentes Gewaltfreiheit postuliert, wird dann oft vergessen, dass es sich dabei um eine *religiöse* Botschaft handelt und nicht um einen moralischen Appell. Begegnung mit Religion bedeutet immer auch Begegnung mit dem Heiligen, dem Unverfügbaren, das nicht mittels moralischer Regeln einholbar ist. Um die Liebesbotschaft nicht zum Verhaltensprogramm zu degradieren, ist in der Religionspädagogik die Widersprüchlichkeit zu entfalten, in die wir Menschen uns mit der Liebe verwickeln: Liebessehnsucht stößt immer auch auf liebloses Verhalten, Verheißungen reiben sich an der armseligen Gegenwart. Dass wir vor Gott als „Sünder und Gerechtfertigte zugleich" qualifiziert sind, gehört zu dieser Widersprüchlichkeit. Daran zu erinnern setzt auch das Nachdenken über Verhaltensanforderungen und Handlungsregeln ins Recht.

In Zeiten der Unsicherheit und der kulturellen Umbrüche wird nun aber mit dem Wertbegriff versucht, sich eines gleichsam objektiven Fundaments zu vergewissern, mit dem die Politik, die Rechtsprechung, und eben auch die Pädagogik zu vor-politischen, vor-rechtlichen und vor-pädagogischen Gewissheiten zurückfinden können soll.[2] Ganz abgesehen von den sachlichen Einwänden, die gegen die in den Wertediskursen vorherrschenden Zeitdiagnosen („Werteverfall") und gegen die Praktikabilität der Gegenstrategien („Wertevermittlung") vorzutragen sind, werden damit die sozialen, kulturellen und moralischen Folgekosten gesellschaftlicher Modernisierungsprozesse so verrechnet, dass sie demagogischem Gebrauch zur Verfügung stehen. Wer Wertevermittlung fordert, ohne die schwindenden Integrationskräfte z. B. von Schu-

1 Eberhard Jüngel, Wertlose Wahrheit. Christliche Wahrheitserfahrung im Streit gegen die „Tyrannei der Werte"; in: Ders., Wertlose Wahrheit. Zur Identität und Relevanz des christlichen Glaubens; Theologische Erörterungen III, München 1990, 107.

2 Vgl. Rolf Schieder, Ethikunterricht als Zivilreligion; in: Ethik und Sozialwissenschaften 10, H. 3/1999 (Sonderdruck), 447.

len *auch* auf bewusste Deregulierungspolitiken zurückzuführen, subjektiviert und moralisiert Probleme eines ökonomischen und kulturellen Modernisierungsprozesses: Soziokulturelle Probleme werden zu subjektiven Angelegenheiten der Individuen gemacht.[3] Das ist bestenfalls unterkomplex, schlimmstenfalls zynisch. Die Schule wird dabei in die paradoxe Lage gebracht, „einerseits als Ursache des Fehlens von Werten" zu gelten, obwohl von ihr „andererseits aber gerade (...) die Behebung solcher Defizite erwartet wird."[4] Was in den immensen gesellschaftlichen Umbrüchen, deren Zeitzeugen wir sind, verloren geht, sind ja nicht „Werte", sondern verhaltensstabilisierende Selbstverständlichkeiten, lebensweltliche Rückhalte, die die Beschwörung von Sitten, Tugenden und moralischen Normen überflüssig machten, solange ihre Integrationskraft fraglos wirkte. Die Forderung nach der Wiederherstellung von Werten ist aber umso wohlfeiler, je mehr sie als Begleitmusik eines Modernisierungsprozesses intoniert wird, in dem alle Lebensverhältnisse durchökonomisiert und verflüssigt werden. Pädagogische Wertevermittlung kann gar nicht gegen die Dynamiken ankommen, die hinter den diagnostizierten Werteverlusten aufzudecken wären.[5] Und die moralischen und kulturellen Folgekosten ökonomischer Entwicklungen werden noch als demagogisches Spielmaterial zur Konservierung eben jener Strukturen eingesetzt werden können, denen die Zerstörungsdynamiken auflagern.

Wir wissen, dass kein Werteappell die Tiefenschichten des Hasses erreicht, mit dem z. B. fremde Menschen, vermeintliche Feinde, verachtet, beleidigt, gequält werden. D. h. nicht, dass hasserfülltem Handeln nicht in den Arm gefallen werden muss, dass ihm nicht mit Strafe gewehrt werden muss. D. h. aber, dass es ein Kampf gegen Windmühlenflügel wäre, jenen massiven, bedrohlichen Desintegrationserfahrungen, die gegenwärtig Hass und Bosheit in vielen Menschen wecken, mit dem bloßen Appell an Werte und der Erziehung zu Werten entgegenzutreten.

Nun ist es ohnehin ziemlich schwierig, genauer zu erfahren, was jemand eigentlich unter jenen Werten versteht, die angeblich vom Verfall bedroht sein sollen. Falls darunter nur solche sogenannter „Sekundärtugenden" wie Ord-

---

3 Vgl. Richard Münchmeier, Jugend – Werte – Religion. Über die Lebenslage und die Probleme alltäglicher Lebensbewältigung von jungen Leuten heute; in: Hartmut Rupp u. a. (Hg.), Zukunftsfähige Bildung und Protestantismus, Stuttgart 2002, 125–139, hierzu bes. 125f. u. 136.

4 Friedrich Schweitzer, Ethische Erziehung in der Pluralität; in: Loccumer Pelikan 3/1999, 115.

5 Die Ideologieanfälligkeit von Wertediskursen zeigt sich übrigens auch an den auffälligen Richtungswechseln: So kann etwa unterschieden werden zwischen einer „alten" Wertedebatte, die im Wandel von materialistischen zu postmaterialistischen Werten „die Jugend" als Hoffnungsträger entdeckte, und einer „neuen" Wertedebatte, die aufgrund vermeintlicher Wertediffusion „die Jugend" eher als Risikogruppe (Durkheim: „potentielle Devianz") einschätzt, der mit Präventionsmaßnahmen zu begegnen sei. (Vgl. R. Münchmeier, a. a. O., 137).

nungsliebe, Pünktlichkeit, Sauberkeit, Fleiß usw. gemeint sind: Solche Tugenden sind gewiss nicht unwichtig, und es ist erfreulich, wenn sie bei Kindern und Jugendlichen wahrzunehmen sind. Aber von solchen Tugenden ist zu Recht gesagt worden, man habe mit ihnen in der Vergangenheit auch Konzentrationslager leiten können – und ein Übermaß an solchen Tugenden hat jedenfalls im vergangenen Jahrhundert in Deutschland viele Menschen nicht von Gewaltexzessen abgehalten. Also das, was wir ganz grundsätzlich unter Moralität verstehen, scheint nicht einfach an solchen Tugenden zu hängen. Auch andere wichtige Tugenden wie z. B. Verlässlichkeit, Treue oder Loyalität werden in diesem Zusammenhang genannt. Hier würde ich auch schon andere moralische Qualitäten einräumen. Nur muss man sehen, dass in den gegenwärtigen wirtschaftlichen Modernisierungsprozessen exakt diese Tugenden z. T. direkt untergraben werden. Dazu muss man gar nicht nur auf die Eskapaden der Finanzwirtschaft schauen. Gegenwärtig wird z. B. „Flexibilität" zur wichtigsten Qualifikation auf dem Arbeitsmarkt. So etwas wie „Normalerwerbsbiographien" gehören der Vergangenheit an – also dass jemand ein Leben lang in seinem erlernten Beruf arbeitet. Loyalitäten können sich im ständigen Wechsel der „Jobs" gar nicht aufbauen – und es ist nicht zufällig immer mehr von Jobs statt von Berufen die Rede. Menschen werden zunehmend weniger in der Lage sein, so etwas wie einen erzählbaren „roten Faden" in der eigenen Lebensgeschichte zu entdecken. Um ein etwas pathetisch klingendes, aber die Sache auf den Punkt bringendes Beispiel zu nennen: Der Wunsch, dauerhaft an dem Ort zu leben und zu arbeiten, an dem die eigenen Eltern begraben sind, wird unter den Vorzeichen von Flexibilität und Mobilität mit Lebenstüchtigkeit kaum mehr vereinbar sein. Das hat Folgekosten, die sich im Wandel der moralischen Orientierungen von Menschen und in den Verunsicherungen ihres Verhaltens niederschlagen. Der von der Ökonomie geforderte flexible Mensch darf eigentlich gar keine feste Wertorientierung besitzen, außer der an jenen ökonomischen Werten, auf die dieser Begriff tatsächlich zutrifft.

Der wild gewordene Finanzkapitalismus, dessen vergebliche Zähmungsversuche wir gegenwärtig beobachten, fördert gemeinwohlschädliche Einstellungen und erkauft die ökonomischen Wertmaximierungsstrategien mit moralischem Werteverfall. Davon zu unterscheiden ist die Beobachtung, dass der vermeintliche Werteverlust in der Regel ein Pluralisierungsphänomen ist. Wir haben nicht zu wenig, sondern *zu viel* Werte im Sinne einer wachsenden Pluralität von Lebensführungspräferenzen, die z. B. als „Lebensstile" nicht nur Gesinnungsmerkmale bleiben, sondern verstärkt darstellbare „Außenseiten" erhalten. Damit werden für die Darstellung der je eigenen Individualität *Distinktionsgewinne* erwartet.[6] Deshalb eignen sich Werte immer weniger als einigendes Band einer Kultur: Sie wirken, wo sie nicht so abstrakt sind, dass sie

6 Vgl. Pierre Bourdieu, Die feinen Unterschiede. Kritik der gesellschaftlichen Urteilskraft, Frankfurt a. M. 1987.

keine Handlungsrelevanz besitzen, eher konfliktsteigernd als konfliktregulierend. Um es klar zu sagen: Auch die Attentäter des 11. September 2001 sind von Werten geleitet gewesen.[7] Gerade daran wird aber deutlich, dass werteorientiertes Handeln noch kein Kriterium für die Unterscheidung zwischen Gut und Böse liefert. Schon Max Weber hat Werte*kollisionen* als für ausdifferenzierte Gesellschaften charakteristisch analysiert. Welchen Wert haben die Werte in Wertekonflikten? Wie soll man gewichten – zwischen neuen Tugenden wie Flexibilität und Mobilität einerseits und Loyalität und Beständigkeit andererseits?

In *pragmatischer* und *soziologischer* Hinsicht ist angesichts der Forderung nach Wertevermittlung zu bedenken, dass die Beziehungen zwischen moralischem Regelwissen und Verhalten keineswegs signifikant sind. Die Zustimmung zu einer bestimmten Lebensführungspräferenz lässt sich kaum mit beobachtbarem Verhalten korrelieren. Kurz: Die Handlungsrelevanz von Werten ist so ungeklärt, wie der Erwerb von Werthaltungen als weitgehend unerforscht gelten kann. Allein schon, weil Werte „überaus komplexe Orientierungsmuster von hohem Abstraktionsgrad" sind, erweisen sie sich in der neueren Werteforschung nicht länger als „Verhaltensprädiktoren."[8] Es gibt keine signifikanten Zusammenhänge zwischen Äußerungen zur je eigenen Werteorientierung und dem tatsächlichen Handeln. So gibt es kaum bekennende, wohl aber praktizierende Sozialdarwinisten. Zumal Jugendliche entziehen sich im Blick auf Werte einer dichotomen „Entweder-oder-Logik" zu Gunsten eines Lebensführungskonzepts des „Sowohl-als-auch".[9] Niklas Luhmann bringt die mangelnde Kraft von Werten, Handlungen zu selegieren, nicht nur mit ihrer Abstraktheit zusammen, sondern damit, dass Werte „aus der Sicht von Handlungssituationen stets in der Form eines Wertekonfliktes gegeben" sind, zugleich aber „keine Regel für den Fall des Konflikts zwischen Werten" enthalten.[10] Ihre geringe Bindekraft ist konstitutiv für ihre Funktion: „Werte sind sozial stabil, weil psychisch labil".[11] Die Funktion von Werten „liegt allein darin, in kommunikativen Situationen eine Orientierung des Handelns zu gewährleisten, die von niemandem in Frage gestellt wird. Werte sind also nichts anderes als eine hochmobile Gesichtspunktmenge." Oder, anders gesagt: „Werte sind das Medium für eine Gemeinsamkeitsunterstellung, die einschränkt,

---

7 „Absolute Werte" sind „Werte mit reflektierter Gegnerschaft. Da die Anhänger solcher Werte schon wissen, wer ihre Gegner sein werden, sehen sie keinen Anlass zur Nachgiebigkeit." (Niklas Luhmann, Die Gesellschaft der Gesellschaft, Frankfurt a. M. 1998, 800). Und: „Moral nimmt dann polemogene Züge an: sie entsteht aus Konflikten und sie feuert Konflikte an." (a. a. O., 404). Hierzu auch: „Ist Moral gut?" (Kursbuch 176/2013, hg. v. Armin Nassehi.)

8 Vgl. R. Münchmeier, a. a. O., 126 u. 133.

9 A. a. O., 135f.

10 N. Luhmann, a. a. O., 341 u. 799.

11 A. a. O., 343.

was gesagt und verlangt werden kann, ohne zu determinieren, was getan werden soll."[12] Anders als Wahrheiten werden Werte also nicht durch bestreitbare und überprüfbare Behauptungen kommuniziert, sondern durch Unterstellungen, die nur deshalb überzeugen, weil die Einwände fehlen. Es wird aber keine Vorsorge für Wertekonflikte getroffen, wenn sich niemand findet, der sich gegen Frieden, gegen Gerechtigkeit, gegen Ehrlichkeit, gegen Gesundheit etc. ausspricht. Und trotzdem bleibt umstritten, wie man zum Frieden und zur Gerechtigkeit kommt, oder was eine gute Gesundheitspolitik ist. Und es wird sich schon deswegen niemand finden, weil in Wertediskursen die „Last der Komplexität (...) dem zugeschoben (wird), der einen Einwand vorbringen möchte."[13] Statt als psychisch verankerte Handlungsdispositionen sind Werte demnach als Kommunikationsmedien, als „Strukturierungshilfen von moralischer Kommunikation"[14] zu verstehen. So wenig wie Sinn als ein welthafter Sachverhalt vorhanden ist, sondern als eine Strukturierungs- und Deutungskategorie gelten kann, so wenig „gibt es" Werte außerhalb unserer Kommunikationen. Und im Übrigen gilt: „Es gibt nichts Gutes, außer man tut es" (Erich Kästner).

Es geht in *philosophischer* Hinsicht also um die Möglichkeit einer nachmetaphysischen Ethik: Der ursprünglich in der Ökonomie beheimatete Wertbegriff wurde geistesgeschichtlich erst bedeutsam, nachdem in der Philosophie das Ende der Metaphysik ausgerufen worden war. Eine Wertesemantik ist außerökonomisch erst seit ca. 200 Jahren nachweisbar.[15] Man kann darin eine Kompensation für den klassischen Naturbegriff vermuten. Freilich bleibt der Wertbegriff der neukantianischen Entgegensetzung von Sein und Sollen unterworfen. Deshalb setzt jede Behauptung eines Wertes das subjektive Werten voraus. Da Werte nicht ontologisch fundiert sind, bestehen sie überhaupt nur im Modus des Geltens – worauf sich ihre Geltung stützt, ist philosophisch nicht begründbar. Eben diesem notorischen Begründungsdefizit verdankt sich wohl kompensatorisch die appellative Rhetorik des Brusttons. Max Schelers Versuch der Begründung eines objektiven Wertekosmos darf mit guten Gründen als gescheitert gelten. Man kann darin „Deichbauten der Ideologie zur Abwehr des nach dem Sturz der kanonischen Ethik einströmenden Relativismus" sehen: „Dadurch ist die Wertethik zur Irreführung und Verzerrung der ethischen Phänomene geworden."[16]

12 A. a. O., 341 u. 343.

13 A. a. O., 799.

14 Alfred K. Treml, Ist Werteerziehung möglich? Möglichkeiten und Grenzen moralischer Bildung in einer pluralistischen Gesellschaft; in: H.-P. Burmeister / B. Dressler (Hg.), Werterziehung in der Pluralität? Herausforderungen an Theologie und Pädagogik, Loccumer Protokolle 3/1996, 149.

15 N. Luhmann, a. a. O., 340.

16 Hermann Schmitz, Der unerschöpfliche Gegenstand. Grundzüge der Philosophie, Bonn 1995, 353.

Jürgen Habermas hat darauf hingewiesen, dass sich bei der Umstellung ethischer Diskurse auf Werte „die eigentümliche Autorität des Sollens verändert."[17] Wer die intersubjektive Anerkennung von Werten ohne Gewaltanwendung fordert, sieht sich auf einen moralischen Funktionalismus verwiesen: Ein Wert sei z. B. unverzichtbar, weil ohne ihn soziale Integration unerreichbar sei oder kein Staat zu machen sei. Dieses „Wir brauchen" relativiert die religiöse Geltungsgrundlage von Moral auf ihre soziale Wirkung hin:

> „Eine solche aus der Beobachtungsperspektive vorgenommene funktionale Rechtfertigung kann aber die Autorität der Gründe, die die Gläubigen überzeugt haben, nicht nur nicht ersetzen; sie zerstört wider Willen den kognitiven Gehalt der religiös begründeten Moral, indem sie die epistemische Autorität des Glaubens nur noch als soziales Faktum behandelt."[18]

Es liegt auf der Hand, dass in *theologischer* Hinsicht die Wertediskussion nicht ohne Rekurs auf die Unterscheidung zwischen „Gesetz" und „Evangelium" beurteilt werden kann. Durch den Vorlauf des Evangeliums als der motivierenden Kraft zum Tun des Guten ist das Gesetz als moralische Regel nicht aufgehoben. Aber die neuzeitliche philosophische Einsicht, dass aus einem Sein ohne naturalistischen Fehlschluss kein Sollen abgeleitet werden kann, ist in dieser Konstellation gleichsam präfiguriert: Dass – wie man als etwas plakative theologische Grundsatzformulierung sagen kann – der Indikativ der Zuwendung Gottes dem Imperativ der moralischen Regel vorausgeht, stellt dem Sollen nicht einfach ein Sein voran, sondern ein Beziehungsgeschehen, das nicht ontologisch formulierbar ist, sondern in dem gelebte Erfahrungen gründen, die als Handeln Gottes gedeutet werden.

Es ist daher sachgerecht (und übrigens dann auch pädagogisch von großer Bedeutung), dass eine entsprechende Ethik nicht *zuerst* auf Argumente, sondern auf Erzählungen gegründet wird: Im Gleichnis vom barmherzigen Samariter gehen diejenigen am Opfer des Raubüberfalls vorbei, die dafür bekannt sind, dass sie – wie wir aus heutiger Perspektive wohl sagen könnten – „Werte" vertreten, ja verkörpern. Dass Jesus von einem Samariter erzählt – also von einem Fremden, der aus dem religiösen Konsens herausfällt –, er habe unter Gefahr geholfen, stellt nicht nur die Bigotterie der Etablierten bloß. Unterstrichen wird damit, dass auch in dieser Geschichte dem, der unter die Räuber gefallen ist, keine Wertethik weiterhilft. Und dass Jesus im Verlauf der Geschichte die Frageperspektive „Wer ist mein Nächster?" stillschweigend um 180 Grad wendet („Wem kann ich Nächster sein?"), lenkt zusätzlich von einer wertorientierten Frage (Wer steht mir nah? Wer ist meiner Hilfe wert?) zu einer situativen Frage: Was kann *ich* tun? Damit stellt sich immer auch die

---

17 Jürgen Habermas, Die Einbeziehung des Anderen. Studien zur politischen Theorie, Frankfurt a. M. 1999, 16.

18 A. a. O., 22.

Frage nach dem, was unser Handeln motiviert und ermöglicht, was uns der Angst, selbst unter die Räuber zu fallen, begegnen lässt. *Dass* Hilfe den Ausgeraubten, den Erniedrigten, den Beleidigten, den Schwachen zukommt, ist keine Frage, für die *Werte* in Anschlag zu bringen sind. Es handelt sich um eine Selbstverständlichkeit. Ähnlich verwirklicht die Goldmarie im Märchen von der Frau Holle keine Werte, wenn sie den Apfelbaum schüttelt und das Brot aus dem Ofen holt. Im Gegensatz zur Pechmarie hat sie aber einen unverstellten Blick auf die Selbstverständlichkeiten der Welt, eine aufmerksame Wahrnehmungsfähigkeit für jene Appelle an unser Handlungsvermögen, die keiner näheren Begründung bedürfen.

Nicht, dass wir das Gute erst mit einer Denkanstrengung ermitteln müssen, ist vor dem Hintergrund solcher Erzählungen das Problem, sondern: „Das Gute, das ich will, das tue ich nicht; sondern das Böse, das ich nicht will, das tue ich" (Röm 7,19). In der Frage nach der Kraft, die uns aus unserer „Verkrümmung in uns selbst" (Augustinus und Luther: „homo incurvatus in se") befreien kann, wirft das Neue Testament das ethische Grundproblem auf. Im Evangelium von Jesus Christus wird diese Kraft als die zuvorkommende Liebe Gottes bezeugt. Es ist Gottes liebevoller Blick, mit dem er sich zu seiner Kreatur hinabbeugt, der uns Menschen als seine Kreatur wiederum zu jenem aufmerksamen Blick der Anteilnahme befähigen kann, wie ihn auch die Goldmarie auf die Welt richtet. Damit ist keinesfalls gesagt, dass situative Klärungen, Entscheidungen in Zielkonflikten, die Überprüfung von Handlungsfolgen nicht außerordentlich schwierig sein können und aufwändiger ethischer Reflexion bedürfen. Aber von solchen schwierigen ethischen Begründungs- und Urteilsproblemen unberührt bleibt, dass nicht Werte das christliche Handeln charakterisieren und anleiten, sondern die aus der Wahrheit Gottes kommende Liebe. Auch von der Liebe gilt, dass sie keinen Wert hat. *Dilige et quod vis fac* – liebe, und tue was du willst: So fasst Augustinus die Summe seiner ethischen Reflexion zusammen. „Schau hin, und du weißt", formuliert Hans Jonas den gleichen Gedanken in der Gegenwart neu. Dem Hinschauenkönnen geht freilich die Erfahrung voraus: Selbst liebevoll angeschaut worden zu sein. Liebevoll handeln zu können setzt die Erfahrung voraus, mit Liebe behandelt worden zu sein. Anerkennungsbereitschaft wurzelt in erfahrener Anerkennung. Gewiss: So berechnend und unmoralisch ein Wissen ohne Liebe sein kann, so fehlgeleitet kann zuweilen die Liebe ohne ein Wissen sein. Erst belehrte Liebe wird in komplexen Handlungssituationen das Gute und Richtige erkennen. Dennoch lässt sich mit Eberhard Jüngel sagen, dass im Lichte des Evangeliums

> „alle Selbstverständlichkeiten ihre Selbstverständlichkeit endgültig einbüßen oder aber auch umgekehrt neu gewinnen (können). So oder so – das christliche Handeln wird auf jeden Fall das Gute selbstverständlich tun. Es wird zwar im Blick auf die Frage, wie es, wo es und wem es Gutes tun kann, höchst bedacht und reflektiert verfahren. Aber im Blick auf seine eigene Sittlichkeit ist es völlig unreflektiert. Gutes Handeln ist im Horizont christlicher Wahrheitserfahrung an der Güte seines

Handelns, an seinem Wert, schlechthin uninteressiert. Es reklamiert die Güte der guten Tat nicht."[19]

Sollen es hingegen Werte sein, die das Handeln motivieren, ist der Zirkel des Wertens unvermeidlich: „Sind Grundwerte Orientierungen für unser Handeln, weil sie Grundwerte sind, oder sind Grundwerte Grundwerte, weil sich Menschen an ihnen orientieren?" Schon diese Frage stellt „Grundwerte" als solche in Frage, suspendiert aber nicht „die Frage nach der Orientierung menschlichen Handelns".[20] Eher muss man umgekehrt sagen, dass die Rede von Grundwerten den Dialog über die richtige Handlungsorientierung zu beenden droht.

Der Staatsrechtler und ehemalige Verfassungsrichter Ernst-Wolfgang Böckenförde weist darauf hin, dass es eine „Werteordnung der Verfassung" im Sinne einer „rational kontrollierbaren Erkenntnis von Werten (...) nicht gibt." Nicht einmal zu erkennen sei ein „rational begründetes Vorzugs- und Abwägesystem für konkurrierende Geltungsansprüche verschiedener, oftmals miteinander kollidierender Werte". Wie schwierig die entsprechenden Güterabwägungen sind, hat sich 2012 exemplarisch am Streit um die Beschneidung gezeigt. „Freiheit, Gleichheit, Gerechtigkeit, Sicherheit, Selbstverwirklichung, Solidarität, Schutz des Lebens werden heutzutage als in der Verfassung enthaltene ‚Werte' nebeneinandergestellt, ohne daß gesagt wird, warum sie ‚Werte' sind und in welchem Rang- und Zuordungsverhältnis sie und die aus ihnen sich ergebenden rechtspraktischen Folgerungen zueinander stehen." Böckenförde sieht in der Berufung auf die Werte lediglich „eine pluralistische Einigungsformel" für etwas, was „im Hinblick auf die Fundierung der staatlichen und gesellschaftlichen Ordnung einer sinnvermittelnden Begründung bedarf, ohne daß diese Begründung mit dieser Berufung selbst schon gegeben ist."[21] Wer entscheidet dann aber über die Werte? Der Staat ist zwar daran interessiert, Freiheit, Gleichheit, Gerechtigkeit, Sicherheit, Selbstverwirklichung, Solidarität, Schutz des Lebens usw. als Werte zu vermitteln, aber die Interpretation dieser Werte, ihre Reihenfolge bzw. ihre Gewichtung, aber auch die unterschiedlichen Motivationen, die unterschiedlichen Weltanschauungsperspektiven, aus denen Werten zugestimmt wird, können vom Staat nicht festgelegt

---

[19] E. Jüngel, a. a. O., 108. Hieran lässt sich der lakonische Rat Niklas Luhmanns anschließen: „Es ist immer gut, sich für das Gute einzusetzen. Die Verlegenheit der Religion in einer ‚säkularisierten' Gesellschaft wird denn auch oft mit Moral überbrückt. Die Religion selbst wäre jedoch gut beraten, wenn sie auf Distanz zur Moral achten würde." (N. Luhmann, a. a. O., 407).

[20] Dietrich Benner, Studien zur Theorie der Erziehung und Bildung, Bd. 2, Weinheim u. München 1995, 248.

[21] Ernst-Wolfgang Böckenförde, Staat, Gesellschaft, Freiheit. Studien zur Staatstheorie und zum Verfassungsrecht, Frankfurt a. M. 1976, 60 und 81ff. Vgl. zur politischen und rechtlichen Problematik der Werterhetorik auch: Uwe Volkmann, Wertedämmerung, Merkur 834/2018, 5–17.

werden. Es gibt weder einen Katalog über die Rangfolge von Werten, noch einen festen Kanon von Werten. Ich halte es sogar für gefährlich, wenn der Staat (seit einiger Zeit gilt das auch für Europa oder die Nato) sich als „Wertegemeinschaft" zu begründen versucht. Der liberale Rechtsstaat ist eine Rechtsgemeinschaft, und er erkennt die Rechte seiner Bürger – unabhängig von ihren weltanschaulichen Auffassungen – an, solange sie den Gesetzen gehorchen. Man muss, um die Gesetze des Staates zu akzeptieren, nicht unbedingt die Werte teilen, aufgrund derer andere Bürger diesen Gesetzen ebenfalls gehorchen.

Während Werte eher konfliktsteigernd sind, kann die Anerkennung und urteilsfähige Inanspruchnahme von (selbstverständlich nicht „wertneutralen") Grund*rechten* als konfliktregulierend gelten. Grundrechte ermöglichen, dass mit unterschiedlichen Weltanschauungen gleiche Handlungsorientierungen verbunden sein können – oder eben auch nicht. Werden „Grund*werte*" den Grundrechten aber systematisch vor- und übergeordnet, so sind sie nach dem Urteil des Politikwissenschaftlers Christian Graf v. Krockow schlicht: „verfassungswidrig"![22]

Um diese auf den ersten Blick erstaunliche Pointe zu verstehen, muss an Kants Unterscheidungen zwischen Personen und Sachen und parallel dazu zwischen Würde und Wert erinnert werden.[23] Es ist eben kein Zufall, dass der Wertbegriff der Ökonomie entstammt, wo der den Bestimmungsgrund des Preises einer Sache bezeichnet. Der Wertbegriff hat seinen Ursprung also durchaus nicht in der Sphäre bewahrenswerter moralischer und kultureller Güter, sondern im nüchtern-berechnenden Geschäft des Tauschhandels. Es ist ein konstitutiver Begriff des Marktes. Durch ihren quantifizierbaren Wert werden Gegenstände allererst *als Waren* austauschbar. Ihre Tauschbarkeit liegt ja nicht in ihren stofflichen Eigenschaften, auch nicht in ihrer individuell unterschiedlichen Nützlichkeit (ihrem „Gebrauchswert"), sondern darin, dass alle Waren sich auf ein *tertium comparationis*, ein allgemeines Wertäquivalent beziehen lassen. Das ist, um einem Missverständnis vorzubeugen, nichts Anrüchiges – hier soll keiner Fundamentalkritik des Geldes als dem allgemeinen Wertäquivalent das Wort geredet werden; niemand von uns könnte ohne die Geltung von Marktmechanismen zivilisiert leben. Aber es kommt auf Unterscheidungen an, darauf, *wie tief* die Mechanismen ökonomischer Kalküle in unser Leben hineinreichen sollen. Deshalb muss daran erinnert werden, dass *Sachen* Wert haben. Problematischer ist es schon, dass auch Arbeit Wert haben kann – und zwar als ihrerseits wertschaffende Lohnarbeit. Jedes Urteil, das von daher auf den arbeitenden Menschen übertragen wird, ist eine Grenzverletzung und macht den Menschen – der sich im Arbeitsverhältnis bekanntlich „verdingt" – insgesamt zur Sache. *Personen* haben *keinen* Wert, sondern *Würde* – und Würde lässt sich nicht verwerten. Eben deshalb ist zu widersprechen, wenn aus dem

22 Christian Graf v. Krockow, zit. bei D. Benner, a. a. O., 262.

23 Immanuel Kant, Grundlegung zur Metaphysik der Sitten, 2. Abs., III.

Prinzip der Würde der Person ein Wert und aus Grundrechten Grundwerte gemacht werden. Die fundamentale Differenz zwischen Grundrecht und Grundwert besteht darin, dass unsere Grundrechte mit dem Prinzip der Würde der Person vereinbar sein müssen – und nicht umgekehrt die Würde sich vor Werten zu legitimieren hat. Das Gefühl einer Unstimmigkeit trügt nicht, wenn von jemandem – das geht nie ohne gönnerhaften Unterton – gesagt wird, er sei ein „wertvoller Mensch". Diese Redeweise ist bei genauem Bedenken nicht weniger obszön als wenn von „Schülermaterial" gesprochen wird.

Im Zuge einer alle Poren der Gesellschaft durchdringenden Ökonomisierung wird, das hat Eberhard Jüngel scharf herausgearbeitet, die Sphäre des Tauschhandels immer mehr zum Ersatz für die Frage nach Wahrheit.[24] Das Vordringen der „Wertedebatte" ist genau dafür ein Symptom. Von Belang und Interesse ist nicht, was wahr ist, sondern was wirksam, was effektiv, was wertvoll ist. Die Rede von den Werten, die wir bewahren sollen, ist deshalb so impertinent, weil sie hinter dem Gestus des Bewahrens und kultureller Erbschaftssicherung ihre Komplizenschaft mit den Kräften und Wirkmechanismen verbirgt, die moralische Urteile utilitaristisch begründen. Es ist in der abendländischen Geistesgeschichte nicht zufällig Nietzsche, der den Werten als Erster vorrangige Bedeutung beimisst: Als von der Frage nach Wahrheit abgekoppelte und interessegeleitete Wertungen, als „Umwertung aller Werthe".[25] In den Werten überwältigt das Interesse die Ethik.

3. *Pädagogik der Wertevermittlung?*

Dass pädagogisches Handeln, wo es sich nicht allein instruktiv auf Wissensvermittlung richtet, der Vermittlung von Werten dient, scheint auf den ersten Blick auch dann plausibel, wenn die dem Wertbegriff inhärenten Inkonsistenzen eingeräumt werden. Freilich ist zugleich zu konzedieren, dass nicht völlig durchsichtig zu machen ist, *wie* sich denn die Vermittlung von Werten vollzieht. Es entspricht unmittelbarer Lebenserfahrung, dass das pädagogische Handeln selbst und seine vielfältigen Kontexte viel zu komplex sind, um darin Kausalitäten beschreiben und für Handlungskalküle zugänglich machen zu können. Es liegt hier einer der Gründe, Pädagogik weniger als eine Handlungswissenschaft, sondern als eine Art „Kunstlehre"[26] zu konzipieren. In gewisser

24 E. Jüngel, a. a. O.

25 „Unterschätzen wir dies nicht: wir selbst, wir freien Geister, sind bereits eine ‚Umwertung aller Werthe', eine leibhafte Kriegs- und Siegs-Erklärung an alle alten Begriffe von ‚wahr' und ‚unwahr'" (Friedrich Nietzsche, Der Antichrist, Kritische Studienausgabe, Berlin / New York 189, 179).

26 Vgl. Michael Meyer-Blanck, Kleine Geschichte der evangelischen Religionspädagogik. Dargestellt anhand ihrer Klassiker, Gütersloh 2003, 70, mit Blick auf Schleiermacher: „Erziehung ist eine Kunst und darum ist die Pädagogik eine Kunstlehre. Sie kann zwar Re-

Weise löckt das pädagogische Handeln beständig gegen den Stachel dieser Erfahrung: Erziehung wie Unterricht müssen Einwirkungsmöglichkeiten auf die Kinder und Jugendlichen unterstellen, ohne genau zu wissen, wie diese zu kontrollieren und zu evaluieren sind.[27] So legt etwa die Schule den Schülern nahe – sofern sie sie nicht inhuman als „Schülermaterial" behandelt –, sich darauf einzustellen, dass sie keine Maschinen sind, die auf eindeutige Impulse eindeutige Reaktionen zu zeigen haben. Es gehört aber zum Dilemma der Schule, dass ihr gesellschaftliches Umfeld weitgehend auf solchen Vereinfachungen besteht. Auch didaktische Probleme unterrichtlicher *Instruktion* lassen sich nicht als Kausalketten beschreiben und lösen – noch weniger kann dies bei Problemen (moralischer) Erziehung gelingen. Alle Pädagogik unterliegt einem „Dilemma von Freiheit und Kausalität": „Von Freiheit, die vorauszusetzen, zu respektieren und herzustellen ist, und von Kausalität, ohne die der Erzieher sich selbst überflüssig vorkommen müsste."[28] Hierauf wird gleich zurückzukommen sein.

Zunächst ist kurz an einige erziehungswissenschaftliche Distinktionsgewinne zu erinnern: Dass so etwas wie „sittliche Elementarbildung" im Gegensatz zum schulischen Unterricht vor allem in der Familie stattfindet, und zwar in Abhängigkeit von erfahrener Zuwendung[29], ist keine späte neuzeitliche Entdeckung, wohl aber die Einsicht, dass die „Grundformen ethischen Lernens" nichts mit Konditionierung zu tun haben dürfen. Diese Einsicht hängt eng mit der erst um 1800 gefassten „hybriden Idee eines ‚erziehenden Unterrichts'" im Zusammenhang mit dem Entwurf einer neuen Schulpädagogik zusammen.[30] „Erziehender Unterricht" (Johann Friedrich Herbart) soll Handlungsorientierung und Reflexion verbinden, läuft also auf das hinaus, was nunmehr „Bildung" genannt wird. Allerdings scheint es dennoch – wiederum im Blick auf die Freiheit und den Grad des aktiv beteiligten Selbstverhältnisses der Schüler – ratsam, weiter *analytisch* zwischen Bildung und Erziehung, bzw. zwischen Unterricht und Erziehung zu unterscheiden.[31] Freilich sieht z. B. Karl Ernst Nipkow „Unterricht" und „Erziehung" im Begriff der „Bildung" als immer

geln aufstellen, aber die Regeln enthalten nicht wie bei einer mechanischen Kunst schon die Anwendung."

27 Um diese Problematik kreist das posthum veröffentlichte Buch: Niklas Luhmann, Das Erziehungssystem der Gesellschaft, Frankfurt a. M. 2002.

28 N. Luhmann, Die Gesellschaft der Gesellschaft, a. a. O., 977.

29 Vgl. hierzu Friedrich Schweitzer, Grundformen ethischen Lehrens und Lernens in der Schule; in: Gottfried Adam / F. Schweitzer (Hg.), Ethisch erziehen in der Schule, Göttingen 1996, 66ff.

30 N. Luhmann, a. a. O., 951.

31 Vgl. Dietlind Fischer, Wie viel Erziehung kann Schule leisten?; in: Praktische Theologie 3/2001, 173. S. auch F. Schweitzer, a. a. O., 119, im Blick auf „ethische Erziehung" und „ethische Bildung", wenn auch mit dem Akzent, dass diese analytische Unterscheidung nicht empirisch verifizierbar ist.

schon verschränkt an und insistiert zu Recht, dass in *jedem* Unterricht immer auch erzogen wird.[32] Schule ist ohne Erziehung nicht denkbar, allein schon deshalb, weil sie ohne erzieherische Interventionen die kommunikativen Bedingungen für Unterricht nicht gewährleisten könnte. Die Schule kann nicht nicht erziehen.[33] Jedoch könnte die analytische Unterscheidbarkeit von Erziehung und Unterricht nicht mehr genügend ernst genommen werden, wenn die Zudringlichkeit pädagogischer Interventionen in der Schule zunimmt, sei es aufgrund äußeren Erwartungsdrucks und der Belastung durch familiale Erziehungsdefizite, sei es aufgrund pädagogischer Anmaßung, z. B. im Zusammenhang gruppendynamischer Verfahren.[34] Die hier möglicherweise erkennbare Gefahr rechtfertigt indes nicht die Forderung nach grundsätzlicher erzieherischer Abstinenz der Schule, wie sie Hermann Giesecke im Sinne der strikten Konzentration auf Unterricht vertritt, oder wie sie etwa Hagen Weiler vor allem im Blick auf das Erziehungsrecht der Eltern bzw. auf die Persönlichkeitsrechte mündiger Schüler verfassungsrechtlich für geboten hält.[35] Abgesehen von der praktischen Unmöglichkeit dieser Position lassen sich staatliche Eingriffe in die Rechte der Eltern und Schüler nicht zuletzt deshalb rechtfertigen, weil die schulischen Erziehungsziele ohnehin eine relativ geringe Steuerungskraft haben.[36]

Wie ist vor diesem Hintergrund dann überhaupt verantwortliches Handeln gegenüber der Unabschließbarkeit von Erziehung zu rechtfertigen – nicht zuletzt angesichts der gewachsenen Unberechenbarkeit gesellschaftlicher und biographischer Zukünfte? Man darf der Erziehung nicht zu viel auflasten. Die weltverändernde Kraft der Erziehung ist nicht im Sinne einer utilitaristischen, also von kalkulierbaren Zwecken bestimmten Intentionalität zu verstehen. Aber nicht nur aus pragmatischen Gründen, auch aus Gründen der Würde der Kinder und Jugendlichen, die ja nicht erst durch Bildung und Erziehung zu *erwerben* ist, sondern *gegenwärtig* zu achten ist, darf sich erzieherisches Handeln zukünftig erreichbaren Zielen nur so weit unterordnen, dass es sich gegenüber einem Kinde auch dann rechtfertigen ließe, wenn es morgen stürbe. Damit ist

32 Karl Ernst Nipkow, Rechtslogik auf unlogischen Pfaden; in: Ethik und Sozialwissenschaften, a. a. O., 433. Dennoch gilt freilich die lakonisch akzentuierte Feststellung von Jürgen Baumert: „In der Schule der Moderne bildet der Unterricht und erzieht primär die Organisation." (Ders., Deutschland im internationalen Bildungsvergleich; in: Nelson Killius / Jürgen Kluge / Linda Reisch, Die Zukunft der Bildung, Frankfurt a. M. 2002, 106).

33 Vgl. Friedrich Schweitzer, Halbierte Rationalität – oder: Wäre Schule ohne Erziehung möglich und wünschenswert?; in: Ethik und Sozialwissenschaften, a. a. O., 450.

34 Vgl. R. Schieder, a. a. O., 447.

35 S. den entsprechenden Beitrag („Religion und Ethik im Unterricht – Eine verfassungssystematisch-grundrechtslogische Alternativen-Diskussion") von Hagen Weiler und die zahlreichen Repliken in: Ethik und Sozialwissenschaften, a. a. O., 395ff. Ebenso: Hermann Giesecke, Wozu ist die Schule da? Die neue Rolle von Eltern und Lehrern, Stuttgart 1997.

36 Bodo Pieroth, Die landesverfassungsrechtlichen Erziehungsziele als geltendes Recht; in: Ethik und Sozialwissenschaft, a. a. O., 434.

ein Zirkel allen pädagogischen Handelns[37] angesprochen, der sich im Rekurs auf christliche Bezüge des Bildungsbegriffs auch theologisch formulieren lässt: Pädagogisches Handeln setzt aus Achtung vor der Unverfügbarkeit des Ebenbildes Gottes dessen Freiheit voraus, und es strebt als Ziel von Bildung und Erziehung allererst die Befähigung zur Freiheit an. Dieser Zirkel ist weder logisch noch pragmatisch aufzulösen. In der Analogie zur Beziehung zwischen Gott und seinem Geschöpf und Ebenbild haben wir aber gleichsam ein pädagogisches Modell, mit dem wir gewissermaßen kontrafaktisch, gegen die Logik und gegen den Augenschein praktischer Handlungszwänge, aus diesem Zirkel heraustreten können. In ethischer Hinsicht folgert aus dieser Beziehung, dass die Ansprüche Gottes an den Menschen nicht zuerst moralische Imperative sind. Die freie und anerkennende Zuwendung Gottes geht als motivierender Anstoß jeder Forderung voraus. Deshalb hat in einem christlichen Verständnis pädagogischen Handelns die Erschließung orientierender und motivierender Erfahrungen *sachlichen* Vorrang vor der Vermittlung von Regeln moralischen Verhaltens. Respekt, Anerkennung, Wertschätzung sind als ein pädagogischer Habitus unmittelbar zu diesen orientierenden und motivierenden Erfahrungen zu rechnen.

Die Frage stellt sich also so: Wie können Kinder, die von ihrer Freiheit noch keinen durchweg vernünftigen Gebrauch machen können, gleichwohl so erzogen werden, dass ihre Befähigung zum Selbstgebrauch ihrer Freiheit wächst? Bei diesem alten, oft durchdachten Erziehungsdilemma handelt es sich nicht nur um ein Problem ethischer Bildung und Erziehung, sondern um ein ethisches Problem von Bildung und Erziehung. Selbstverständlich können wir andere Menschen zwingen, eine Handlung auszuführen, aber wir können sie nicht zwingen, dies auch zu *wollen*. Diese Paradoxie schlägt auch in der erziehungswissenschaftlichen Literatur immer wieder durch: „Kinder müssen lernen, die Normen nicht nur zu kennen, sondern auch befolgen zu wollen."[38] Schon Rousseau sieht in seinem Erziehungsroman „Emile" das Ziel einer moralischen Erziehung erst dann als erreicht an, wenn der Zögling nicht nur das tut, was der Lehrer will, sondern wenn er das auch wollen will: „Zweifellos darf es (das Kind) tun, was es will, aber es darf nur das wollen, von dem ihr wünscht, dass es das tut."[39] Besonders problematisch ist es nun, wenn im Zuge eines antiautoritären Erziehungsverständnisses dieses Paradoxie-Dilemma den Kindern selbst zugespielt und zugemutet wird, mittlerweile schon klassisch ausgedrückt in der berühmten Kindergartenfrage: „Müssen wir heute wieder tun, was wir wollen?"

---

37 Hierfür ist das Problem der „doppelten Kontingenz" in Anschlag zu bringen; vgl. Niklas Luhmann, Soziale Systeme, Frankfurt a. M. 1984, Kap. 3 und ders., Das Erziehungssystem der Gesellschaft, a. a. O., 31ff.

38 Gertrud Nunner-Winkler, Zur moralischen Sozialisation; in: Herbert Huber (Hg.), Sittliche Bildung. Ethik in Erziehung und Unterricht, Asendorf 1993, 105.

39 Jean-Jacques Rousseau, Emile oder Über die Erziehung, Stuttgart 1963, 265.

Wolfgang Brezinka hat die pädagogische Logik etwas ironisch so formuliert: „Wir haben es in der häuslichen Erziehung wie im Schulunterricht weitgehend mit Probierhandlungen zu tun, bei denen natürlich nicht ausgeschlossen ist, dass sie zufällig auch Erfolg haben können."[40] Es gibt, anders gewendet, offenbar so etwas wie eine unüberbrückbare Differenz zwischen pädagogischem Mittel und ethischem Ziel. Zudem ist guter Wille zwar gut gemeint, aber meistens relativ machtlos. Allenfalls könnte man dann fragen, ob wir nicht, wenn wir schon Gesinnungen durch Erziehung nicht determinieren und steuern können, den Zufall in unserem Sinne fruchtbar, d. h. *wahrscheinlicher* machen können? Die Macht, die Erziehende haben, erinnert an jene Macht des absoluten Königs in Saint-Exupérys Erzählung „Der kleine Prinz", der nämlich behauptete, er könne der Sonne befehlen, unterzugehen – und auf die Bitte, das zu beweisen, entgegnete, dass man warten müsse, bis „die Bedingungen dafür günstig sind", nämlich „heute Abend gegen Siebenuhrvierzig".[41] Analog dazu ist also zu vermuten, dass auch Erziehung auf mehr oder weniger günstige Umfelder, fruchtbare Konstellationen und Momente angewiesen ist. Alle erziehungshistorischen und kulturhistorischen Erfahrungen deuten nun darauf hin, dass Erziehung wahrscheinlich erfolgreich wird, wenn die erziehenden Strukturen *homogen* und *latent* sind. *Homogenität* erzieht durch die Einheitlichkeit der erziehenden Strukturen und Verhaltensmuster – und: es fehlen die Alternativen. *Latenz* erzieht, weil die Ablehnungswahrscheinlichkeit von möglichen Erziehungsanlässen minimiert wird. Ein *intentionales* (also ausdrückliches, gewolltes) Erziehungsangebot kann man ablehnen: Seinen Inhalt, wie die Absicht, diesen Inhalt zu vermitteln („Man merkt die Absicht und man ist verstimmt").[42] *Intentionale* Pädagogik hat also, was die Ebenen des Wollens, der Gesinnung der Kinder betrifft, systematische Probleme mit Erziehungszielen, und zwar aus ethischen *und* aus pragmatischen Gründen. Anders die *funktionale* Erziehung – also Erziehung durch praktische Einübung und Eingewöhnung innerhalb bestimmter Strukturen, sei es in der Familie, sei es in der Schule. Aber: Funktionale Erziehung hat den autoritären Geruch unreflektierter Übernahme von Gewohntem. Und sie kann in einer pluralistischen Gesellschaft aufgrund der Vielfalt und Heterogenität der erziehenden Strukturen nicht mehr homogen sein.

Schließlich ist noch an eine dritte Art von Erziehung denkbar, Wolfgang Brezinka spricht von „indirekter Erziehung", man könnte auch mit Alfred K. Treml von „extentionaler Erziehung" sprechen.[43] Dabei werden intentionale und funktionale Strukturen im Sinne des o. g. Beispiels vom König, der die

40 Wolfgang Brezinka, Über Absicht und Erfolg der Erziehung, Konstanz 1969, 8.

41 Dieses Beispiel führt A. K. Treml an, a. a. O., 146.

42 Vgl. A. K. Treml, a. a. O., 146f. Schon Peter Petersen hielt diejenige Erziehung für die beste, die man nicht bemerkt. (Ders., Der kleine Jena-Plan, Frankfurt a. M. 1980, Orig. 1927, 34).

43 A. K. Treml, a. a. O., 147.

Sonne untergehen lässt, verkoppelt. Intentional, also bewusst und absichtlich, ist der Akt der Entscheidung, ein Kind einem ganz bestimmten Sozialisationskontext auszusetzen (also z. B. Formen und Regeln des Familienlebens sorgfältig zu gestalten). In diesem Kontext selbst wird dann aber ausschließlich funktional erzogen, also durch das Kind selbst. So wird die Wahrscheinlichkeit erhöht, dass bestimmte „Werte", Gesinnungen, Verhaltensmuster angeeignet werden. Natürlich kann auch extentionale Erziehung Moralität nicht garantieren, aber ihre Unwahrscheinlichkeit mindern. Aus diesem Gedanken wäre z. B. an den Schulen die außerunterrichtliche Gestaltung von Schulleben und Schulkultur zu entwickeln, ohne sie gewissermaßen penetranten pädagogischen Zwecken auszuliefern. Allerdings: Extentionale Erziehung bleibt fragil und fragmentarisch. Denn die nicht mehr hintergehbare Pluralität macht die Homogenität des Erziehungskontextes immer wieder zunichte. Gegen die Vielfalt z. B. von Sinnofferten kann sich keine Familie, schon gar keine Schule abschotten. Das gelingt nicht einmal durch Selbstmusealisierung: Auch die frommen Amish-People in Pennsylvania *wissen*, dass es jenseits ihrer Dörfer eine ganz andere Welt gibt.

Gründe für eine Skepsis gegenüber der Forderung nach schulischer Wertevermittlung liegen, wie zu zeigen war, zunächst im Wertebegriff selbst. Als weitere Gründe lassen sich nun eine pädagogisch-empirische Grenze (unterrichtliche Moralerziehung funktioniert in aller Regel nicht so, wie das in den Plädoyers für Wertevermittlung unterstellt wird) und eine ethische Grenze im Sinne der Achtung der Freiheit von Kindern und Jugendlichen geltend machen.

Zur pädagogisch-empirischen Grenze: Wir wissen aus unserer Lebenserfahrung, können es aber auch empirisch sehr gut begründen, dass moralische Dispositionen und Präferenzen nicht durch Belehrung, sondern durch Erfahrungen in sozialen Handlungszusammenhängen entstehen. Wenn die Schule etwas zur Erziehung der Kinder und Jugendlichen beiträgt, dann vor allem im informellen Schulleben auf dem Schulhof, oder eben auch – hoffentlich – mittels einer entsprechend gestalteten Schulkultur. Tolerant wird man nicht wegen moralischer Appelle zur Toleranz, sondern wegen Erfahrungen mit Toleranz – v. a. wegen erfahrener Anerkennung, die es Menschen möglich macht, eigene Gewissheit (also gerade nicht Indifferenz) mit dem Respekt vor anderen Gewissheiten zu verbinden. Und: Schulen können die sozialmoralischen Desintegrationserscheinungen, die außerhalb der Schule erlebt werden, nicht kompensieren, sondern allenfalls abfedern, weil sie generell als *Sozialisationsagenturen* zu schwach sind.

Nun ist es ohnehin eher erstaunlich, wie selten die tiefgreifenden Verunsicherungen der gegenwärtigen sozialen und ökonomischen Verhältnisse unser moralisches Regelwissen untergraben. In der Regel wissen Kinder und Jugendliche ziemlich gut, was sich gehört, was als gerecht gelten kann, dass Menschen Achtung und Anerkennung entgegenzubringen ist usw. Die Zustimmungsbereitschaft zu den Regeln und Normen unseres Zusammenlebens, sei es zu einer in den „10 Geboten“ zusammengefassten Ethik, sei es zu Normen unseres Strafrechts, ist gegenwärtig jedenfalls nicht niedriger als irgendwann in der Vergangenheit.

Sodann zur ethischen Grenze: Bildung hat die Freiheit der Kinder und Jugendlichen zu achten. Bildungsprozesse sind dadurch charakterisiert, dass sich Schülerinnen und Schüler auch gegen die Inhalte des Unterrichts wenden können müssen. Wir haben es hier mit einem altehrwürdigen pädagogischen Problem zu tun. Kant sah die Erziehung bekanntlich mit der Grundfrage konfrontiert: „Wie kultiviere ich die Freiheit bei dem Zwange?“ Aus diesen Zirkeln und Paradoxien kommt man nur heraus, wenn man anerkennt, dass Bildung strikt von Werteerziehung zu unterscheiden ist. Man kann *Wissen* über moralische Regeln und Maximen vermitteln, aber man kann dieses Wissen nicht intentional (also im Sinne eines vorsätzlichen Erziehungsziels) zugleich als einen Willen, eine Gesinnung, anstreben. Das schließt natürlich nicht aus, dass *gelehrte* Regeln und Werthaltungen auch *gelernt* und angeeignet werden. Dies aber geschieht nicht so, dass man durch bestimmte Maßnahmen mit gewisser Wahrscheinlichkeit auch bestimmte Resultate erzielen könnte. Erziehungsprozesse sind eigensinnig und unplanbar. Es ist nicht möglich, die Lebensgeschichte, aber auch nicht den Charakter eines Kindes auf der Grundlage von Beobachtungen über seine Erziehung zu prognostizieren – Gott sei Dank! Und: Bildung ist keine Garantie für moralische Güte – sie kann es nicht sein, und sie soll es auch um den Preis der Freiheit willen nicht sein.

Unterricht, in dem – egal ob als Ethikunterricht oder ob als Religionsunterricht – moralische Fragen erörtert werden, soll der Unterscheidung zwischen Orientierungswissen und Tatsachenwissen dienen und damit die Fähigkeit zur ethischen Urteilsbildung fördern, die eben etwas anderes ist als eine Sachverhaltsfeststellung. Orientierungswissen trägt die Erkenntnis mit sich, dass moralische Überzeugungen nie für sich allein existieren und begründbar sind, sondern immer nur im Kontext einer bestimmten Welt- und Selbstdeutung, sei es einer Religion oder einer nicht-religiösen Weltanschauung. Solche Zusammenhänge kann Unterricht klären. Und weiter: Nur durch Bildung zur ethischen Urteilsfähigkeit kann auch sozial erwünschtes Handeln in den Blick geraten – aber im Sinne freier, und eben darum auch stabiler Selbstorientierung. Es geht also darum, dass Emotionen, Haltungen, Einstellungen, Gesinnungen, die im Zuge des Bildungsprozesses entstehen, weder den Pädagogen noch den Bildungspolitikern zur Disposition stehen – und zwar de facto nicht zur Disposition stehen, weil das pädagogische Handeln hier auf eine Grenze seiner Operationalisierbarkeit stößt, aber auch aus Gründen der Würde der zu Erziehenden nicht zur Disposition stehen dürfen.

Der Berliner Erziehungswissenschaftler Heinz-Elmar Tenorth äußert sich zur angeblichen Aufgabe der Schule, Werte zu vermitteln, prononciert: „Die Schule ist für mich *nicht* der Ort, an dem Werte primär normativ verinnerlicht

(...) und im Modus der Identifikation gelehrt werden. Sie lehrt nicht primär Werte, sondern sie lehrt Möglichkeiten der begründeten und begründenden Bewertung. Sie ist (...) nicht der Ort, an dem man (...) Identitäten stiftet. Und ich füge hinzu: Gott sei Dank – sonst würde ich meine Kinder nicht mehr dahin schicken."[44]

4. *Religionsunterricht und Wertevermittlung*

Grundsätzlich ist zu bedenken, dass Religionen, anders als oft gemeint wird, wahrscheinlich erst dann in der Lage sind, sich mit der modernen Kultur – also auch mit Rechtsstaat, Demokratie und Pluralismus – zu verbinden, wenn sie nicht auf das bloß Lehrhafte (wenn man so will: auf das Ideologische) reduziert bleiben, sondern als Praxis einer individuellen Gottesbeziehung zu verstehen gegeben werden, die das bloße „Wertegerüst" relativieren kann. Gerade den Fundamentalisten aller Couleur, die sich auf bestimmte Werte kaprizieren, fehlt es an religiöser Bildung. Es wäre zudem ein Missverständnis, eine Religion wäre umso harmloser, je mehr man sie auf ein bloßes Wertereservoir reduziert. So wie sich die Realität einer Religion erst von ihrer konkreten Praxis her erschließt, kann sie sich auch erst von dieser ihrer Innenseite her über sich selbst aufklären. Die Fähigkeit, andere Überzeugungen zu achten, verlangt persönliche, von eigener Überzeugung getragene Stärke, nicht Gleichgültigkeit, die im Zweifel dem Druck des Mächtigeren nachgibt. In dieser Hinsicht Wertneutralität zu postulieren, ist entweder naiv – oder es bemäntelt die eigene positionelle Erziehungsabsicht. Diese Erziehungsabsicht hingegen offensiv als Staatsaufgabe zu propagieren, läuft auf einen illiberalen Übergriff hinaus, im Zweifelsfall auch auf einen Verstoß gegen die in Art. 4 GG gesicherte Integrität religiöser Überzeugungen und gegen die Religionsfreiheit.

Schon aus grundsätzlichen pädagogischen Gründen wäre es, wie gesagt, problematisch, dem Religionsunterricht – gar allein oder auch nur besonders dem Religionsunterricht – die Aufgabe schulischer Werteerziehung zuzuschreiben. Aber auch aus Gründen, die in der Sache seines „Gegenstandes" liegen, ist Religionsunterricht entschieden mehr als ethische Erziehung. Religionsunterricht soll *als religiöse Bildung* neben der Vermittlung von Grundkenntnissen den Schülerinnen und Schülern dazu verhelfen, sich zur Religion in ein reflexives Verhältnis zu setzen und dadurch ein *eigenes* Verhältnis zur Religion zu gewinnen. Es soll die Möglichkeit eröffnet werden, aus der Perspektive der christlichen Religion die Welt und sich selbst sehen und deuten zu lernen und das für die Äußerung dieser Selbst- und Weltdeutung überlieferte

[44] Heinz-Elmar Tenorth, Welche Orientierung liefern Tests und Standards dem Bildungssystem (nicht)?; in: Volker Elsenbast u. a. (Hg.), wissen – werten – handeln. Welche Orientierungswissen braucht die Bildung?, Berlin 2005, 42.

Zeichenrepertoire in Gebrauch zu nehmen. Der Religionsunterricht kann dabei nicht selbst Erfahrungen der Liebe Gottes vermitteln, kann aber die Augen dafür öffnen, wo in der Welt uns die Spuren dieser Liebe begegnen. Natürlich gehört dazu *auch* ethische Reflexion und Urteilsbildung, insofern der Religionsunterricht die Prüfung von moralischen Regeln und Handlungsmotiven aus der Sicht des christlichen Glaubens ermöglicht und Beispiele christlichen Lebensvollzugs vor Augen stellt.

Ethische Themen gehören also durchaus zum Religionsunterricht. Wie auch der Ethik-Unterricht soll der Religionsunterricht mit Blick auf moralische Probleme die ethische Urteilsfähigkeit fördern: *Reflexion* von Moral hat immer auch die Funktion der *Warnung* vor Moral und der oft konfliktsteigernden Folgen des Moralisierens. Im Unterschied zum Ethikunterricht kann und darf der Religionsunterricht darüber hinaus den gesellschaftlichen Konsens aufsprengen: Die herrschenden moralischen Werte und Normen müssen in ihm auch kritisiert werden können.

Plädoyers für Wertebildung im Religionsunterricht gehen nun oft mit der Erwartung einher, Wissenschaften, Recht, Ethik und Moral ließen sich ohne religiöses Fundament nicht hinreichend begründen. Mit der Erwartung lassen sich indes

> „weder Säkularisierungsprozesse aufhalten noch die Entzauberung der Welt umkehren – womit freilich nicht gesagt sein soll, die Religionen verlören in solchen Prozessen ihre genuine Funktion und Bedeutung. Das Gegenteil ist der Fall. Die Inanspruchnahme der Religion(en) als Garant(en) sozialer Ordnungen unterschätzt deren wirkliche Leistung und verdirbt diese zugleich."[45]

Nicht die Zuschreibung moralischer Orientierungskraft, aber die Instrumentalisierung für moralische Zwecke wird der christlichen Religion nicht gerecht. Sie dient nicht der Durchsetzung von Moral, sondern eröffnet die Möglichkeit, mit den Ambivalenzen und Differenzen des Lebens zu leben. Sie kann aus der im Gottvertrauen erfahrenen Anerkennung zu moralischem Handeln motivieren. Dass insofern auch der Religionsunterricht einen Beitrag zu moralischer Orientierung leistet, ist unbestreitbar. Aber es ist unzulässig, ihn dadurch in erster Linie charakterisiert zu sehen.

Im religionspädagogischen Diskurs werden aber nicht nur die Prioritäten in dieser Hinsicht verundeutlicht, sondern auch die Beziehung zwischen Religion und Ethik, wenn dem Religionsunterricht „wertebildende" Bedeutung zugeschrieben wird. Zudem werden falsche Alternativen konstruiert. Aus meiner Kritik am Verständnis des Religionsunterrichts als „Wertefach" folgert z. B. Friedrich Schweitzer, ich würde dem Religionsunterricht keine ethische Di-

---

45 Michael Moxter, Vernunft und Religion im Zeitalter knapper Ressourcen. Zur Aktualität theologischer Wissenschaft; in: ZThK 4/2014, 111.

mension beimessen.[46] Schweitzer beruft sich an anderer Stelle darauf, dass sich „bis heute (...) die gesellschaftlichen Erwartungen an die Religionspädagogik vor allem auf deren Beitrag zur Werteerziehung (richten)".[47] Der Kritik an diesen Erwartungen stimme er „gern zu. (...) Soweit sich die Religionspädagogik aber nicht aktiv selbst überflüssig machen will, wird sie kaum vermeiden können, eine Beteiligung an der gesellschaftlichen Aufgabe ethischer Bildung und Erziehung zu bejahen".[48] Noch schärfer: „Eine religionspädagogische Selbstpositionierung durch ausdrücklichen Verzicht auf jeden moralpädagogischen Anspruch (...) wäre m. E. suizidal hinsichtlich der öffentlichen Relevanz von Religionspädagogik."[49] Was unter einem „Verzicht auf jeden moralpädagogischen Anspruch" zu verstehen ist, wird zwar nicht klar, es drängt sich aber der Eindruck auf, dass hier mit Rücksicht auf öffentliche Erwartungen die Verundeutlichung des eigentlichen Gegenstandes religiöser Bildung in Kauf genommen wird. Das wird am Versuch einer näheren Klärung des Verhältnisses von Religion und Ethik deutlich: Religionspädagogik ziele auf eine „Form der religiösen Kommunikation, die zugleich wertebildend ist."[50] Zur Erläuterung wird aus einer EKD-Verlautbarung mit gleichem Duktus zitiert:

> „Manchmal wird religiöse Bildung bloß als eine Form der Werteerziehung angesehen. Aus evangelischer Sicht geht jedoch mit dem Bezug auf Gott die Wahrheitsfrage allen Werten voraus. Der Glaube beruht nicht auf Werten, sondern umgekehrt folgen Werte aus dem Glauben. Werte lassen sich auch ohne Bezug auf Religion begründen. Ebenso richtig bleibt aber, dass Religion in Geschichte und Gegenwart zu den wichtigsten Quellen der ethischen und normativen Orientierung zu zählen ist."[51]

Der „Eindruck", wonach ich „für den Religionsunterricht jeden ethischen Bildungsanspruch ab(lehne)"[52], kann m. E. nur entstehen, wenn für das eigene Verständnis von „Wertebildung" die moralische Orientierungskraft der Religion in einer Zweck-Mittel-Relation operationalisiert und damit instrumentalisiert wird. Es kann natürlich gar nicht bestritten werden, dass Religion zu den Quellen ethischer Orientierung gehört. Zu Recht wird gesagt, der Glaube beruhe nicht auf Werten. Aber es folgen eben nicht umgekehrt „Werte aus dem Glauben", sondern anstelle dieser ethischen Abstraktion soll der Glaube moralisches *Handeln* motivieren. In der berühmten Formulierung Martin Luthers:

---

[46] Friedrich Schweitzer, Religiöse Bildung ohne Ethik? Zur ethischen Dimension des Religionsunterrichts; in: JRP 31/2015 („Ethisches Lernen"), 13–23.

[47] Friedrich Schweitzer, Die religionspädagogische Großwetterlage: Diskurse, Bezüge, Forschungsrichtungen; in: Thomas Schlag / Thomas Klie / Ralph Kunz (Hg.), Ästhetik und Ethik. Die öffentliche Bedeutung der Praktischen Theologie, Zürich 2007, 34.

[48] A. a. O., 35.

[49] A. a. O., 36.

[50] A. a. O., 37.

[51] EKD, Religionsunterricht. 10 Thesen des Rates der EKD, Hannover 2006, 3.

[52] F. Schweitzer, Religiöse Bildung ohne Ethik?, a. a. O., 22.

„Gute fromme Werke machen nimmermehr einen guten frommen Mann, sondern ein guter frommer Mann macht gute fromme Werke." Die Erfahrung, von und vor Gott gerechtfertigt, also als Person ohne Anrechnung von Eigenschaften oder Taten anerkannt zu sein, soll die Quelle eines veränderten Selbstbildes, und dann auch eines nicht mehr nur der eigenen Selbstbehauptung dienenden Handelns sein. Es wäre ein Missverständnis des lutherischen Rechtfertigungsverständnisses, in ihm ein Mittel zu sehen, um gute Werke zu fördern, von Werten einmal ganz abgesehen.

5. *Religion im Schulleben*

Die an die Schule gerichtete Forderung nach Werteerziehung, die ja auch als Krisensymptom zu verstehen ist, wird die Schule nur dann nicht überfordern, wenn sie damit nicht zugleich „als Reparaturbetrieb für gesellschaftliche Missstände" verstanden wird. Andererseits erzieht die Schule als soziale Institution auch dann, wenn sie ihre Erziehungsfunktionen ignorieren würde. Diese Tatsache kann nun im Sinne des oben genannten Konzepts „extentionaler" Erziehung durch die bewusste Gestaltung der Schule als einem sozialen und kulturellen Lebens- und Lernzusammenhang positiv gewendet werden. Wenn überhaupt, dann ist Werteerziehung nicht die Sache des Unterrichts, schon gar nicht eines Faches, sondern eine Aufgabe der Schule insgesamt. Eckart Liebau plädiert deshalb für Werteerziehung im Zusammenhang einer „Pädagogik der Teilhabe" als aktiver Beteiligung von Kindern und Jugendlichen an relevanten Aufgaben des Zusammenlebens.[53] Dazu gehören z. B. die Konzepte der Gestaltung von Schule als „just community".[54] Anstelle wirkungsloser moralischer Appelle und kognitiver Belehrungen über Werte ist im „Lernen an Modellen" und der Teilhabe am gestalteten Schulleben so etwas wie „ein handlungswirksames emotionales Gedächtnis" zu stiften[55], dessen Wirksamkeit natürlich nicht im Sinne operationaler Lernziele zu sichern ist.

Dennoch ist die Schule weiterhin in erster Linie als ein Ort des Lehrens und Lernens zu verstehen. Auch das Zusammenleben an öffentlichen Schulen ist, anders als auf Feldern freiwilliger Geselligkeit, *als Lernfeld* zu reflektieren, zu gestalten und zu legitimieren, vor allem aber nicht – jedenfalls nicht in erster Linie – als sozialpädagogisches Aufgabenfeld. In der öffentlichen Diskussion etwa um die Ganztagsschule sind z. B. zunehmend schulfremde Aufgabenzuschreibungen zu hören: Die nachlassende Erziehungsqualität der Familien sei

53 Eckart Liebau, Erfahrung und Verantwortung. Werteerziehung als Pädagogik der Teilhabe, Weinheim/München 1999.

54 Vgl. F. Schweitzer, Grundformen, a. a. O., 62ff, bes. 78.

55 Karl Ernst Nipkow, Bildung in evangelischer Perspektive – Eine analytisch-kategoriale Skizze; in: H. Rupp / Chr. Scheilke / H. Schmidt (Hg.): Zukunftsfähige Bildung und Protestantismus, Stuttgart 2002, 63.

zu kompensieren, die Bedingungen der Berufstätigkeit von Frauen zu verbessern etc. So wichtig solche Aspekte sind: Sie bleiben der Bildungsaufgabe untergeordnet. Es bleibt zu betonen, dass Schulqualität weiterhin maßgeblich von *Unterrichts*qualität abhängen wird. Unter Unterrichtsqualität ist nicht nur die Effektivität der Wissensvermittlung zu verstehen, sondern auch die humane Qualität der den Unterricht prägenden Kommunikationsformen, Verhaltensregeln und Haltungen. Wir wissen, dass Lernerfolge entscheidend von den dabei erlebten Formen des Respekts, der Anerkennung und Zuwendung abhängen. Insofern gehört auch der Unterricht zu den „Lebensformen." Seine Qualität wird in dieser Hinsicht weitgehend von einem unterstützenden außerunterrichtlichen Umfeld als seinem Resonanzraum abhängen. Worüber im Unterricht geredet und wodurch der Unterricht gestaltet werden kann, muss in der Lebenswirklichkeit der Schule bereits vorkommen.[56]

Vielleicht sind folgende Unterscheidungen für den Zusammenhang schulischen Lehrens, Lernens und Lebens hilfreich[57]: Lernen geschieht a) durch unterrichtliche Wissensvermittlung, b) durch die Gestaltung von Geselligkeit und c) durch Sitte. Man könnte auch von „Üblichkeiten" sprechen, von selbstverständlichen Umgangsformen. Relativ explizit gelernt wird durch den Umgang mit Regeln und Gestaltungsformen von Geselligkeit, eher implizit gelernt wird durch die Einübung in Üblichkeiten – Begrüßungsregeln, Verhaltensformen auf dem Pausenhof etc. –, die nicht bewusst thematisiert werden und nur im Problem- oder Konfliktfall zur Diskussion stehen. Zur Gestaltung des Schullebens gehört nun auch so etwas wie eine schulische Feierkultur, deren Notwendigkeit einerseits immer stärker empfunden wird, und bei der wiederum Religion gar nicht auszublenden ist. Angesichts wachsender religiöser Pluralität wird eine solche Feierkultur aber als immer schwieriger gestaltbar empfunden. Wie feiert man in einer Grundschule in einem sozialen Brennpunkt Weihnachten nicht nur folkloristisch, so dass etwas vom Glanz des Festes auch den vielen muslimischen Schülerinnen und Schülern aufgeht, ohne dass sie sich befremdet und vereinnahmt fühlen? Wie ist es möglich, dem in den letzten Jahren geradezu überwältigend gewachsenen Bedürfnis nach religiöser Begehung von Einschnitten des Lebenslaufes zu entsprechen, etwa Schulanfangsgottesdienste zu feiern, ohne dass sich religiöse Minderheiten ausgegrenzt fühlen? Hier erwarten die Schulen zu Recht Hilfe durch „religiöses Expertenwissen". Religion an der Schule, das wird deutlich, ist weitaus mehr als Religionsunterricht.

Die Unsicherheiten der Schulen gegenüber einer – gleichwohl stark geforderten – Feierkultur hängen wohl damit zusammen, dass kaum auf erprobte Traditionen zurückgegriffen werden kann. Zivilreligiöse Formen sind in

---

56 Vgl. Fritz Zimbrich, Möglichkeiten und Grenzen der Thematisierung von Religion im Ethikunterricht; in: Zeitschrift für Pädagogik und Theologie 4/1998, 432.

57 Vgl. Ralf Koerrenz, Religion im System „Schule"; in: ZPT 2/1999, 168f.

Deutschland nicht so ungebrochen in Gebrauch zu nehmen wie in den USA. Gegenüber ihren affirmativen, den Staat und seine Institutionen selbst quasireligiös überhöhenden Funktionen wird in Deutschland zu Recht Zurückhaltung gefordert. Trotz dieser Schwierigkeit könnte an der Schule exemplarisch etwas gelernt werden, womit der deutsche Protestantismus noch manchmal gewisse Schwierigkeiten hat: Dass die Alternative zur Staatsreligion nicht das Verständnis von Religion als Privatangelegenheit ist. Ähnlich kann der Staat am schulischen Beispiel exemplarisch etwas lernen: Seine weltanschauliche Neutralität läuft nicht darauf hinaus, Religion als Privatangelegenheit aus den vom Staat bereitgestellten öffentlichen Räumen auszugrenzen. Wenn Kinder und Jugendliche lernen sollen, das Grundrecht auf *aktive* Religionsfreiheit in Gebrauch zu nehmen, brauchen sie Erfahrungen mit öffentlichen Gestaltungsformen von Religion. Wenn nun der Staat vom Religionsunterricht u. a. auch soziale Integrationswirkungen erwartet und deshalb einen Beitrag zur Werteerziehung verlangt, so ist darauf zu verweisen, dass seinem wohlverstanden Interesse besser damit gedient wäre, dass zunächst im Religionsunterricht und dann auch in der Schule insgesamt der reflektierte Gebrauch eines Grundrechts gelernt wird. Dass den Kindern auf diese Weise sehr viel nachhaltigere Verhaltensorientierungen zuwachsen, als es jede intentionale Werteerziehung vermag, ist – wie so vieles in der Erziehung – nicht zu garantieren, aber dennoch mit Zuversicht zu erwarten.

Religionsunterricht und Ethikunterricht

Religion im Ethikunterricht

1. *Die problematischen Verhältnisbestimmungen von Religion und Ethik bei der Einführung des „Ersatzfaches“*

Die Pflicht, nach der Abmeldung vom Religionsunterricht am Unterricht in einem „Ersatzfach“ teilzunehmen, bestand zwar in einigen Bundesländern rechtlich schon seit der Gründung der Bundesrepublik, teilweise in Fortführung von Regelungen aus der Weimarer Republik. Mangels unterrichtlicher Angebote existierte diese Pflicht aber weitgehend nur auf dem Papier. Flächendeckend (und auch dann mangels entsprechend ausgebildeter Lehrkräfte z. T. nur zögernd) eingeführt wurde der Ethikunterricht (um bei der häufigsten Bezeichnung zu bleiben; z. T. unter anderem Namen: „Werte und Normen“, „Praktische Philosophie“) erst seit Anfang der 1970er Jahre als Reaktion auf die verstärkten Abmeldungen vom Religionsunterricht. Nach der Wiedervereinigung wurde diese Regelung in den neuen Bundesländern in der Regel übernommen. Allerdings gilt dort der Ethikunterricht teilweise nicht nur als „Ersatzfach“, sondern als „Alternativfach“ im Sinne eines Wahlpflichtangebots. Der zuweilen als abwertend empfundene Begriff „Ersatzfach“ galt in den alten Bundesländern de jure, auch wenn der Ethikunterricht bei Schulleitungen und Schülern de facto als Alternativfach behandelt wird. Eine Ausnahme bildet neben Berlin und Bremen, in denen unstrittig die sog. „Bremer Klausel“ (Art 141 GG) gilt, das Land Brandenburg, das sich für die zunächst heftig umstrittene LER-Regelung entschied (obligatorischer Unterricht „Lebensgestaltung-Ethik-Religionskunde“).[1]

Die Kirchen unterstützten nach anfänglichem Zögern die Einführung des Ethikunterrichts. Dabei dürfte die später sich herausbildende Überzeugung, dass der Religionsunterricht durch die Einführung einer seriösen und anspruchsvollen Alternative nur würde gewinnen können, zunächst eine weniger gewichtige Rolle gespielt haben als die Sorge, er würde angesichts zunehmender Abmeldungen auf Dauer nicht mit der Alternative einer Freistunde konkur-

1 Zum Stand der Dinge nach dem abschließenden Vergleichsvorschlag des Bundessverfassungsgerichts siehe: Wolfgang Huber / Steffen R. Schultz, Wird endlich gut, was lange währt? Zum Religionsunterricht in Brandenburg; in: ZPT 1/2003, 2–17; Karin Borck / Henning Schluß, Religion unterrichten in Brandenburg; in: Martin Rothgangel / Bernd Schröder (Hg.), Religionsunterricht in den Ländern der Bundesrepublik Deutschland. Empirische Daten – Kontexte – Entwicklungen, Leipzig 2009.

rieren können. In den Vordergrund wurden freilich bei den Kirchen wie bei den Kultusbürokratien andere Gründe gerückt. So führte Kultusminister Peter v. Oertzen 1973 bei der Einbringung der Schulgesetznovelle, mit der das Fach „Werte und Normen" etabliert wurde, im niedersächsischen Landtag aus:

> „Es ist schlechterdings nicht zu verantworten, dass Schüler die Schule verlassen, ohne sich mit den für unsere Kultur grundlegenden religiösen und weltanschaulichen Werten, Ideen, Institutionen auseinandergesetzt zu haben. Wenn sie die konfessionell gebundene Unterrichtung aus Gewissensgründen ablehnen, dann müssen ihnen andere äquivalente Möglichkeiten eröffnet werden."[2]

Genau dies jedoch, ein *Bildungsäquivalent* zum Religionsunterricht, wurde der Ethikunterricht in seiner weit überwiegenden Ausgestaltung nach meiner Einschätzung *nicht*.[3] Aus dem Abstand von über 30 Jahren lässt sich heute sagen, dass das nicht zuletzt auch an problematischen Auffassungen über den Ort und den Auftrag des Religionsunterrichts innerhalb des schulischen Fächerensembles lag.

Die Hauptspur zur Rekonstruktion des damaligen Missverständnisses legt schon der Begriff des „*Ethik*"-Unterrichts selbst. Es ist zu vermuten, dass der Religionsunterricht überwiegend so gedacht wurde, dass Ethik aus seiner Perspektive als Äquivalent gelten konnte. Im Umkehrschluss: Der Religionsunterricht gilt – gleichsam als Äquivalent zum Ethikunterricht – als kirchlich mitbestimmte Wertevermittlung. Dass die für den Ethikunterricht immerhin vorgesehenen religionskundlichen Themen weithin ausgeblendet wurden und werden und bestenfalls eine zivilreligiös gestutzte Religion in den Blick nehmen, hat diese Verengung zum Hintergrund. Der Religionsunterricht war, so meine Vermutung weiter, Anfang der 1970er Jahre *religionstheoretisch unterbestimmt* – vielleicht weniger in der religionspädagogischen Theorie, so doch überwiegend im Bewusstsein seiner schulischen Akteure. Er hatte seinen spezifischen Ort im Fächergefüge der Schule noch nicht gefunden. Zwar galt seine damals noch nicht lange zurückliegende Orientierung an einem Verkündigungsauftrag als überwunden. Ihn vom Bildungsauftrag der Schule her zu denken, zeichnete sich bereits ab, aber noch stand kein bildungstheoretischer Rahmen zur Verfügung, in dem er wie heute einem eigenständigen „Modus der Welterschließung" zugeordnet werden kann.[4] Friedrich Schleiermacher fiel überwiegend noch unter das Verdikt gegen einen für obsolet gehaltenen „Kulturprotestantismus". Seine für den neuzeitlichen Religionsbegriff maßgebliche Unterscheidung zwischen Religion, Metaphysik und Ethik wurde jedenfalls in

---

2 Stichwort „Werte und Normen", Lexikon der Religionspädagogik, Sp 2216.

3 Zur Bedeutung von Religionskunde im brandenburgischen LER-Unterricht vgl. Sabine Gruehn, Die Rolle der Religion(en) in Konzept und Praxis von LER; in: Henning Schluß (Hg.), Religiöse Bildung zwischen Säkularität und Pluralität – Herausforderungen der Religionspädagogik, EPD-Dokumentation 20/2009, 35–38.

4 Siehe hierzu in diesem Buch: S. 52 u. ö.

der Religionspädagogik kaum rezipiert. Eine zugleich mit dem Religions- und dem Bildungsbegriff kompatible kulturhermeneutische Wende ist vor der Mitte der 1990er Jahre nicht recht erkennbar.[5] So orientierte sich der Religionsunterricht, bewusst oder unbewusst, eher an moralischen und sozialen bzw. an normativ-evaluativen Themen als am Religionssystem.[6] Sichtbar wurde dies auch an der Zuordnung des Religionsunterrichts zum gesellschaftswissenschaftlichen Aufgabenfeld B im Zuge der Einführung des Kurssystems der reformierten gymnasialen Oberstufe. Zwar galten die Aufgabenfelder an den Schulen eher pragmatisch als Lenkungsinstrumente für die Kursbelegungsverpflichtungen, weniger für fachlich-thematische Profilbildungen. Dennoch ist bemerkenswert, dass der bei der Zuordnung des Religionsunterrichts doch offensichtliche Dezisionismus kaum Gegenstand fachlicher Kontroversen war. Mit guten Gründen hätte sich Religion auch dem sprachlich-literarischen und musisch-ästhetischen Aufgabenfeld A zuordnen lassen. Es überwogen aber Aspekte der politisch-sozialen Relevanz (um nicht zu sagen: der „Problemlösungskompetenz") der Religion gegenüber ihrer Wahrnehmung als einer *auch* ästhetisch-expressiven Kultur- und Lebensform. An Religion und Philosophie als *eigenständige* fachliche Domäne wie bei Baumert und im Klieme-Gutachten zu nationalen Bildungsstandards[7] wurde noch gar nicht gedacht.

2. *Überlegungen zur Profilierung des Religions- und Ethikunterrichts*

Spätestens seit der EKD-Denkschrift zum Religionsunterricht („Identität und Verständigung") von 1994 wird der im Sinne von Artikel 7.3 des Grundgesetzes konfessionell gebundene evangelische Religionsunterricht als ein „konfessorischer" Unterricht verstanden, weil seine konfessionelle Bestimmung als „Kirche in der Schule" zu Recht nicht mehr als sachgerecht erscheint. Indes ist dieses Selbstverständnis dann nicht unproblematisch, wenn es als Abgrenzung zu der als „Konfessionalität" bezeichneten Bindung des Religionsunterrichts an eine Religionsgemeinschaft dient. Es kann ja keineswegs darum gehen, an die Stelle dessen, was irrtümlich als „klerikales Privileg" gilt, nunmehr ein individuelles, nicht auf eine Religionsgemeinschaft rückbezügliches (und dadurch nicht mehr transparentes und auch nicht mehr in eine überindividuelle Distanz zu rückendes) Bekenntnisprivileg der Lehrpersonen in Geltung zu setzen. Freilich ist das „konfessorische Prinzip" gegen das Missverständnis in Schutz zu nehmen, damit werde die Differenz zwischen Bekenntnis und Bildung über-

---

5 Hierfür signifikant: Dietrich Korsch, Religion mit Stil. Protestantismus in der Kulturwende, Tübingen 1997.

6 Kritisch zu den entsprechenden Verengungen oder Verschiebungen seiner unterrichtlichen Ziele vgl. auch Gernhard Büttner / Veit-J. Dieterich, Religion als Unterricht. Ein Kompendium, Göttingen 2004, 101–119.

7 Siehe hierzu in diesem Buch: S. 52, Fußn. 17.

sprungen. So sieht etwa Heinz-Elmar Tenorth die besondere Fachlichkeit des Religionsunterrichts im Widerspruch zu dem Prinzip, in Bildungsprozessen das Unbedingte immer zugleich als bedingt und unbedingt darstellen zu müssen, was mit der theologischen Rede vom Unbedingten unverträglich sei.[8] Tenorth verkennt den Status von Theologie als wissenschaftliche (Selbst-)Reflexion der christlichen Religion und damit zugleich, dass innerhalb religiöser Bildungsprozesse selbst der Wechsel zwischen Binnen- und Außenperspektive bzw. zwischen Teilnahme- und Beobachterperspektive konstitutiv ist.

Ich würde aber angesichts dieser Missverständlichkeit auf den Begriff des „Konfessorischen" weitgehend verzichten. Die konfessorische Rede ist nur *ein Aspekt* der sich keineswegs auf einen Bekenntnismodus beschränkenden religiösen Kommunikation. Hier sind der religiösen Bildung durch den Vorschlag, den schulischen Bildungsauftrag insgesamt durch die Erschließung ausdifferenzierter „Modi der Welterschließung" charakterisiert zu sehen, präzisere Begründungsmöglichkeiten eröffnet. Religion gehört dann im Ensemble unterschiedlicher, weder hierarchisierbarer noch wechselseitig substituierbarer Rationalitätsformen als unverzichtbarer Modus der Weltwahrnehmung, der Selbstdeutung und der Lebensgestaltung zur schulischen Allgemeinbildung. Für den Welterschließungsmodus der „konstitutiven Rationalität" soll Religion an der Schule gemeinsam mit der Philosophie einstehen.

Die Frage nach der rechtlichen Situation und didaktischen Gestaltung des Religionsunterrichts im Verhältnis zur Philosophie wird von Jürgen Baumert dort, wo das entsprechende Tableau unterschiedlicher Welterschließungsmodi im Kontext allgemeiner Bildungstheorie vorgestellt wird, nicht erörtert. Das Problem im Verhältnis von Religions- und Ethikunterricht liegt vor diesem Hintergrund auf der Hand: Ist der Ethikunterricht der moralisch-evaluativen oder der konstitutiven Rationalität zuzuordnen? Es kommt offenbar auf die jeweilige unterrichtliche *Perspektive* an. Werden moralische Verhaltenssituationen und in ihnen Handlungsoptionen zum Gegenstand des Unterrichts, dann würde ich diesen Unterricht zur moralisch-evaluativen Domäne rechnen. Werden dagegen die moralischen Regeln im Blick auf ihre jeweiligen Begründungen reflektiert, und soll der Unterricht zu ethischer Urteilsbildung über pragmatische Gründe hinaus im Horizont jeweiliger Selbst- und Weltdeutungen befähigen, dann ist er als praktische Philosophie (die dann auch der sachlich angemessenere Name des Unterrichtsfaches wäre) der Domäne „konstitutiver Rationalität" zuzurechnen.

Als eine besondere kulturelle Praxis unterscheidet sich Religion nun allerdings von der Philosophie (mit auch didaktisch gravierenden Folgen): Religion ist nicht auf jene immer formaleren und abstrakteren Geltungsansprüche be-

8 Heinz-Elmar Tenorth: Bildungsstandards und Kerncurriculum; in: ZfPäd 5/2004, darin besonders der Abschnitt: „Religion im Kanon: ‚Bildung' oder ‚Bekenntnis' als Kriterien der curricularen Inklusion", 655f.

schränkt, die die Philosophie als Preis für den Versuch der Identitätsbildung im Medium abstrakter Universalität zu zahlen hat. Tatsächlich orientieren sich die Menschen in der Welt ja überwiegend durch Weltdeutungen in Erzählungen und Bildern. Das zeigt sich unter anderem an der Religionsaffinität der Populärkultur. Menschen begreifen sich mittels ihrer Geschichten, die sie aber nur dann erzählen können, wenn sie auf Bilder und Erzählmotive zurückgreifen können, die ihnen ihre jeweilige Kultur bereitstellt. Religiöse Bildung erschließt in den Erzählungen (genauer: in den Erzähl*praxen*, zu denen auch Liturgien gehören) einer Religion, wie die Welt im Blick dieser Religion gedeutet wird und bietet Menschen damit Orientierung für ihre Selbstdeutung und Lebensführung.

In einem auf diese Weise akzentuierten Zusammenhang verschieben sich nun die für die Positionalität des Religionsunterrichts zu veranschlagenden Gründe. Es geht weniger um einen Bekenntnismodus, auch nicht um ein Gesinnungsprofil, sondern um einen Angemessenheitsmodus: Um die Spezifik und die Erkennbarkeit einer bestimmten Religion (weil es kein religiöses Esperanto gibt) in der Pluralität unterschiedlicher Weltwahrnehmungen und Weltgestaltungen. Dazu sind Lehrpersonen geeignet, die nicht nur Kenntnisse über Religion(en) vermitteln können, sondern die selber „Sinn und Geschmack für das Unendliche" (Schleiermacher) besitzen und eine religiöse Binnenperspektive erschließen können, also Erfahrungen und Urteilskraft aus der Teilnahme an der kulturellen Praxis einer Religion einbringen können. Religionsunterricht kann in der Schule nicht unmittelbar als Teil des Religionssystems verstanden werden[9], aber er muss auf das Religionssystem referieren, indem durch das Medium von Lehrpersonen deiktisch auf Gestaltungsformen und auf das Selbstverständnis religiöser Praxis verwiesen wird.[10] Es geht dann nicht in erster Linie darum, eine Wahrheit zu vertreten, sondern zu verdeutlichen, in welchem spezifischen *Modus* religiöse Wahrheitsansprüche erhoben und Gewissheiten ausgedrückt werden – um sie von dem verbreiteten Missverständnis zu befreien, es ginge um das Fürwahrhalten kirchlich normierter Richtigkeitsansprüche und vorwissenschaftlicher Tatsachenbehauptungen.

Wenn Positionalität als Spezifikum des Religionsunterrichts gilt, dann ist der Ethikunterricht nach wie vor auf „weltanschauliche Neutralität" verpflich-

---

9 Es geht hier weniger um die kaum zu beantwortende Frage nach den *empirischen* Grenzen des Religionssystems, sondern darum, dass die Gegenstände schulischen Unterrichts in allen Fächern den Bedingungen *pädagogischer* Rationalität unterworfen werden.

10 Zum Modus eines deiktischen („zeigenden") Unterrichts vgl. Bernhard Dressler, Zeigen und Deuten. Einige Gedanken zu der Frage, wie die christliche Religion (und nicht nur die) zu lehren ist; in: Thomas Heller (Hg.), Religion und Bildung – interdisziplinär (Festschrift für Michael Wermke), Leipzig 2018, 425–436. Näherhin wäre hier das Pestalozzi zugeschriebene Zitat ins Spiel zu bringen: „Lehren heißt zeigen, was man liebt." Vgl. dazu auch Klaus Prange, Die Zeigestruktur der Erziehung. Grundriss der Operativen Pädagogik, Paderborn 2005.

tet. Der Hinweis auf dessen Bindung an den sogenannten Wertekonsens des Grundgesetzes trägt hierzu gar nichts aus, weil es gerade die Pointe der Grund*rechte* der Verfassung ist, für unterschiedliche religiöse und nichtreligiöse Begründungen offen zu sein. So sehr es richtig ist, dass der Ethikunterricht keine Moralerziehung im Dienste einer bestimmten Ethik sein darf, sondern zur freien und eigenständigen ethischen Urteilsbildung befähigen soll, so wenig darf doch aber damit dem Irrtum zugearbeitet werden, es gebe eine weltanschaulich sterile ethische Urteilsbildung. Der Ethikunterricht hat vielmehr gerade dann, wenn er zur Urteilsbildung befähigen soll, die jeweiligen weltanschaulichen Prämissen ethischer Urteile transparent zu machen. Schon deshalb, und nicht nur, weil er als „reiner" Ethikunterricht kein hinreichendes Äquivalent für religiöse Bildung sein kann, kommt der Ethikunterricht ohne Bezug auf weltanschauliche, religiöse und philosophische Hintergründe und Horizonte nicht aus. Das macht ihn, wenn er nicht unterschwellig das Neutralitätsgebot verletzen soll, didaktisch höchst anspruchsvoll. Der Vorwurf von Bundestagsvizepräsident Wolfgang Thierse, der im Zusammenhang mit dem Berliner Streit um einen obligatorischen Ethikunterricht gegenüber einem zusätzlichen freiwilligen Religionsunterricht von einem „staatlich orchestrierten Weltanschauungsunterricht"[11] sprach, muss nicht zwangsläufig zutreffen. Er verweist aber auf eben diese Problemlage.

Um bei der großen Mehrheit der Bundesländer zu bleiben: Gestaltet werden soll der Ethikunterricht als Äquivalent zum Religionsunterricht für diejenigen Schüler, die das Recht auf Nichtteilnahme (Art. 7.2 GG) in Anspruch nehmen. Nicht nur deshalb, aber auch deshalb darf der Ethikunterricht keine staatliche Werteerziehung sein. Nicht nur, weil ihm dies grundsätzlich nicht zusteht, sondern auch, weil er sonst gerade kein Äquivalent zum Religionsunterricht wäre.

3. *Religiöse Bildung als Anspruch an und für alle*

Der Ethikunterricht hat in diesem Begründungskontext eigentlich in seinem Schwerpunkt und nicht nur am Rande religiöser Bildung (im Sinne der Vermittlung von Urteilsfähigkeit bei religiösen Themen) zu dienen (und müsste deshalb auch seine irreführende Bezeichnung ablegen). Wie aber soll das gehen: Religiöse Bildung auch für nicht-religiöse Menschen? Indes: Wie könnte ohne diese Konsequenz behauptet werden, dass Religion nicht ohne Bildung und Bildung nicht ohne Religion zu denken ist? Noch schärfer formuliert: Dass „Religion ohne Bildung (...) gefährlich und Bildung ohne Religion (...) unzu-

11 Süddeutsche Zeitung, 05.12.2008.

reichend (ist)."[12] Das muss dann auch für diejenigen gelten, die sich vom Religionsunterricht abmelden.

Wie kann man sagen, dass Religion nicht ohne Bildung zu denken ist? Selbstverständlich gibt es die Unmittelbarkeit einer Religionspraxis, in der alle Reflexivität suspendiert ist. Und gewiss können und sollen Menschen ihr Leben nicht in allen Situationen als gebildete Subjekte führen. In der Lebenswirklichkeit werden auch nicht alle Menschen, die sich einer Religionsgemeinschaft zurechnen, als gebildet gelten können, ohne dass deshalb ihr Glaube als defizitär gelten darf. Aber die institutionellen Formen, in denen die Religion sich Kontinuität und Substanz sichert, bedürfen gebildeter Anleitung und der Fähigkeit, sich mit ihrer kulturellen Umwelt im lebendigen Austausch zu halten. Das wird nicht gelingen, wenn sich die Religion in eine geistige und sprachliche Sonderwelt verkapselt und ihr gebildete Menschen *vice versa* nur als Verächter entgegentreten. Vor allem aber: In einer freien und pluralistischen Gesellschaft werden die Individuen sich zu ihren jeweiligen Überzeugungen, auch zur Religion, reflektiert verhalten müssen, wenn sie der Alternative zwischen Fundamentalismus und Indifferenz entgehen wollen. Schwieriger schon ist zu begründen, warum Bildung nicht ohne Religion zu denken ist, wenn das nicht darauf hinauslaufen soll, Menschen ohne Religion die Möglichkeit abzusprechen, gebildet zu sein. Nun kann allerdings auch „religiös unmusikalischen" Menschen abverlangt werden, Religion nicht – wie z. B. Richard Dawkins[13] – prinzipiell für eine Art vorwissenschaftlichen Obskurantismus zu halten, den man spätestens seit Charles Darwin nicht mehr für richtig halten *kann*. Und es bedarf zum bewussten Leben auch in einer modernen, ausdifferenzierten und weltanschaulich pluralistischen Gesellschaft mehr als eines nur pragmatischen oder szientistischen Zugangs zur Welt. Gerade eine moderne Kultur verlangt ein in sich differenziertes Verständnis von Vernunft, das sich gegen Rationalitätsmonopole verwahrt. Religiöse Bildung kann und soll nicht aus religiös abständigen Menschen religiöse Menschen machen, und zwar aus pädagogischen *und* theologischen Gründen gleichermaßen. Religiöse Appetenz kann im Gegensatz zu religiöser Kompetenz kein unterrichtliches Lernziel sein. Aber als ein allgemeines Bildungsziel lässt sich vertreten, dass auch Abständigkeit gegenüber der Religion urteilsfähig und nicht nur mit Ressentiments begründet wird. Was wäre im Sinne religiöser Bildung erreicht, wenn im Religionsunterricht z. B. Religion und Evolutionstheorie in ein differenziertes Verhältnis gesetzt werden, zugleich aber im Biologieunterricht eine naturalistische oder sozialdarwinistische Weltanschauung unbefragt vermittelt werden kann? Und wenn diejenigen, die sich für aufgeklärte Menschen halten, dem Religions-

---

12 Michael Meyer-Blanck, Aufgeklärte Gewissheit – christliche, islamische, staatsbürgerliche Identität als schulische Bildungsaufgabe; Ringvorlesung Universität Bonn, 22. November 2001.

13 Richard Dawkins, Der Gotteswahn, Berlin 2007.

unterricht ohnehin fern bleiben, weil sie erwarten, ihnen werde dort eine längst wissenschaftlich widerlegte Weltsicht zugemutet?

Ich möchte einen Grund für religiöse Bildung im Blick auf alle, auch für nicht-religiöse Menschen, stark machen – unter der Voraussetzung, dass nicht Religiosität das Bildungsziel ist, wohl aber die Kompetenz, ressentimentfrei über Religion zu urteilen: Dieser Grund ist nichts Geringeres als der öffentliche Friede, genauer: der Religionsfriede.[14]

Gegen Abend seines der Kritischen Theorie kritisch verpflichteten Lebenswerkes plädiert Jürgen Habermas dafür, dass die kulturelle Säkularisierung ihre Herkunft aus unabgegoltenen Traditionen der christlichen Religion nicht aus dem Blick verlieren darf, wenn sie sich nicht selbst entwurzeln will. „Eine Säkularisierung, die nicht vernichtet, vollzieht sich im Modus der Übersetzung."[15] Den religiösen Bürgern dieses Landes werde zu Recht (und, würde ich hinzufügen: zu ihrem Gewinn) abverlangt, ihre Überzeugungen in eine Sprache zu übersetzen, die auch den – wie Habermas sich selbst zu bezeichnen pflegt – „religiös unmusikalischen" Bürgern verständlich ist. Hinsichtlich des Verhältnisses von „Glauben und Wissen" setze das aber einen doppelten Lernprozess voraus, in dem sich die Traditionen der Aufklärung und der Religion in *gleicher* Weise zu einer Reflexion auf ihre Grenzen genötigt sehen. Das habe Konsequenzen „für den politischen Umgang von ungläubigen mit gläubigen Bürgern. (...) Beide Seiten können, wenn sie die Säkularisierung der Gesellschaft gemeinsam als einen komplementären Lernprozess begreifen, ihre Beiträge zu kontroversen Themen in der Öffentlichkeit dann auch aus kognitiven Gründen gegenseitig ernstnehmen."[16] Der Forderung an die Religionsgemeinschaften, zur Vermeidung der Selbstghettoisierung ihre Überzeugungen auch in anderer als traditionell-religiöser Binnensprache zu artikulieren, entspricht daher die Forderung an die säkulare Öffentlichkeit, den ja bereits alltäglich stattfindenden Übersetzungsleistungen der Gläubigen stärker entgegenzukommen. Als Beispiel einer „rettenden" statt „vernichtenden" Säkularisierung hat Habermas die „Übersetzung der Gottebenbildlichkeit des Menschen in die gleiche und unbedingt zu achtende Würde aller Menschen" bezeichnet. Eine solche Übersetzungsleistung erschließe „den Gehalt biblischer Begriffe über die Grenzen einer Religionsgemeinschaft hinaus einem allgemeinen Publikum von Anders-

---

14 Ich gehe damit über die von Friedrich Schweitzer genannten Begründungen für die Thematisierung von Religion im Ethikunterricht („die kulturelle und geschichtliche Bedeutung von Christentum, Judentum und Islam in Europa" sowie der „Bedarf an interreligiöser Verständigung") hinaus, ohne sie aber in ihrer Geltung zu bestreiten. Vgl. Friedrich Schweitzer, Wie viel Religion braucht der Ethik- oder Philosophieunterricht?; in: Zeitschrift für die Didaktik des Philosophie- und Ethikunterrichts (ZDPE) 1/2003, 21–25, hier: 22.

15 Jürgen Habermas, Glaube und Wissen, Frankfurt a. M. 2001, 53.

16 Jürgen Habermas: Vorpolitische Grundlagen des demokratischen Rechtsstaates?; in: Ders., Zwischen Naturalismus und Religion, Frankfurt a. M. 2005, 116f.

gläubigen und Ungläubigen."[17] Das müsse nun allerdings „als eine kooperative Aufgabe, an der sich auch nicht-religiöse Bürger beteiligen, verstanden werden, wenn die religiösen Mitbürger, die zur Teilnahme fähig und bereit sind, nicht auf eine asymmetrische Weise belastet werden sollen."[18] Denn so lange nicht-religiöse Bürger die Religion für ein archaisches Relikt halten, können sie auch die

> „Religionsfreiheit nur als kulturellen Naturschutz für aussterbende Arten verstehen. Aus ihrer Sicht hat die Religion keine innere Berechtigung mehr. Auch das Prinzip der Trennung von Staat und Kirche kann dann nur noch den laizistischen Sinn eines schonenden Indifferentismus haben. (...) Bürgern, die eine solche epistemische Einstellung gegenüber der Religion einnehmen, kann offensichtlich nicht zugemutet werden, religiöse Beiträge zu politischen Streitfragen ernst zu nehmen und in kooperativer Wahrheitssuche auf einen Gehalt zu prüfen, der sich möglicherweise in säkularer Sprache ausdrücken und in begründender Rede rechtfertigen lässt."[19]

Dass damit der öffentliche Diskurs, zumal angesichts der erwartbaren Zunahme religionspolitischer Streitthemen[20], belastet wäre, liegt auf der Hand.

Was folgt aus diesen Überlegungen? Ich meine, dass sich nur durch religiöse Bildung auch für „den religiös unmusikalischen Bürger" die Aufgabe vermitteln lässt,

> „das Verhältnis von Glauben und Wissen aus der Perspektive des Weltwissens *selbstkritisch* zu bestimmen. Die Erwartung einer fortdauernden Nicht-Übereinstimmung von Glauben und Wissen verdient nämlich nur dann das Prädikat ‚vernünftig', wenn religiösen Überzeugungen auch aus der Sicht des säkularen Wissens ein epistemischer Status zugestanden wird, der nicht schlechthin irrational ist."[21]

Dass sich dieser Satz aus der Perspektive des christlichen Glaubens auch weniger defensiv formulieren lässt, versteht sich von selbst. Religiöse Bildung verlangt von Gläubigen die Bereitschaft und die Fähigkeit zu einem Perspektivenwechsel zwischen religiöser Rede und Reden über Religion, der die eigene Überzeugung in reflexive Distanz rückt, aber nicht negiert. Dieser Anspruch ist aus Gründen symmetrischer Kommunikation im öffentlichen Diskurs reziprok auch an all jene zu richten, die, aus welchen Gründen auch immer, von der

---

17 A. a. O., 116.

18 Jürgen Habermas: Region in der Öffentlichkeit. Kognitive Voraussetzungen für den „öffentlichen Vernunftgebrauch" religiöser und säkularer Bürger; in: Ders., Zwischen Naturalismus und Religion, a. a. O., 137.

19 A. a. O., 145.

20 Siehe hierzu exemplarisch die kontroversen „Berliner Reden zur Religionspolitik" von Brigitte Zypries und Udo di Fabio (https://www.theologie.hu-berlin.de/de/professuren/professuren/.../berliner-reden).

21 J. Habermas, Vorpolitische Grundlagen, a. a. O., 118.

Teilnahme an religiöser Praxis (oder eben auch: an einem konfessionell gebundenen Religionsunterricht) Abstand nehmen.[22] Religiöse Bildung ist deshalb eine Aufgabe, die nicht allein auf einen – in den Augen seiner Verächter – als voraufklärerisch-museale Traditionspflege missverstandenen Religionsunterricht abgeschoben werden darf. Diese Verächter werden erst dann bewogen werden können, von ihrer Verachtung (natürlich nicht notwendig auch von ihrer Distanz) abzulassen, wenn religiöse Bildung über den Religionsunterricht hinaus zugleich ein Aspekt allgemeiner Bildung ist. Selbstverständlich ist ein schulisches Äquivalent zum Religionsunterricht auf eine religionskundliche Didaktik verpflichtet, die keiner Religion, aber auch keinem Säkularismus, normativ verbunden ist. Die Bezugswissenschaft wäre an Stelle der (oder neben den) Theologie(n) Religionswissenschaft und/oder Religionsphilosophie. Es bliebe wahrscheinlich umstritten, *wie weit* Neutralität im Blick auf Religion überhaupt möglich ist, bzw. ob Neutralität nicht auch eine an eine bestimmte Wissenschaftsperspektive gebundene Positionalität bedeutet.[23]

Freilich ist zu unterscheiden zwischen dem Sprachspiel einer an diskursiv-propositionale Sprache direkt anschlussfähigen Theologie, die religiöse Sprache reflektiert, und religiöser Rede selbst. Religiöse Rede aber gehört zu einer *Lebensform*, ohne die theologische Sätze – als gleichsam freischwebende „geistige Gehalte" – auch dann kaum Bedeutung hätten, wenn sie sich in säkularisierte Sprachformen retten ließen. Das hat zugleich damit zu tun, dass die von Habermas geforderte Übersetzbarkeit religiöser in säkulare Gehalte begrenzt ist. Sie hängt an der Fähigkeit des Wechsels zwischen „religiöser Rede" und „Reden über Religion", die als Charakteristikum religiöser Bildung gelten kann. Im Blick auf diesen Perspektivenwechsel ist nun aber zu bedenken, dass der Modus religiöser (als unterschieden von theologisch-reflexiver!) Kommunikation, dass also die Symbole und Metaphern christlicher Erzählpraxis und christlicher Liturgien semantische Überschüsse enthalten, die die Übersetzung in Begriffe und Argumente nicht überleben. Jede Metapher wird im Augenblick ihrer Übersetzung vernichtet. Metaphern und Symbole dienen in religiöser Kommunikation nicht als didaktische Illustration dogmatischer Lehrsätze, sondern als die einzig möglichen Sprachformen, in denen von Gott geredet werden kann. So sehr also der Vorschlag von Jürgen Habermas für eine „rettende Säkularisierung" unabgegoltener semantischer Potenziale des christli-

[22] Diese Symmetrieforderung gilt hinsichtlich der Bereitschaft, sich im öffentlichen Diskurs wechselseitig anzuerkennen, und zwar auch im Blick auf epistemische „Satisfaktionsfähigkeit". Im religionspolitischen Diskurs wird freilich ohnehin nicht unmittelbar *religiös* kommuniziert.

[23] Die „weltanschauliche Neutralität der Staatsgewalt ist (...) mit der politischen Verallgemeinerung einer säkularistischen Weltsicht (unvereinbar)" (J. Habermas, Vorpolitische Grundlagen, a. a. O., 118). Diese für den öffentlichen Religionsfrieden grundlegende Einsicht scheint im Streit um LER und um den Ethikunterricht in Berlin bei manchen der Befürworter nicht präsent zu sein.

chen Glaubens dem öffentlichen Religionsfrieden dienen mag, fruchtbar ist er nur im Bewusstsein der *Grenzen* der Übersetzbarkeit. Dieser Befund ist exemplarisch für das Verhältnis zwischen Religion und einem vor der säkularen Öffentlichkeit vertretbaren Bildungsgedanken.

4. *Religion und Ethik jenseits der Regelung nach Art. 7.3 des Grundgesetzes?*

Der Erziehungswissenschaftler Johannes Bellmann diskutiert die Frage, ob und wie sich ein Religionsunterricht für alle Schüler als „ordentliches Lehrfach", aber jenseits der in Art 7.3 GG festgeschriebenen „Konfessionalität" begründen ließe.[24] Bellmann hält dafür, dass „nicht alles Mögliche (...) Gegenstand schulischer Bildung sein" könne, „sondern nur das für alle Bürger Notwendige."[25] *Wenn* freilich etwas „Allgemeines", worüber Kenntnis und Kompetenzen zu haben „als unverzichtbar für die gesamte nachwachsende Generation" erachtet wird, eben deshalb an die öffentliche Schule gehöre, dann müsse es „für alle notwendig und damit verpflichtend" sein.[26] Bellmann mustert kritisch drei unterschiedliche Begründungsfiguren für den Religionsunterricht durch und macht selbst einen vierten Vorschlag, wonach Religionsunterricht als „ordentliches Lehrfach" *und* für alle Schüler einzurichten sei. Eine (1) *„anthropologische"* Begründungsfigur („Religion als Umgang mit menschlicher Endlichkeit") hält Bellmann für problematisch, insofern „die Bestimmung von Religion als ‚anthropologisch grundlegendes Existential' keine hinreichende Basis für eine Begründung von Religionsunterricht an öffentlichen Schulen" sein könne, weil „aus der Perspektive einer grundsätzlichen Heils- und Erlösungsbedürftigkeit des Menschen nicht-religiöse Interpretationen menschlicher Existenz tendenziell als human defizitär erscheinen."[27]

---

[24] Johannes Bellmann, Religionsunterricht ist ordentliches Lehrfach. Begründungen religiöser Bildung an öffentlichen Schulen; in: Jörg Ruhloff / Johannes Bellmann u. a. (Hg.), Perspektiven Allgemeiner Pädagogik. Dietrich Benner zum 65. Geburtstag, Weinheim und Basel 2006, 173–186.

[25] A. a. O., 174.

[26] A. a. O., 173f. Bellmann fragt kritisch nach den fortgeltenden Gründen für den in Art. 7.3. GG festgeschriebenen Kompromiss, der seinerseits nur als die Fortschreibung des Kompromisses der Weimarer Reichsverfassung zu verstehen ist: „Insbesondere der religiöse Pluralismus und die steigende Zahl von Konfessionslosen sind neue Bedingungen, auf die der Weimarer Kompromiss noch nicht abgestimmt war" (175). Allerdings ist auch hier zwischen Genese und Geltung zu unterscheiden. Die Regelung des Grundgesetzes ist zwar eine Fortschreibung, aber zugleich wurde ihr doch auch eine andere, neue Bedeutung unterlegt, und zwar vor dem Hintergrund der Erfahrungen mit dem totalitären NS-Staat.

[27] A. a. O., 179. Es leuchtet freilich nicht ein, warum ein anthropologisch begründeter Religionsunterricht, sofern er nicht nur „mit religiösen wie nicht-religiösen Interpretationen der eigenen Endlichkeit bekannt" macht, über den „hinweisenden" Charakter hinaus

Gegen (2) die „zivilreligiöse" Begründungsfigur („Religion als Gesinnung des Miteinander") wendet Bellmann – zu Recht – ein, dass sie „ausdrücklich auf Bekenntnis und Gesinnung" abziele, sich also „nicht auf einen bloß hinweisenden Charakter bzw. (auf) bloße Wissensvermittlung beschränken" könne und daher „nur begrenzt pluralismustauglich" sei, und Religion und Moral „zum Schaden beider" verknüpfe.[28] Die (3) „eschatologische" Begründungsfigur („Religion als Form der Kritik") sieht Bellmann dadurch charakterisiert, dass sie darauf abziele, durch Religion „jede gesellschaftliche Ordnung auf kritische Distanz zu bringen und als vorläufig zu sehen"; er wendet ein: „Ein bloß hinweisendes Bekanntmachen oder ein Grundkurs in Eschatologie wären wohl kaum in der Lage, das kritische Potential der religiösen Weltsicht freizusetzen."[29]

Bellmann schlägt nun (4) eine „liberal-demokratische" Begründungsfigur vor: „Religion als öffentlich relevante Tatsache."[30] Religion sei insofern *keine* Privatsache, sondern eine öffentlich relevante Angelegenheit, als sie für Nicht-

---

„einweisenden" Charakter annehmen *müsse* (ebd.) Ein zeigender (deiktischer) Unterricht entzieht sich dieser Alternative; er weist nicht in eine Glaubenspraxis ein, setzt aber bei den Unterrichtenden religiöse Selbsterfahrung und Praxis („Sinn und Geschmack") voraus.

28 Bellmann, a. a. O., 180 u. 183. „Das friedliche Zusammenleben der Religionen könnte (...) gerade davon abhängen, dass sich die Demokratie selbst weder als Religion noch als Ersatzreligion versteht" (180).

29 A. a. O., 181. „Totalitäre Systeme oder liberale Demokratien sind aus religiöser Sicht betrachtet gleichermaßen vorläufig. Der entscheidende Unterschied verläuft zwischen Jenseits und Diesseits oder zwischen dem wahren Gott und den falschen Göttern. Auf dieser Grundlage fällt es schwer, innerhalb des Diesseits Besseres von Schlechterem zu unterscheiden. Damit aber läuft die religiöse Form der Kritik Gefahr, sich selbst zu verabsolutieren." Mit dieser Begründung unterschiebt Bellmann der „eschatologischen" Begründungsfigur einen Manichäismus, der für den christlichen Glauben, man denke nur an Luthers „Zwei-Regimenten-Lehre", keineswegs konstitutiv ist. Es kommt ja – das betont nicht zuletzt immer wieder Dietrich Benner – darauf an, mit Schleiermacher gerade die Eigenlogik, also das jeweilige „Proprium" von Religion und anderen Praxen (hier etwa der Politik), in Bildungsprozessen in ein nicht-hierarchisches Verhältnis zu setzen. Nicht recht nachvollziehbar ist Bellmanns Behauptung, dass die „eschatologische Begründungsfigur (...) für sich einen Standpunkt (reklamiert), von dem aus das Ganze von Geschichte und Gesellschaft kritisch in den Blick genommen werden kann", und dass „die im eschatologischen Vorbehalt enthaltene Kritik sich selbst nicht begrenzen kann" (183). Es ist ja gerade die Pointe des „eschatologischen Vorbehalts", dass „das Ganze" sich unserer Erkenntnis und der Reichweite unseres Handelns entzieht. Die Perspektive Gottes steht auch keinem Gläubigen zu – aber sie muss offengehalten werden, und zwar gerade gegenüber einem reduktionistisch-szientistischen Gestus, der „das Ganze" aus *einem* Punkte zu erklären beansprucht. Wenn Bellmann bezweifelt, „ob ein eschatologischer Vorbehalt als kritisches Korrektiv einer liberalen Demokratie notwendig, ja überhaupt wünschenswert ist" (184), läuft das auf die Streichung des Gottesbezugs in der Grundgesetz-Präambel hinaus, mit der das Ganze der Gesellschaft in die Perspektive des Vorletzten gerückt wird.

30 A. a. O., 182.

Gläubige und Gläubige positive und negative Konsequenzen haben könne. Als für alle Schüler gleichermaßen[31] bestimmte „vergleichende Religionskunde, nicht als Einweisung in eine bestimmte Religion", solle der Religionsunterricht „sowohl gegen eine Indienstnahme (...) durch die Religionsgemeinschaften als auch durch den Staat" abgegrenzt werden:[32] „Dieser gemeinsame Unterricht dient aber nicht der zivilreligiösen Grundlegung oder Überhöhung demokratischer Ordnung. Im Hintergrund steht nämlich die Annahme, dass die Zustimmungsfähigkeit zu einer demokratischen Ordnung unabhängig ist von der Zustimmung zu bestimmten religiösen und weltanschaulichen Lehren."[33]

Man wird Bellmann darin zustimmen können, dass das „Gemeinsame, das die Schule hervorzubringen hat", kein „gemeinsamer Glaube, sondern die Kultivierung einer öffentlichen Wissensform" sei.[34] Aber ebenso wenig, wie ein konfessionell gebundener Religionsunterricht „einweisend" sein muss, kann er beabsichtigen, einen „gemeinsamen Glauben" zu stiften. Und es ist zu fragen, wie es kommen kann, dass die von Bellmann für seinen Vorschlag erhofften Erziehungs- und Lerneffekte *empirisch* eher im konfessionellen Religionsunterricht als in einem dem Prinzip nach allgemeinem staatlichen Unterricht – heiße er LER oder „Ethik" – zu beobachten sind?[35] Wahrscheinlich schlägt im LER- bzw. Ethikunterricht in der Regel – bewusst oder unbewusst – stärker als die von Bellmann vorgeschlagene liberal-demokratische Begründungsfigur die von ihm zu Recht kritisierte zivilreligiöse Begründungsfigur (Wertevermittlung) durch.[36] Es ist dabei an die Insistenz, um nicht zu sagen: Impertinenz, öffentli-

---

31 „Was die Kultivierung einer öffentlichen Wissensform angeht, darf es aus liberal-demokratischer Sicht keine Ausnahme geben, weder für einzelne Fächer noch für einzelne Schüler" (a. a. O., 184).

32 A. a. O., 182f.

33 A. a. O., 183.

34 Ebd.

35 Vgl. Henning Schluß, Empirisch fundierte Niveaus religiöser Kompetenz; in: A. Feindt / V. Elsenbast / P. Schreiner / A. Schöll (Hg.), Kompetenzorientieruung im Religionsunterricht. Befunde und Perspektiven, Münster / New York / München / Berlin 2009, 57–72, hier: 67ff.

36 Die Befürwortung eines obligatorischen Ethikunterrichts in Berlin durch die dortige SPD zielt ausdrücklich nicht auf die Vermittlung oder Kultivierung einer öffentlichen Wissensform, sondern auf die „schulische Aufgabe einer religiös-weltanschaulich neutralen Wertevermittlung", die „(nicht) an Weltanschauungs- und Religionsgemeinschaften delegiert werden" dürfe (zit. in: Rolf Schieder, Sind Religionen gefährlich?, Berlin 2008, 243). Nun kann es eine „religiös-weltanschaulich neutrale" Werte*vermittlung*, die ja mehr wäre als die Befähigung zu ethischer Urteilsbildung (also: werten zu lernen), gar nicht geben. Sofern man sich, wie es die Berliner SPD tut, auf den „Wertekanon" des Grundgesetzes beruft und damit die Grund*rechte* umdefiniert und aushöhlt, indem man sie unter einen *Werte*vorbehalt stellt, unterstellt man dem Staat als öffentlichem Schulträger die Rolle einer *säkularistischen* Weltanschauungsgemeinschaft. Hiergegen gilt, was Christian Graf v. Krockow lapidar feststellt: „Grundwerte sind verfassungswidrig" (Christian Graf v.

cher Wertevermittlungserwartungen auch an den Religionsunterricht zu denken, die solange virulent bleiben, wie die Kosten und die inneren Widersprüche unserer zunehmend durchökonomisierten Lebensordnung nach kultureller Kompensation verlangen. Deshalb wird sich wahrscheinlich ein liberal-demokratisch begründeter Religionsunterricht immer dann auf die zivilreligiöse Begründungsfigur zurückziehen, wenn die Unterrichtenden nicht aus Gründen der Erfahrung mit eigener Religionspraxis den Überschuss von Religion über ihre moralische Funktion hinaus verständlich machen und zur Geltung bringen können. Die Gründe liegen gleichsam in der Dynamik der Sache selbst: Lehrkräfte, die selbst keinen „Sinn und Geschmack" für Religion haben und das *Proprium* einer Religion nicht aus eigener Partizipationserfahrung kennen und zeigen können, werden immer wieder die Religion *entweder* in eine *sachfremde* kritische Perspektive rücken *oder* – wie es sich schon in der Tendenz zur Ethisierung der Religion in der deutschen Aufklärung abzeichnet – Religion nur unter dem Aspekt ihrer wertegenerierenden Potenz in den Blick nehmen. Auf genau diese Weise bleibt aber ihre Kraft als Motivationshorizont eines Ethos verborgen. Natürlich: Religiöse Bildung, die auf Überzeugungen verpflichten wollte, wäre keine religiöse *Bildung*. Aber Religion, die in Bildungsprozessen nicht in Gestalt von Überzeugungen – vorsichtiger gesagt: nicht aus Teilnehmerperspektiven – erschlossen wird, wird nur geringe bildende Kraft entfalten können.

In welches Verhältnis würden nun vor dem Hintergrund meiner Überlegungen die unterschiedlichen Religionsunterrichte (evangelisch, katholisch, evtl. ökumenisch, islamisch ...), die auf der Grundlage von Art. 7.3 GG stattfinden, zu einem allgemeinen religiösen Bildungsangebot „für alle" treten sollen? Die von mir favorisierte Lösung bestünde in der Fortführung eines Doppelangebots: „Konfessioneller" Religionsunterricht und ein „weltanschaulich neutrales", seinem Gegenstand nicht normativ verpflichtetes Alternativfach, dieses aber nun mit einem deutlichen *religionskundlichen* Schwerpunkt.[37] Der Begriff *Ethik*-Unterricht wäre freilich irreführend; „Religionskunde" wäre sachgerecht, aber wahrscheinlich politisch nicht durchsetzbar. Am ehesten würde ich deshalb für die Bezeichnung „Praktische Philosophie" (unter Einschluss religionsphilosophischer Fragestellungen) plädieren. Problematisch wäre nach wie vor eine Lösung „für alle" ohne ein gleichzeitiges „konfessionel-

---

Krockow, Ethik und Demokratie (1979); zit. bei Dietrich Benner, Studien zur Theorie der Erziehung und Bildung, Bd. 2, Weinheim u. München 1995, 262).

[37] Möglicherweise stellt sich die Frage unter pragmatischen und empirischen Aspekten so: Sollen *alle* Schüler in gleicher Weise religiöse Bildung erfahren, oder sollen angesichts der erwartbaren Qualitätsmängel des religionskundlichen Unterrichts im Fach Ethik und seinen verwandten Fächern wenigstens einige Schüler eine anspruchsvolle religiöse Bildung im Religionsunterricht erwarten dürfen? Vgl. hierzu auch Christian Kahrs, Öffentliche Bildung privater Religion. Plädoyer für einen „Fachbereich Religion" – obligatorisch für alle, Freiburg/Basel/Wien 2009.

les" Angebot. Auseinandersetzung verlangt eine Lösung, für die Hartmut von Hentig mit (ähnlich wie im Blick auf Bellmann) nicht vorschnell von der Hand zu weisenden Argumenten eintritt[38]: Ein für alle obligatorischer Unterricht (begrifflich leider unscharf zwischen „Ethik" und „Philosophie" schwankend) und *additiv* statt alternativ ein mit Abmelderecht ausgestatteter Religionsunterricht; im Unterschied zur Berliner Lösung aber als ordentliches Lehrfach. Dieser Vorschlag könnte, wenn eine politische Partei oder eine Landesregierung ihn sich zu Eigen machen würde, nach meiner Einschätzung mit hoher Zustimmung rechnen und wäre zugleich durchaus kompatibel mit Art 7 GG.[39]

Bevor ich abschließend hierzu einige Überlegungen formuliere, ist zunächst einzuräumen, dass mit der Relativierung der „konfessorischen" Ausrichtung des Religionsunterrichts das Verhältnis seiner Didaktik zu einer religionskundlichen Didaktik differenzierter zu bestimmen ist, als dies bisher unter der Alternative „konfessorisch *oder* neutral" bzw. „Binnen- *oder* Außenperspektive" geschehen konnte. „Innen" und „außen" sind in Reflexionsvorgängen immer schon aufeinander bezogen und nie definitiv zu unterscheiden. Religionsdidaktisch präziser wäre es, von der Spannung zwischen Teilnahme und Beobachtung auszugehen und ein Spektrum unterschiedlicher Distanzspielräume zwischen teilnehmender Beobachtung und beobachtender Teilnahme zu öffnen. Dann aber ginge es immer nur um *graduelle* Unterscheidungen zwischen verschiedenen Unterrichtsformen. In wissenschaftlicher wie in didaktischer Hinsicht darf die Berücksichtigung von Teilnehmerperspektiven nicht als deren Übernahme missverstanden werden. Verstehen unterliegt keinem Zwang zum Einverständnis. Allerdings impliziert Teilnahme immer auch Stellungnahme. Das graduell zu verschiebende, jeweils situativ auszubalancierende Verhältnis von Teilnahme und Beobachtung als regulatives didaktisches Prinzip ist jedenfalls kein Spezifikum allein des Religionsunterrichts. In einer ausschließlichen Beobachterperspektive lassen sich vielleicht die *Funktionen* kultureller Praxen ermitteln, ist aber *Verstehen* kaum möglich. In *jedem* Unterricht wird didaktisch ein Perspektivenwechsel inszeniert: Zwischen der Beobachtung des kulturellen Systems, auf das sich das jeweilige Unterrichtsfach

---

38 Hartmut von Hentig, Anmerkungen zur religiösen Bildung in der Gegenwart; in: Religiöse Bildung zwischen Säkularität und Pluralität – Herausforderungen der Religionspädagogik; epd-Dokumentation 20/2009, 57–67. Komprimiert (und mit großer Resonanz) auch in der Süddeutschen Zeitung vom 06.04.2009 unter dem Titel: „Eine Wahlfreiheit, die in die Irre führt: Ethik oder Religion?".

39 Sachlich ganz unzuträglich wäre es, wenn ein solcher Vorschlag nur deshalb nicht aussichtsreich diskutiert werden könnte, weil er mit hohen Kosten verbunden wäre. Freilich stellt sich dann die Frage, ob *unter dieser Voraussetzung* (der öffentlichen Akzeptanz des Vorschlags von v. Hentig) nicht das ursprüngliche LER-Modell mit Integrations- und Differenzierungsphasen überlegenswert wäre? Vgl. dazu Henning Schluß, Lehrplanentwicklung in den neuen Ländern – Nachholende Modernisierung oder reflexive Transformation?, Schwalbach/Ts. 2003.

bezieht, und der Beobachtung dieser Beobachtung.[40] Die Beobachtung erster Ordnung schließt prinzipiell eine Teilnehmerperspektive ein. Es kann deshalb keine Fundamentaldifferenz zwischen Religionsunterricht und religionskundlichem Unterricht geben, sondern es geht um *graduelle* Unterscheidungen, die eine didaktisch viel feinere Justierung verlangen, als es die übliche Unterscheidung zwischen einem „konfessorischen" bzw. „positionellen" und einem „neutralen" Unterricht ermöglicht. Umso genauer muss die Differenz zwischen dem Religionsunterricht und seinem Alternativfach *didaktisch* bestimmt werden und nicht durch die fragwürdige *thematische* Differenz zwischen Religion und Ethik, die füreinander nicht als Äquivalente eintreten können.

An diesem Punkt könnten (hier nur kurz anzudeutende) Überlegungen dazu weiterhelfen, inwiefern Religion und Philosophie in dem von Jürgen Baumert vorgeschlagenen Tableau unterschiedlicher, wechselseitig nicht substituierbarer „Modi der Welterschließung" zwar einer *gemeinsamen*, durch den Modus „konstitutiver Rationalität" gekennzeichneten Domäne zugehören, dennoch aber zu *unterscheiden* sind, insofern die narrativen und symbolisch-metaphorischen Sprachformen der christlichen Religion nicht *verlustfrei* in das Medium philosophischer Sprache zu übersetzen sind.

Mit Recht jedenfalls macht Hartmut v. Hentig die Differenz zwischen Religion und Ethik stark: Religion[41] und Ethik sind

> „nicht austauschbar wie Geige und Flöte. Religion und Ethik haben so verschiedene Aufgaben, dass weder die Ethiker noch die Glaubensgemeinschaften welcher Religion oder Denomination auch immer mit der Wahlfreiheit zwischen beiden zufrieden sein können."[42] Die „Menschen müssen beides lernen dürfen – das Philosophieren und das Leben in ihrer Religion. (...) Der Religionsunterricht ist immer ein Wahlunterricht. Der Ethik-Unterricht hingegen kann keinem ‚erspart' werden."[43]

Nicht recht klar wird, ob der Ethikunterricht als Philosophieunterricht angelegt sein soll. Unterbestimmt bleibt, was der Ethikunterricht zur religiösen Bildung derjenigen beizutragen hat, die nicht am Religionsunterricht teilnehmen. Mir scheint die Unklarheit bei der thematischen Dimensionierung seines Vorschlags auch daran zu liegen, dass v. Hentig erstaunlicherweise die bilden-

---

40 Auch die naturwissenschaftlichen Unterrichtsfächer beziehen sich auf die Naturwissenschaften als eine kulturelle Praxis und nicht unmittelbar auf die Natur.

41 Hartmut von Hentig unterscheidet zwischen Religion und Glauben: „Unter Religion versteht man gemeinhin den lehrbaren Teil des Glaubens. Sie umfasst seine Objektivationen, und zwar diejenigen, die eine Gruppe von Menschen im Laufe der Zeit hervorgebracht, geordnet und gefestigt hat: Begriffe, Bilder, Berichte, Bräuche. Was ein Einzelner glaubt und nur er, ist keine Religion" (a. a. O., 58). „Der Glaube – in den Evangelien *pistis*, in der Vulgata *fides* – ist das Grundvertrauen des Einzelnen zur Welt, in der er lebt. (...) „Die Religion ist lehrbar, der Glaube ist es nicht" (60). Ich vertrete einen ganz ähnlichen Unterscheidungsvorschlag zur Ermöglichung der Lehrbarkeit von Religion.

42 Hartmut v. Hentig, a. a. O., 63.

43 Ebd.

de Aufgabe des Religionsunterrichts verengt begreift: „Ein christlicher Religionsunterricht, sei er katholisch oder evangelisch oder ökumenisch, kann die meisten der ethischen und philosophischen Fragen behandeln und auf seine Weise beantworten" – so weit wird man zustimmen.

> „Soll er aber, wie von den Religionsgemeinschaften verständlicherweise beansprucht, der Vertiefung des mitgebrachten Glaubens, der Ausprägung religiöser ‚Identität', der Vergewisserung des Bekenntnisses (*confessio*) dienen, kann er gerade nicht die Funktion erfüllen, die der allgemeine Philosophie-Unterricht erfüllen soll: die Öffnung der Weltansicht, das sokratische Infragestellen absoluter Wahrheiten, die Prüfung des Denkens durch das Denken, den voraussetzungslosen Vergleich der Antworten. Religionsunterricht und Philosophie und deren ungenügende Teildisziplin Ethik können nicht eines für das andere eintreten. Es muss sie beide geben (von der öffentlichen Schule für alle Religionen, denen in unserem Land mehr als fünf Prozent der Bevölkerung angehören, getragen), weshalb für sie verschiedene Unterrichtszeiten vorgesehen sein müssen."[44]

Eben diese damit von v. Hentig implizit behauptete – vorsichtig gesagt – konfessionelle Verengung wäre dem Religionsunterricht, sofern er religiöse *Bildung* vermitteln soll, abträglich. Mit den Zielen der „Glaubensvertiefung", „Identitätsausprägung" und „Bekenntnisvergewisserung" (wie sie ganz ähnlich Bellmann den von ihm verworfenen Begründungsfiguren für den Religionsunterricht zuschreibt) wäre nicht vereinbar, dass der evangelische Religionsunterricht auf religionshomogene Lerngruppen nicht nur notgedrungen verzichtet. Er strebt ja bewusst über die Konfessions- und Religionsgrenzen hinweg religionsheterogene Lerngruppen an. Mir scheint bei v. Hentig ein *erzieherisch-sozialisatorisches* Missverständnis des kirchlich mitverantworteten Religionsunterrichts vorzuliegen, das allerdings gelegentlich durch kirchliche Äußerungen, vor allem auf katholischer Seite („Beheimatung"), bestärkt wird. Dass v. Hentig hierfür „Verständnis" aufbringt, ist überraschend. Es ist aber vielleicht auch dem Versuch geschuldet, das Nebeneinander von obligatorischem Ethik- bzw. Philosophieunterricht und freiwilligem konfessionellem Religionsunterricht plakativer zu begründen, als es von der Sache her notwendig wäre. Der Religionsunterricht hat demgegenüber auch dann, wenn er sich nicht auf die von v. Hentig erwarteten Verengungen einlässt, den Vorteil, dass seine Positionalität, die ihm nach 7.3 GG mit guten Gründen erlaubt ist, von vornherein transparent ist. Die Fähigkeit, andere Überzeugungen zu achten, verlangt persönliche, von eigener Überzeugung getragene Stärke, nicht Gleichgültigkeit. Den Lernenden in einem nachhaltig wirksamen Religionsunterricht soll Religion außer mit dem dazugehörigen „Sinn und Geschmack" auch in der Gestalt von Überzeugungen begegnen können. Das schließt keineswegs die Forderung nach Übernahme dieser Überzeugungen ein. Die Prinzipien der Bildsamkeit und der Aufforderung zur Selbsttätigkeit verlangen, dass ein Bil-

---

[44] A. a. O., 66f.

dungsprozess nicht der Intentionalität der Erziehenden und Unterrichtenden unterworfen wird. Es gehört deshalb konstitutiv zum Bildungsprozess, dass sich die Lernenden auch gegen dessen Inhalte müssen wenden können. In diesem Zusammenhang weltanschauliche Neutralität zu postulieren, darf zwar nicht für völlig unmöglich gehalten werden – sonst dürfte es gar keine religionskundlichen Inhalte außerhalb des Religionsunterrichts geben. Die damit verbundenen Schwierigkeiten dürfen aber auch nicht naiv unterschätzt werden. Schon gar nicht darf damit die eigene positionelle Erziehungsabsicht bemäntelt werden – zumindest als Warnung vor dieser Gefahr ist Wolfgang Thierse Recht zu geben. Eine solche Erziehungsabsicht wäre als staatliches Ziel ein illiberaler Übergriff, im Zweifelsfall auch ein Verstoß gegen die in Art. 4 GG gesicherte Integrität religiöser Überzeugungen und gegen die Religionsfreiheit. Schon deshalb wäre es bedenklich, ein religiös, philosophisch und ethisch orientierendes Schulfach obligatorisch zu machen und den Religionsunterricht zu einem Zusatzangebot. Sollte dieser Vorschlag aber auf Dauer nicht abzuwehren sein, weil er im Blick auf die sich weiter steigernde religiöse Pluralität und den wachsenden Mitgliedschaftsverlust der Religionsgemeinschaften an Plausibilität gewinnt, wäre das für die schulische religiöse Bildung in Deutschland nicht zwangsläufig katastrophal. Mit diesem Vorschlag sind nicht nur problematische säkularistische Absichten verbunden, wie sie in der Berliner „Pro-Ethik"-Kampagne dominant gewesen zu sein scheinen. Die Religionsgemeinschaften könnten gegen ihn auch nicht einwenden, er hebele Art. 7.3 GG aus. Gewiss geriete der Religionsunterricht damit insofern unter Druck, als die Teilnahme an ihm als einer zusätzlichen Veranstaltung besonderer Motivation bedürfte. Dieser Einwand kann jedoch kaum auf öffentliche Zustimmung rechnen, sondern würde als Äußerung eines Partikularinteresses verstanden werden. Aus der Sicht der Religionspädagogik (und den Kirchen wäre diese Sichtweise anzuempfehlen) wäre entschieden dafür einzutreten, dass dieser Vorschlag, *wenn* er sich in mittelfristiger Zukunft durchsetzen sollte, an die Bedingung geknüpft wird, dass das für alle obligatorische Fach nicht als Ethikunterricht, sondern als religiöse und ethische Fragen einschließender elementarer Philosophieunterricht eingerichtet wird.

5. *Religion, Philosophie und Ethik im Tableau allgemeiner Bildung*

Wenn die von Jürgen Baumert vorgeschlagenen „Modi der Welterschließung" mit der Notwendigkeit verbunden sind, jeweils zu thematisieren, wie die Welt im Lichte dieser unterschiedlichen Zugangsweisen unterschiedlich *modelliert* wird, weil niemals die Welt *unmittelbar* den lernenden Subjekten gegenüber steht, so ist damit immer auch die Frage impliziert, was unter solchen Modi präzise zu verstehen sei, was ihre Propria und ihre Grenzen sind. Dabei ist dem Missverständnis zu begegnen, dass die unterschiedlichen Perspektiven des

Weltverstehens unmittelbar den schulischen Fächerkanon strukturieren. Religion z. B. kann in eine soziologische oder in eine ästhetische, möglicherweise (etwa aus evolutionstheoretischer Sicht) sogar in eine naturwissenschaftliche Perspektive gerückt werden. Dennoch ist es naheliegend, dass die domänenspezifischen Rationalitätsformen jeweils vorrangig in bestimmten Fächern erschlossen werden. Ebenso sollte in Bildungsprozessen erwartet werden, dass die konstitutiven Muster und die epistemologischen Grenzen der in den Fächern zur Geltung kommenden Wissenschaften auch in den Fächern selbst thematisiert werden, z. B. im Blick auf die Reichweite naturwissenschaftlicher Erkenntnisse und ihrer ethischen Implikationen. Ethische Fragen lassen sich erzieherisch oder im „moralisch-evaluativen" Modus aufwerfen, verweisen aber, sobald ihre weltanschaulichen oder religiösen Voraussetzungen und Implikationen in den Blick genommen werden, auf den Modus „konstitutiver Rationalität". Jedenfalls ist es sachgerecht, dass es fachspezifische Orte gibt, an denen die epistemischen Muster der Welterschließung thematisiert werden; an denen gleichsam die Bedingungen der Möglichkeit, die Welt zu verstehen, zur Sprache kommen.[45] Hierum geht es in den Fächern Religion und Philosophie.

Baumert hält sich mit der Explikation dessen, worum es im Modus „konstitutiver Rationalität" zu gehen hat, zurück. Er scheint damit jene transzendentalen Fragen zu verbinden, die auch bei und nach Kant noch unter dem Titel „Metaphysik" erscheinen. So spricht er von den „Fragen des Ultimaten – also Fragen nach dem Woher, Wohin und Wozu des menschlichen Lebens".[46] Die „Horizonte des Weltverstehens" sollen „das nicht kontingente Gerüst der Bildungsprogramme moderner Schulen (bilden)"; sie sind „die latente Struktur eines kanonischen Orientierungswissens, das die Grundlage moderner Allgemeinbildung darstellt".[47]

Baumert verweist auf „Verbindungslinien zu den Parson'schen Rationalitätsformen".[48] Ersichtlich nahe liegt freilich der Rekurs auf die drei Habermas-

---

45 Vgl. hierzu Bernhard Dressler, Fachdidaktik und die Lesbarkeit der Welt. Ein Vorschlag für ein bildungstheoretisches Rahmenkonzept der Fachdidaktiken; in: Katharina Müller-Roselius / Uwe Hericks (Hg.), Bildung – Empirischer Zugang und theoretischer Widerstreit, Opladen/Berlin/Toronto 2013, 183–202.

46 Jürgen Baumert, Deutschland im internationalen Bildungsvergleich; in: Nelson Killius / Jürgen Kluge / Linda Reisch, Die Zukunft der Bildung, Frankfurt a. M. 2002 a. a. O., 107.

47 J. Baumert, ebd. Ähnliche quadruple Schemata finden sich bereits bei Wilhelm von Humboldt und Johann Gottfried Herder: Humboldt unterscheidet sprachliche, historische, mathematische (einschließlich naturwissenschaftliche) und gymnastisch-ästhetische Weltzugänge (Humboldt: Der Königsberger Schulplan; in: Ders., Werke in fünf Bänden, Bd. IV. Hg. von A. Flitner und K. Giel. Darmstadt 1964, 168–195); Herder veranschlagt: 1. Muttersprache, 2. Geschichte und Geographie, 3. die nützlichen Wissenschaften und Künste, 4. Wahrhafte Religion (Herder, Schulreden, hg. von A. Reble, Bad Heilbrunn 1962). Bei beiden wird die Welt als im Medium unterschiedlicher Sprachformen zugänglich gedacht.

48 J. Baumert, a. a. O.

schen Weltmodi der objektiven, der subjektiven und der sozialen Welt, und zwar so, dass dann die „Theorie des Kommunikativen Handelns“ die Metaperspektive böte, in der Fragen der „konstitutiven Rationalität“ thematisch werden.

Habermas veranschlagt die Ausdifferenzierungsgewinne moderner Gesellschaften unter anderem im Blick auf die Expertenkulturen. Der normative Impetus seiner Theorie kommunikativen Handelns zielt nun aber darauf ab, das *lebensweltliche* „Zusammenspiel“ von Kognition, Moral und Ästhetik nicht aufzusprengen.[49] Gegen den systemischen Kolonialisierungsdruck votiert Habermas für die „Externalisierung“ von Expertendiskursen, bei der es ihm um die „Aneignung der Expertenkultur aus dem Blickwinkel der Lebenswelt“ geht.[50] Ohne dass wissenschaftliche Expertise in ihrer Bedeutung für die Welt der „Laien“ zu verstehen gegeben wird, verfehlt sie ihre zivilisatorische Funktion. Gebildete Experten aber können sich nicht nur den Laien verständlich machen, sondern ihr spezielles Wissen und Können in den allgemeinen Zusammenhang unterschiedlicher Modi des Weltverstehens und des Weltumgangs stellen.

Die Charakterisierung funktionaler Systeme als reduktiv kann *nur auf dem Boden und im Horizont der Lebenswelt* sowie gegen einen ungeschichtlichen und reifizierenden Vernunftbegriff gelingen. Darin ist die über eine philosophische oder religiöse Sachkunde hinausgehende *didaktische* Perspektive im Modus „konstitutiver Rationalität“ zu sehen. Von der Lebenswelt her ist zu zeigen, dass im Leben mit mehr gerechnet werden muss (und wird!) als in funktionalen Systemen. Systeme wurzeln in der Lebenswelt und müssen zu ihr rückgekoppelt werden können.

Jenseits einheitswissenschaftlicher Konzepte ist nun aber doch an einer Art gemeinsamer Vernunft festzuhalten, die gegenüber den Differenzen unterschiedlicher Weltwahrnehmungsperspektiven zwar keine Meta-Perspektive geltend macht, aber ein Regelwissen, nach dem das Differenzbewusstsein sich richtet. Es ist eben jenes z. B. bei Ernst Cassirer stark gemachte Bewusstsein, dass wir uns in den irreduziblen kulturellen Praxen, an denen wir partizipieren, immer schon in einem kommunikativen Zusammenhang symbolischer *Formen* bewegen. Und da „niemand einen sprachlich unvermittelten Zugriff auf Wahrheitsbedingungen hat, kann man einen Satz nur verstehen, wenn man weiß, *wie man erkennen kann*, dass seine Wahrheitsbedingungen erfüllt sind.“[51] Für dieses Regelwissen ist die Einheit der Welt eine regulative Idee in heuristi-

[49] Vgl. bes. Jürgen Habermas, Die Moderne – ein unvollendetes Projekt; in: Ders., Philosophisch-politische Aufsätze 1977–1990, Leipzig 1990, 459ff.

[50] J. Habermas, a. a. O., 462.

[51] Jürgen Habermas, Kommunikatives Handeln und detranszendentalisierte Vernunft, Stuttgart 2001, 77.

scher Funktion, die sich vom reifizierenden Gebrauch der theoretischen Vernunft unterscheidet.

Es liegt auf der Hand, dass epistemologische Fragen im Zentrum der Frage nach den Bedingungen und Möglichkeiten „konstitutiver Rationalität" liegen. Wie ist religiöse Bildung darin einzubeziehen, wie kann sie zugleich aber das ihr eigene Differenzprinzip in den Prozess der allgemeinen Bildung insgesamt eintragen? Religion gewinnt „da kritische Schärfe, wo irgendetwas Weltliches zum Zweck von Letztvergewisserungen beansprucht wird"[52] oder sich einen Totalitätsanspruch anmaßt. Für die Religionsdidaktik gewinnt dieser Gedanke noch einmal an Gewicht, weil sie genötigt ist, sich nicht umstandslos auf genuin theologische Begründungsfiguren für den schulischen Religionsunterricht zu beschränken. Sonst wäre keine öffentliche Zustimmung zum Religionsunterricht zu erwarten, aber auch die domänenspezifischen Aspekte von Religion im Gesamtzusammenhang unterschiedlicher „Modi der Welterschließung" könnten sonst nicht signifikant werden. Die Begründung eines von den Religionsgemeinschaften mit verantworteten Religionsunterrichts an öffentlichen Schulen muss allgemein – und insbesondere auch aus erziehungswissenschaftlicher Perspektive – zustimmungsfähig sein, um nicht als Ausdruck eines Partikularinteresses zurückgewiesen zu werden. Es muss aus systematischen Gründen von einem wissenschaftstheoretischen Ausgangspunkt gefragt werden, was die *spezifische Differenz eines religiösen Weltverhältnisses* im Vergleich nicht nur zu *kognitiv-instrumentellem, moralisch-evaluativem* und *ästhetischem,* sondern auch – innerhalb der gemeinsamen Domäne – zu *philosophischem* Weltverstehen ist. Zuerst ist also Religion allgemein (in der Pluralität ihrer Erscheinungsformen) kultur- und religionstheoretisch von den unterrichtlichen Domänen anderer Modi der Welterschließung zu unterscheiden, bevor dann auch der evangelische oder katholische (oder jüdische oder islamische) Religionsunterricht inhaltlich und modal profiliert werden kann. Es gibt gleichsam zwei systematisch in Beziehung zu setzende Propria: Das Proprium von Religion als jener kulturellen Praxis, mit der Menschen sich in ihrer Lebensführung und in ihren Lebensorientierungen zum Unverfügbaren ins Verhältnis setzen und dabei die das Religionssystem bestimmende Leitdifferenz Immanenz/Transzendenz zur Geltung bringen, *und* das Proprium einer hinsichtlich ihrer Inhalte (narrative Überlieferungen und Lehraussagen) und hinsichtlich ihrer Observanzformen (Kult und Ethos) bestimmten exemplarischen Religion. Ein didaktischer Perspektivenwechsel zwischen (reflexiver) Außen- und (partizipativer) Binnenperspektive wäre sonst ebenso wenig möglich wie eine auch außertheologisch nachvollziehbare bildungstheoretische Begründung des Religionsunterrichts an öffentlichen Schulen.

---

[52] Dietrich Korsch, Religion mit Stil. Protestantismus in der Kulturwende, Tübingen 1997, 149.

Religion ist als eine „Kultur des Verhaltens zum Unverfügbaren“[53] *modal* und weniger durch bestimmte Gesinnungen oder durch die Zustimmung zu Glaubensaussagen bestimmt. Insbesondere die christliche Religion ist zu verstehen als eine kulturelle Praxis, deren Vorstellungs*gehalte* sich auf spezifische Weise mit kultischen Vollzugs*gestalten* verbinden[54], für die metaphorisch-symbolische Sprachformen – sowohl performative Sprechakte (z. B. „ich segne dich“) als auch narrative Formen des Erinnerns und Vergegenwärtigens – im Unterschied zu propositionalen Sätzen und argumentativ-diskursiven Sprachformen konstitutiv sind. In dieser Perspektive sind religiöse Sätze „keine Vermutungen oder Unterstellungen über einen uns gar nicht oder nur über besondere Mitteilungen (eine ‚Offenbarung‘) zugänglichen Teil der Welt. (...) Das ‚ich glaube ...‘ solcher Sätze gehört gar nicht in die grammatische Gegend der Vermutungen, steht nicht auf *einer* Skala, die vom Wissen zum bloßen Meinen reicht (*faith*! nicht belief).“[55] Wenn dagegen gelernt wird, die kategorial unterschiedlichen Bedeutungsdimensionen von (lateinisch) *puto* („ich glaube“ im Sinne von „ich vermute“) und *credo* nicht zu verwechseln, dann ergibt sich daraus auch die (freilich niemals zwingende) *Möglichkeit* der Einsicht, dass Gott im Modus des *credo* kein Objekt eines Wissens oder einer Vermutung ist, sondern der Adressat eines Vertrauens, mit dem auch unser Wissen allererst in einen Sinnhorizont gerückt wird. Im Religionsunterricht soll gelernt werden können, dass wir uns zu Gott nicht mit der Spekulation über seine Existenz ins Verhältnis setzen, sondern durch Lob und Dank, Bitte und Klage, d. h. vermittels performativer Akte. Es wird auf einer *kognitiv-epistemischen* Ebene die Einsicht in den Vollzugssinn religiöser Kommunikation angestrebt; eine Einsicht, ohne die der verbreitete Irrtum nicht bearbeitet werden kann, die Teilnahme an religiöser Praxis laufe auf das Führwahrhalten wissenschaftlich widerlegter Aussagen über die Entstehung und die Zukunft der Welt hinaus. Anders gesagt: Nur mittels dieser kognitiven Einsicht kann die Unterscheidung der christlichen Religion von metaphysischen Sachverhaltsbehauptungen (und von Ethik) verstanden werden – seit Schleiermachers „Reden über die Religion“ das grundlegende Charakteristikum eines neuzeitlichen Religionsbegriffs, der auf einen durch „Sinn und Geschmack fürs Unendliche“[56] – der Wahrnehmung von

---

53 Herrmann Lübbe, Religion nach der Aufklärung. Graz/Wien/Köln. 1986, 149.

54 Friedrich Schleiermacher sieht daher den kommunikativen Modus der christlichen Religion durch die Gleichzeitigkeit von „Mitteilung und Darstellung“ charakterisiert. Darauf bezieht er auch den kirchlichen Unterricht mit der Bemerkung, dass „im Unterricht selbst die darstellende Mitteilung und die mittheilende Darstellung sein muss, die im Cultus ist, aber auf eine auf die Beschaffenheit der Kinder sich beziehende Weise und keineswegs unter der Form des Cultus.“ (Schleiermacher, Praktische Theologie, Berlin / New York 1983, Nachdruck der Ausgabe von 1850, 71).

55 Friedrich Kambartel, Philosophie der humanen Welt, Stuttgart 1989, 100.

56 Friedrich Schleiermacher, Über die Religion. Reden an die Gebildeten unter ihren Verächtern (1799), hg. v. Rudolf Otto, Göttingen [7]1991, 51.

Transzendenz in der endlichen Welterfahrung – charakterisierten Teilnahmemodus hinausläuft. Ohne diese Beachtung ihres Propriums verfehlt religiöse Bildung den Modus der Welterschließung und der Kommunikation, in dem Religion allein verstanden und von anderen Modi der Welterschließung unterschieden werden kann. Ansonsten bräuchte es kein besonderes Fach wie den Religionsunterricht, weil Religion selbstverständlich auch im Geschichts-, im Literatur- und Sozialkundeunterricht oder in den musischen Fächern in den Blick genommen werden kann und darf, nur darin eben nicht in ihrem Proprium zu verstehen gegeben werden kann. Der Philosophieunterricht wiederum ist außer durch die Spezifik seiner Themen ebenfalls durch einen kommunikativen Modus charakterisiert: Er referiert anders als der Religionsunterricht *nicht* auf eine vom Modus verbal-sprachlicher Diskursivität unterschiedene kulturelle Praxis. Er erschließt seine Gehalte nicht durch die Ingebrauchnahme performativer und symbolisch-metaphorischer Sprechakte, sondern durch propositionale Sätze und deren Logizität. Zusammen für beide Fächer gilt

> „dass unsere (normale) Handlungs- und Verantwortungswelt, unsere *humane Lebenswelt*, einer (natur)wissenschaftlichen Rekonstruktion weder bedürftig noch zugänglich ist. (...) Wer unsere humanen, als menschliche Handlungs-, Rechtfertigungs- und Verantwortungssituationen gedeuteten und organisierten Verhältnisse in naturwissenschaftlichen Begriffen (in den Begriffen und allgemeinen Sätzen einer situationsinvarianten wissenschaftlichen Orientierung) interpretiert, kennt sich also – das ist der Kern der Kantschen Vernunftkritik – grammatisch nicht aus, findet sich ‚kategorial' in den Unterschieden und Zusammenhängen nicht zurecht, welche das Verhältnis von *praktischer* Welt und wissenschaftlicher *Erklärung* bestimmen."[57]

Religions- und Philosophieunterricht sehe ich deshalb in einem wechselseitigen Ergänzungsverhältnis. Beide Unterrichte gehören in eine gemeinsame „Fächergruppe"[58], der auch der Ethikunterricht zuzuordnen wäre, um ihn über den „moralisch-evaluativen" Modus hinaus im Rahmen der Fragen „konstitutiver Rationalität" als *bildendes* und nicht nur erzieherisches Fach auszugestalten.

---

57 F. Kambartel, a. a. O., 150.

58 Eine „Fächergruppe Religion-Philosophie-Ethik" mit Differenzierungs- und Integrationsphasen wurde bereits vorgeschlagen in der Denkschrift der EKD: Identität und Verständigung. Standort und Perspektiven des Religionsunterrichts in der Pluralität, Gütersloh 1994, 73–81.

Religiöse Bildung und die Kritik des Fortschrittsglaubens

1. *Zur veränderten Zeitlage der Pädagogik nach dem Ende der Fortschrittsutopien*

Wir können gegenwärtig das Ende einer dem Fortschrittsglauben verpflichteten Pädagogik beobachten, wie sie im Jahrzehnt zwischen 1965 und 1975 nicht nur theoretisch dominant wurde, sondern auch praktisch die Schulwirklichkeit bestimmte und die Hegemonie in den Lehrerzimmern gewann. Damit hängt zusammen, dass damals der Bildungsbegriff zugunsten der Begriffe Lernen und Sozialisation zurücktrat, gegenwärtig aber wieder reüssiert. Eine Grundidee bestimmte den fortschrittlich-emanzipatorischen pädagogischen *mainstream:* Gesellschaftsveränderung mittels Erziehung zur Kritikfähigkeit. Was soll dagegen einzuwenden sein?

Nun, dass die Schule nicht als Reparaturbetrieb sozialer und kultureller Probleme funktionieren kann, das gehört inzwischen zum allgemeinen pädagogischen Erfahrungswissen, wird allerdings von Bildungspolitikern und Medienöffentlichkeit noch weitgehend ignoriert. Bildungspolitik ist keine Sozialpolitik und keine Wirtschaftspolitik. Man muss das leider betonen, wenn die Einführung von Ganztagsschulen weniger pädagogisch begründet wird, als mit der Ermöglichung der Berufstätigkeit von Müttern. Das ist eine gesellschaftspolitische Aufgabe von eigenem Gewicht, aber eben kein Bildungsprogramm. Die Pädagogik durchläuft gegenwärtig eine reflexive Wende und entzaubert die Mythen über die kausale Wirksamkeit von Erziehung. Während sich die Pädagogik selbst also zur Selbstbegrenzung rät, entdeckt die Öffentlichkeit die Schule als Instrument für makrogesellschaftliche Umsteuerungen. Für jedes neu entdeckte gesellschaftliche und kulturelle Problem wird in Politik und Öffentlichkeit sogleich eine schulische Aufgabe formuliert: Schulen ans Netz, Sexualerziehung, Verkehrserziehung, Gewaltprävention, Suchtprävention und Ernährungsberatung, Interkulturelles Lernen. Und vor allem: Wertevermittlung – die Konjunktur der Werterhetorik ist die Kehrseite der alles ergreifenden Funktionalisierung. Es geht um „Wünschbarkeiten aller Art, zu deren Absicherung oder gar Einlösung weder die Schule noch der schulische Unterricht in der Lage oder befugt ist.“[1] Wenn darüber hinaus den Bildungsinstitutionen Problemlösungen aufgeladen werden, an denen politische und ökonomische

---

[1] Dietrich Benner, Die Struktur der Allgemeinbildung im Kerncurriculum moderner Bildungssysteme. Ein Vorschlag zur bildungstheoretischen Rahmung von PISA; in: ZfP 2002, 96.

Konzepte überwiegend gescheitert sind, dann legt sich die Vermutung nahe, die Pädagogik solle die Verantwortung für die Welt insgesamt übernehmen. Ganz abgesehen davon, dass sich Heranwachsende nach aller Erfahrung – und zu Recht – pädagogischen Allzuständigkeitsansprüchen verweigern: Durch diese Tendenz, die Schule zum zentralen gesellschaftlichen Problemlösungsinstrument zu machen, werden die eigentlichen Bildungsprobleme verkannt und vernachlässigt. Die verbreiteten Forderungen nach Zuständigkeitserweiterungen der Pädagogik verkennen, dass Pädagogik ein Bereich mit eigenen Klugheits- und Handlungsregeln ist und nicht angewandte Sozialstruktur-Analyse. Wenn Bildung etwas für eine gerechte Gesellschaft oder für ökonomische Konkurrenzfähigkeit oder für Gewaltprävention oder für interreligiöse Verständigung leistet, dann überwiegend unabsichtlich und hinterrücks – gleichsam als „Kollateralnutzen“. Hier gilt ein für das pädagogische Handeln charakteristisches Paradoxon: Bildung kann nur dann funktional sein, wenn sie nicht funktionalisiert wird.[2] Auf dem Felde der Bildung entscheidet sich zwar Wesentliches im Blick auf die Zukunft. Es ist aber dem künftigen freien Handeln der Edukanden zu überlassen, auf welche Weise ihre individuellen Bildungsgeschichten in der Gestaltung ihres Lebens und der Gesellschaft zur Geltung kommen. Sie sind dabei nicht festzulegen durch ein pädagogisches Fortschrittsprogramm oder durch die Lernziele eines Unterrichts, der angeblich über das zukünftig erforderliche Können und Wissen Bescheid weiß.

So lässt sich in der Pädagogik gegenwärtig ein Paradigmenwechsel beobachten. Immer weniger wird die „Differenz von personalem und sozialem System verkannt“. Die Pädagogik operiert immer weniger „mit Begriffen einer am Austausch von individuellen Wechselwirkungen orientierten moralischen Kausalität.“ Sie bringt sich immer weniger als eine Art „Oppositionswissenschaft“ „gegenüber der Gesellschaft in eine teils defensive, teils utopisch-kontrafaktische Gegenposition.“[3] Ich halte das aus Gründen, die ich noch weiter ausführen werde, für einen Gewinn – wenn man so will: für einen Fortschritt. Diese Entwicklung „dürfte sich auch einer ernüchterten Einschätzung der sozialreformerischen Möglichkeiten der organisierten Erziehung und dem Abschied von der Aufbruchstimmung und von den wirklichen oder vermeintlichen Illusionen der Reformära der späten 1960er und frühen 1970er Jahren verdanken.“[4]

Hierbei handelt es sich allerdings nicht nur um einen internen Lernprozess der Pädagogik. Auch das allgemeine Mentalitätsklima tendiert gegenüber Fortschrittskonzepten ebenso zur Skepsis wie gegenüber der Vorstellung, Gesell-

---

[2] Vgl. Helmut Peukert, Reflexionen über die Zukunft religiöser Bildung; in: Religionspädagogische Beiträge 49/2002, 56.

[3] Klaus Prange, Niklas Luhmann (1927–1998); in: Bernd Dollinger (Hg.), Klassiker der Pädagogik. Die Bildung der modernen Gesellschaft, Wiesbaden ^{2}2008, 311.

[4] A. a. O., 327.

schaften, gar die globalisierte Weltgesellschaft, ließen sich zielgerecht steuern. Zwei in ihrer historischen Dimension ganz unterschiedliche Konstellationen treten zudem ins Bewusstsein und verstärken sich wechselseitig: Dass wir in einem erdgeschichtlich schmalen Zeitfenster günstigen Klimas und abwesender Globalkatastrophen leben – und dass wir auf der Nordhalbkugel nach dem Zweiten Weltkrieg eine historisch kurzzeitige Phase ökonomischer Prosperität und relativer sozialer Stabilität durchlebten, die seit einiger Zeit zu Ende geht.

Dass der Fortschrittsglaube zusammen mit dem kulturellen Modernisierungsschub der 1960er und 1970er Jahre noch einmal einen kurzen Konjunkturaufschwung erlebte, erscheint im Blick auf einen Schlüsseltext der politischen Oppositionsbewegung von „1968" als deren eher ironisches Selbstmissverständnis. Nach der Entdeckung der „Dialektik der Aufklärung" durch Horkheimer und Adorno[5] war eigentlich keine als Beförderung eines menschheitlichen Fortschritts gedeutete Vorstellung von Geschichte mehr möglich. Der „Engel der Geschichte" von Walter Benjamin, der in der vor uns liegenden Zukunft das Antlitz der Vergangenheit zuwendet, sieht in der „Kette der Begebenheiten", die noch vor uns liegt,

> „eine einzige Katastrophe, die unablässig Trümmer auf Trümmer häuft (...) Er möchte wohl verweilen, die Toten wecken und das Zerschlagene zusammenfügen. Aber ein Sturm weht vom Paradiese her, der sich in seinen Flügeln verfangen hat und so stark ist, dass der Engel sie nicht mehr schließen kann. Dieser Sturm treibt ihn unaufhaltsam in die Zukunft, der er den Rücken kehrt, während der Trümmerhaufen vor ihm zum Himmel wächst. Das, was wir den Fortschritt nennen, ist dieser Sturm."[6]

Um nicht falsch verstanden zu werden: Die neuzeitliche Geschichte ist für einen Teil der Menschheit auch eine Geschichte der Befreiung aus materieller Not und aus sozialen Fesseln, aus Borniertheiten und aus Knechtschaften. Und Fortschritte ganz zu leugnen, wäre reaktionär. Es ist erlaubt und geboten, von den „kleinen" Fortschritten – im Plural – zu reden[7]: Die man beim Englischlernen oder beim Klavierspielen macht, die Ingenieure bei der Kraftwerkstechnik machen, Astrophysiker bei Erkenntnissen zur Geschichte des Weltalls, Gewerkschaften bei der Verbesserung von Arbeitsbedingungen. Problematisch wird es, von dem Fortschritt – im Singular – zu sprechen und ihn gar im Medium der Geschichte als innerweltliche Heilsverheißung quasi-religiös aufzuladen. Karl Marx hatte einen Blick für die damit verbundene Gefahr, als er eine Zeit herbeisehnte, in der „der Fortschritt nicht mehr jenem scheußlichen heidnischen

---

5 Max Horkheimer /Theodor W. Adorno, Dialektik der Aufklärung. Philosophische Fragmente (1944), Frankfurt a. M. 1969.

6 Walter Benjamin, Geschichtsphilosophische Thesen (9); in: Ders., Zur Kritik der Gewalt und andere Aufsätze, Frankfurt a. M. 1965, 84f.

7 Vgl. Robert Spaemann, Unter welchen Umständen kann man noch von Fortschritt sprechen?; in: Ders., Philosophische Essays, Stuttgart 1983, 130–150, bes. 148ff.

Götzen gleicht, der Nektar aus den Schädeln Erschlagener trinkt."[8] Sein folgenschwerer Irrtum bestand darin, man könne und müsse diesem Götzen noch eine Zeitlang opfern, um dann ins Gelobte Land eines Fortschritts zu gelangen, der keine Opfer mehr erheischt. Hannah Arendt hat in aller Schärfe davon gesprochen, dass „die Idee des Fortschritts" mit dem „Kantischen Begriff der Menschenwürde" unvereinbar sei[9], weil er zwangsläufig darauf hinauslaufe, Menschen als Mittel zur Erreichung eines sie übergreifenden Zwecks anzusehen und die Zukunft auf Kosten der Gegenwart verwirklichen zu wollen. Das ist die Erfahrung der totalitären Utopien des vergangenen Jahrhunderts, deren Ende auch das Ende großer Ersatzreligionen ist. Die Einsicht, dass gegenwärtiges Leben kein Mittel zum Zweck der Verbesserung künftigen Lebens sein darf, hat zentral mit dem emphatischen Bildungsverständnis zu tun, das mit den Namen Humboldt, Herder und Schleiermacher verbunden ist. Daran ist festzuhalten – bei aller berechtigten Kritik an einem verschwiemelten bürgerlichen Bildungsidealismus, der den Blick auf die realen Probleme der Bildungsinstitutionen verstellt.

2. *Warum die Abkehr von der Zukunfts- und Fortschrittsorientierung der Pädagogik gut tut*

Zukunftskompetenz, so könnte man die Grundparadoxie der Pädagogik variieren, folgt aus der Gegenwartsorientierung. Von Bildung ist deshalb niemals *vollständig* in Kategorien von Ausbildung und Qualifikationsvermittlung zu reden. Natürlich: Bildung, die nicht *auch* Ausbildung ist, hängt in der Luft von Wolkenkuckucksheimen. Aber es geht hier ja gar nicht um falsche Alternativen wie die zwischen „nützlich" und „überflüssig". Es geht um ein *Surplus* – um das, was Thomas Mann im Josephs-Roman das „Übernützliche" genannt hat. Kein Mensch ist durch seine Qualifikationen definiert. Nur Maschinen gehen darin auf, für etwas gut zu sein. Das ließe sich theologisch so ausbuchstabieren, dass Menschen es sich nicht verdienen können und müssen, als Ebenbilder Gottes zu gelten. Es entspricht aber auch dem säkularen Grundsatz, dass niemandes Menschenwürde von seinen Eigenschaften und Leistungen abhängig ist. Eben deshalb entspricht in den allgemeinbildenden Schulen nur ein *Bildungs*konzept der Würde aller darin Beteiligten. Die Würde von Menschen äußert sich in ihrer Unverfügbarkeit. Unverfügbarkeit schließt auch die Anerkenntnis ein, dass sich Menschen, weil sie keine Sachen sind, jeder Berechenbarkeit entziehen, also nicht zur Disposition von Handlungskalkülen stehen, auch nicht von pädagogischen Handlungskalkülen (es sei denn, sie werden mit Gewalt unter-

[8] Karl Marx, Die künftigen Ergebnisse der britischen Herrschaft in Indien (1853); in: Marx-Engels-Werke (MEW), Bd. 9, 226.

[9] Hannah Arendt, Vom Leben des Geistes, Bd. 2, Anhang, München ^{2}1989, 226.

worfen). „Wie kultiviere ich die Freiheit bei dem Zwange?" – das ist nach Kant die Grundfrage der Pädagogik.[10]

Die Menschenwürde ist bedroht, wo Menschen als Mittel für übergeordnete Zwecke verstanden werden, sei es für die ökonomische Prosperität, sei es für den allgemeinen Fortschritt der Menschheit. Eben dies geschieht, wenn Bildung nicht die Befähigung der Heranwachsenden in den Mittelpunkt stellt, am kulturellen Gesamtleben der Gesellschaft teilzunehmen, sondern in erster Linie der Konkurrenzfähigkeit des Wirtschaftsstandorts Deutschland dienen soll. Dass dem Wirtschaftstandort wiederum paradoxerweise wahrscheinlich am besten gedient wird, wenn die Heranwachsenden nicht auf seine Sicherung hin konditioniert werden, steht auf einem anderen Blatt. Bildung schließt die Erwartung von ökonomischer Prosperität keineswegs aus, sondern hofft umso mehr darauf, je weniger sie solche Ziele anstrebt. Es gehört zum pädagogischen Handeln, dass das Unintendierte und Nichtfunktionale oft das Nachhaltigere und Funktionalere ist.

Bildungstheoretisch ist hier von einem Grundgedanken Hannah Arendts zu lernen. Sie hat mit dem Begriff der Natalität, des Geborenseins, die Möglichkeit von Neuanfängen so stark betont. Eben deshalb sieht sie genau da, wo Erwachsene das pädagogische Handeln mit – vermeintlich noch so menschenfreundlichen – Zukunftsprojekten verbinden, einen Übergriff auf die Personwürde von Kindern. Pädagogik gelinge, so Hannah Arendt, im intergenerationellen Verhältnis nur dann, wenn die Erwachsenengeneration für ihre Welt eintrete und deren *Verstehen* im Modus der Weltzuwendung ermögliche. Gegenüber den Kindern als den „Fremdlingen" in der Welt haben die Erwachsenen „Verantwortung für Welt, in die sie sie hineingezeugt und hineingeboren haben", zu übernehmen. „Unsere Hoffnung hängt immer an dem Neuen, das jede Generation bringt; aber gerade weil wir nur hierauf unsere Hoffnung setzen können, verderben wir alles, wenn wir versuchen, das Neue so in die Hand zu bekommen, dass wir, die Alten, bestimmen können, wie es aussehen wird. Gerade um des Neuen und Revolutionären willen in jedem Kinde muss die Erziehung konservativ sein."[11] Nirgendwo sonst als auf dem pädagogischen Feld ist die Bedeutung der Gegenwart, die Dignität des Augenblicks so stark zu machen. Nicht zufällig wird dieser Gedanke in der Romantik kritisch gegen den Utilitarismus der Aufklärung gewendet: „Nur wer für den Augenblick lebt, lebt für die Zukunft", schreibt 1801 Heinrich von Kleist an Wilhelmine von Zenge.[12] Und Friedrich Schleiermacher hat als Pädagoge davor gewarnt, den „Moment stets

---

10 Immanuel Kant, Über Pädagogik (1803); in: Ausgewählte Schriften zur Pädagogik und ihrer Begründung. Besorgt von Hans-Hermann Groothoff, Paderborn ^{2}1982, 20.

11 Hannah Arendt: Zwischen Vergangenheit und Zukunft. Übungen im politischen Denken, München 1994, 165 u. 273.

12 Brief v. 21.05.1801 (http://www.kleist.org/briefe/045.htm#bka).

der Zukunft auf(zu)opfern."[13] Zugespitzt stellt sich die Frage, was sich am pädagogischen Handeln gegenüber einem Kinde heute verändern würde, wenn bekannt wäre, dass es morgen tot ist. Eine pädagogisch radikale Antwort auf das Problem der Achtung vor den Kindern verlangt das Ende jeder Projektemacherei, mit dem die Erwachsenen über die Zukunft der Kinder verfügen wollen. Freilich: Wir sind genötigt, im pädagogischen Prozess auf Zukunft hin zu handeln und auch Kinder im Blick auf Zukunft zu sehen. Diese Paradoxie lässt sich nicht auflösen, sie gebietet aber so etwas wie Mut zur Inkonsequenz und vor allem die Vermeidung von Instrumentalisierungen in der Bildung, die genau darin – im Verzicht auf instrumentelle Zweckgerichtetheit – Analogien zur Religion und zur Kunst aufweist. Nicht zuletzt als Widerlager gegen die Verzweckung der Schule und der in ihr lernenden Menschen gehören musisch-ästhetische Fächer und Religion zur Allgemeinbildung, sofern in ihnen zu lernen ist, was Autonomie und Zweckfreiheit bedeuten können.

Bildungsprozesse ereignen sich also – sofern sie über die Vermittlung von Kulturtechniken hinausgehen – im Horizont unberechenbarer Zukünfte. „Was muss man lernen, wenn man nicht wissen kann, was man in Zukunft wissen muss?"[14] Handlungsfähigkeit erwerben Menschen nicht als Mittel zum Zweck, sondern sie wächst ihnen zu in der Entwicklung und Reflexion ihres Selbstverhältnisses und – auch das hat Hannah Arendt aufgezeigt – *im Vollzug* gemeinsamen Handelns.[15]

Nun ist als ein schwerwiegender Einwand gegen einen emphatischen Begriff von Bildung immer wieder der Hinweis zu hören, dass Bildung Auschwitz nicht verhindert habe, ja, dass es oft gerade musisch, ästhetisch, wissenschaftlich gebildete Menschen waren, die sich der tiefsten Amoralität schuldig machten. Vor diesem Hintergrund hat Theodor W. Adorno die „Forderung, dass Auschwitz nicht noch einmal sei", als die „allererste der Erziehung" erhoben. Dieser Maxime entspreche als „einzig wahrhafte Kraft" das Prinzip „Autonomie", d. h. die „Kraft zur Reflexion, zur Selbstbestimmung, zum Nicht-Mitmachen."[16] Diese Forderung geht mit so viel moralischer Autorität einher, dass sie nur selten kritisch bedacht wird. Ich fürchte, Adorno überschätzt die Kraft des Gewissens und der individuellen Reflexion. Vollends zielt es völlig am pädagogischen Verhältnis vorbei, wenn er fordert, der Unterricht, der auf die Unwiederholbarkeit von Auschwitz abzielen soll, müsse „in Soziologie sich verwandeln (...), also über das gesellschaftliche Kräftespiel belehren, das hinter

---

13 Friedrich Schleiermacher, Pädagogik (1820/21), hg. v. Christiane Ehrhardt u. Wolfgang Virmond, Berlin / New York 2008, Berliner Nachschrift, 105.

14 Hermann Giesecke, Am Ende pädagogischer Illusionen? Erwägungen für ein Bildungskonzept der Zukunft; in: A. Grimm/H.-P. Burmeister (Hg.), Bildung neu denken (Loccumer Protokolle 66/99), 51.

15 Hannah Arendt, Vita activa oder Vom tätigen Leben, München und Zürich [5]1987, 164ff.

16 Theodor W. Adorno, Erziehung nach Auschwitz; in: Ders., Erziehung zur Mündigkeit, Frankfurt a. M. 1970, 93.

der Oberfläche der politischen Formen seinen Ort hat."[17] Abgesehen von der naiv-autoritären Erwartung an die Wirkung von „Belehrung": Statt die Legitimität und die zivilisierende Kraft des Oberflächenspiels z. B. demokratischer Institutionen und Formen (die eben nicht „nur formal" sind) überhaupt für möglich zu halten, wird sogleich gefragt, was gleichsam „dahinter steckt". Aufklärung heißt dann Entlarvung.[18] Nicht selten wird durch den Automatismus des „Hinterfragens" die Kritik selbst zum Oberflächenphänomen, mit dem sich der Konformismus als sein Gegenteil tarnt. Dieses Modell pädagogischer Aufklärung wurde an deutschen Schulen in den 1970er Jahren dominant. Die Individuen und ihre Lebensformen wurden einem starken (theoretischen) Wahrheitsbegriff unterworfen: „Vom falschen zum richtigen Bewusstsein". Könnte es nicht sein, dass die darin virulente und durchaus verständliche Sorge um Mündigkeit, Kritikfähigkeit und nichtautoritäre Charakterfixierung eher ins Leere lief, weil Kindern und Jugendlichen die Ideologiekritik der gesellschaftlichen Verhältnisse abverlangt wurde, bevor ihnen überhaupt Sinn- und Legitimitätsansprüche der bestehenden Welt begegneten?[19] Eine ähnliche Frage wirft schon Ludwig Wittgenstein auf: „Denn wie kann das Kind an dem gleich zweifeln, was man ihm beibringt? Das könnte nur bedeuten, dass es gewisse Sprachspiele nicht erlernen könnte."[20] Und neben allen guten Gründen dafür, dass das vorherrschende Generationsthema der Jugend seit den 1980er Jahren nicht mehr Rebellion gegen die Elternwelt, sondern Sinnsuche geworden ist, müsste doch auch der bedenkliche Tatbestand bedacht werden, warum jugendlicher Protest dort, wo er sichtbar wird, sich seither so oft in „rechten" Mustern artikuliert.

Ich meine, es ist der Neigung in den Erziehungsinstitutionen entgegenzutreten, eine Art Entlarvungshaltung gegenüber der Welt einzunehmen, die die Kritik der bestehenden Verhältnisse *vor* das Verstehen der Welt setzt. So wird die Kritikfähigkeit in der Luft hängen und ins Leere zielen. Denn Kritik wird nur fruchtbar in einer Atmosphäre der Weltbejahung, in einer Haltung der Zuwendung zur Welt. Dieser Gedanke ist auch gegen das Bildungskonzept Wolfgang Klafkis einzuwenden, der aus der Diagnose „epochaltypischer Schlüsselprobleme" Zielorientierungen für Lernprozesse gewinnen will. Noch bevor die Welt wahrgenommen wird und die Weltwahrnehmungen hinsichtlich ihrer Unterschiedlichkeit reflektiert werden, und noch bevor sich die Schüler auf diese Weise ihrer eigenen Subjektivität im Medium der Welterschließung bewusst werden können, wird so allererst die Welt als Handlungsfeld für Pro-

17 A. a. O., 104.

18 Vgl. Niklas Luhmann, „Was ist der Fall?" und „Was steckt dahinter?" – Die zwei Soziologien und die Gesellschaftstheorie (Abschiedsvorlesung), Bielefeld 1993.

19 Die Frage stellt Willfried Maier, Können Individuen nur individuell lernen? Schule, Common Sense und Kulturelles Gedächtnis (www.gruene-akademie.de/download/wissen_maier.pdf).

20 Ludwig Wittgenstein, Über Gewissheit, Frankfurt a. M. 1970, § 283, 76.

blemlösungen vorgestellt. Es lassen sich in dieser Perspektive auch keine Kompetenzen vermitteln, die hinsichtlich ihrer Relevanz konsensfähig wären und die die lernenden Subjekte nicht überfordern und entmutigen würden. Das heißt keineswegs, Heranwachsende aufzufordern, sich kritiklos mit allem Übel abzufinden. Ihnen die Hoffnung auf Möglichkeiten des Gelingens einzustiften, setzt aber keine Belehrung über die Welt, sondern eine Haltung tätiger Weltzuwendung voraus. Darin wirkt ein Ethos, dass gerade im Verzicht auf erzieherisches Moralisieren eine auch ethisch verantwortliche Weltzuwendung erhofft. Und zwar umso mehr, als in der Fähigkeit zum welterschließenden Perspektivenwechsel phylogenetisch und ontogenetisch wahrscheinlich der gleiche Impuls wirksam ist wie in der Fähigkeit zur zwischenmenschlichen Empathie.

Erziehung kann deshalb, so wiederum Hannah Arendt, nur gelingen, wenn die Erwachsenen bereit sind, Autorität zu beanspruchen – nicht im Sinne einer autoritären Haltung, sondern im Sinne der Bereitschaft, Verantwortung für die vorhandene Welt zu übernehmen und sie gegenüber den Nachwachsenden zu vertreten.[21] Pädagogische Aufklärung hat dann nicht mehr vor allem den Autonomiegedanken im Sinne Adornos ins Zentrum zu rücken, sondern zielt auf ein Differenzierungs- und Relativierungsvermögen ab. Pädagogische Aufklärung setzt – nur scheinbar paradox – mit der Beanspruchung von Autorität und Weltverantwortung einen Zuwachs an Selbstrelativierung bei den Erziehenden und Lehrenden selbst voraus, um ihn bei den Heranwachsenden und Lernenden zu fördern. Einem Diktum Niklas Luhmanns zufolge hat Ethik vor Moral (und deren oft konfliktsteigernder Wirkung) zu *warnen*.[22] Ganz ähnlich hat Bildungstheorie vor Bildung zu warnen, jedenfalls vor jener Art Bildung, die sich als Garantie für moralische Güte und Fortschritt versteht und gerade damit in einem gewissen Bildungsdünkel befangen bleibt. Bei aller Hoffnung auf Gelingen dient Bildung nicht der Rettung. „Bildung ist nicht mehr als eine Hoffnung auf Humanität."[23] Ob diese Hoffnung zum Zuge kommt, entscheidet sich nicht, jedenfalls nicht allein, auf dem Feld der Pädagogik.

So sehr ich es aus Gründen, die hier nicht zu erörtern sind, für richtig halte, dass im deutschen Schulsystem gegenwärtig die Steuerung des Lernens mittels stofforientierter Lehrpläne abgelöst wird durch die Orientierung an Kompetenzen, so ist doch die wichtigste Frage in Bildungsprozessen nicht die Frage nach formalen Kompetenzen, die erworben werden sollen, sondern nach der grundlegenden Beziehung zur Welt, in welche die Heranwachsenden eingeführt werden sollen. Nur am Rande bemerkt: Ohne die Verschränkung von

[21] Vgl. Hannah Arendt, Was ist Autorität?; in: Dies., Zwischen Vergangenheit und Zukunft, a. a. O., 165.

[22] Niklas Luhmann, Paradigm lost. Über die ethische Reflexion der Moral, Frankfurt a. M. 1990, 41.

[23] Hermann Giesecke, a. a. O., 56.

Kompetenzorientierung mit inhaltlich qualifizierten unterschiedlichen „Modi der Welterschließung" ließe sich das Problem, wie Lernziele und Lerngegenstände nicht-dezisionistisch zu definieren sind, gar nicht lösen. Wenn Kinder und Jugendliche immer in eine schon gewordene Welt hineinwachsen, kann Bildung nicht einfach auf den Erwerb formaler subjektiver Fähigkeiten und Fertigkeiten hinauslaufen. Sie muss in die Welt einführen und Weltbezüge ausbilden. Das aber kann nur durch Verstehen gelingen, und zwar durch ein bestimmtes, konkretes Verstehen. Bildendes Lernen kann deshalb niemals auf das Medium von Inhaltlichkeit verzichten. Das bedeutet: Erste Aufgabe aller Erziehung ist die Vermittlung von Weltsinn und – im Sinne Hannah Arendts – von *common sense*. Perspektivische Welterschließung mittels der Ingebrauchnahme fachlicher Symbolsysteme setzt voraus, dass zunächst deren Geltungsansprüche in Kraft gesetzt und anerkannt werden müssen, statt sie sogleich einer ideologiekritischen Verdachtshermeneutik auszusetzen. Das ist durchaus im Kontrast zu einer emanzipatorischen Pädagogik zu sehen. Denn anders als Kritikfähigkeit, die auf Behauptung gegenüber der Welt hinausläuft, bedeutet Urteilsfähigkeit – so Kant im § 40 der „Kritik der Urteilskraft" –, dass sich ein Mensch beim Urteil über die Welt „über die subjektiven Privatbedingungen des Urteils" hinwegzusetzen hat, „und aus einem allgemeinen Standpunkt (den er dadurch nur bestimmen kann, dass er sich in den Standpunkt anderer versetzt) über sein eigenes Urteil" zu reflektieren hat. Urteilsfähigkeit bedeutet die Beurteilung der Welt unter Gesichtspunkten eines Gemeinsinns. „Die Urteile, die dabei ausgesprochen werden, sind auf jedermanns Einstimmung aus und deshalb prinzipiell öffentlich".[24]

Weltverstehen und Gemeinsinn entstehen in dieser Perspektive gleichursprünglich im Bezug auf eine vorhandene, nicht auf eine zukünftige Welt. Im Bezug auf eine gewordene Welt, die nicht nur in Begriffe zu fassen ist, die nicht nur in Form funktionaler Imperative begegnet, sondern die in Geschichten erzählbar ist und im symbolischen Handeln von Menschen sowohl Ausdruck findet als auch gestaltet wird. Bildung ist nicht denkbar außerhalb eines Überlieferungsgeschehens, außerhalb eines kulturellen Gedächtnisses, ohne dessen Hintergrund auch kein Zukunftsentwurf möglich ist.

Ich fasse diesen Abschnitt zu einem Zwischenresümee zusammen: Handlungsfähigkeit wächst Menschen zu durch Weltverstehen und im Vollzug gemeinsamen Handelns, nicht aber durch den Erwerb angeblich zukunftsorientierter Qualifikationen. Und es geht in Bildungsprozessen ohnehin weniger um die Ausbildung prognostisch ermittelter zukünftig verwertbarer Qualifikationen, sondern um die Vorbereitung auf das, was Schleiermacher „Mitgesamttätigkeit" genannt hat[25], über die berufliche Erwerbsarbeit hinaus also um die

[24] Willfried Maier, a. a. O.

[25] Friedrich Schleiermacher, Grundzüge der Erziehungskunst (Vorlesungen 1826); in: Texte zur Pädagogik Bd. 2 (hg. v. M . Winkler u. J. Brachmann), Frankfurt a. M. 2000, 16.

Teilnahme am politischen und kulturellen Gesamtleben – ich nenne das *Partizipationskompetenz.* Und es geht zugleich um *Deutungskompetenz* im Blick auf die ins kulturelle Gesamtleben verwobenen Symbolsysteme, ohne deren angemessenes Verständnis Partizipation nicht möglich ist. Damit sind wir abschließend bei der Religion als einer dieser symbolisch codierten kulturellen Praxen.

3. *Was Religion zu einem Bildungssystem beiträgt, das sich nicht durch eine Fortschrittsideologie korrumpieren lässt*

Religiöse Bildung soll die Möglichkeit kompetenter Teilnahme am Religionssystem ermöglichen, was unter pluralistischen Bedingungen immer auch die Möglichkeit urteilsfähiger Abstinenz einschließt. Dazu müssen die für das Religionssystem konstitutiven Kommunikationsformen verstanden und gedeutet werden können. Diese Aufgabe stellt sich nicht nur einem konfessionell gebundenen schulischen Religionsunterricht, sondern gehört unverzichtbar zur Allgemeinbildung. Aus Gründen des öffentlichen Friedens, darauf hat in letzter Zeit mehrfach Jürgen Habermas hingewiesen, ist es nicht hinzunehmen, dass sowohl fundamentalistische Gruppen als auch Pseudoaufklärer wie Richard Dawkins Religion im Anschluss an die biblischen Schöpfungserzählungen als eine Art vorwissenschaftlicher Naturkunde missverstehen und denunzieren. Solche Missverständnisse stehen zwar unter dem Schutz der Meinungsfreiheit und können nicht verboten werden, ihnen ist aber in Bildungsprozessen gerade im Sinne der Wahrung eines *common sense* entgegenzutreten, und zwar jenseits der Alternativen Atheismus, Agnostizismus oder religiöser Gläubigkeit. Religion muss in Bildungsprozessen in ihrer spezifischen Differenz gegenüber empirischem Tatsachenwissen, aber auch in ihrer Unterschiedenheit gegenüber Moral und Metaphysik erscheinen – gleichsam als „eigene Provinz" nicht nur im Gemüt (Schleiermacher), sondern auch im Ensemble der Weltzugänge, die die Schule, aber auch die anderen Bildungsinstitutionen, zu erschließen hat.

Religiöse Bildungsprozesse werden diese ihre Aufgabe am besten erfüllen können, wenn in ihnen seitens der Lehrkräfte Überzeugungen und Gewissheiten in Erscheinung treten, ohne auf diese Überzeugungen zu verpflichten. Wie jede andere kulturelle Praxis kann auch Religion nur am exemplarischen Beispiel und mittels des didaktisch inszenierten Wechsels zwischen Teilnahme und Beobachtung erschlossen werden. Der besondere Beitrag, den die Religion, jedenfalls die christliche Religion, zu einer Kritik des Fortschrittsglaubens zu leisten hat, kann nur auf diese Weise erbracht werden.

Verstehen konstituiert sich immer nur durch die Teilnahme an einem Sprachspiel. Im Gebrauch gemeinschaftlich geteilter Symbolsysteme werden zwischen den beteiligten Individuen Aushandlungsprozesse von Bedeutung und Kommunikation notwendig und möglich. Vor diesem Hintergrund lässt sich präzisieren, dass in Bildungsprozessen eine Didaktik des Perspektivenwechsels wirksam werden soll – des Perspektivenwechsels von Teilnahme und Beobachtung, d. h. zwischen einer reflektierten, beobachtend-analytischen und einer teilnehmend-handlungsorientierten Perspektive. Dieser Perspektivenwechsel lässt sich didaktisch besonders dort signifikant machen, wo sich die Symbolsysteme eines Unterrichtsfaches auf eine kulturelle Praxis beziehen lassen – z. B. im Religionsunterricht und in den musisch-künstlerischen Fächern.

Was nun kann religiöse Bildung zur Allgemeinbildung beitragen, und zwar über die im Bildungsbegriff selbst schon virulente Widerständigkeit gegen einen allgemeinen Fortschrittsglauben hinaus? Nun, sie kann den „eschatologischen Vorbehalt" gegen alle innerweltlichen Vollkommenheitsideale geltend machen; dass also im Bereich des „Vorletzten" andere Regeln und Möglichkeiten gelten, als im Blick auf die „letzten Dinge".[26] Und sie kann sich ideologiekritisch (um nicht zu sagen: religionskritisch) mit jenen Formen des Fortschrittsglaubens auseinandersetzen, die ohne kritische Begrenzung die öffentlichen Bildungsinstitutionen desorientieren würden. Denn nachdem die großen Utopien verbraucht sind, ihre Glaubensgehalte gleichsam entmythologisiert und säkularisiert worden sind, laufen ja einige ihrer Projekte blind, automatisch, weiter, ohne dass sich noch Erlösungshoffnungen mit ihnen verbinden. Aus der Sicht der christlichen Religion kann es dann nicht mehr nur darum gehen, den eschatologischen Vorbehalt des Heilshandelns Gottes gegen die utopischen Verfügungsansprüche über die Zukunft stark zu machen. Es geht viel elementarer um die Frage, welche Hoffnungen sich überhaupt noch behaupten können gegen die mit dem Utopieverlust einhergehende Evidenz, dass die zukünftige Geschichte kein Heil verheißt. Es ist ein „Bewusstsein, dass etwas fehlt", wachzuhalten.[27] Freilich ist dabei auch selbstkritisch zu beachten, dass in der christlichen Religion selbst zuweilen die Grenze zur Heilsanmaßung überschritten wird. Die Grundparadoxie unserer Zeit, dass bei wachsenden Verfügungsmöglichkeiten Machbarkeit und Zuträglichkeit immer weiter auseinanderklaffen, schlägt so etwa noch in der Negation des Machbarkeitsglaubens durch, wenn der Aufruf zur ökologisch gebotenen Bescheidenheit sich mit dem unbescheiden-anmaßenden Anspruch verbindet, die Welt zu retten, nämlich „die Schöpfung zu bewahren". Verantwortung für die höchstmögliche Integrität der natürlichen Umwelt (und das ist etwas anderes als „die Schöpfung") muss sich gerade im Licht der Entzauberung des Fortschrittsglaubens realistischere Ziele des „Bebauens und Bewahrens" setzen, als zu meinen, anstelle Gottes für die Rettung der Schöpfung aufkommen zu sollen.

---

26 „Um des Letzten willen muss vom Vorletzten die Rede sein" (Dietrich Bonhoeffer, Ethik, hg. v. Ilse Tödt u. a., DBW 6, München 1992, 133).

27 Michael Reder, Josef Schmidt (Hg.), „Ein Bewußtsein von dem, was fehlt". Eine Diskussion mit Jürgen Habermas, Frankfurt a. M. 2008.

Den „eschatologischen Vorbehalt" gegen weltimmanente Heilsversprechungen stark zu machen, ist das eine. In religiösen Bildungsprozessen geht es aber auch, ich sprach es schon an, um die kulturelle Erinnerungsfähigkeit unserer Gesellschaft, die sich auch auf jene Überzeugungsgehalte, Lebensdeutungs- und Lebensführungsmuster richtet, denen man ihre religiöse Herkunft oft nicht mehr unmittelbar ansieht: Warum wir meinen, dass Schwachen geholfen werden müsse; warum wir auch bei verurteilten Straftätern von unverletzlicher Menschenwürde reden; warum wir Euthanasie ablehnen – die Liste der Beispiele ließe sich lange fortsetzen. Im öffentlichen Diskurs wird an dieser Stelle von „Werten" geredet. Werte sind allerdings leichter zu beschwören, als sie auf ihre Erhaltenswürdigkeit zu prüfen und dann auch zu bewahren und erzieherisch zu vermitteln. Auf der Ebene von Moralpredigten ist hier gar nichts auszurichten. Ohnehin geht es weniger um die Vermittlung von Werten (Substantiv, Plural) als um die Befähigung zu werten (Verb, Infinitiv). Vor allem geht es um so etwas wie ein kulturelles Gedächtnis. Die großen Wörter unserer Kultur – Menschenwürde, Freiheit, Gerechtigkeit, Hoffnung, Solidarität – sind, jedenfalls hier in Europa, nicht ohne die jüdisch-christliche Tradition zu verstehen. Konkreter: Nicht ohne die in der Bibel überlieferten Geschichten. In diesen Geschichten geht es ja nicht um geistige Prinzipien und deren erzählerische Illustration. Es geht in ihnen um Erfahrungen, die Menschen als ihre Begegnungen mit Gott gedeutet und bezeugt haben. Die großen Wörter unserer Kultur verlangen nicht nach so etwas wie philosophischer Letztbegründung. So würden sie, wie wir wissen, auch gar nicht an Überzeugungskraft gewinnen können. Sie erlangen ihre Plausibilität und Prägekraft nur im Kontext gedeuteter Erfahrungen, und dies auch nur dann, wenn sie an selbstgemachte Erfahrungen anschließbar sind. Wer nie mit Liebe und Anerkennung angeblickt und angesprochen wurde, wird selbst kaum dazu in der Lage sein, anderen Menschen liebevoll und mit Respekt zu begegnen. Wer aber eine solche Erfahrung machte, wird sie weitergeben und zu einer Welt- und Lebensdeutung ausweiten wollen. Und diese Welt- und Lebensdeutung könnte in der Metapher des liebevoll sein Geschöpf und sein Ebenbild anblickenden und anredenden Gottes ein tragfähiges und verallgemeinerbares Bild gewinnen. Die für unsere Kultur entscheidende, aber – wie wir wissen – durchaus nicht selbstverständliche und immer wieder bedrohte Unterscheidung zwischen Personen und Sachen, zwischen „Etwas" und „Jemand", bedarf des Rückhalts der biblischen Erzählwelt. Es ist mehr als nur ein Verlust an sozusagen literarischem Wissen, wenn Geschichten wie die vom Sündenfall, von Kain und Abel, vom Barmherzigen Samariter und vom Verlorenen Sohn nicht mehr gekannt werden. Gewiss haben sich unsere kulturellen Grundüberzeugungen weitgehend von ihren religiösen Wurzeln abgelöst und säkularisiert. Aber auch die säkularen Überzeugungen brechen weg, wenn ihre religiösen Herkünfte nicht mehr bekannt sind. Hierzu gehören ja auch die Traditionen der Gewaltenteilung zwischen religiöser und staatlicher Macht, die Unterscheidung zwischen „Letztem" und „Vorletztem" im politischen Raum und die Ziehung einer Grenze gegenüber dem, was weder dem Staat noch demokratischen Mehrheitsentscheidungen zur Disposition steht.

Schließlich: Bildung erhebt im Unterschied zu Ausbildung den Anspruch, der modernen Gesellschaft und der für sie konstitutiven Ausdifferenzierung in unterschiedliche Teilsysteme auf eine Weise gerecht zu werden, die die Menschen als Grenzen der Systeme anerkennt, ohne sich gegenüber den Anforderungen moderner Systemimperative nur zu verweigern. Wie können sich Menschen bei der Gestaltung ihres Lebens gegen den stummen Zwang der Sachzusammenhänge und der systemischen Logiken behaupten? Diese Frage ist nicht definitiv zu beantworten, schon gar nicht mit einem Wissen. Zur Führung eines bewussten Lebens ist sie aber unverzichtbar. Sich ihr zu stellen, zeigt sich nicht nur in evaluierbaren Kompetenzen, sondern noch eher in einem Stil, in Eigensinn und Distanzierungsfähigkeit. Bildung soll Menschen durch die unterschiedlichen Erkenntnis- und Handlungslogiken hindurch die Integrität und Kohärenz ihrer Lebensführung ermöglichen. Damit „Menschen (...) ihr Leben *führen*, es also nicht nur wie einen objektiven Prozess erfahren, als wäre es einer Krankheit ähnlich, die sie befällt.“[28] Eben darin besteht die wechselseitige Affinität von Religion und Bildung. Religion kann insbesondere dazu beitragen, im Bildungsprozess die Fortschritte, die die Menschen im Blick auf eine mündige und bewusste Lebensführung machen, anzuerkennen – und sie nicht als Mittel zum Zwecke eines allgemeinen Fortschritts abzuwerten.

28 Dieter Henrich, Bewußtes Leben. Stuttgart 1999, 81.

Kann religiöse Bildung einen Beitrag zur Demokratie leisten?

Zum Verhältnis von Religion und Politik in Bildungsprozessen

1. Drei Vorbemerkungen

– Mit meinem Plädoyer für die Unterscheidung zwischen Religion und Politik trage ich zugleich Bedenken gegen die – wie mir scheint: vorschnelle – Inanspruchnahme des Religionsunterrichts für politische Bildung vor, wie sie bei Bernhard Grümme[1] und – weniger entschieden – bei Thomas Schlag[2] erkennbar wird. Beide Autoren kündigen in ihren Studien zum Verhältnis von religiöser und politischer Bildung die Unterscheidung zwischen Religion und Politik keineswegs auf. Ich habe allerdings Einwände gegen eine mangelnde Trennschärfe bei dieser Unterscheidung. Hier geht es zudem exemplarisch um jene Fragen, die seit einiger Zeit unter der Überschrift „Öffentliche Theologie" diskutiert werden. Dabei kann die Diskussion über das Verhältnis von Politik und Religion nicht davon absehen, dass wir gegenwärtig Zeitzeugen einer Entwicklung sind, die manche nach einer langen Durststrecke der Entpolitisierung (gerade auch der nachwachsenden Generation) als eine Rückkehr des Politischen in den öffentlichen Raum deuten. Andere diagnostizieren diese Entwicklung eher als verschärfte Krise des Politischen. Dafür stehen der Verlust des Primats der Politik an die wild gewordenen Finanzmärkte und die dagegen eher kurzzeitig durch *attac* und die *occupy*-Bewegungen artikulierte Empörung. Vor allem aber ist der massenhafte Protest von Jugendlichen gegen die sich abzeichnende Klimakatastrophe voraussichtlich kein kurzfristiges Phänomen. Für alle Sphären des kulturellen Lebens ist es beunruhigend, wenn wieder eine bestimmte kulturelle Praxis (hier eine – zudem von der „Realwirtschaft" abgekoppelte – Finanzökonomie) monopolistische Dominanz gewinnt. Die Frage spitzt sich darauf zu, ob sich wieder ein Feld des Handelns (oder wenigstens das Verlangen danach) öffnet, das sich zwischen die Intimität des Privaten und die

---

1 Bernhard Grümme, Religionsunterricht und Politik. Bestandsaufnahme – Grundsatzüberlegungen – Perspektiven für eine politische Dimension des Religionsunterrichts, Stuttgart 2009.

2 Thomas Schlag, Horizonte demokratischer Bildung. Evangelische Religionspädagogik in politischer Perspektive, Freiburg u. a. 2010.

Totalität eines als Sachzwangautomatismus suggerierten Ablaufs aller Dinge schieben kann.

– Allerdings ist vor diesem Hintergrund in religiöser Hinsicht zu betonen, dass Demokratie nicht zu vollmundig als ein Produkt der Wirkungsgeschichte des Christentums reklamiert werden sollte. Gewiss: Wenn man unter Demokratie mehr verstehen will als das formale Regelwerk des politischen Systems, dann ist es in historischer Perspektive evident, dass sich die moderne Demokratie in vieler Hinsicht der Christentumsgeschichte verdankt. Das Postulat einer unveräußerlichen Menschenwürde, der Grundsatz der Gleichheit vor dem Gesetz, die Unterscheidung zwischen Religion und Politik als die Quelle aller Gewaltenteilung – all das ist christlich-religiös begründet, auch wenn es in seinen säkularen Gestalten diese Herkunft nicht mehr auf der Stirn trägt. Dennoch ist bei gebildeten Zeitgenossen die Erinnerung daran lebendig, dass die christliche Religion in ihrer kirchlichen Gestalt die neuzeitliche Entwicklung der Demokratie bis in die Mitte des 20. Jahrhunderts hinein nicht gerade gefördert hat, um es vorsichtig zu formulieren.

– Man könnte vor diesem Hintergrund die gewisse Emphase, mit der seit der „empirischen Wende" in der Religionspädagogik religiöse Bildung gelegentlich in die Nähe politisch-demokratischer Bildung gerückt wurde, gleichsam als Überkompensation der historischen Hypothek lesen, mit der sich die christliche Religion im Blick auf die Demokratiegeschichte belastet sieht. Auch wenn der in den 1970er und 80er Jahren häufig zu hörende Vorwurf, der „problemorientierte" Religionsunterricht sei von Sozialkunde nicht mehr zu unterscheiden, zumeist ein Zerrbild insinuierte, so war doch zumindest in der Praxis die Differenz tatsächlich *thematisch* oft nicht mehr erkennbar. Das ist seit der durch die Symboldidaktik eingeleiteten Wiederentdeckung genuin religiöser Bildungs*gestalten* samt der dazu gehörenden spezifischen Hermeneutik weitgehend Vergangenheit. Religiöse Bildung ist religiöse Bildung, und eben deshalb kann sie implizit wie explizit einen Beitrag zur *Unterscheidung* zwischen Religion und Politik leisten. Dieser Beitrag zur Unterscheidung fördert zugleich die *Urteilsfähigkeit* in religiösen wie in politischen Angelegenheiten.

2. *Unterscheidungen*

2.1 Bedingtes und Unbedingtes

Als ein Erbe der griechischen Polis gilt in den Demokratien westlichen Zuschnitts, dass sich Menschen im politischen Raum für ihr Tun und Lassen rechtfertigen müssen: Die Grundlegung der Idee des freien Bürgers. Aber: Erst das Christentum legt den Grund dafür, dass alle Menschen Würde haben und nicht nur einen taxierbaren Wert. Der griechische Freiheitsbegriff hat zwar die Sphäre des Politischen konstituiert, aber niemals diese universale Reichweite angestrebt. Es ist eine der *vor*politischen Voraussetzungen alles Politischen in unserem modernen Verständnis von Demokratie[3], dass das biblische Ethos anders als das der attischen Polis *allen* Menschen die gleiche Würde zuspricht. Das gemeinsame griechisch-jüdische Erbe besteht nun gerade darin, dass die Religion und die säkulare Vernunft des Politischen ein spannungsreiches Widerlager bilden, ohne je verwechselt werden zu sollen.

Nun ist ohnehin auch hier zwischen Genese und Geltung zu unterscheiden – und zwar nicht nur, weil die Anerkennung der Demokratie ein spätes Datum der Christentumsgeschichte ist. Auch hier liegt ein Problem vor, das für die Religion hinsichtlich des Vergleichs mit anderen Modi des Weltverstehens und -gestaltens relevant ist: Was vormodern noch ungeschieden war, muss modern unterschieden werden. Das gilt für das Verhältnis von Politik und Religion (etwa im Blick auf die alttestamentliche Prophetie) ebenso wie für das das Verhältnis von Ästhetik und Religion (etwa im Blick auf den mühsamen Kampf um die Autonomie von Kunstwerken) oder für das Verhältnis von Wissenschaft und Religion (etwa im Blick auf das Ineinander von antikem Weltwissen und Gotteslob in biblischen Schöpfungstexten); übrigens auch für das Verhältnis von Pädagogik und Religion. Einerseits sprechen Kunst und prophetische Rede eine andere Sprache als die Politik. Andererseits ist das Christentum in die Ausdifferenzierung und die Herausbildung des entsprechenden Unterscheidungsvermögens selbst involviert, so dass ihm mit den modernen Unterscheidungsimperativen nichts völlig Fremdes entgegentritt.

In der Politik geht es, so könnte man zuspitzen, nicht um das letztlich Gute, sondern um das etwas Bessere, also um Güterabwägungen in Zielkonflikten. Und zwar im Modus der Auseinandersetzung um Macht. Sobald ein religiös inspirierter bzw. aus dem christlichen Glauben *motivierter* politischer Impuls (*als* eine politische Programmatik, ein politischer Vorschlag, ein politisches Argument) den öffentlichen Raum des Politischen „betritt", muss er alle Absolutheits- und Unbedingtheitsansprüche abstreifen und an den politischen Diskurs nicht nur anschlussfähig sein, sondern eben den Regeln und Geltungskriterien des von religiöser Kommunikation kategorial (systemisch) unterschiedenen politischen Diskurses entsprechen. D. h. es geht um einen Transformationsprozess, dem nicht nur eine spezifische Übersetzungsleistung zugrunde liegt, sondern der mit dieser Übersetzung *eo ipso* die Religiosität der Äußerung / der Handlung tilgt.[4] Wo etwas (eine Überzeugung, eine Hand-

[3] Zu den vorpolitischen Grundlagen des Politischen siehe auch Rolf Schieder, Zivilgesellschaft und Religion; in: Birgit Weyel / Wilhelm Gräb (Hg.), Religion in der modernen Lebenswelt, Göttingen 2006, 180. Vgl. dort (181) auch zur Gefahr der Funktionalisierung der Religion bei einem der prominentesten Vertreter des amerikanischen Kommunitarismus, Robert Bellah.

[4] Wo liegt die Grenze der (z. B. von Jürgen Habermas immer wieder geforderten) Übersetzung religiöser Gehalte in säkulare Sprach- und Denkformen? Wie verändert sich die eschatologische Hoffnung, dass allen Opfern der Geschichte am jüngsten Tag Gerechtigkeit

lungsmaxime) aus religiösen Gründen für heilig (oder auch nur: für unbedingt) erklärt wird und damit der politischen Mehrheitsentscheidung entzogen werden soll[5], kann nicht dieser Anspruch selbst als politisch gelten – es geht dann nämlich um die Integrität einer Überzeugung[6], eines Gewissens, nicht um deren Einbringung in ein politisches Kräftespiel. Sondern es kann nur um die religionspolitische Erörterung der Frage gehen, welche Grenzen der Reichweite politischer Entscheidungen gezogen werden sollen (etwa in der Güterabwägung zwischen politischen Mehrheitspositionen und einer durch religiöse Grundrechte geschützten religiösen Praxis). Religiöser Extremfall ist vor diesem Hintergrund der Märtyrer, nicht der theokratische Anspruch.

Die politische Forderung nach Gerechtigkeit ist etwas kategorial anderes als die Für-Bitte um Gerechtigkeit. Zwar wird das Fürbittengebet unglaubwürdig, wenn es keinen Impuls zum politischen Handeln freisetzt, es setzt aber voraus, dass die endgültige Herstellung einer vollkommen gerechten Lebensordnung kein Resultat unseres Handelns sein kann. Noch in einer religiös motivierten handlungsorientierenden programmatischen Formel („Bewahrung der Schöpfung") wird die Differenz zum politischen Handeln deutlich. Aber *nur*, wenn man weiß, *dass* es sich um eine Differenz handelt, wird mit dieser Formel weder die Politik noch die Religion trivialisiert. Zwar gibt es eine (wie auch immer unterschiedlich ausbuchstabierte) Sozialethik als theologische Disziplin. Aber es gibt keine christliche Politik, weil die Politik nicht ohne den Streit um die (Macht-)*Mittel* denkbar ist, *die sich aus den Zwecken und Maximen nicht von selbst ergeben,* und die schon gar nicht durch die Zwecke geheiligt werden.

In der Neuzeit hat sich der öffentliche Raum als Sphäre des Politischen gleichursprünglich mit der Ablösung der weltlichen Autorität von religiösen Legitimationsmustern konstituiert. Einerseits drohen damit die Ausdrucksformen religiöser Überzeugungen in die Privatsphäre abgedrängt zu werden. Andererseits ist gerade der Protestantismus in diesen Prozess der Ausdifferenzierung einer autonomen Sphäre von Politik viel zu sehr involviert, als dass es ihm verwehrt wäre, sich im Sinne einer „bürgerlichen Religion" öffentlich zu behaupten und zu artikulieren. Das ändert aber nichts daran, dass mit der

widerfährt, wenn daraus der politische Impuls für eine Rechtsordnung gefolgert wird? Das lässt sich auch für andere als politische Perspektivenwechsel fragen: Wie lässt sich die Differenz zwischen einer kosmologischen Hypothese und dem ersten Satz des Apostolicums angemessen ausdrücken?

5 Dass die Grundrechte, insbesondere das Menschenwürde-Postulat des deutschen Grundgesetzes, der Mehrheitsentscheidung entzogen sind, entzieht ihre Geltung dem politischen Streit. Etwas kategorial anderes findet dann statt, wenn um die aus ihnen zu folgernden Konkretionen (etwa beim Asylrecht) politisch gerungen wird.

6 Integritätsansprüche von Personen äußern sich im Modus von Authentizität. Im politischen Raum läuft die Inszenierung von Authentizität auf die von Richard Sennett so scharfsichtig analysierte „Tyrannei der Intimität" (Der Verfall des öffentlichen Lebens, Frankfurt a. M. 1986) hinaus, und damit auf die Austrockung des öffentlichen Raums. Der Slogan „Das Private ist politisch" vernichtet das Private wie das Politische.

wachsenden Entkopplung von Politik und Religion der politische Raum immer deutlicher seine eigenen Rationalitätskriterien, eigenen Ästhetiken und eigenen symbolischen Ordnungsmuster ausbildet.

Die gegenwärtige sozial- und politikwissenschaftliche Diskussion macht, wenn ich es recht sehe, eine Art Kosten-Nutzen-Bilanz solcher Ausdifferenzierungsprozesse der Moderne zu einem ihrer zentralen Themen. Freilich wird heute nicht mehr prinzipiell bestritten, dass überhaupt Differenzierungs*gewinne* der Moderne zu verbuchen sind. Analytisch wie hermeneutisch erscheinen diese Ausdifferenzierungsprozesse – z. B. die Unterscheidung von Moral und Politik – ohne die reformatorisch vitalisierte Unterscheidung zwischen dem Reich zur Linken und zur Rechten kaum denkbar. In diesem Kontext liegt ein Perspektivenwechsel in der Bewertung der Zwei-Regimenten-Lehre Luthers nahe. Die innertheologische Kritik an Luthers Unterscheidung, wie sie sich nach den 60er Jahren zuweilen in den Vordergrund geschoben hat, konnte unter dem Eindruck der marxistisch inspirierten Fundamentalkritik „entfremdeter" Verhältnisse Politik nicht als Handeln in einer *entzweiten* Existenz konzipieren. Politisches Handeln sah sich deshalb vor die unmögliche Alternative gestellt, entweder einem unmittelbar religiös motivierten Versöhnungsimpuls zu folgen (der dann freilich bei der Wahl der Mittel auch rabiate Optionen eröffnete), oder als schmutziges, nämlich ausschließlich interessengeleitetes Geschäft zu gelten.

Nun ist nicht zu bestreiten, dass die Zwei-Regimenten-Lehre legitimationsideologisch herangezogen werden konnte, und zwar vor allem für autoritäre oder reaktionäre Politikkonzepte. Politische Machtansprüche traten nicht nur aus dem Orientierungshorizont des Reiches Gottes heraus, sondern entledigten sich damit zugleich jedes ethischen Bezuges, der die Eigenlogik sozialer Herrschaftsverhältnisse infrage stellte. Zudem verkümmerten Partizipationsansprüche kritischen Bürgersinns in der engen Innerlichkeit subjektiver Gewissenspflege. Es ist aber auffällig, dass die Zwei-Regimenten-Lehre immer dann reaktionär ausgelegt wurde, wenn aus Luthers Votum, das Reich zur Linken – das Handeln im „Amt", im „Beruf" – sei ebenfalls göttliche Anordnung, für den *Monarchen* quasi-religiöse Amtsautorität abgeleitet wurde. Denn die Konzeption weltlicher Gewalt als göttliches Amt drängt folgerichtig zur Monarchie. Damit wird aber gerade die Radikalität der Lutherschen Unterscheidung unterlaufen, die aus der gleichzeitigen Trennung und Verschränktheit des inneren und äußeren Menschen ihre präzisen Grenzziehungen gewinnt. Im Gegenüber von „Amt" und Gewissen, „Beruf" und Glauben entfaltet sich die Dialektik der Freiheit des Christenmenschen mit seiner Befähigung zu Gehorsam und *Selbstbindung*, die als *Selbst*bindung ans Gewissen verwiesen bleibt. Eben darin liegt nach Luther die unverzichtbare Grenze gegenüber jedem Anspruch einer weltlichen Macht.

Es ist nur auf den ersten Blick irritierend, dass in einigen befreiungstheologischen Konzeptionen der gleiche Fehler zu finden war: Wenn dem „Volk" die Ausführungsgewalt der Königsherrschaft Christi zugerechnet wird, wird ebenso wie bei der Begründung monarchischer Amtsgewalt ein über den Begriff der Souveränität definiertes Verständnis von Politik zugrunde gelegt. Gleich, ob der politische Wille durch das Nadelöhr eines einzelnen Subjekts oder eines Kollektivsubjekts hindurch muss: Es gibt dann *einen* subjektförmig gedachten Willen anstelle des freien Handelns vieler Bürger. Durch das freie Handeln der Vielen wird aber kein vorgegebener Wille repräsentiert und umgesetzt, sondern eine eigenständige, ereignishafte Sphäre konstituiert, in der die leibliche Präsenz der Handelnden die Vielstimmigkeit unhintergehbar macht. Dagegen tritt in Gestalt der *volonté générale*, die laut Rousseau das beständig Richtige will, das Absolute in säkularer Gestalt in den öffentlichen Raum zurück. Und es wäre überhaupt nichts gewonnen, wenn es sich zu seiner Göttlichkeit wieder offen bekennen würde. Wo Volkssouveränität als zentrales *Willensbildungs*konzept gedacht wird, beerbt sie den Monarchen von Gottes Gnaden. Es ist wohl kein Zufall, dass Rousseau als erster den Gedanken einer „Zivilreligion" formuliert hat.

Die von *Bonhoeffer* zur Kritik an einer Art gläubigen Politik vorgeschlagene Unterscheidung zwischen Vorletztem und Letztem lässt sich durchaus im Sinne der Zwei-Regimenten-Lehre als Abwehr einer politisierenden Theologie wie einer Theologisierung des Politischen verstehen. Lässt sich aber diese Unterscheidung noch aufrechterhalten angesichts einer neuen Art von Konflikten, die auf jeweils fundamentalen, die gesamte Weltsicht ins Spiel bringenden Kontroversen beruhen? In solchen Konflikten werden Probleme strittig, denen sich niemand unter Berufung auf individuelle Freiheitsrechte entziehen kann. Bei ökologischen Problemen oder bei Konflikten um die Anwendung wissenschaftlich-technischer Möglichkeiten geht es ja nicht in erster Linie um Partikularinteressen, sondern um das Ganze, um die Zukunft, um das Leben überhaupt. Solche Konflikte haben nichts von ihrer Brisanz verloren, auch wenn ihre öffentliche Austragung seit der koalitionspolitischen Domestizierung der „Grünen" rückläufig zu sein scheint. Mit Blick auf die in den 70er und 80er Jahren entwickelten neuen politischen Demonstrationsformen hat *Trutz Rendtorff* schon bald den „neuen Ton" konstatiert, dass

> „Widerstand im Namen eines Guten geltend gemacht wird, das von anderer Verbindlichkeit und anderer Legitimation ist als die politische Macht. Solcher ‚Widerstand' vollzieht sich dann auch weitgehend in demonstrativen Handlungen und symbolischen Aktionen. Kategorien wie ‚etwas bewusst machen wollen', für etwas ‚Aufmerksamkeit erregen wollen', ‚Zeichen setzen' und vergleichbare Wendungen sind deshalb auf einer anderen Ebene angesiedelt als die alltäglichen Verfahrensweisen der politischen Machtordnung der Demokratie. Ihnen wohnt ein missionarischer Zug inne, Konversionsabsichten werden verfolgt, Bekehrungen angestrebt, die Schaffung neuen Bewusstseins intendiert und das alles als Alternative zu herrschenden Überzeugungen, Einstellungen und Urteilen."[7]

[7] Trutz Rendtorff, Vielspältiges. Protestantische Beiträge zur politischen Kultur, Stuttgart/Berlin/Köln, 1991, 77.

Das liberale Demokratiemodell, das Bürger unterstellt, die bei ihren Bemühungen um Konsens wissen, was für sie gut ist, scheint außer Kraft gesetzt, wenn Widerstandshandlungen sich darauf berufen, dass die Mehrheit der Bürger gerade nicht mehr weiß, was für sie, mehr noch: was für die Menschheit gut ist. Dennoch muss man nüchtern sehen, dass es sich bei diesen neuen Konfliktmustern durchaus nicht um den Gegensatz zwischen politischer Macht und Freiheitsrechten im Sinne des klassischen Widerstandsrechts handelt.

> „Es handelt sich vielmehr um Konflikte unter Menschen und Gruppen, die als Bürger das Gemeinwesen bilden. Tatsächlich handelt es sich ja um eine Ausweitung und um eine extensive Ausübung des demokratischen Demonstrationsrechtes (...). Die Ethik der Machtordnungsverhältnisse und die in Anspruch genommene Ethik des ‚guten Lebens' geraten (...) in Konflikt, der auch bewusst gesucht wird. Insofern ist es sehr viel zutreffender, hier von ‚bürgerlichem Ungehorsam' zu sprechen statt von Widerstand. Damit wird deutlich, dass hier ein Eingriff in die Ethik der Machtordnungsverhältnisse nur als Mittel intendiert ist, um das Demonstrationsziel zu verstärken. Die Überzeugung, das gute Leben anders, richtiger und besser zu sehen und zutreffender darum zu wissen als die anderen, als die Mehrheit, begründet als solche noch keine eigene politische Macht und kein eigenes Recht. Die Beanspruchung anderer substantieller Legitimationsquellen als sie für die Machtordnungsverhältnisse gegeben sind, also z. B. die Glaubensüberzeugung, das Bekenntnis zur Kirche etc., führt zur Asymmetrie in diesem Konflikt."[8]

Die Kirchen und der christliche Glaube haben sich in solchen Konflikten der Zumutung zu erwehren, dass sie ihre Unabhängigkeit und Freiheit für die Veränderung des politischen Bewusstseins einsetzen sollen. Insofern sie dabei „zugleich auch für realpolitische Einwirkungen auf die Machtordnungsverhältnisse beansprucht" werden, gerät die aus liberaler Sicht notwendige Unterscheidung von Religion und Politik ins Zwielicht. Aber ebenso sehr ist im kirchlichen Interesse darauf zu insistieren, dass religiöse und moralische Überzeugungen nicht unmittelbar Gegenstand politischer Regelungen und Entscheidungen sein dürfen. Denn der eine Übergriff bedingt den anderen, der dann das Freiheitsrecht des Gewissens zur Disposition zu stellen droht. „Die Frage: Herrschaft der Theologie in der Politik? Ruft nach der Gegenfrage: Herrschaft der Politik in der Theologie?" Der Streit kann nicht darum gehen,

> „ob die Theologie oder ob der Glaube nun politisch oder unpolitisch sei. Schon aufgrund seines Wirkungszusammenhanges ist ja auch die Theologie, wie jedes menschliche Wirken, politischer Natur. Die theologische Frage lautet, ob zwischen der von Menschen vor Gott zu verantwortenden Politik und der Herrschaft Jesu Christi ein deutlicher theologischer Unterschied gemacht werden muss. Der führt dann auch zu einer entsprechenden Einschätzung menschlicher Politik. Oder ob die Politik so unter der Herrschaft Christi steht, dass die Christen und die Gemeinde mit einer unbedingten Autorität ausgestattet sind und darum in der Politik ihre unverwechselbare und unanfechtbare Autorität zur Geltung zu bringen haben. Wo

8 A. a. O., 77f.

> diese Frage theologisch umstritten ist und auch bleiben wird, da werden dann die politischen Prozesse entscheiden und in Theologie und Kirche hineinregieren."[9]

Allerdings kann die Begründung, warum Kirche und Staat, Religion und Politik im beiderseitigen Interesse zu unterscheiden seien, an dieser Stelle nicht einfach abgebrochen werden. Denn aus ihrer Trennung erfolgt ein Problem, das zusammenhängt mit der Eigendynamik der Sphären von Politik, Staat und Ökonomie in Richtung auf immer stärkere systemische Steuerungsformen, die also immer weniger handlungstheoretisch beschreibbar und moralisch qualifizierbar sind. Damit drohen sich die politischen, sozialen und ökonomischen Institutionen und Regelmechanismen von den sozialmoralischen Ressourcen abzukoppeln, die ihrerseits ohnehin durch die Erosion der Prägekraft von Milieus und Lebensformen auszutrocknen drohen. In dieser Konstellation gewinnt das von *Ernst Böckenförde* formulierte und immer wieder zitierte Dilemma an Brisanz, wonach der „freiheitliche, säkularisierte Staat" von Voraussetzungen lebt, die er selbst weder generieren noch garantieren kann.[10] Es kommt hinzu, dass zunehmend Probleme politisch zu entscheiden sind, die – wie etwa bei der Gentechnologie – in einem bisher kaum gekannten Maß Unbedingtheitsansprüche tatsächlich berühren. Wie kann verhindert werden, dass das, was Menschen heilig ist, zur Disposition demokratischer Mehrheitsentscheidungen steht? Und wie kann umgekehrt verhindert werden, dass die Unbedingtheitsansprüche von Minderheiten unter dem Vorwand, Achtung zu beanspruchen, der Mehrheit aufgezwungen werden?

2.2 Privat und Öffentlich – Gesinnung und Verantwortung – Recht und Gerechtigkeit – Gut und Böse

Max Webers in dieser Gegenüberstellung eher problematisches Plädoyer für eine Verantwortungsethik anstelle einer Gesinnungsethik steht ganz im Schatten seiner Modernisierungstheorie. Die sieht die emanzipatorische Vernunft der Neuzeit im Entzauberungsdrang einer instrumentellen Rationalität und schließlich im „stählernen Gehäuse" der Hörigkeit enden; wir würden heute sagen: in den systemischen Zwängen von Markt und Bürokratie. Für zivile Tugenden des öffentlichen Raumes bleibt im stählernen Gehäuse kaum mehr Entfaltungsraum als unter dem bleischweren Gesinnungsdruck und der dichten sozialen Kontrolle vormoderner Gemeinschaftlichkeit. Vor diesem ideengeschichtlichen Hintergrund wird verständlich, dass im Horizont des sozialwissenschaftlichen Diskurses in Deutschland – wenn man einmal vom Plädoyer *Jürgen Habermas'* für einen Verfassungspatriotismus absieht – kaum eine ein-

---

9 A. a. O., 186f.

10 Ernst-W. Böckenförde, Die Entstehung des Staates als Vorgang der Säkularisation; in: Ders., Recht, Staat, Freiheit, Frankfurt a. M. 1991, 92–114.

flussreiche Stimme zu hören ist, die dem regressiven Druck eines neuen pastoral-gravitätischen Gesinnungsdiskurses („Werte!") auf der einen Seite ebenso wirksam widerspricht wie auf der anderen Seite dem puren Pragmatismus, der sich als Exekutor ökonomischer Sachzwänge versteht; etwa wenn Angela Merkel für die marktkonforme Demokratie statt für den demokratiekonformen Markt plädierte.

Hannah Arendt hat die Bühne des öffentlichen Raumes als Erscheinungsort dessen gesehen, was sie im emphatischen Sinne „Welt" genannt hat. „Die Welt ist (...) sowohl ein Gebilde von Menschenhand wie der Inbegriff aller nur zwischen Menschen spielenden Angelegenheiten, die handgreiflich in der hergestellten Welt zum Vorschein kommen." Die „Objektivität der Welt" erscheint in ihrem „Ding-Charakter". Im „Herstellen" – anders als in der auf die schiere Reproduktion des Lebens, also auf das Notwendige bezogenen *Arbeit* – „manifestiert sich das Widernatürliche eines von der Natur abhängigen Wesens", das eine „künstliche Welt von Dingen" produziert: „In dieser Dingwelt ist das menschliche Leben zuhause."[11] Menschliches Realitätsgefühl hängt davon ab, dass es Erscheinungen und damit einen öffentlichen Raum gibt. Der Verlust öffentlicher Räume bringt zutage, dass nicht Selbstentfremdung, sondern im Gegenteil Weltentfremdung den modernen Menschen bedroht. Welt bezieht sich nicht auf eine allen Menschen gemeinsame „Natur", sondern auf allen gemeinsame Gegenstände. Die gehen in die Brüche. In der modernen Gesellschaft dominiert nicht das Herstellen, geschweige denn das Handeln, sondern das dem Diktat der Notwendigkeit (scheinbar) natürlicher Prozesse gehorchende Arbeiten – Produzieren und Konsumieren – als menschlicher Tätigkeitsmodus. Damit verliert die Welt „die Kraft (...), zu versammeln, d. h. zu trennen und zu verbinden."[12] Wo die Physiognomie des öffentlichen Raumes durch lebenserhaltende Tätigkeiten bestimmt wird, wird sie dem im strengen Sinne Privaten ausgeliefert. Liebe z. B. überlebt ihre öffentliche Zurschaustellung nicht. Sie ist weltlos. Daher aber ist es auch hoffnungslos, dass *wir* die Welt durch Liebe ändern oder gar retten könnten.

Auf den Zauber des Mitleids, das ganz entgegen dieser Einsicht gerade die „natürlichen Bande" zwischen den Menschen freisetzen und konsolidieren sollte, setzten die Jakobiner. Sie folgten dem Ruf Rousseaus, die „Logik des Herzens" gegen die „Herzlosigkeit der Vernunft" des modernen Zeitalters zu mobilisieren. Wo immer aber die öffentliche Tugend aus dem Mitleid abgeleitet wurde und nicht auf das begrenzt blieb, was sich als Bürgersinn gegenüber dem Herzenstakt zurückhält, endete sie im Terror. Die Logik des Herzens löst nämlich die Distanz zwischen den Menschen auf, damit auch jenen weltlichen Zwischenraum, in dem politisches Handeln Platz hat. Eigenschaften des Herzens, sagt Hannah Arendt, bedürfen geradezu der Dunkelheit und des Schutzes vor

[11] Hannah Arendt, Vita Activa oder Vom tätigen Leben, München/Zürich 1981, 52.
[12] Ebd.

dem Licht der Öffentlichkeit. Taten und Worte des politisch Handelnden sind selbst Erscheinungen. Die *dahinter stehenden* Antriebe „werden durch das Erscheinen in ihrem Wesen zerstört", werden *Schein.*[13] Bereits *Kant* hielt Mitleid für eine gefährliche Leidenschaft, weil sie das Licht der Öffentlichkeit scheuen muss und zur Heuchelei einlädt. Täuschung und Selbsttäuschung erregen den allgemeinen Verdacht. Und so riss am Beginn der bürgerlichen Gesellschaft der Terror die Masken ab und zerstörte damit den legalen Schutz, dessen das öffentliche In-Erscheinung-Treten bedarf. Das private Individuum ist nicht identisch mit der öffentlich erscheinenden Person[14], der als Regel eines öffentlichen Maskenspiels zu empfehlen wäre, zu erscheinen, wie sie sein möchte. Im Namen einer Authentizität, die das Licht der Öffentlichkeit aus Mangel an besserem Wissen oder aus Lust an der Heuchelei nicht scheut, diese Maskierung verwehren zu wollen, lässt einen Verlust vermuten: Den Verlust des Vertrauens, dass Wahrheit sich im Handeln auf jeden Fall offenbart.

Ich rechne übrigens der politischen Theorie Hannah Arendts und ihrem Sinn für *common sense* den Vorzug zu, Politik von Religion besonders präzise unterscheiden zu können (diesen Vorzug teilt sie mit Niklas Luhmann), zugleich aber (anders als Luhmann) auch die Anschlussmöglichkeiten markieren zu können, an denen sichtbar wird, dass und inwiefern es die *selben* (aber nicht die *gleichen*) Akteure sein können, die religiös *und* politisch agieren, ohne dass diese Praxen dadurch ununterscheidbar wären. Als erste Aufgabe aller Bildung erscheint dann die Vermittlung von Weltsinn und von – zunehmend bedrohtem – *common sense.* Perspektivische Welterschließung mittels der Ingebrauchnahme fachlicher Wissens- und Symbolsysteme setzt voraus, dass zunächst deren Geltungsansprüche in Kraft gesetzt und anerkannt werden müssen. Denn anders als Kritikfähigkeit, die auf Selbstbehauptung gegenüber der Welt hinausläuft, bedeutet Urteilsfähigkeit – so Kant im § 40 der „Kritik der Urteilskraft" –, dass sich ein Mensch beim Urteil über die Welt „über die subjektiven Privatbedingungen des Urteils" hinwegzusetzen hat, „und aus einem allgemeinen Standpunkt (den er dadurch nur bestimmen kann, dass er sich in den Standpunkt anderer versetzt) über sein eigenes Urteil" zu reflektieren hat. Urteilsfähigkeit bedeutet die Beurteilung der Welt unter Gesichtspunkten eines Gemeinsinns. Die dabei in den Diskurs eingebrachten Urteile sind deshalb prinzipiell öffentlich und (anders als religiöse Bekenntnisse) auf jedermanns Einstimmung aus.

Es ist an dieser Stelle vielleicht zur Abwehr von Missverständnissen angebracht zu sagen, dass die umrissene Argumentationsperspektive durchaus nicht auf einen Liberalismus hinausläuft, der vom Primat einer Selbstregulation des Ökonomischen ausgeht. Es war in erster Hinsicht Kant, der für politi-

[13] Hannah Arendt, Über die Revolution, München/Zürich 1986, 122.

[14] Richard Sennet, Die Tyrannei der Intimität. Der Verfall des öffentlichen Lebens, Frankfurt a. M. 1986.

sche Gerechtigkeit als das Zentrum politischer Vernunft votierte, die aber nicht durch eine homogene Tugendgemeinschaft, sondern nur durch eine Rechtsgemeinschaft von Bürgern im Sinne von *citoyens* angestrebt werden kann. In dieser Rechtsgemeinschaft soll jeder kraft seiner Würde Anspruch auf gerechte Behandlung haben. Vorausgesetzt ist dabei die „Trennung dessen, was für alle unter allen Umständen *richtig* ist, von dem, was für eine besondere Gruppe von Menschen in einer bestimmten Epoche *gut* ist. In modernen Gesellschaften hat das Richtige (oder die ‚Gerechtigkeit') einen Vorrang vor dem Guten, das Recht einen Vorrang vor der Tugend."[15] Das Recht muss für alle Betroffenen und alle Situationen eine bindende Regel festlegen. Die Differenz zwischen den Menschen bleibt damit freilich missachtet: „Zwischen dem ‚einfachen' Gesetz und seinem stets verschiedenen Gegenstand klafft eine unüberbrückbare Kluft; was für alle gerecht ist, wird nicht jedem gerecht."[16] Wird daraus eine Fundamentalkritik des Rechts gefolgert, standen von jeher zwei Optionen offen: Die reaktionäre Utopie des guten Herrschers und die linke Utopie einer herrschaftslosen Gemeinschaft: „Beide sehen sich als Subjekte einer absoluten Gerechtigkeit jenseits der relativen und beschränkten des Rechts."[17]

Wo es um Gut und Böse geht, wird der politische Gegner schnell zum Feind. Der politische Moralismus irrt, wenn er die moralische Wertung selbst schon für ein politisches Urteil hält. Die selbstgerechte Gewissheit, das einzig Gute zu vertreten, zerstört jede zivile politische Auseinandersetzung. Insofern lässt sich die Unterscheidung von Moral und Politik mit der seit Montesquieu immer wieder formulierten Einsicht zusammenschließen, dass in der Moderne das Absolute aus dem politischen Raum ausgeschlossen bleiben muss. Die „Kriterien für wahres Wissen, gerechtes Recht und legitime Macht" sind in der Moderne „irreversibel voneinander geschieden und ihrerseits jeweils abhängig geworden (...) vom (...) öffentlichen Diskurs der Bürger."[18] Wer hinter diese Einsicht zurückgehen will, muss wissen, was er tut: Wenn er nicht für eine Theokratie plädiert, was in Zeiten bedrohlicher Fundamentalismen ja nicht mehr nur belächelt werden kann, bleiben nur jene anderen Surrogatformen Gottes übrig, von denen leider keine ohne unübersehbare Opfer politisch unerprobt blieb: Der Kult der Vernunft oder der Nation oder die privilegierte Einsicht in den Gang der Geschichte. Das gilt natürlich nicht nur für jene Konzepte eines politisch Absoluten, die zur Herrschaft gelangt sind. Zerstörerisch für den

---

15 Hauke Brunkhorst, Der Vorrang der Freiheit. John Rawls' Idee des politischen Liberalismus; in: Die Zeit v. 26.06.1992.

16 Christoph Menke, Für eine Politik der Dekonstruktion. Jacques Derrida über Recht und Gerechtigkeit; in: Merkur 526 (Januar 1993), 66.

17 A.a.O., 65.

18 Helmut Dubiel / Günter Frankenberg / Ulrich Rödel, „Wir sind das Volk". Die Geburt der Zivilgesellschaft in der demokratischen Revolution; in: Frankfurter Rundschau v. 02. 01. 1991.

öffentlichen Raum ist jede Kritik des Politischen, die sich dem Sog einer alle Gesetze transzendierenden Gerechtigkeit überlässt. So kann sich auch ziviler Ungehorsam nicht auf einen privilegierten Zugang zur Wahrheit oder zum Guten berufen, so wenig übrigens, wie es in einem säkularen Staat Sonderrechte für Christen geben kann. Der Appell des Ungehorsams hat sich daher immer an einen allgemein anerkannten Maßstab zu richten. Überhaupt ist ziviler Ungehorsam sorgsam zu unterscheiden z. B. von einer Verweigerung aus Gewissensgründen. Das Gewissen ist unpolitisch, es zittert, um es noch einmal prononciert mit Hannah Arendt zu sagen, um das *Ich* und dessen Integrität.[19] Es ist daher auch in einem wohl verstandenen Sinne verantwortungslos. Zwischen dem guten Menschen und dem guten Bürger sind Konflikte denkbar, die kaum zu schlichten sind.

Nun ist freilich sofort zu konzedieren, dass mit der modernen Unterscheidung zwischen Gerechtigkeit und Moral zwar das Legitimationsproblem insofern gelöst zu sein scheint, als die moderne Situation der Abwesenheit eines öffentlichen Absoluten und der Vielfalt und Unterschiedlichkeit von Gütekriterien hinreichend reflektiert wird. Probleme stellen sich jedoch hinsichtlich der *Kohärenz* solcherart zusammengehaltener Gemeinwesen: Das Legitimationsproblem taucht als Frage nach der sozialen Integrationskraft einer liberalen Gesellschaft des Rechts wieder auf. Zwar soll es dabei bleiben, dass es zunächst auf gerechte Verhältnisse und nicht auf gerechte oder gute Menschen ankommt. Der politische Liberalismus darf den Bürgern „nicht mehr Tugenden zu(muten), als durch die Gesetze, die sie sich selbst gegeben haben, erzwingbar ist."[20] Die Emanzipation von einer gemeinschaftlichen Tugendordnung soll weder bei der neoliberalen Identifikation von Freiheit mit Freihandel enden, noch im Katzenjammer der kommunitaristischen Sehnsucht nach verbindlichem Gemeinsinn. Doch ist unbestreitbar, dass gerechte Institutionen auf entgegenkommende republikanische Bürgertugenden nicht verzichten können. Kant sah das „Problem der Staatserrichtung (...), so hart wie es auch klingen mag, selbst für ein Volk von Teufeln (wenn sie nur Verstand haben) auflösbar."[21] Doch so sehr auch der Egoismus aufgeklärter Teufel mit der Staats*gründung* rational vereinbar ist, bleibt doch das Problem der Legitimation andauernder Ausübung staatlicher Macht offen: Der Staat muss zugleich die *Möglichkeit* seiner Anerkennung aus *moralischen* Gründen einräumen, um neben dem Schutz vor äußerer Willkür auch die innere Autonomie des Einzelnen zu gewährleisten. Nach der funktional legitimierten äußeren Trennung von Recht und Moral existiert ein untergründiger Zusammenhang zwischen beiden fort. „Das bloße Befolgen des Gesetzes, sagt Kant, ist vor den Kriterien der Moral

19 Vgl. H. Arendt, a. a. O., S. 130f.

20 H. Brunkhorst, a. a. O.

21 Immanuel Kant, Zum ewigen Frieden (1795), Kap. 8. Zusatz: Von der Garantie des ewigen Friedens.

bedeutungslos; nur *widersprechen* darf es ihnen nicht. Der Staat stellt seinen Bürgern die Motive ihres Gesetzesgehorsams frei, aber er muss neben der kalkulierenden Furcht vor Sanktionen auch das moralische Motiv der freien Anerkennung ermöglichen. Kurz: er muss seine Legalität vor dem Gerichtshof der praktischen Vernunft legitimieren."[22]

Vor dem Hintergrund der hier erörterten Unterscheidungen sind nun Gemeinsamkeiten und Unterschiede zwischen religiöser und politischer Bildung zu bedenken.

3. *Politische und Religiöse Bildung vor den Problemen der Ausdifferenzierung kultureller Praxen und Wertsphären*

In religiösen Bildungsprozessen geht es nicht zuletzt um die kulturelle Erinnerungsfähigkeit unserer Gesellschaft, um jene Überzeugungsgehalte, Lebensdeutungsmuster und Lebensführungsmuster, denen man ihre religiöse Herkunft oft nicht mehr unmittelbar ansieht: Warum wir meinen, dass Schwachen geholfen werden müsse; warum wir auch bei verurteilten Straftätern von unverletzlicher Menschenwürde reden; warum wir Euthanasie ablehnen. Im öffentlichen Diskurs wird an dieser Stelle von „Werten" geredet. Werte sind allerdings leichter zu beschwören, als sie auf ihre Erhaltenswürdigkeit zu prüfen und dann auch zu bewahren und erzieherisch zu vermitteln. Auf der Ebene von Moralpredigten ist hier gar nichts auszurichten. Es geht vielmehr um so etwas wie ein kulturelles Gedächtnis. Die großen Wörter unserer Kultur – Menschenwürde, Freiheit, Gerechtigkeit, Hoffnung, Solidarität – sind, jedenfalls hier in Europa, nicht ohne die jüdisch-christliche Tradition zu verstehen. Konkreter: Nicht ohne die in der Bibel überlieferten *Geschichten.* In diesen Geschichten geht es ja nicht um geistige Prinzipien und deren erzählerische Erläuterung oder Illustration. Es geht in ihnen um Erfahrungen, die Menschen als ihre Begegnungen mit dem Handeln Gottes gedeutet und bezeugt haben. Die großen Wörter unserer Kultur verlangen nicht nach so etwas wie philosophischer Letztbegründung. So würden sie, wie wir wissen, auch gar nicht an Überzeugungskraft gewinnen können. Sie erlangen ihre Plausibilität und Prägekraft nur im Kontext gedeuteter Erfahrungen, und dies auch nur dann, wenn sie an selbstgemachte Erfahrungen anschließbar sind. Wer nie mit Liebe und Anerkennung angeblickt und angesprochen wurde, wird selbst kaum dazu in der Lage sein, anderen Menschen liebevoll und mit Respekt zu begegnen. Wer aber eine solche Erfahrung machte, wird sie weitergeben und zu einer Welt- und Lebensdeutung ausweiten wollen. Und diese Welt- und Lebensdeutung könnte in der Metapher des liebevoll sein Geschöpf und sein Ebenbild anblickenden

[22] Reinhard Merkel, Was ist das Recht? Über Jürgen Habermas: „Faktizität und Geltung"; in: Die Zeit v. 12. 02. 1993.

und anredenden Gottes ein tragfähiges und verallgemeinerbares Bild gewinnen: „Wie Gott mir - so ich dir". Die für unsere Kultur entscheidende, aber - wie wir wissen - durchaus nicht selbstverständliche und immer wieder bedrohte Unterscheidung zwischen Personen und Sachen, zwischen „Etwas" und „Jemand", bedarf des Rückhalts der biblischen Erzählwelt. Zwar haben sich unsere kulturellen Grundüberzeugungen weitgehend von ihren religiösen Wurzeln abgelöst und säkularisiert. Aber auch die säkularen Überzeugungen brechen weg, wenn ihre religiösen Herkünfte nicht mehr bekannt sind. Hierzu gehören ja auch die Traditionen der Gewaltenteilung zwischen religiöser und staatlicher Macht, die Unterscheidung zwischen „Letztem" und „Vorletztem" im politischen Raum und die Ziehung einer Grenze gegenüber dem, was weder dem Staat noch demokratischen Mehrheitsentscheidungen zur Disposition steht.

Es ist vor diesem Hintergrund zu verstehen, warum wir bei aller empirischen Ununterscheidbarkeit von Bildungs- und Erziehungsprozessen doch *analytisch* zwischen beidem unterscheiden müssen, und zwar in Fragen religiöser Bildung ebenso wie in Fragen politischer Bildung.

Aus pragmatischen wie aus erziehungsethischen Gründen liegen die *Gesinnungen* von Kindern und Jugendlichen im Unterschied zu ihrem moralischen Regelwissen und ihrer Fähigkeit zur Urteilsbildung nicht in der Reichweite pädagogisch-didaktischer Handlungskalküle. Wir können zwar Schüler dazu veranlassen, etwas zu tun, aber nicht, das auch zu wollen. Auch hier ist mit dem Hinweis auf Rousseau an den latenten Totalitarismus einer bestimmten politischen und pädagogischen Tradition zu erinnern. Bekanntlich gilt in seinem Erziehungsroman „Emile" das Ziel einer moralischen Erziehung erst dann als erreicht, wenn der Zögling nicht nur das tut, was der Lehrer will, sondern er das auch wollen will: „Zweifellos darf es (das Kind) tun, was es will, aber es darf nur das wollen, von dem ihr wünscht, dass es das tut." Wenn der von uns als größter Lügner der Klasse erachtete Schüler die beste Klausur zum Thema Wahrhaftigkeit schreibt, sind wir nicht mit unserem erzieherisch-moralischem Urteil gefragt. Dennoch ist unsere unterrichtlich-didaktische Handlungsgrenze nicht auch unsere pädagogische Handlungsgrenze. Jenseits intentional gerichteter Bildungsanstrengungen stehen uns die indirekten, aber umso nachhaltigeren Erziehungswirkungen zu Gebote, die in den verschiedenen sozialen und kulturellen Handlungsräumen zum Zuge kommen, die wir mit Kindern und Jugendlichen teilen - in der Familie wie in der Schule, in der Kirche oder in Formen freier Geselligkeit. Deshalb ist es mit Blick auf die Schule so wichtig, sie nicht nur als Unterrichtsveranstaltung, sondern als einen eigenen Lebensort bewusst zu *gestalten*. Die damit beeinflussbaren *Erfahrungen* gehören zu dem pädagogisch zu bedenkenden Motivfundus, ohne den ethische Bildung keinen Resonanzraum hat und ohne den Erziehung moralisch kraftlos bleibt.

Für den Religionsunterricht stellt sich nun bekanntlich immer wieder das Problem, wie der weltanschaulich neutrale Staat sein Interesse an religiöser

Bildung gewährleisten kann, ohne seine weltanschauliche Neutralität zu verletzen, aber auch ohne jene eigentlich nicht neutralisierbaren Gehalte von Religion in eine distanzierte Lernperspektive zu rücken, in der sie ihre orientierende und überzeugende Kraft verlieren müssen? Könnte man diese Frage nicht analog zu politischer Bildung beantworten? Hier darf ja die Parteipräferenz des Lehrers kein konstitutives Kriterium z. B. für Unterrichtsinhalte oder Zeugnisnoten sein. Auch nicht, ob er eher für repräsentative oder eher für plebiszitäre Demokratie eintritt, ob er den Neoliberalismus oder die katholische Soziallehre vorzieht. Dennoch hofft man darauf, dass die Schüler im Sozialkundeunterricht Kenntnisse erwerben, die sie auch politisch urteilsfähig und handlungsfähig machen. Die Frage nach einem inhaltlich bestimmten Konsens ist für die politische Bildung freilich nur schwer zu beantworten. Auch der Bezug auf den Grundrechtskatalog unserer Verfassung führt hier nicht viel weiter, weil wir aus guten Gründen eine politisch und normativ unterbestimmte Verfassung haben. Daher wird der fachdidaktische Konsens bislang am klarsten *negativ* formuliert: „Strittiges soll als strittig dargestellt werden" – und es gilt ein „Überwältigungs- bzw. Indoktrinationsverbot".[23]

Das ließe sich für einen „konfessorischen" Religionsunterricht ganz ähnlich sagen. Dennoch gerät die Analogie zwischen politischer und religiöser Bildung, bei aller Überschneidung ihrer Gehalte und Ziele, an dieser Stelle an ein Ende. Dabei geht es nicht nur darum, dass die politische Bildung an der Schule kein Recht auf Nichtteilnahme kennt, und deshalb zu besonderer Zurückhaltung gegenüber Meinungsunterschieden verpflichtet ist. Takt und Behutsamkeit werden im Religionsunterricht und im Sozialkundeunterricht gleichermaßen verlangt. In der politischen Bildung aber geht es um Fragen, die alle in den Raum öffentlicher Erörterung gehören. Ihre öffentliche Erörterung *ist selbst* ein wesentlicher Teil der Politik. Gleiches gilt für religiöse Fragen nicht. Zwar kann man auch über religiöse Fragen öffentlich diskutieren. Aber das ist nicht selbst schon eine religiöse Praxis. Und religiöse Fragen sind *letzte Fragen*, danach, wie ich mein Leben und mein Sterben verstehen will. Als solche letzte Fragen stehen sie unter besonderem verfassungsrechtlichem Schutz: Es handelt sich bei religiösen Fragen um Grundüberzeugungen, die nicht zur Disposition öffentlicher Meinungsbildung und prozeduraler Entscheidungsregeln stehen.

Der Religionsunterricht soll Religion erschließen, und zwar nicht – wie es noch allzu oft gefordert wird – in ihrer Funktion für moralische Orientierung und soziale Integration. Das ist nicht denkbar ohne die theologische Reflexion religiöser Praxis im Verhältnis und im Unterschied zu anderen kulturellen Praxen. Damit ist auch das Problem bezeichnet, das sich aus meiner Sicht mit

23 Zum sog. „Beutelsbacher Konsens" siehe: Armin Scherb, Der Beutelsbacher Konsens; in: Dirk Lange, Volker Reinhardt (Hg.), Strategien der politischen Bildung. Handbuch für den sozialwissenschaftlichen Unterricht, Baltmannsweiler 2007.

den Vorschlägen von Bernhard Grümme und Thomas Schlag verbindet: Kaum wird Religion im Bildungsprozess in ihrem Eigensinn als eigener, nicht substituierbarer Modus des Weltverstehens anerkannt, gerät sie wieder in die Gefahr, hinsichtlich ihrer Funktion für einen anderen Rationalitätstypus der Weltgestaltung zur Geltung gebracht zu werden. Für eine Religionspädagogik, die den Bedingungen kultureller Modernität gewachsen ist, kommt es aber gerade darauf an, Modernitätsfähigkeit nicht so sehr als Nötigung zur Überschreitung der Grenzen des Religionssystems in Richtung auf andere Systemreferenzen misszuverstehen. So wurde es im problemorientierten Religionsunterricht im Blick auf Politik und Ethik weithin nahegelegt. Stattdessen ist der Eigensinn religiösen Selbst- und Weltverständnisses zu akzentuieren. Damit sind keine thematischen, schon gar keine ontologischen, sondern modale Unterscheidungen zu treffen: Religion kann zum Thema der Politik werden – dann gehört sie in den Raum des Politischen. Politik kann zum Thema der Religion werden – dann gerät sie aber auf spezifische Weise ins Licht einer anderen (theologischen oder religionswissenschaftlichen) Perspektive. Natürlich hat Religion Folgen für die Lebensführung und damit auch für die Frage nach politischen Handlungsoptionen und -präferenzen, aber sie determiniert nicht politische Handlungsoptionen, als würden diese im Licht einer religiösen Haltung gleichsam unstrittig. Und: Religionspolitik ist Politik und nicht selbst eine religiöse Praxis. So können die Gründe und Optionen für oder gegen eine laizistische Gestaltung des Verhältnisses von Staat und Religion quer zu den religiösen Einstellungen politischer Akteure umstritten sein. Die auch didaktisch relevante Frage lautet: Wie ist religions*politische* Kompetenz ins Verhältnis zu religiöser Kompetenz zu setzen? Wie ist also vor dem Hintergrund einer eigenen Religionspraxis deren Verhältnis (oder das Verhältnis anderer Religionen) zu anderen gesellschaftlichen Handlungsfeldern zu beurteilen und zu gestalten?

Hier scheint mir ein Grundproblem religionspädagogischer Theoriebildung berührt: Wenn die Theologizität der Religionspädagogik gleichsam ohne religionstheoretischen Horizont auskommt, also ohne prägnanten Begriff von Religion als der genuinen kulturellen Praxis, auf die sich Theologie als Wissenschaft bezieht, bleibt der besondere Modus religiöser Kommunikation (als Einheit von Vollzugsformen und Vorstellungsgehalten resp. von Darstellung und Mitteilung) unterbestimmt. Umso weniger erscheint es dann als Mangel, wenn Religion nicht *modal* verstanden wird, sondern als ein Ensemble von Personenmerkmalen, d. h. als Gesinnung, Überzeugung, moralisches Urteilsvermögen etc.– und genau auf diese Weise erscheint sie dann, unter Verzicht auf die betonte Explikation ihres eigenen Propriums, als anschlussfähig an Politik.

Diese Überlegungen stoßen indes auf einen grundlegenden Widerspruch: Die für moderne Gesellschaften konstitutive Ausdifferenzierung unterschiedlicher kultureller Wertsphären und Rationalitätsformen ist unhintergehbar. Ihre zivilisatorischen Gewinne sind unbestreitbar. Und doch birgt die Ausdifferenzierung gesellschaftlicher Subsysteme auch eine Gefahr. Die ungebremste Ausdifferenzierung der Gesellschaft ist letztlich selbstzerstörerisch[24], wenn die Menschen nicht als die Grenzen der Systemlogiken anerkannt werden.[25]

Die Politik ist einerseits ein eigenes Subsystem. Andererseits laufen in ihr verschiedene Handlungsregeln und -imperative so zusammen, dass deren Eigensinn durch die Regeln des politischen Handelns zwar gebrochen, aber nie ganz ausgelöscht werden kann. So braucht Politik immer auch externe (z. B. ethische oder ökonomische) Expertise. Deshalb ist von politischer Moral - zu Recht - auch dann die Rede, wenn zwischen Moral und Politik ansonsten kategorial unterschieden wird.[26] Auch hier geht es um vor- bzw. außerpolitische Grundlagen der Politik: So lässt sich z. B. mit einer naturalistischen Weltanschauung keine Politik im emphatischen Sinne begründen, sondern allenfalls eine Art Sozialtechnologie, weil es politisch immer um ein normativ bestimmtes Handeln geht, das sich weigert, ein Sollen aus einem Sein zu deduzieren. Religion kann, indem sie an diesen Sachverhalt erinnert, in diesem Sinne zur Sicherung der Funktionsweise des politischen Systems beitragen.

Wegen der Verflochtenheiten des gelebten Lebens in die Systemrationalitäten, in die wir im Beruf, als Marktteilnehmer, als Klienten des Rechtssystems, als Kunden der Freizeitindustrie usw. unweigerlich eingespannt sind, erscheint unsere Lebensgestaltung oft so alternativlos. Aufrufe, unser „Leben zu ändern", finden nur selten Resonanz. Auch an politischen Entscheidungen sind wir in der Regel, selbst wenn wir uns direkt als politische Akteure in Parteien und Bürgerinitiativen engagieren, nur höchst mittelbar beteiligt. Das damit verbundene Lebensgefühl einer Gemengelage von Optionenvielfalt und Ohnmacht hat Niklas Luhmann schon in den 1970er Jahren auf die paradoxale Formel gebracht: „Alles könnte anders sein, aber fast nichts kann ich ändern."[27]

---

24 Vgl. Rolf Schieder, a. a. O., 178.

25 Das ist auch die Pointe in der Unterscheidung zwischen System und Lebenswelt und dem Plädoyer gegen die Kolonialisierung der Lebenswelt durch systemische Vergesellschaftungsformen bei Jürgen Habermas, Theorie des kommunikativen Handelns, Bd. 2: Zur Kritik der funktionalistischen Vernunft, Frankfurt a. M. 1981.

26 Von politischer Moral zu unterscheiden ist die Moralisierung politischer Probleme. Damit sind in der Regel (auch im Erregungsjournalismus der Boulevardpresse) Prämien für Inkompetenz verbunden: Jeder kann sich im Tonfall moralischer Empörung über jedes politische Problem äußern. Das heißt keineswegs, dass im Bereich des Politischen auf moralische Urteile zu verzichten ist, wohl aber, dass solche Urteile - wenn sie politisch zu sein beanspruchen und nicht nur die moralische Integrität der Urteilenden (oder auch deren Selbstgerechtigkeit) demonstrieren sollen - in politische Handlungskalküle übersetzbar sein müssen. Hier ist an das nie völlig gelöste Problem des Verhältnisses zwischen Gesinnungs- und Verantwortungsethik zu erinnern.

27 Niklas Luhmann, Sinn als Grundbegriff der Soziologie; in: J. Habermas/N. Luhmann, Theorie der Gesellschaft oder Sozialtechnologie - Was leistet die Systemforschung?, Frankfurt a. M. 1971, 44.

Das Gefühl, für „das Ganze" nicht ernsthaft zuständig zu sein (nicht sein zu *können*), ändert freilich nichts daran, für die eigene Lebensführung und unsere moralische Integrität verantwortlich zu sein. „Lebensführung" erscheint als Zentralbegriff im 3. Kapitel des Buchs von Thomas Schlag.[28] Ich stimme völlig zu, dass die „Deutungspraxis individueller Lebensführung im Horizont von Rechtfertigung" Möglichkeitsräume auch für das von systemischen Selbst- und Sachzwängen freie politische Handeln eröffnet.[29] Schlag scheint mir, stärker als Bernhard Grümme, eher auf das Politische als eines durch die christliche Religion *eröffneten*, aber nicht selbst religiös zu bestimmendem Möglichkeitsraums abzuheben. In gewisser Weise bleibt indes unbestimmt, ob Schlag „demokratische Bildung" als *politische* Bildung verstanden wissen will, oder als Modus eines Bildungsprozesses generell (einschließlich religiöser Bildung), mit dann natürlich auch politisch motivierenden und orientierenden Wirkungen. Bernhard Grümme spricht in seinem Buch[30] durchgängig vom Politischen nicht als von einem Thema, sondern als einer - wenn auch „wesentlichen" - „Dimension" des Religionsunterrichts, ohne dessen „Politisierung" anstreben zu wollen. Immerhin soll mit der Dimension des Politischen „die Beschränkung auf lebensweltliche, biographische, soziale und ethische Kategorien" aufgesprengt werden.[31] Unter der auch von Grümme geteilten Voraussetzung der „Ablehnung eines integralistischen Standorts jedweder Art" möchte ich dem gar nicht widersprechen, zumal er ausdrücklich anerkennt, dass die „Autonomie und Nichthierarchisierbarkeit der einzelnen Wirklichkeitsbereiche menschlicher Praxis (...) nur um den Preis eines Rückfalls in Vormodernität aufzulösen" wären.[32] Dass ein Religionsunterricht, der politische Fragen thematisiert, sich zum „Fächerkanon wie die öffentliche Religion zu anderen Wirklichkeitsbereichen" verhält,[33] halte ich ebenfalls für konsensfähig, sofern denn vorausgesetzt bleibt, dass die „öffentliche Religion" über kein privilegiertes politisches Urteil verfügt. Unverständlich ist mir aber, warum mit der strikten Anerkennung der Autonomie unterschiedlicher menschlicher Praxen „der übergreifende Wahrheitsanspruch und Referenzbereich einzelner Praxisformen unterschätzt" zu werden drohe. Melden sich mit dieser Frage nicht doch wieder die an anderer Stelle zurückgewiesenen Suprematsansprüche der Religion? Damit hängt für mich auch die Frage zusammen, warum gegenüber meiner Option, Religion als besondere Praxis symbolischer Kommunikation zu erschließen, vor „Reduktionismen" zu warnen sei, sofern nicht „in den Begriff der sprachlich-symbolisch strukturierten Praxis auch gesellschaftlich-politische Kategorien eingebracht

---

28 Th. Schlag, Horizonte demokratischer Bildung, a. a. O., 379ff.

29 A. a. O., 512.

30 B. Grümme, Religionsunterricht und Politik, a. a. O.

31 A. a. O., 247 u. ö.

32 A. a. O., 106.

33 A. a. O. 248.

werden."[34] Hier geht es doch nicht um einen Reduktionismus, sondern um die Bestimmung eines Propriums.

Grümme attestiert mir und anderen die „latente Tendenz, z. B. Ästhetik unpolitisch und ideologiefrei zu denken."[35] In der Tat glaube ich, dass Ästhetik durch ihre offene oder verbrämte Politisierung oft genug beschädigt wurde und ihre Autonomie zu verteidigen ist. Von einer „Strategie (!) der Entpolitisierung"[36] kann hier doch gar nicht die Rede sein. Grümme votiert für einen Religionsunterricht, in dem „kulturhermeneutische und gesellschaftskritische Aspekte im Kontext eines auf Emanzipation ausgerichteten Paradigmas zusammenzuführen" sind.[37] Ich gestehe, dass ich nach den Erfahrungen mit der 70er-Jahre-Pädagogik, in der Kritikfähigkeit *vor* das Verstehen und *vor* die Anerkennung von Geltungsansprüchen gestellt wurde, auf den „Emanzipations"-Begriff in pädagogischen Kontexten allergisch reagiere. Das vorrangige Lebensproblem besteht doch heute nicht in einer Geringschätzung der Ansprüche auf Selbstbestimmung, sondern in der Frage nach deren Balance mit allgemein anerkannten Ligaturen. Ich würde mit etwas weniger Emphase gerne von Mündigkeit und Partizipationskompetenz reden. Und – zugegeben: defensiver – von der Verteidigung der Lebenswelt gegen ihre Kolonialisierung durch systemische Sachzwänge. Mir erschiene es als selbstwidersprüchlich, wenn die Verteidigung auch eines emphatischen Verständnisses von Politik (und ihres Primats z. B. gegenüber der Ökonomie) mit dem Anspruch auf Dominanz der Politik gegenüber anderen Subsystemen und Handlungsformen – des Privaten, Ästhetischen, der Religion etc. – einhergehen würde. (Fast) alles kann zwar (von Fall zu Fall) zum Gegenstand politischer Diskurse und Entscheidungen werden, aber die politische Sphäre selbst wird zerstört, wenn sie sich nicht begrenzt.

Ausdrücklich stimme ich Grümme darin zu, dass es im Religionsunterricht „nicht primär um Wertevermittlung (geht)". Er fährt dann fort: „Der RU hält vielmehr die Gottesfrage wach – gerade in seiner politischen Dimension. Der befreienden Botschaft vom menschgewordenen Gott eignet wesentlich eine politische Pointe."[38] Das nun würde ich so nicht sagen können, sondern: Der Mensch wird durch die Gottesbeziehung zu einem politischen Handeln freigesetzt, das ohne Absolutheitsansprüche auskommt. So wird zwar das Bewusstsein dafür, dass ohne Gott etwas fehlt, wach gehalten. Aber im Feld des Politischen soll diese Lücke *gerade nicht* gefüllt werden, jedenfalls nicht durch den Gottesgedanken.

---

34 A. a. O., 84.
35 A. a. O., 153.
36 A. a. O., 107.
37 A. a. O., 153.
38 A. a. O., 247.

4. *Ausblick: Warum die Politik religiöse Bildung braucht und warum religiöse Bildung politische Folgen hat*

Der Religionsunterricht ist der Ort, an dem zwar die Frage nach Grund und Sinn des Ganzen gepflegt und offengehalten wird, innerweltliche Totalitätsansprüche aber abgewehrt werden. Eben darin sehe ich die eminent *politische* Bedeutung des Religionsunterrichts. Denn, um hier noch einmal an Kants ‚teuflisches' Gedankenspiel zu erinnern: Ein Staat könnte wohl von Teufeln gegründet werden, insofern es dabei allein um Interessen geht, über die nach Klugheitsgründen zu entscheiden ist. Aber ein Staat aus lauter Teufeln ließe sich nie auf Dauer einrichten. Denn den Mitgliedern eines Staates muss es aus Gründen ihrer Selbstachtung möglich sein, die aus Gründen pragmatischer Klugheit anerkannten Regeln politischen Handelns an ihre jeweiligen moralischen und existenziellen Grundüberzeugungen anzuschließen, die aber wiederum nicht Gegenstand politischer Entscheidungen sein dürfen. Daraus resultiert der nur auf den ersten Blick paradoxe Befund, dass gerade die *Unterscheidung* zwischen Politik und Religion und zwischen politischer und religiöser Bildung die politische Bedeutung religiöser Bildung sichtbar macht.

Dass eine religiöse Selbst- und Weltdeutung und ein darin einbeschlossenes Gottvertrauen auch politische Orientierungen freisetzen, versteht sich nahezu von selbst. Freilich nicht im Sinne direkter Impulse für die operative Ebene politischen Handelns (sonst würde es eine „christliche" Politik geben). Ich würde sogar sagen: Gar nicht im Sinne kausaler Ableitungen. Das hat nicht zuletzt auch mit der „Grundlosigkeit unseres Glaubens"[39] zu tun. Hier gewinnt Schleiermachers Diktum seine Bedeutung, man solle „alles mit Religion tun, nicht aus Religion." Die Religion liefert recht verstanden *keine Gründe* für Lebensorientierungen, sondern soll „wie eine heilige Musik alles Tun des Menschen begleiten."[40] Es kommt darauf an, genau hinzuschauen, wie weit das auch für unser politisches Handeln gilt. Jedenfalls muss man religiös sein können, ohne deshalb bestimmte gesellschaftliche Probleme mit religiösen Gründen lösen zu wollen.

Die Schule ist nicht nur ein Ort des Wissenserwerbs. Je mehr sie das Monopol für Wissenszugänge einbüßt, desto mehr treten andere Aufgaben, die sie immer schon zu erfüllen hatte, noch stärker in den Vordergrund. Dazu gehören staatsbürgerliches, ziviles Orientierungswissen und politische Handlungskompetenzen, die nicht nur im Unterricht, sondern auch *in den Lebensformen* der Schule vermittelt werden. In diesem Zusammenhang ist auch all das zu lernen, was zur aktiven Inanspruchnahme des Rechts auf aktive Religionsfreiheit, auf „ungestörte Religionsausübung" gehört (Art. 4 GG). Religion ist ja im Ver-

---

39 Ludwig Wittgenstein, Über Gewissheit, Frankfurt a. M. 1970, § 166, 59.

40 Friedrich D. Schleiermacher, Über die Religion. Reden an die Gebildeten unter ihren Verächtern (1799), Göttingen ^{7}1991, 60.

ständnis des Grundgesetzes – trotz der gerade gezogenen Unterscheidungslinie zwischen den „letzten“ Fragen und den demokratischer Entscheidung unterworfenen Fragen – *nicht* Privatsache. Ihr steht der öffentliche Raum zu, den sie beansprucht. Es liegt im Interesse des Gemeinwesens, dass seine Bürger in all jenen – nicht auf Religion im spezifischen Sinne beschränkten – Fragen urteilsfähig sind, in denen es um unbedingte Geltungsansprüche geht. Und es liegt im Interesse des Gemeinwesens, dass seine Bürger freien Zugang zu je unterschiedlichen Quellen des Gemeinsinns, Quellen von moralischen Grundüberzeugungen und von Lebensführungskonzepten haben. Dahinter steht die im „Böckenförde-Dilemma“ formulierte Einsicht, dass der freiheitliche, weltanschaulich neutrale und pluralistische Staat auf moralische und weltanschauliche Ressourcen angewiesen ist, über die er nicht verfügt.

Ambiguitätstoleranz?

Zum Umgang mit Mehrdeutigkeit in religionspluraler Kultur

1. *Begriffliche Vorklärungen*

Das Thema „Ambiguitätstoleranz" gewinnt gegenwärtig stark an Bedeutung.[1] Es stellt sich auf besondere Weise im Kontext von Religion. Allerdings handelt es sich bei der Zunahme von Ambiguitätskonflikten um ein allgemeines kulturelles Phänomen, das sich im Blick auf die religionsplurale Kultur spezifiziert und verschärft. Um es zu klären, ist es unvermeidlich, zeitdiagnostisch etwas auszuholen. Zudem stellt sich das Thema im Blick auf schulische Lernprozesse und das schulkulturelle Zusammenleben auf besonders unübersichtliche Weise. Im Blick auf ein so hochdifferenziertes System wie die allgemeinbildenden Schulen insgesamt lassen sich keine spezifischen didaktischen (gar methodischen) Ratschläge zum Umgang mit Ambiguitätskonflikten formulieren. Ich beschränke mich auf einige analytische und wenige handlungspraktische Überlegungen.

Bevor ich die Problemlage näher ausleuchte, will ich zunächst kurz begrifflich klären, was ich unter *Ambiguitäts*toleranz (im Unterschied zur *Ambivalenz*toleranz) verstehe. Als Ambiguitätstoleranz verstehe ich die Fähigkeit zum Umgang mit den in modernen Gesellschaften unhintergehbaren Mehrdeutigkeiten, genauer noch die Fähigkeit, mehrdeutige Situationen und widersprüchliche Handlungsmaximen einigermaßen stressfrei und unaggressiv auszuhalten und zu bewältigen, und dabei aber, das ist wichtig, nicht alles relativistisch für gleich-gültig zu halten, sondern auf eigene Wahrheits- und Geltungsansprüche nicht zu verzichten. Ambiguitätsreaktionen werden durch mehrdeutige *kognitive* Wahrnehmungen und Impulse bewirkt. Ambivalenzgefühle sind demgegenüber stärker *affektiv-emotional* dimensioniert. Ambiguitätstoleranz ist aufgrund ihrer überwiegend kognitiven Dimensionen vor allem ein Ziel von Bildungsprozessen. Sie schließt im wesentlichen Kriterien situativ angemessener Urteilsfähigkeit ein. Ambivalenztoleranz dagegen ist eher die in der je individuellen Sozialisation und Erziehung fundierte Fähigkeit, mit der Gleichzeitigkeit widersprüchlicher emotionaler Impulse im Blick auf Personen und Situationen umzugehen. Ambivalenzkonflikte wurzeln überwiegend psychisch

---

[1] Thomas Bauer, Die Vereindeutigung der Welt. Über den Verlust an Mehrdeutigkeit und Vielfalt, Ditzingen 2018.

in der irritierenden Erfahrung gleichzeitiger Zuneigungsgefühle und Distanzierungsbedürfnisse zum Beispiel in den Eltern-Kind-Beziehungen. Sie bedürfen im Extremfall therapeutischer Hilfe. Es liegt auf der Hand, dass es in der Schule eher darum geht, Ambiguitätstoleranz zu fördern.

Ich deutete eingangs schon an, dass die Zunahme von Ambiguitätskonflikten zunächst ein allgemeines Phänomen pluralistischer Lebenswelten ist, und erst in zweiter Linie ein Phänomen religiöser Pluralität, bei dem sich unter anderem die Frage nach den Chancen und Grenzen interreligiösen Lernens stellt. Es geht um je spezifische Formen von Mehrdeutigkeit im sozialkulturellen Zusammenleben und, davon unterschieden, in den Gestaltungsformen religiöser Kommunikation. Zunächst also:

2. *Grundzüge pluralistischer Lebensformen*

Der Begriff „Pluralität" greift zu kurz, wenn er sich auf die Oberfläche unterschiedlicher Meinungen, Werthaltungen, Herkünfte etc. beschränkt. Gewiss ist in den letzten Jahrzehnten die Präsenz unterschiedlicher religiöser und weltanschaulicher Orientierungen dramatisch angewachsen. Das liegt neben der Zunahme von Migrationsbewegungen vor allem an der Erosion und dem Bindungskraftverlust vormals stabiler sozialer und kultureller, nicht zuletzt religiöser Milieus. Man muss aber den Pluralismus gleichsam „tiefer legen", um zu verstehen, worauf das damit verbundene Gefühl grundlegender Orientierungsunsicherheit gründet. Dabei zeigt sich als das grundlegende Muster moderner Gesellschaften die funktionale Ausdifferenzierung unterschiedlicher Teilsysteme und, damit verbunden, die Pluralisierung von Rationalitätsformen: Politik, Ethik, Ökonomie, Ästhetik, Pädagogik, Religion usw. – in all diesen kulturellen Praxen gelten jeweils eigene, nicht, jedenfalls nicht vollständig kompatible Regeln. Diese Ausdifferenzierungsdynamik ist im Vergleich zur Pluralität religiös-weltanschaulicher Optionen der grundlegendere Sachverhalt. Die Religion ist davon besonders gravierend betroffen, was sich vor allem im Verlust ihres Monopols in ethischen und kulturellen Diskursen und im Verlust ihrer Kompetenz in kosmologischen Fragen zeigt.

Freilich: Der mit der Ausdifferenzierungsdynamik moderner Gesellschaft verbundene Verlust einer gesellschaftlichen Zentralperspektive stimuliert immer wieder den Bedarf nach einer solchen (Meta-)Perspektive. Darin wurzelt die Anfälligkeit für Fundamentalismen aller Art. Doch besteht die Zumutung, die mit der Ausdifferenzierung subsystemischer Rationalitätsformen und kultureller Wertsphären verbunden ist, gerade darin, dass sich keine Rationalitätsform über andere oder an die Stelle anderer Rationalitätsformen stellen darf. Keine dieser Perspektiven hat einen konstitutiven Geltungsvorrang, keine erschließt die Welt „besser" als die andere, sondern immer nur „anders". *Relativ* besser ist eine Welterschließungsperspektive nur jeweils in bestimmten

Frage- oder Handlungskontexten. Die Naturwissenschaften haben keinen Vorrang vor Ästhetik oder Religion, können aber auch nicht an deren Stelle treten. Hermeneutische Disziplinen sind für das Verstehen sprachlicher oder ästhetischer Kommunikation unverzichtbar, ersetzen aber kein naturwissenschaftliches oder technisches Wissen. Die chemische Analyse seines Farbmaterials ist für die ästhetische Beurteilung eines Gemäldes von geringem Wert, wird aber bei der Expertise zu einem Fälschungsverdacht gebraucht, und wiederum kaum bei der Bestimmung des Preises für das Bild als Ware auf dem Kunstmarkt. Die Evolutionstheorie wird übergriffig, wenn sie über die Erklärung der Entwicklung des Lebens hinaus auch moralische oder kulturelle Probleme zu lösen vorgibt, was ihre Bedeutung für die Erforschung der Artenvielfalt nicht schmälert. Wenn der einstmalige Innenminister Otto Schily vor Jahren behauptete, die Schließung von Musikschulen gefährde die innere Sicherheit, mag er in bestimmter Hinsicht Recht gehabt haben, ohne dass er die direkte Umwidmung entsprechender Haushaltmittel politisch hätte rechtfertigen können. In der Kochausbildung sind ernährungsphysiologische und geschmackliche Aspekte aufeinander zu beziehen, ohne sie verwechseln zu dürfen. Ein Kaufmann wird die Motive und Regeln einer Kundenberatung und eines Gesprächs am häuslichen Abendbrottisch unterscheiden müssen, um weder seinen ökonomischen Erfolg noch sein Familienleben zu gefährden. Ein Arzt kommt nicht umhin, in bestimmter Hinsicht den Körper eines Patienten als Objekt naturwissenschaftlich und technisch fundierter Verfahren zu verstehen, ohne deshalb die für unsere Kultur konstitutive Unterscheidung zwischen Personen und Sachen aufzugeben.

Bildungsprozesse sind also nicht nur davon betroffen, dass sich in den Schulen gegenwärtig Menschen unterschiedlicher ethnischer, religiöser und sozialer Herkunft so intensiv wie in keiner anderen Institution begegnen. Vielmehr geht es in Bildungsprozessen immer um das kognitive, epistemische und handlungspraktische Zusammenspiel unterschiedlicher Weltwahrnehmungs- und Weltgestaltungsperspektiven. Es geht dabei auch um die Einsicht, dass mit jeder Weltwahrnehmung die Welt *modelliert* wird, dass uns die Wirklichkeit also nie unmittelbar zugänglich ist. Nun ist die Einsicht in die Vielfalt inkompatibler Rationalitätsformen und in die Konstruiertheit unserer Weltwahrnehmung keineswegs neu. Diese Einsicht drängt aber in der Gegenwart aus den Reservaten und Wolkenregionen theoretischen Wissens in die Niederungen des alltagspraktischen Wissens der Menschen. Es ist nicht zuletzt dieser Vorgang, der in den 1980er Jahren, zeitgleich mit der Entdeckung einer „neuen Unübersichtlichkeit", mit dem griffigen, wenn auch nicht unumstrittenen Etikett der „Postmoderne", später dann mit dem Titel einer „zweiten", nämlich „reflexiven" Moderne[2] belegt wurde.

---

2 Ulrich Beck / Anthony Giddens / Scott Lash, Reflexive Modernisierung, Frankfurt a. M. 1996.

Gegenwärtig nun verschärfen sich die Probleme. Ich wechsele etwas die Perspektive. Mit der wachsenden Unübersichtlichkeit der Welt scheint mir eine Entwicklung verbunden zu sein, in der gleichzeitig die auf soziale und kulturelle Gruppen bezogene Forderung nach Ambiguitätstoleranz mit der immer kleinformatigeren Selbstkonstruktion von Differenz (z. B. in den sog. *Diversity*- oder LGBTQIA+ -Diskursen) zueinander in Spannung gerät. Das Problem scheint mir darin zu bestehen, dass der Schutz vor bzw. die Zurückweisung von Diskriminierung z. B. in den Sprachregeln der Political Correctness umschlägt in die Markierung von Gruppenidentitäten. Der gesamte Sozialraum wird dann zunehmend als durch Gruppenidentitäten konstruiert und strukturiert wahrgenommen. Damit einher geht bei der politischen Linken die Schwierigkeit, Strukturprobleme statt Identitätsprobleme zu thematisieren. Am Versuch der Bündelung partikularer Minderheitenschutzprogramme ist Hillary Clinton gegen Donald Trump gescheitert – und mit der Evokation alter, abgrenzender Identitätszuschreibungen für „white trash" ist Donald Trump erfolgreich gewesen.

Das hat Konsequenzen auch dafür, wie sich universalistische, also allgemeingültige Werthaltungen und partikulare Interessen einer modernen, liberalen Gesellschaft austarieren lassen.

> „Die Probleme eines unbesorgten Relativismus und Multikulturalismus liegen längst offen zutage. ‚Identitätspolitik' bezeichnet das eigentümliche dialektische Phänomen, dass in der ursprünglich an einem Gleichheitsideal orientierten Sorge um eine Minderheit diese diskriminierte Gruppe plötzlich auf eine Weise essentialistisch gefasst wird, wie es dem Gleichheitsideal eigentlich widerspricht. In der Empörung über Diskriminierung entsteht die Gruppe – ob nun Rasse, Geschlecht, Religionsgemeinschaft oder sexuelle Orientierung – zum zweiten Mal, nun nicht als Gegenstand der Geringschätzung, sondern als Gruppe mit Sonderrechten, mit einem partikularen Standpunkt, der auf jeden Fall respektiert werden muss."[3]

Probleme werden auf diese Weise nicht wirklich lösbar, sondern als Mobilisierungsmotive für Partikularinteressen genutzt. Das gilt für Identitäre am rechten Rand wie für die wachsende Sensibilität gegenüber Identitätsverletzungen auf der linken Seite. Die Fixierung der Linken auf Identitäts- und Exklusionsfragen läuft auf politischen Umgestaltungsverzicht hinaus. Sie endet in einem Moralismus, der überall ohne Sachkunde meint mitreden zu können, Prämien auf Inkompetenz kassiert, und mit dem sich Konformismus als „Kritik" tarnt und sich auf die Verteidigung von Minderheiten und separaten Lebensformen beschränkt.[4] Starke Überzeugungen gelten als intolerant; allenfalls werden Meinungen toleriert (und nicht von Argumenten unterschieden), aber zugleich

---

[3] Mark Fischer / Oliver Schlaudt, Fakten, Fakten, Fakten. Über den Siegeszug des Positivismus im Kielwasser des Postfaktischen; in: Merkur 841 (6/2019), 40f.

[4] Dass sich starke Strömungen im Protestantismus einer solchen Politik anschließen, ist ein weiterer Grund zur Sorge vor einer Selbstversektung der evangelischen Kirche.

durch autoritäre „politisch korrekte“ Sprachvorschriften reguliert: Sprachkontrolle anstelle kontrovers diskutierter Geltungsansprüche. All das bedroht jene kulturelle Leistung pluralistischer Gesellschaften, die den Individuen Optionen ermöglichte, die nicht kollektiv gebunden werden mussten.[5]

Geradezu absurd wird das in solchen Diskursen, deren Perspektive eigentlich historische Tiefenschärfe erfordern, wenn etwa Sensibilisierungsansprüche hinsichtlich Diskriminierungsängsten auf Texte vergangener Zeiten reprojiziert werden und dann z. B. vor der Lektüre von Kant-Texten gewarnt wird, weil sie moralische Verletzungen erzeugen könnten (weil sie eurozentrisch sind, weil das Unwort „Neger“ darin vorkommt usw.). Wenn bestimmten Diskussionen nicht nur aus dem Weg gegangen wird, sondern Kontroversen mit Empörung vermieden werden, weil bestimmte Argumente (oder auch nur Meinungen) als unerträglich gelten, zeigt sich, dass das Amalgam von Identität(szuschreibungen) und gefühlter Vulnerabilität hinsichtlich kritisch-kontroverser Gegenposition am Ende jede Form offener Diskurse zerstört.

> Von entscheidender Bedeutung ist es, „dass sich die Identitätspolitik in den letzten Jahrzehnten auf fatale Weise in die neoliberale Wende der westlichen Gesellschaften eingeschrieben hat und von dieser usurpiert wurde. Die Fokussierung auf Minderheiten reimt sich ohnehin bestens mit einer allgemeinen Wertorientierung, die das Individuum und seine Identität in emphatischer, geradezu narzisstischer Weise gegen die Gesellschaft und ihre Belange stellt. Indem er sich die Identitätspolitik einverleibte, hat sich der Neoliberalismus (...) deren progressives Image aneignen können – Kosmopolitismus, Toleranz und Offenheit –, während er ihr im gleichen Schritt eine reaktionäre Agenda unterschob. Aus der Forderung gleicher Rechte machte er (...) die Forderung gleicher Chancen.“[6]

In der Jugendkultur zeichnet sich diese Entwicklung darin ab, dass schon seit den 1980er Jahren kaum noch generationsspezifische kulturelle Wellen zu sehen sind, sondern eine Vielfalt von gleichzeitigen Subkulturen, die sich durch die Pflege nach außen wahrnehmbarer Merkmale abgrenzen. Zugleich werden damit die wachsenden Individualitätsanforderungen abgebremst. Im Gegensatz zu unsichtbaren, nur durch Theorieanstrengung thematisierbaren Strukturproblemen sollen sichtbare Identitätsmarker, seien sie kultureller,

---

5 Armin Nassehi sieht damit die Idee und die Haltung von „Bürgerlichkeit“ bedroht, die sich „jener grassierenden Unbedingtheit enthalten (würde), die derzeit so unversöhnliche Identitäten erzeugt. Und auf dieser Basis kann man dann über Ungerechtigkeiten, Ungleichheiten und entsprechende Maßnahmen reden. Alles andere unterschreitet das Niveau, auf dem man diskutieren könnte. Es ist an Peinlichkeit nicht zu übertreffen. Es ist illiberal.“ (Ders., Was heißt es denn, eine Frau zu sein? Wenn alle nur ständig sagen, woran ihre Identität hängt, herrscht Kulturkampf. Über eine Wiederkehr des Reaktionären auf allen Seiten des politischen Spektrums; in: Frankfurter Allgemeine Zeitung, 09.04.2019, Nr. 84, 11).

6 M. Fischer / O. Schlaudt, a. a. O., 41.

ethnischer, religiöser oder sexueller Art, Orientierung liefern – und fördern doch nur Ambiguitätskonflikte und Überforderungen der Ambiguitätstoleranz.

Ein hiermit zusammenhängendes Problem zeigt sich auch im Blick auf die gegenwärtige Sprachmode, alle möglichen Phänomene kritischer oder ablehnender Haltungen gegenüber den Forderungen oder Haltungen bestimmter Gruppen als Phobie, also als psychische Krankheit zu bezeichnen – z. B. Islamophobie (von Christophobie ist trotz vergleichbarer Einstellungen noch nicht die Rede) – und dabei implizit zu unterstellen, dass hier keine diskursiv erörterbaren Meinungsverschiedenheiten vorliegen, sondern nur Therapie oder Quarantäne angemessen wären. Das halte ich für einen unangemessenen Umgang mit Ambiguitätskonflikten. Damit verbunden sind (neben den Extremfällen sprachpolizeilicher Anmaßungen) vor allem Anstrengungsverweigerungen, wenn etwa zwischen Meinungen und Argumenten nicht mehr unterschieden wird; oder wenn der mit dem allgemeinen Relativismus verbundene Verzicht auf Wahrheitsansprüche kompensiert wird durch Thematisierungsverbote.

3. *Bildung als Differenzkompetenz: Weltverstehen und Integrität der Lebensführung*

Die deutschsprachige bildungstheoretische Tradition ist von Anfang an als Reaktion auf die sich am Beginn des 19. Jahrhunderts abzeichnende Signatur der Moderne zu verstehen, die wir heute als Ausdifferenzierung unterschiedlicher Formen praktischer und theoretischer Rationalität in unterschiedlichen gesellschaftlichen Teilsystemen bezeichnen. Darauf gründet die unabgegoltene Aktualität des Bildungsbegriffs. Lebensführungskompetenz kann unter den Bedingungen moderner Lebensverhältnisse nur dann entstehen, wenn man sich darüber klar wird, *dass* man jeweils in einer bestimmten Perspektive zwar keine andere Welt, aber immer die eine Welt *als eine andere* wahrnimmt. Erst nach der Überwindung traditionaler Gesellschaften, in denen Menschen in einen Stand mit festen Lebensbedingungen hineingeboren wurden, dominiert durch Religion oder starre Sittenregeln, stellt sich das Problem, wie Menschen die Fähigkeit erwerben, an der kulturellen Gesamtpraxis teilnehmen zu können. Das Problem von Bildung spitzt sich – so gesehen – darauf zu, wie man die Anerkennung der Ausdifferenzierung unterschiedlicher Rationalitäts- und Handlungsmuster, *in die sich das je eigene Leben unweigerlich verstrickt sieht*, mit einer bewussten Lebensführung verbinden kann, anders gesagt: Wie man Weltverstehen mit Daseinshermeneutik verbinden kann. Wie kann man seinem Leben durch die unvermeidlichen Wahrnehmungs- und Handlungsdifferenzen *hindurch* Zusammenhalt verleihen? Als Kunden der Freizeitindustrie und insgesamt als Marktteilnehmer, als Ausübende unterschiedlicher Berufe, als Klienten des Rechtssystems, als Familienangehörige in der Intimität des Privatlebens, aber eben auch als Teilnehmende an der religiösen Praxis einer Glaubensgemeinschaft stellt sich uns also die Frage, wie es uns gelingt, in dieser Verstrickung nicht zerrissen zu werden und unsere Integrität zu verlieren. Bildung zielt darauf ab, mit Mehrdeutigkeiten leben zu können und Paradoxien auszuhalten. Man kann Bildung geradezu als den nichtbeliebigen, urteilsfähigen Umgang mit Mehrdeutigkeiten definieren. Schon im Begriff „Mehrdeutigkeit" zeigt sich, dass es um unterschiedliche Deutungsperspektiven im Blick auf unterschiedliche Weltphänomene geht. Eine auf Deutungsprozesse ausgerichtete Didaktik muss deshalb – mit fortschreitendem Schüleralter immer stärker – eine „Ambiguitätsdidaktik" sein. Die Mehrdeutigkeit der Welt ist nicht nur als Tribut an die Pluralität der modernen Kultur billigend in Kauf zu nehmen, sondern als Bedingung der Möglichkeit eines Lernens, das auf der Höhe der Zeit ist, produktiv zu gestalten. Mehrdeutigkeit ist dabei weniger in thematischer als aspektiver Vielfalt begründet. Man kann z. B. Religion soziologisch, ästhetisch, psychologisch, historisch, vielleicht sogar naturwissenschaftlich betrachten – aber eben auch ihrem Eigensinn theologisch oder praktisch-religiös gerecht zu werden versuchen.

Für die Religion bedeutet all das, dass sie nurmehr als *ein*, keineswegs privilegierter Modus des Weltverstehens gelten kann. Sie leistet freilich nicht wenig, wenn sie die Erfahrungen von Unverfügbarkeit und Unbedingtheit zu einer Welt- und Selbstdeutung verbindet, die die Erkenntnisse und Regeln anderer (z. B. wissenschaftlicher, rechtlicher oder ästhetischer) Weltzugänge zwar nicht dementiert, aber in einen übergreifenden Sinnhorizont rückt. Religiöse Bildung, die über Religion nur informieren will, ohne ihre Leistung für diese Verbindung von Weltdeutung und Daseinshermeneutik zu erschließen, unterbietet die Bedeutung von Religion so weit, dass damit nicht nur ein unzureichendes, sondern geradezu ein falsches Verständnis von Religion vermittelt wird.

4. *Religion unter Pluralitätsbedingungen*

Die Möglichkeit, die soziale und kulturelle Evolution von Gesellschaften als Prozess ihrer wachsenden Ausdifferenzierung zu verstehen, bestätigt sich auch (und geradezu exemplarisch) im Blick auf die Religion, die in diesem Ausdifferenzierungsprozess in den modernen westlichen Gesellschaften ihre kulturelle Hegemonie an die Subsysteme Politik und Wirtschaft verliert und zugleich von Phänomenen religions*interner* Ausdifferenzierung betroffen ist. Im mittelalterlichen Investiturstreit zeichnet sich bereits die Unterscheidung zwischen politischer und religiöser Macht ab. Im neuzeitlichen Europa verliert die christliche Religion dann nach und nach ihre dominante Funktion für die Legitimierung und Steuerung von Staat und Ökonomie. Indem der Eigensinn von Politik, Recht und Wirtschaft anerkannt wird, kann freilich auch der Eigensinn der Religion erst recht hervortreten. Zugleich wird damit – zunächst im Protestantismus – die Unterscheidung von Theologie und Religion möglich. Theologie ist als Reflexionswissenschaft nicht mit der kulturellen Praxis der Religion identisch, auf die sie sich bezieht.

Vor dem Hintergrund dieser – in den nachreformatorischen Konfessionskonflikten leidvoll erkämpften – Differenzierungen kann Niklas Luhmann eine der wichtigsten kulturellen Errungenschaften der neuzeitlichen Christentumsgeschichte darin sehen, dass man sich „über Religion" verständigen kann, ohne sich „religiös" verstehen zu müssen. Man kann die Perspektive wechseln und religiös kommunizieren, d. h. die Welt religiös deuten und beobachten – Luhmann sagt: *als* Religion kommunizieren – *und zugleich* beobachten, wie Religion die Welt beobachtet, also „über Religion" kommunizieren.[7] Was aber über lange Zeit nur eine Fähigkeit kultureller Eliten war, wird gegenwärtig in der selbstreflexiv gewordenen Moderne zu einer generellen Anforderung an religiöse Mündigkeit, nicht zuletzt auch angesichts der Pluralisierung von Religion. Religiöse Bildung zielt auf die Fähigkeit, die Binnenperspektive des Vollzugs einer Religion und die Außenperspektive des distanzierten Nachdenkens über Religion ins Verhältnis setzen zu können, ohne dass das eine das andere dementiert. Die *bleibende* Differenz kann dann als eine Bedingung und nicht als Defizit religiöser Verständigung anerkannt werden. Nur so können „Andersgläubige" respektiert, statt als „Ungläubige" diskreditiert zu werden. Damit sind im Übrigen auch dem interreligiösen Dialog genügend anspruchsvolle, aber realistischere Ziele gesetzt, als es häufig unter problematischen Einheitsetiketten (etwa: „abrahamitische Ökumene" zwischen Christen, Juden und Muslimen) geschieht. Fremdheit muss nicht ins Vertraute aufgelöst oder ans Eigene angeglichen werden, um über Religion kommunizieren zu können. Das gilt nicht nur für fremde Religionen, sondern auch für die eigene, fremd gewordene christliche Religion, also für den Regelfall der Kommunikation im schulischen Religionsunterricht.

Unter diesen Voraussetzungen ist es für interreligiöse wie für interkulturelle Bildung entscheidend, dass möglichst genaues Verstehen keine Voraussetzung bzw. Bedingung von Anerkennung ist. Die Voraussetzung von Anerkennung ist die reziproke Anerkennungsbereitschaft der Menschenwürde von Personen, nicht aber ihrer Gesinnungen. In diesem Zusammenhang kann dann auch verstanden werden, dass die Religionsfreiheit und das in Deutschland geltende Religionsverfassungsrecht religiösen Menschen nichts aufnötigt, was der Religion eigentlich fremd ist. Nur unter den Bedingungen der Religionsfreiheit nämlich kann ein individueller Glaube anerkannt und Religion als ein eigensinniger Modus des Weltverstehens und des Weltumgangs verstanden werden, der nicht in Konkurrenz zu anderen Rationalitätsformen steht. Ein

---

[7] Niklas Luhmann, Religion als Kultur; in: Otto Kallscheuer (Hg.), Das Europa der Religionen. Ein Kontinent zwischen Säkularisierung und Fundamentalismus, Frankfurt a. M. 1996, 291–315.

solches Selbstverständnis von Religion ist die Bedingung der Möglichkeit religiöser Existenz in der kulturellen Moderne und setzt eben deshalb Religionsfreiheit (auch die Freiheit zu einer religionsabstinenten Lebensführung) konstitutiv voraus. Der protestantische Theologie Ernst Troeltsch hat am Beginn des 20. Jahrhunderts darin die Voraussetzung gesehen für das, was er die „Zusammenbestehbarkeit“ von Religion und moderner Kultur nannte.[8]

5. *Religiöse Bildung unter Pluralitätsbedingungen*

Ich setze hier nur wenige kurze Akzente. Als die Grundfrage religiösen Lernens kann gelten: Wie kann man seine Religion für wahr halten – und dennoch die Rechte Andersgläubiger ebenso anerkennen wie die Geltungsansprüche anderer Rationalitätsmodi? Für die Erörterung dieser Frage ist der Begriff der Mehrdeutigkeit, wie ich ihn bisher als Phänomen der Gleichzeitigkeit unterschiedlicher Modi des Weltverstehens und des Weltumgangs erörtert habe, zu modifizieren bzw. zu erweitern. Mehrdeutigkeit ist vielmehr über Pluralitätsaspekte hinaus als ein religionsinternes und religionsspezifisches, ja: religionskonstitutives Merkmal zu verstehen.

Es geht zum einen angesichts von Ambiguitätszumutungen religiöser Pluralität nicht in erster Linie um die Kollision unterschiedlicher Wahrheits- und Geltungsansprüche, sondern darum, religiöse Evidenz- und Überzeugungsphänomene von anderen, z. B. empirischen oder logischen Wahrheitskriterien unterscheiden zu lernen. Und es geht zum anderen darum, den Modus von Religion – jedenfalls der christlichen Religion – durch ihre Kommunikationsgestalten bestimmt zu sehen.

Für die christliche Religion gilt, dass sie (anders übrigens als die sie reflektierenden Theologien) kein doktrinförmiges Lehrgebäude ist, sondern die kulturelle Praxis der Erinnerung und Vergegenwärtigung eines Ereignisses: des als Menschwerdung Gottes gedeuteten Lebens Jesu Christi, seines Sterbens und seiner Auferweckung. Das geschieht in Erzählungen, in Form von Metaphern (weil über Gott und sein Handeln nicht in Form von Sachverhaltsbehauptungen zu reden ist) und Symbolen (die für alles rituelle Handeln konstitutiv sind).

Die Probleme von Pluralismus und Ambiguität dürfen eben nicht auf die Pluralität von Religionen und Weltanschauungen beschränkt werden. Das endet dann in einer Sozialpädagogisierung der Religionspädagogik als eine (wenig aussichtsreiche) Form von Toleranzerziehung. Es geht vielmehr um Bildung unter der Voraussetzung eines (im schulischen Fächerkanon repräsentierten) Perspektivenpluralismus und darin um Religion als einem Modus der Weltdeutung, der nicht substituierbar ist, der aber auch nicht die anderen Modi in

8 Ernst Troeltsch, Die christliche Weltanschauung und die wissenschaftlichen Gegenströmungen (1893); Gesammelte Schriften II, Tübingen 1922, 229.

einer hierarchischen Ordnung dominieren kann. Religion ist also vor allem durch ihren kommunikativen Modus und weniger durch bestimmte Gesinnungen oder andere Personeneigenschaften oder gar durch die Zustimmung zu „Glaubenstatsachen" charakterisiert. Insbesondere die christliche Religion ist zu verstehen als eine kulturelle Praxis, deren Vorstellungs*gehalte* sich auf spezifische Weise mit kommunikativen Vollzugs*gestalten* verbinden, für die metaphorisch-symbolische Sprachformen konstitutiv sind. Die Einsicht in diesen Vollzugssinn religiöser Kommunikation ist auf einer kognitiven Ebene anzustreben – weil ohne diese Einsicht der verbreitete Irrtum nicht bearbeitet werden kann, die Teilnahme an religiöser Praxis laufe auf das Führwahrhalten wissenschaftlich widerlegter Aussagen über die Entstehung und die Zukunft der Welt hinaus. Diese Einsicht setzt ein Verständnis der Reichweite und Erschließungskraft symbolischer und ästhetischer Kommunikation voraus. Die Modi von Narrativität, Metaphorizität und Symbolizität als unterschieden von Tatsachenfeststellungen müssen also im Religionsunterricht nicht nur systematischen, sondern auch didaktischen und methodischen Vorrang haben. In allen religiösen Lernprozessen ist didaktisch zu beachten, dass Religion sich nicht durch thematisch-begriffliche Bestimmungen oder durch eindeutige Bedeutungsgehalte erschließen lässt. Religiöse Kommunikationsmuster funktionieren nur in Kontexten praktischen Gebrauchs. Das gilt auf je besondere Weise freilich für alle Modi der Weltwahrnehmung, deren Pluralität in der Schule erschlossen werden soll. Sie alle repräsentieren ja im weitesten Sinne kulturelle Praxen in Gestalt von Lerngegenständen und -themen.

Religion ist also kein feststehender Sachverhalt, der als solcher lehrhaft vermittelt werden könnte, sondern sie konstituiert sich jeweils in bestimmten Wahrnehmungsperspektiven und damit verbundenen Praxen. Mittels der Religion werden die Welt und mein Leben in dieser Welt gedeutet. Und zugleich wird in der Religion als Deutungspraxis das Deuten selbst thematisch: Wie ist es möglich, dass uns die Welt nicht als bloßes Rauschen erscheint, sondern in der „Anschauung des Universums" sich der Gottesgedanke aufdrängt? Ob eine bestimmte Semantik als religiös identifiziert werden kann, entscheidet sich nicht auf begrifflich-thematischer Ebene, sondern aufgrund der Modalitäten ihres Gebrauchs. Das kann an ganz elementaren Beispielen deutlich werden: Durch was ist die narrative Ausfaltung der Metapher „Gott ist ein gütiger Vater" im Gleichnis vom „Verlorenen Sohn" von einer Reportage über die Beendigung eines Familienkonflikts modal zu unterscheiden? Warum bedeutet das „ich glaube" im Credo nicht „ich vermute" (also nicht eine Form eingeschränkten Wissens), sondern „ich vertraue". Was geschieht, wenn man eine „heilige Schrift" und ihre Sprache nicht mehr modal versteht, kann man sowohl bei biblizistischen Strömungen im Christentum als auch bei der Koranrezeption islamistischer Gruppen beobachten.

Wegen der Bedeutungsüberschüsse von Metaphern und Narrationen, wegen deren Deutungsoffenheit und Deutungsbedürftigkeit, kann religiöses Lernen nicht auf *ein*deutige Einsichten zielen, sondern auf das Verstehen von und den Umgang mit *Mehr*deutigkeiten. Auch aus diesem Grund ist Religionsdidaktik nur als „Ambiguitätsdidaktik" sachgerecht. Wie sehr die Beachtung der Sprachgestalt hierbei ins Gewicht fällt, kann man sich leicht klarmachen an religiösen wie an religionsaffinen Aussagen. Wenn mir z. B. jemand sagt: „Die Blumen sind die Seele der Welt", dann hat diese Äußerung, die nur als authentische Vorstellung einer Person und nicht als Sachverhalt verständlich ist, den Vorteil, dass man sie nicht übernehmen muss, man aber auch nicht widersprechen kann. Man muss nicht zustimmen, es ist aber auch sinnlos zu sagen, sie sei falsch. Man kann sagen: „Ich sehe das anders", aber nicht: „Ich glaube dir nicht." Insofern erhöhen mehrdeutige Aussagen dieser Art die kommunikative Anschlussfähigkeit, indem sie das Widerspruchsrisiko mindern. Die (mögliche) Religiosität dieser Äußerung ist nicht thematisch, sondern stilistisch und modal zu identifizieren. Damit korrespondiert auf der semantischen Ebene die grundsätzliche, nicht billigend in Kauf zu nehmende, sondern hermeneutisch fruchtbar zu machende Mehrdeutigkeit religiöser Vorstellungsgehalte. Ambiguitätstoleranz fußt also auf der hermeneutischen Bereitschaft, die Regeln bestimmter Sprachspiele zu akzeptieren, für mich selbst wie gegenüber meinem Dialogpartner.

Damit ist zugleich gesagt, dass Information über Religion(en) ein viel zu unterbestimmtes Ziel religiöser Bildung ist. Religion lässt sich eben nicht einfach mittels des Erlernens religiösen Wissens verstehen, auch wenn darauf natürlich nicht verzichtet werden kann. Das Missverständnis, Religion sei mit der Zumutung verbunden, wissenschaftlich widerlegte Tatsachen für wahr halten zu sollen, tritt immer dann auf, wenn der Religion ihre spezifische Differenz zu anderen Formen der Welterschließung und zu anderen kulturellen Praxen abgesprochen wird. Zudem ist die Annahme naiv, Sachwissen könne zum Religionsfrieden nennenswert beitragen. Wem sich die kategoriale Differenz einer religiösen Weltdeutung gegenüber anderen „Modi der Weltwahrnehmung" nicht erschlossen hat, wer also z. B. zwischen dem Schöpfungsglauben und der Urknalltheorie nicht unterscheiden kann, der wird nicht in der Lage sein, seine eigene Religion auf nichtfundamentalistische *und* nichtrelativistische Weise mit der Verstrickung in vielfältige gesellschaftliche Funktionssysteme „zusammenbestehen" zu können. Er wird aber ebenso wenig in der Lage sein, als religiös abstinenter Mensch religiösen Orientierungen Anderer unverächtlich zu begegnen.

Die öffentliche Schule ist nicht mehr denkbar ohne Begegnung mit den Fremden, die zugleich nahe sein können und dennoch fremd bleiben, und dem Fremden, das im kulturellen Klima der Pluralität mehr und mehr auch das fremde Eigene sein kann. Diese Begegnungen verlangen verstärkte Anstrengungen in interkultureller Bildung. Leider werden häufig, wenn interkulturelle Verständigungsaufgaben im Blick sind, die dabei eigentlich evidenten religiösen Aspekte entweder übersehen oder nur als Stör- und Konfliktpotential wahrgenommen. Mit diesem folgenreichen Missverständnis wird verkannt, dass Respekt vor fremder Religiosität nicht ohne Verständigungsbereitschaft, vor allem aber auch nicht ohne religiöse Selbstvergewisserung entwickelt werden kann. Unzulänglich ist zumal die in interkulturellen Lernzusammenhängen häufig zu beobachtende Praxis, Religion entweder zu exotisieren und zu folklorisieren *oder* als bloß lexikalischen Lernstoff zu behandeln. So können z. B. islamische Gebetsriten von Nichtmuslimen eigentlich erst aufgrund einer eigenen, reflektierten Frömmigkeitspraxis nachvollzogen werden. Und wenn schon nicht nachvollzogen, so doch zumindest als etwas verstanden werden, was nicht verächtlich ist und vor öffentlicher Herabwürdigung zu schützen ist. Natürlich – nicht immer und nicht bei allen Menschen kann sich eine solche Hermeneutik des Fremden auf die Reflexion eigener religiöser Praxis rückbeziehen. Bei religiös abstinenten oder indifferenten Menschen wird dann aber zumindest die ernsthafte Reflexion der eigenen Entscheidung für eine a-religiöse oder religiös distanzierte Lebensform die Voraussetzung für die gebotene Toleranz sein müssen.

Hermeneutisch-rekonstruktive Religionsforschung in pädagogisch-theologischem Interesse

Von der Person zur Kommunikation

1. *Die Praktische Theologie und die Religionspädagogik nach ihrer „empirischen Wendung"*

Auf dem Felde der Praktischen Theologie ist in den vergangenen ca. 25 Jahren eine Fülle empirischer Untersuchungen entstanden. Zuvor spielte diese Art praktisch-theologischer Forschung eine höchst marginale Rolle. Möglicherweise liegt hier ein Krisenphänomen vor. Erst die Erfahrung, dass die Dinge nicht so sind, wie man sie sich dachte, erzwingt das genauere Hinsehen. Die empirische Erforschung kirchlicher Arbeitsfelder erfolgt mit besonderem Blick auf deren Umfelder. Der Fokus ist auf „gelebte Religion" gerichtet – wie es mit einem im gleichen Zuge sich verbreitenden Terminus heißt.[1] Das Interesse daran fällt zusammen mit der verschärften Wahrnehmung eines (freilich nicht wirklich neuen) Sachverhalts: Dass nämlich die Religion der Leute, einschließlich der kirchlichen Klientele, keineswegs den theologischen Vorgaben entspricht, was christliche Religion zu sein habe und wie sie zu gestalten sei. Die nicht so neue Wahrnehmung des Unterschieds von Religion und Theologie, dessen Entdeckung am Anfang der Praktischen Theologie als eigenständiger Subdisziplin steht[2], verschärft sich und erscheint, nicht zuletzt eben aufgrund empirischer Forschung, allmählich *nicht mehr nur* als Krisenphänomen. Sie wird erkannt als konstitutive Bedingung des spannungsvollen Zusammenhangs von – *sit venia verbo* – „gelebter" Religion und institutioneller, professionell gestalteter Religion. Zu dieser Bestandsaufnahme gehört, dass die von Klaus Wegenast 1968 speziell für die Religionspädagogik geforderte „empirische Wen-

1 Zur kritischen Differenzierung dieses Begriffes nötigend: Martin Laube, Die Beobachtung ‚gelebter Religion' – Überlegungen zu einer theologischen Kategorie in systemtheoretischer Sicht; in: Albrecht Grözinger/Georg Pfleiderer, „Gelebte Religion" als Programmbegriff Systematischer und Praktischer Theologie, Zürich 2002, 161–189.

2 Aus der Fülle der für dieses Thema einschlägigen Literatur sei nur genannt: Botho Ahlers, Die Unterscheidung von Theologie und Religion. Ein Beitrag zur Vorgeschichte der Praktischen Theologie im 18. Jahrhundert, Gütersloh 1980.

dung"[3] nunmehr in einer Fülle mehr oder weniger den Standards empirischer Sozialforschung entsprechender Untersuchungen realisiert wurde und wird, nicht nur, aber nicht zuletzt auch im Zuge der sog. „Kinder"- und „Jugendtheologie".

Ein kritischer Blick auf den Ertrag dieser Entwicklung nötigt allerdings, zumindest in religionspädagogischer Hinsicht, zu einem nüchternen Befund: Von empirischer Forschung ist (vorerst?) kaum eine Optimierung von Handlungskonzepten zu erwarten.[4] Sie begründet vielmehr in erster Linie ein größeres Maß an Bescheidenheit hinsichtlich der Erwartungen an die Reichweite und die Nachhaltigkeit religionspädagogischer Praxis. Der Wert und die Bedeutung der „empirischen Wendung" (vielleicht sollte man eher sagen: der „empirischen Erdung"?) werden damit durchaus nicht in Frage gestellt. Wir wissen seither viel mehr über die Religion von Kindern und Jugendlichen (und müssen dieses Wissen nicht sogleich zur Diagnose einer „Kindertheologie" hypostasieren).

Angesichts der Tendenz in den Erziehungswissenschaften, Forschungsförderung nahezu vollständig auf empirische Bildungsforschung zu beschränken und in dieser Richtung geradezu ein Theoriemonopol zu schaffen[5], wäre die Religionspädagogik allerdings gut beraten, sich gegenüber diesem Trend in ihrer Referenzdisziplin in gewisser Reserve zu halten. Der Sachverhalt darf nicht verdunkelt werden, dass alles (religions-)pädagogische Handeln einer normativen und kontrafaktischen (statt empirischen) Grundorientierung unterliegt, die auf empirisches Orientierungswissen freilich nicht verzichten kann. Bei allem Gewinn empirischer Forschungen: Theologie ist keine empirische Disziplin. Auch für die Religionspädagogik gilt: Didaktische und pädagogische Entscheidungen sind normative Entscheidungen, die natürlich in keiner Weise die empirische Frage nach der Lebenswirklichkeit und den je subjektiven Rezeptionsbedingungen der Lernenden suspendieren dürfen.

Am deutlichsten wird die begrenzte Reichweite unseres empirischen Wissens im Blick auf den Unterricht, über dessen prozessuale Dynamiken und Wirkungen wir immer noch viel zu wenig wissen. Die in den Wolkenregionen der religionsdidaktischen Konzeptionsdebatten ausgetragenen Differenzen

---

3 Klaus Wegenast, Die empirische Wendung in der Religionspädagogik; in: EvErz 2/1968, 111–124.

4 Vgl. hierzu die Sammelrezension zur „empirischen Religionspädagogik" von Bernd Schröder; in: VuF 2/2014, 94–109.

5 Freilich sind auch die Beispiele nicht zu übersehen, gegen diesen Trend anspruchsvolle empirische Forschung zu konzeptionalisieren. Vgl. z. B. Werner Vogd, Komplexe Erziehungswissenschaft jenseits von empirieloser Theorie und theorieloser Empirie. Versuch einer Brücke zwischen Systemtheorie und rekonstruktiver Sozialforschung; in: ZfE 1/2005, 113–114.

scheinen jedenfalls im Unterricht überwiegend kaum eine Rolle zu spielen.[6] In dieser Hinsicht sind Theoriebildung und empirisches Wissen noch längst nicht ausreichend verkoppelt.[7]

2. *Zur Aufgabe der Theologie in Bildungsprozessen - zugleich ein kritischer Blick auf die sog. „empirische Theologie"*

Auf der Unterscheidung zwischen Deskription und Präskription, zwischen Empirie und Normativität ist zu insistieren. Die Unterscheidung von Religion und Theologie ist - wie gesagt - historisch-genetisch wie systematisch konstitutiv für die Praktische Theologie. Eine Folge dieser Unterscheidung ist zugleich der Verzicht der Theologie auf die - ohnehin illusionäre - Normierung lebensweltlicher Religion. Die theologische Aufgabe besteht nicht darin, empirisch wahrgenommene Religion in Theologie zu überführen. Theologie als professionelle Form des Umgangs mit Religion soll nicht aus theologischen Laien Experten machen, wohl aber den Laien Kommunikationsfähigkeit mit Experten ermöglichen. Natürlich verlangt das reziprok auch eine gewisse Öffnung theologischer Expertenkulturen. Das hier oft ins Spiel gebrachte allgemeine Priestertum aller Getauften liegt (unabhängig davon, ob und wie es als *empirisches* Phänomen überhaupt zu erfassen ist) als ekklesiologischer und soteriologischer Begriff auf einer kategorial anderen Ebene. Es ist eben *Priester*tum und nicht „*Theologen*tum", insofern es um die in Christus eröffnete Unmittelbarkeit des Gottesverhältnisses geht.

Wo unter dem Label „Kinder"- und „Jugendtheologie" nicht nur interessante empirische Forschung getrieben, sondern auch der Anspruch eines neuen religionsdidaktischen Paradigmas erhoben wird, drohen die mit der Unterscheidung von Religion und Theologie verbundenen Distinktionsgewinne verloren zu gehen.[8] Ich befürchte neben der beobachtbaren Trivialisierung des Theologieverständnisses reziprok eine Depotenzierung des Religionsbegriffs. Ohne Religion gibt es keine Theologie, umgekehrt gilt nicht: Ohne Theologie keine Religion. Theologie ist nicht thematisch zu definieren, sondern - das war

---

6 Rudolf Englert, Wie kommen Schüler/innen ins Gespräch mit religiösen Traditionen? Eine Untersuchung religionsdidaktischer Inszenierungsstrategien; in: Ulrich Riegel / Klaas Macha (Hg.),Videobasierte Kompetenzforschung in den Fachdidaktiken, Münster / New York / München / Berlin 2013, 248–265.

7 Impulse dazu in religionspädagogischer Perspektive siehe in: Dietlind Fischer / Volker Elsenbast/Albrecht Schöll (Hg.): Religionsunterricht erforschen. Beiträge zur empirischen Erkundung religionspädagogischer Praxis, Münster / New York / München / Berlin 2003; vgl. auch: Bernhard Dressler / Thomas Klie / Martina Kumlehn, Unterrichtsdramaturgien. Fallstudien zur Performanz religiöser Bildung, Stuttgart 2012.

8 Siehe hierzu in diesem Buch: „Religionspädagogik als Praktische Theologie. Mit einem kritischen Blick auf den Diskurs zur ‚Kindertheologie'", S. 109–131.

ein wissenschaftstheoretischer Grundgedanke Friedrich Schleiermachers – funktional. Sie hat die Aufgabe, die lebensweltliche Religionspraxis zu befördern. Wie gesagt: Nicht im Sinne ihrer Normierung. Die Theologie soll vielmehr der Religionspraxis, die unvermeidlich und immer schon durch ein mehr oder weniger hohes Maß an Inkonsistenz gekennzeichnet ist, mit professioneller, in wissenschaftlicher Ausbildung fundierter Kompetenz Möglichkeiten größerer Konstanz, Prägnanz und Kohärenz zuspielen. In diesem normativ-positionellen (d. h. nicht normierenden) Bezug auf eine religiöse Praxis ist weiterhin die Unterscheidung der Theologie von Religionsphilosophie, Religionswissenschaft und Religionssoziologie begründet. Das gilt auch für den Religionsunterricht: In ihm sollte die Erschließung und die Reflexion der Religion als einer besonderen kulturellen Praxis systematischen Vorrang haben. Er sollte keine – wie auch immer abgespeckte – theologische Expertise als Leitidee anstreben, auch nicht unter dem Motto einer (letztlich am Gemeindebegriff orientierten) Laientheologie. Das gilt gerade dann, wenn die Artikulationsmöglichkeiten religiöser Erfahrungen und Vorstellungen sich von deren kirchlich-theologischen Reflexionsmustern weiter entfernen, als es in der Vergangenheit (mit wie auch immer zweifelhaftem Recht) unterstellt werden konnte. Den Edukanden in religiösen Bildungsprozessen muss, wenn es sich denn um Bildungsprozesse handeln soll, die Möglichkeit offen gehalten bleiben, sich zur Religion auch in gleichsam „religionswissenschaftlicher", also glaubensabstinenter Distanz zu halten.

Kirchliche Lehrsätze können nicht mehr inhaltlich konstitutiv sein für Religion als einem individuellen Lebensvollzug, in dem Menschen sich angesichts von Kontingenz- und Unverfügbarkeitserfahrungen selbst zu verstehen versuchen und zu verhalten. Ihnen kann „auch ungeachtet ihres im Protestantismus immer mitlaufenden praktischen Sinnes (...) nur zugestimmt werden, wenn sie sich als aussagekräftig und deutungsmächtig im individuellen Leben aneignen lassen."[9] In religiösen Bildungsprozessen kommt die der Religionspädagogik eigene Theologizität besonders dadurch zur Geltung, dass nicht nur religiöse Kenntnisse vermittelt werden, nicht nur kulturelle Traditionsmotive lesbar gemacht werden (obwohl das nicht gering zu schätzen ist). Es geht vielmehr um Orientierungsangebote zur Führung eines bewussten Lebens, mit denen die Erschließung der christlichen Religion in eine daseinshermeneutische Perspektive gerückt wird. Das ist zwar von einem Verkündigungsmodus zu unterscheiden, aber *wie alles religionsprofessionelle* (und nicht nur religionswissenschaftliche) Handeln auch auf die Förderung religiöser Lebensformen ausgerichtet.

Wie verhält sich zu dieser funktionalen Aufgabenbestimmung der Theologie der Vorschlag, eine „empirische Theologie" als Subdisziplin zu entwickeln?

---

9 Dietrich Korsch, Theologie; in: Wilhelm Gräb / Birgit Weyel (Hg.), Handbuch Praktische Theologie, Gütersloh 2007, 834.

Kann es sich dabei um etwas anderes als um die (dann freilich Missverständnissen Vorschub leistende) Abbreviatur für eine empirisch informierte und orientierte Theologie handeln?[10] Das, was darunter firmiert, bleibt doch wohl methodologisch in der Regel empirische Sozialforschung – auch dann, wenn sich die Befragten/Untersuchten nicht zu Religion, Spiritualität oder Glauben, sondern explizit zu Theologie äußern sollten, denn ihre Äußerungen auch dazu wären selbst noch nicht Theologie, sondern Einstellungen zu derselben.

3. *Das grundlegende Problem: Handeln in empirischer Perspektive. Zugleich ein Problem von unmittelbarer Tragweite für das Selbstverständnis von Personen*

Etwas zu beobachten schließt ein, es auch anders sehen zu können. Nun zeichnet sich seit einiger Zeit als Folge des *performative turn* in den Kulturwissenschaften ab, dass die empirische Erforschung von Religion dann besonders fruchtbar wird, wenn Religion als eine kulturelle Praxis verstanden wird[11], die nicht, jedenfalls nicht in erster Linie, durch Personenmerkmale charakterisiert wird, die – als Einstellungen, Gesinnungen, Wertorientierungen oder Kognitionsniveaus – lange Zeit im Zentrum empirischer Religionsforschung standen. Es sollen vielmehr Handlungen (und natürlich auch deren narrative Explikation und Reflexion) beobachtet werden können. Der *kommunikative Modus* einer Praxis rückt als Indikator für ihren Eigensinn ins Zentrum des Interesses. Das gleiche gilt für Bildungsprozesse, in denen die Perspektiven gewechselt werden: Zwischen der experimentellen Teilnahme an einer kulturellen Praxis und ihren Kommunikationsmodi und der reflexiv-distanzierten Beobachtung dieser Praxis mit dem Ziel der Urteilsbildung. Die empirische Erforschung von Religion bringt es also ebenso wie religiöse Bildungsprozesse mit sich, dass Handlungen (und damit natürlich auch der Bildungsprozess selbst) in eine Beobachtungsperspektive gerückt werden, in der das rationale Selbstverständnis der Handelnden durch empirische Beschreibungen abgelöst wird. Damit ist ein zugleich die Religion *und* das Selbstverhältnis religiöser Menschen zutiefst berührendes Problem verbunden, weil die Handelnden Personen sind und keine Maschinen.[12] Wenn „erlebende und handelnde Menschen erfahren, wie ihr Erleben und Handeln zum Gegenstand wissenschaftlicher Betrachtungen gemacht wird“, droht sich damit die Erfahrung zu verbinden, dass „von den

---

10 Vgl. Astrid Dinter / Hans-Günter Heimbrock / Kerstin Söderblom (Hg.), Einführung in die Empirische Theologie, Göttingen 2007. Ich wende mich kaum gegen die Inhalte, nur bedingt gegen die Programmatik, wohl aber gegen den Titel dieses Buches.

11 Etwas *als etwas* zu beobachten und zu verstehen heißt freilich nicht, es darauf zu reduzieren.

12 Hier sind ganz fundamental auch jene Fragen berührt, die mit der Tendenz zur Selbstinstrumentalisierung und Selbstnaturalisierung von Menschen aufgeworfen werden.

Erlebnisinhalten und Handlungsmotiven, die sie selbst bewegen, gar nicht oder nur so die Rede ist, daß diese Inhalte und Motive gerade nicht die ‚eigentliche' Bedeutung ihres Verhaltens definieren."[13] In jedem Fall beanspruchen die Beobachter, die Handelnden besser zu verstehen als diese sich selbst – durchaus mit gewissem Recht. Aber darin liegt auch ein Dilemma, wie es sich besonders augenfällig in allen funktionalistischen Theorien zeigt. Im Behaviorismus ist subjektiver Handlungssinn völlig irrelevant, weil es einen naturalistischen Begriff von Wahrheit nicht geben kann. So würde, mit Robert Spaemann formuliert, eine „funktionalistische Deutung der spezifischen Unbedingtheitsform der sittlichen Erfahrung (...) diese als Unbedingtheitsform zum Verschwinden bringen."[14] Ähnlich betont Friedrich Kambartel,

> „dass unsere (normale) Handlungs- und Verantwortungswelt, unsere *humane Lebenswelt*, einer (natur)wissenschaftlichen Rekonstruktion weder bedürftig noch zugänglich ist. (...) Wer unsere humanen, als menschliche Handlungs-, Rechtfertigungs- und Verantwortungssituationen gedeuteten und organisierten Verhältnisse in naturwissenschaftlichen Begriffen (in den Begriffen und allgemeinen Sätzen einer situationsinvarianten wissenschaftlichen Orientierung) interpretiert, kennt sich also – das ist der Kern der Kantschen Vernunftkritik – grammatisch nicht aus, findet sich ‚kategorial' in den Unterschieden und Zusammenhängen nicht zurecht, welche das Verhältnis von *praktischer* Welt und wissenschaftlicher *Erklärung* bestimmen."[15]

Vielleicht kann man aber sagen, dass der Blick der empirischen Religionsforschung auf die den Probanden weitgehend entzogene latente Sinn-Struktur ihrer Äußerungen und der Versuch, darin Bedeutungen (im emphatischen Sinne des Wortes) aufzuspüren, eine Brücke schlagen kann zwischen der Beobachtung von Personen und der kommunikativen Modi, in denen sie sich äußern.[16]

Also: Religiöse Praxen stehen ebenso wie Bildungsprozesse zwar der Beobachtung, auch in funktionalistischer Perspektive, offen. Sie sind aber zu verstehen nur unter der Maßgabe der Teilnahme rationaler Subjekte, die sich

---

[13] Robert Spaemann, Das unsterbliche Gerücht. Die Frage nach Gott und die Täuschung der Moderne. Naturteleologie und Handlung, Stuttgart 2007, 92.

[14] R. Spaemann, a. a. O., 103.

[15] Friedrich Kambartel, Philosophie der humanen Welt, Stuttgart 1989, 100.

[16] In der niedersächsischen Religionslehrerstudie wurde dieser Brückenschlag mit Hilfe eines „Vier-Felder-Schemas" versucht, in dem die Selbstbeschreibungen und die didaktischen Präferenzen der Befragten unterschiedlichen *Kommunikationsgestalten* von Religion zugeordnet werden konnten: Reflexiv-theologische *Lehr*gestalt, narrativ-poetische *Sprach*gestalt, szenisch-leibliche *Raum*gestalt und die Gestalt eines handlungspraktischen *Ethos* (Andreas Feige/Bernhard Dressler/Wolfgang Lukatis / Albrecht Schöll, „Religion" bei ReligionslehrerInnen. Religionspädagogische Zielvorstellungen und religiöses Selbstverständnis in empirisch-soziologischen Zugängen. Berufsbiographische Fallanalysen und eine repräsentative Meinungserhebung unter evangelischen ReligionslehrerInnen in Niedersachsen, Münster/Hamburg/London 2000, 143–147).

selbst beobachten können, ohne ganz aus ihrer Teilnehmerperspektive heraustreten *zu können und zu müssen.* Eine interessante Parallele: Beobachtungs- und Teilnahmeperspektive dürfen sich nicht wechselseitig dementieren – das gilt für die empirische Erforschung von Religion wie für die Religionsdidaktik.[17] Freilich wird die Beobachtbarkeitsgrenze von Handlungen beim Lernen besonders deutlich: Lernen ist, so betont es Klaus Prange[18], grundsätzlich unsichtbar. Übrigens ist auch in dieser Hinsicht die Kompetenzorientierung von Bildungsprozessen hilfreich, insofern die Beobachtung von (sichtbaren) Kompetenzfortschritten nicht mit der Beobachtung (unsichtbaren) Lernens verwechselt wird.

Dietlind Fischer und Albrecht Schöll rekurrieren, wenn ich es recht sehe, eben deshalb in ihrem Resümee zur Erforschung kindlicher Gottesbilder auf das kulturtheoretische Handlungsmodell von Anthony Giddens,

> das die „dualistische Entgegensetzung von Subjektivität und Sozialem auf(hebt)" und zugleich „weder von einem Primat des Bewusstseins noch von einem Primat sozialer Strukturen aus(geht). Wissensstrukturen können zwar als ‚soziale Entitäten' beschrieben werden, die den jeweiligen subjektiven Motiven und Handlungen immer schon vorausgehen. Sie können auch unabhängig vom Subjekt rekonstruiert werden. Sie werden aber nur wirksam, wenn sie von den Akteuren, die sie in ihr Handeln einfließen lassen, implizit gewusst und angewandt werden." Und weiter: „Vor diesem Hintergrund gilt auch der empirische Vorbehalt generell: Es sind immer nur Annäherungen an die Vorstellungen möglich, man kann sie nicht total erfassen und dingfest machen. Die Unverfügbarkeit der Person bleibt bestehen: im Prozess der Bildung ebenso wie im Prozess der Erforschung."[19]

Mit den Worten von Clifford Geertz könnte man sagen, dass hermeneutisch-rekonstruktive Forschung in erster Linie der Entwicklung eines „Vokabulars dient, in dem das Wissen, das das symbolische Handeln über sich selbst (...) hat, ausgedrückt werden kann."[20] Weil es aber zunächst „nur" um treffende Beschreibungen geht, nicht gleich um das, was – alltagssprachlich formuliert – „dahinter steckt"[21], wenn also die „Signifikanten keine Symptome" sind, ist das Ziel der Beschreibung „nicht Therapie, sondern die Erforschung des sozialen

---

17 Vgl. hierzu grundsätzlich: Bernhard Dressler, Religionsunterricht. Bildungstheoretische Grundlegungen, Leipzig 2018, 262–306.

18 Klaus Prange, Die Zeigestruktur der Erziehung. Grundriss der Operativen Pädagogik, Paderborn 2005.

19 Dietlind Fischer / Albrecht Schöll, Annäherungen an die Religion von Kindern. Gedanken im Anschluss an die Studien; in: Dies. (Hg.), Religiöse Vorstellungen bilden. Erkundungen zur Religion von Kindern über Bilder. Münster 2000, 283–301, hier: 294. Hier handelt es sich um einen in seiner methodologischen Prägnanz vorbildlichen Programmtext zur rekonstruktiv-hermeneutischen Religionsforschung.

20 Clifford Geertz, Dichte Beschreibung. Beiträge zum Verstehen kultureller Systeme, Frankfurt a. M. 1983, 39.

21 Vgl. Niklas Luhmann, „Was ist der Fall?" und „Was steckt dahinter?" – Die zwei Soziologien und die Gesellschaftstheorie, Bielefeld 1993.

Diskurses."[22] Das bedeutet: Im Zusammenhang der „dichten Beschreibung" z. B. von Unterrichtsdramaturgien und der Bedeutungen, die in ihrem Rahmen generiert werden, sind didaktisch innovative Folgerungen nur *mittelbar* durch eine fundiertere und aspektreichere Unterrichtstheorie möglich.

Damit sind Grenzen bezeichnet, vor allem Grenzen der erreichbaren Präzision und der Operationalisierbarkeit des durch hermeneutisch-rekonstruktive Forschungen erzeugten Wissens: Es können ja nur (möglichst) plausible Vermutungen über Bedeutungen angestellt werden. Zudem werden diese Vermutungen bewertet und erst dann können aus ihnen erklärende Schlüsse gezogen werden. Die Beschreibungen, die Deutungen und die Schlussfolgerungen bleiben prinzipiell unvollständig und „in hohem Maße anfechtbar".[23] Dennoch gibt es Kriterien zur Unterscheidung zwischen guten und schlechten Beschreibungen. Deren „Triftigkeit" bemisst sich allerdings stärker an der Imaginationskraft der Beobachter (und *deren* Beobachter), als dass sie am Forschungsmaterial unmittelbar „dingfest" zu machen wäre. Mehr kann man nicht erwarten. Aber im klugen Umgang mit diesem Wenigen ist viel zu gewinnen.

4. *Quantitative und qualitative Religionsforschung: Möglichkeiten und Grenzen*

Die Grenzen zwischen der sog. „quantitativ-massenstatistischen" und der sog. „qualitativen" empirischen Sozialforschung verlaufen nicht so klar, wie gelegentlich angenommen wird. So geht man etwa bei Faktorenanalysen von Fragebogenerhebungen über die rein rechnerische Auswertung von Daten hinaus, weil die durch Rechenoperationen ermittelten Korrelationen ohne deren interpretative Bezeichnung bedeutungslos bleiben. Deutlicher noch ist zu fragen: Wie kommen bei der Interpretation von Probandenaussagen über Religion – besonders: über *ihre* jeweilige Religion – die sozialkontextlich objektivierbaren Seiten ihres Selbstbildes in den Blick? Welche Versprachlichungen hat bei ihren Äußerungen jeweils der kulturelle Kontext zur Verfügung gestellt? Wie weit partizipieren sie an den überindividuellen, Intersubjektivität allererst ermöglichenden Kommunikationsformen, die das religiöse Zeichenrepertoire wie das Zeichenrepertoire aller kulturellen Praxen auszeichnen? Bei aller Problematik eines allgemeinen Religions-Begriffs liegt sein Vorteil doch genau darin, dass er präzisere methodische Zugänge zu subjektiven Äußerungen über Unbedingtheitserfahrungen und Sinnvorstellungen ermöglicht, als wenn empirisch unmittelbar nach einem „Glauben" gefragt wird.

Mit solchen Fragen wird zudem deutlich, dass auch die sog. „quantitative" empirische Sozialforschung nicht ohne hermeneutisch-rekonstruktive Arbeit

[22] C. Geertz, a. a. O., 37.

[23] C. Geertz, a. a. O., 42.

auskommt. Freilich zeigen sich eben daran auch die Grenzen massenstatistischer Verfahren. Fruchtbar ist deswegen die Öffnung zu phänomenologischen Wahrnehmungsformen, zur Rekonstruktion narrativer Äußerungsformen oder zu Formen „dichter Beschreibung" (Clifford Geertz), die lebensweltferne Sondersprachen vermeiden.

Nun liegen ja in der Regel bei Untersuchungen, die Religion zum Gegenstand haben, die Vor- und Nachteile der – nun doch abgekürzt: qualitativen oder quantitativen – Verfahren der Datenauswertung auf der Hand: Die Alternative besteht in der Ermöglichung einer dem Gegenstand angemessenen Tiefenschärfe einerseits und andererseits einer auf die Populationsbreite bezogenen Erhebung von thematischen Einzelaspekten (also etwa „Meinungen" zu etwas oder sozialbiographische Fakteninformationen u. ä.), die umfragetechnisch ermittelt und von ihren jeweiligen Trägern abgelöst werden. Je nach Untersuchungsziel wird man die Vor- und Nachteile abwägen und in Kauf nehmen müssen. Allerdings können quantitative Verfahren dem Gegenstand Religion nur bedingt gerecht werden. Gängige quantitative Datenerhebungsverfahren, vor allem die der kommerziellen Demoskopie, legen häufig einen substanzialistischen Religionsbegriff zugrunde. Sie fragen den Zustimmungsgrad zu als religionshaltig geltenden Sachverhalten, genauer: zu deren Semantiken, ab. Genau damit können sie dem *nicht* gerecht werden, was das Charakteristikum von Religion – „bestimmte Unbestimmtheit"[24] – und ihres kommunikativen Modus – konstitutive Mehrdeutigkeit – ist. Dass das in aller Regel so ist, aber nicht zwangsläufig so sein muss, zeigt etwa die Untersuchung von Andreas Feige und Carsten Gennerich zur Religiosität von Berufsschülerinnen und -schülern.[25] Quantitative Verfahren laufen also nicht notwendig auf die Messung unterschiedlich intensiver Übereinstimmungen mit institutionell vermitteltem Traditionsgut – pointiert formuliert: auf eine Art von „Formel-Akzeptanz-Forschung" – hinaus (diesen kritischen Begriff verdanke ich Andreas Feige). Quantitative Forschung wird aber ihrem Gegenstand grundsätzlich, kategorial, dann nur bedingt gerecht, wenn sie nicht nur Meinungen, Einstellungen, Handlungspräferenzen etc. erfragt, sondern zu ermitteln versucht, *wie Religion als eine kulturelle Praxis verstanden und gestaltet wird.* Mit dem Instrument eines Fragebogens, wie raffiniert die Items auch immer konstruiert werden, ist es nahezu unvermeidlich, dass Religion auf kontextbereinigte Personenmerkmale reduziert wird, für die die Zustimmungs- oder Ablehnungsgrade befragter Sachverhalte als Indikatoren gelten. Der *Modus* religiöser Kommunikation lässt sich in massenstatistisch erfassten und ausgewerteten Daten m. E. prinzipiell nur unzureichend abbilden. Da aber Religion – jedenfalls die christliche Religion – sich immer nur in der *Verbindung* von Vorstellungs-

---

24 Ingolf U. Dalferth, Bestimmte Unbestimmtheit. Zur Denkform des Unbedingten in der christlichen Theologie; in: ThLZ 1/2014, Sp. 3–36.

25 Andreas Feige / Carsten Gennerich, Lebensorientierungen Jugendlicher, Münster 2008.

gehalten und Vollzugsformen zeigt bzw. zeigen lässt, bleibt ihre quantitativ-massenstatistische Erfassung immer defizitär.

Sehr gut lässt sich das Verhältnis beider Untersuchungsformen am Bertelsmann-Religionsmonitor beobachten.[26] Die dort publizierten Erhebungen laufen nicht nur weitgehend auf die gerade erwähnte Formel-Akzeptanz-Forschung hinaus, sondern produzieren näher betrachtet kaum etwas anderes als Tautologien: Was Religion „eigentlich" ist, ist immer schon zuvor bekannt. Die Ergebnisse des Religionsmonitors (z. B. dass Religion in Deutschland an Bedeutung verliert) sind denn auch so oft trivial. Demgegenüber schmuggelt der Münchner Soziologe Armin Nassehi in den Religionsmonitor gewissermaßen nicht-substanzialistische Konterbande ein[27]: Er stellt auf der Basis hermeneutisch-rekonstruktiv ausgewerteter Interviews die These auf, in Deutschland sei eine „erhebliche religiöse Kompetenz" zu beobachten, allerdings um den der „Kulturalisierung" von Religion geschuldeten Preis großer inhaltlicher „Inkonsistenzen". Die Inkonsistenzen sieht er aber dadurch kompensiert, dass die religiösen Orientierungen im Modus von „Authentizität" geäußert werden. Nassehi *definiert* religiöse Kompetenz als die Fähigkeit, an religiöse Kommunikationen „anschlussfähig" zu sein. Diese Anschlussfähigkeit sei eben durch die Verbindung von Inkonsistenz und Authentizität gegeben.

Authentizität gilt dabei als ein Kommunikationsformat, nicht etwa als Wendung des Inneren nach Außen. Ob eine Äußerung authentisch *ist*, lässt sich nicht mit einem Blick ins Herz entscheiden. Authentizität wird hier als soziologischer und nicht als psychologischer Begriff gebraucht, wie er in der Alltagssprache erscheint. Sie verbindet sich mit dem Anspruch auf Anerkennung der Aufrichtigkeit von *Äußerungen*, ohne dass dabei die *inneren* Motive der Überprüfbarkeit unterliegen. Es geht nicht um einen verifizierbaren Echtheitsanspruch.[28] Authentische Äußerungen haben den Vorteil, dass man sie nicht übernehmen muss, man ihnen aber auch nicht widersprechen kann. Der (von Nassehi z. B. zitierten) Aussage „Die Blumen sind die Seele der Welt"[29] muss man nicht zustimmen, es ist aber auch sinnlos zu sagen, sie sei falsch. Man kann sagen: „Ich sehe das anders", aber nicht: „Ich glaube dir nicht." Insofern erhöht Authentizität die kommunikative Anschlussfähigkeit, indem sie das

---

26 Bertelsmann-Stiftung, Religionsmonitor 2008, Gütersloh 2007; Bertelsmann-Stiftung (Hg.), Woran glaubt die Welt? Analysen und Kommentare zum Religionsmonitor 2008, Gütersloh 2009.

27 Armin Nassehi, Erstaunliche religiöse Kompetenz. Qualitative Ergebnisse des Religionsmonitors; in: Religionsmonitor 2008, Gütersloh 2007, 113–132; Ders., Religiöse Kommunikation: Religionssoziologische Konsequenzen einer qualitativen Untersuchung; in: Bertelsmann-Stiftung (Hg.), Woran glaubt die Welt?, Gütersloh 2009, 169–203.

28 Vgl. A. Nassehi, Religiöse Kommunikation, a. a. O., 185. Vgl. Ders., Der soziologische Diskurs der Moderne, Frankfurt a. M. 2009, Kap. 3: „Das Besondere des Besonderen: Kritik der authentischen Vernunft" (159–232).

29 Ebd.

Widerspruchsrisiko mindert. Die Religiosität dieser Äußerung ist nicht thematisch, sondern stilistisch zu identifizieren. Der „Inkonsistenz" wiederum, die Nassehi als konstitutives Merkmal *jeder* – nicht nur „laienhafter" – Form religiöser Kommunikation versteht, korrespondiert auf der semantischen Ebene die grundsätzliche, nicht billigend in Kauf zu nehmende, sondern hermeneutisch fruchtbar zu machende Mehrdeutigkeit religiöser Vorstellungsgehalte. Formel-Akzeptanz-Forschung misst die Äußerungen dagegen stets an Richtigkeitserwartungen, zumindest suggeriert sie das. Inkonsistenz kommt auf diese Weise nur als defizitärer Modus in den Blick, nicht aber als für religiöse Kommunikation konstitutiver Modus. Wenn Nassehi nicht einfach Daten konstatiert und seine durchaus nicht unstrittige Interpretation vorträgt, wird deutlich: Die Ergebnisse hermeneutisch-rekonstruktiver Forschung sind selbst wieder hermeneutisch unscharf und deshalb umstritten, als Dateninterpretationen unvermeidlich selbst wieder erheblich interpretationsbedürftig.[30]

Nun ist bei der Anwendung bestimmter Methoden qualitativer Forschung, insbesondere bei Verfahren der sogenannten „Grounded Theory", bisweilen die stillschweigende Unterstellung zu beobachten, das Analyseverfahren selbst sei theoriegenerierend. Komplex-artifizielle Kodierungsverfahren erzeugen zudem Abstraktionen derart, dass sie den Anschluss an andere theoriesprachliche oder gar alltagssprachliche Verständigungen geradezu verhindern. Es ist deshalb dem Irrtum entgegenzutreten, die unterschiedlichen Methoden hermeneutisch-rekonstruktiver Forschung würden gleichsam auf geheimnisvolle Weise theorieproduktiv sein, also Erkenntnisse befördern, zu denen man ohne sie prinzipiell nicht gelangen würde. Vielmehr verhindern sie nur vorschnelle Projektionen und damit die Produktion von forschungstechnischen Artefakten. Sie sind vergleichbar mit der „Zeitlupenfunktion" bei der Überprüfung von Schiedsrichterentscheidungen bei Sportereignissen. Kein Verfahren steuert die Interpretation unabhängig von dem, was die Interpreten an Deutungen aus ihren eigenen Kenntnis- und Erfahrungshintergründen mitbringen. Die zu ziehenden Schlüsse erfolgen weder deduktiv (als logische Explikation) noch induktiv (als überprüfender Erkenntnisgewinn durch Erfahrung), sondern immer als Abduktionen, mit denen konkreten Handlungen ein Sinn zugeschrieben wird. Dabei muss der „Zusammenhang von Beschreibung, Analyse und Bewertung von Ergebnissen (...) gewahrt bleiben."[31] Im Blick auf die Deutung von kindlichen Gottesbildern stellen Dietlind Fischer und Albrecht Schöll fest: „Die Interpretationen verweisen zugleich auf ihre Begrenzungen: Das Festlegen und Definieren in Kategorien der Abweichung und Übereinstimmung mit theoretischen Vorannahmen kann eine tendenzielle Entmündigung des

30 Vgl. meine Auseinandersetzung mit Nassehi in diesem Buch, S. 245–262.

31 D. Fischer / A. Schöll, Annäherungen, a. a. O., 294.

Kindes bedeuten."[32] Was das dargestellte Gottesbild dem einzelnen Kind bedeutet, wird dann weniger wichtig als die Deutung durch die Forschenden.

5. *Religionsforschung: Von Personenmerkmalen zum kommunikativen Modus*

Der Gewinn der hermeneutisch-rekonstruktiven Verfahren liegt, das sei noch einmal wiederholt, nach meiner Einschätzung vor allem darin, dass damit die theoretische Nobilitierung eines substanzialistisch-normativen Religionsbegriffs verhindert und stattdessen die Modalität religiöser Kommunikation beschreibbar gemacht werden kann. Das heißt: Der bloßen Orientierung *an vorab als religiös definierten* „Sachverhalten" kann entgegengewirkt und Religion als deutungsoffene und deutungsbedürftige kulturelle Praxis des Deutens wahrgenommen werden. Das kommt den Aufgaben religiöser Bildung zugute. In religiöser Bildung nämlich soll Religion als jene Praxis erschlossen werden, in der das Deuten selbst thematisch wird und die Bedingungen seiner Möglichkeit reflektiert werden.

In dieser Perspektive erweisen sich die (durchaus nicht gänzlich wertlosen) entwicklungspsychologischen Stufentheorien in Piaget'scher Tradition (insbesondere Fowler und Oser-Gmünder) als ergänzungs- und korrekturbedürftig.[33] Zumindest ist ein verengter Rekurs auf die in der Religionspädagogik zuweilen in den Rang klassischer Bezugswissenschaften erhobenen Stufentheorien aufzusprengen. Deren Reduktion religiöser Entwicklungsmuster auf Personeneigenschaften, vor allem in kognitiver und moralischer Hinsicht, verkennt, dass Religiosität, wie es auch aus nicht-theologischer Perspektive die religionssoziologischen Arbeiten von Armin Nassehi zeigen, im Wesentlichen durch einen kommunikativen Modus charakterisiert werden kann. Wenn Nassehi eine spezifische Verbindung von Inkonsistenz und Authentizität veranschlagt, so würde ich ergänzen: Es geht um die Fähigkeit zum Umgang mit „bestimmter Unbestimmtheit", die sich vor allem am angemessenen rezeptiven wie aktiven Gebrauch von symbolischen Modi und Metaphern zeigt. Neben Nassehi wäre auch an den religionssoziologischen Arbeiten von Niklas Luhmann und Joachim Matthes zu zeigen, mit welchem Erkenntnisgewinn es verbunden ist, wenn sich der Aspekt der Modalität religiöser Kommunikation *vor* das mit der Frage nach der Funktion der Religion für soziale Kohärenz verbundene Interesse an Personenmerkmalen schiebt, wie es in der religionssoziologischen Linie

---

[32] A. a. O., 289.

[33] Siehe die (vorsichtige) Kritik an den sog. „Stufentheorien" bei Gerhard Büttner/Veit-Jakobus Dieterich, Entwicklungspsychologie in der Religionspädagogik, Göttingen 2013: „Stufen oder Stile der religiösen Entwicklung" (68–88), mit Bezug auf: Heinz Streib, Faith Development Theory. The Religious Styles Perspective; in: The International Journal for the Psychology of Religion 11, 143–158.

von Karl Marx[34] über Emile Durkheim bis Jürgen Habermas dominiert. Man kann geradezu – noch einmal mit Dietlind Fischer und Albrecht Schöll – sagen, dass ein „Verständnis von ‚Religion' als eines sozialen und diskursiven Sachverhalts (...) empirische Herangehensweisen" geradezu erst „ermöglicht".[35]

Es entspricht dem christlichen Glauben in seinem Kern, wenn er, *als Religion* betrachtet, hinsichtlich seines Propriums *modal* bestimmt wird. Personenmerkmale (Kognitionsstufen, Gesinnungen, moralische Einstellungen etc.) sollen nicht ganz abgeblendet, aber hinter kommunikative Modi so weit zurücktreten, dass die für die christliche Religion eigentümliche Verbindung von Semantik und Form, von Gehalt und Gestalt, von innerster Individualität und überindividueller Expressivität in Geltung gesetzt werden kann. Für die christliche Religion gilt der konstitutive Zusammenhang von Darstellung und Mitteilung, von Vollzugsformen und Vorstellungsgehalten auf bestimmte Weise. Denn sie besteht nicht im Sachgehalt einer geoffenbarten Lehre, sondern in der Erinnerung und Vergegenwärtigung eines als Menschwerdung Gottes gedeuteten Ereignisses. Es ist freilich eine offene, künftig zu klärende Frage, wie weit es für Religion allgemein, nicht nur für die christliche Religion allein gilt, dass sie nicht als in Texten fixiertes Gedankensystem und auch nicht als eine besondere Gesinnung, sondern *als eine Praxis* zu erschließen ist, d. h. über ihre sprachlichen (überwiegend narrativen) und szenisch-gestischen Vollzugsformen. Auch moralische Handlungsformen unterliegen einem Vollzugssinn. Von der Klärung dieser Frage wird die Art des Zusammenspiels unterschiedlicher (christlicher, islamischer etc.) Religionsunterrichte an der öffentlichen Schule abhängen. In christlicher Religionsdidaktik geht es jedenfalls insbesondere darum, das für Bildungsprozesse besonders irreführende Missverständnis bearbeitbar zu machen, wonach die christliche Religion die Zustimmung zu wissenschaftlich widerlegten *Sachverhalten* – etwa über die Entstehung der Welt und des Lebens – erfordere, statt sie als *Deutung* von Welt- und Lebenserfahrungen im Lichte des Christusereignisses zu verstehen zu geben. In der christlichen Religion nimmt die vertrauensvolle Beziehung von Menschen zu Gott, wie er sich in Jesus Christus gezeigt hat, Gestalt an. Sie lebt von der Erinnerung und Vergegenwärtigung des Lebens, Sterbens und der Auferweckung Jesu in religiösen Vollzügen (in Narrationen und symbolischen Zeichenhandlungen). So wird das Christusereignis gedeutet, insofern historische Ereignisse Bedeutung(en) nur in Form von Deutung(en) erlangen.

---

34 Einen Sinn für religiöse Metaphorik zeigte Marx (in der „Einleitung zur Kritik der Hegelschen Rechtsphilosophie") immerhin in seinem eigenen Metapherngebrauch: „Seufzer der bedrängten Kreatur", „Gemüth einer herzlosen Welt", „Geist geistloser Zustände", „Opium des Volks".

35 D. Fischer / A. Schöll, a. a. O., 282.

6. *Was bedeutet das alles für die Thematisierung von Religion in religiösen Bildungsprozessen?*

Noch einmal betone ich: Empirische Forschung orientiert die Religionspädagogik. Aber deren Intentionen sind nicht empirisch, sondern normativ zu bestimmen.[36] Kontrafaktizität ist das Kennzeichen aller Pädagogik, nicht nur der Religionspädagogik. Es wäre im Übrigen nichts gewonnen, wenn an die Stelle des Leitbildes einer klerikal kontrollierten „gelebten" Religion die empirisch vorfindliche „gelebte Religion" träte – sofern nicht die in Bildungsprozessen konstitutive *Spannung* zwischen gelebter und gelehrter Religion sogleich mitgedacht wird.[37] Denn wo läge sonst der Unterschied zur evangelischen Unterweisung? Dass es sich das eine Mal um Formen lebensweltlich vorfindlicher, das andere Mal um Formen klerikal normierter Religion handelt, kann nicht ausschlaggebend sein. Ich reagiere deshalb zugegebenermaßen etwas nervös auf die bisweilen zu hörende Forderung nach der Beförderung „gelebter Religion" ins Klassenzimmer. Ohnehin ist das „Leben" dem Unterricht, wenn wir ihn als Bildungsveranstaltung verstehen, immer nur reflexiv und ästhetisch gebrochen zuhanden. Unterricht schafft für die Erschließung und Reflexion von Lebensphänomenen einen artifiziellen Raum. Es gibt ihn überhaupt nur aufgrund der Aufsprengung der einstigen vormodernen Einheit von Leben und Lernen. Aus der empirischen Beobachtung gelebter Religion kann deshalb nicht unmittelbar ein didaktisches Programm gefolgert werden. Sonst wäre Didaktik das Resultat einer Art naturalistischen Fehlschlusses.

Natürlich ist das, was wir didaktisch unter „Lebensweltbezug" verstehen, für jeden Unterricht unerlässlich. Dieses Programm hat aber, wie es etwa Thomas Ziehe immer wieder gezeigt hat[38], in bestimmten reformpädagogischen Akzentuierungen seit den 1970er Jahren seine eigenen kulturellen Verödungseffekte erzeugt und ist deshalb für die Schüler heute so oft kalter Kaffee. Dass das Lernen kognitiver Dissonanzen bedarf, Ziehe spricht von „wohldosierten Fremdheiten"[39], darf durch den Appell ans Leben nicht aus dem Blick geraten.

---

[36] So ist es z. B. hilfreich zu wissen, was die Edukanden – sei es im Religionsunterricht, sei es im Konfirmandenunterricht – sich thematisch wünschen, aber man kann davon nicht das Curriculum abhängig machen.

[37] Vgl. hierzu nicht nur programmatisch präskriptiv, sondern auch mit analytischem Bezug auf empirische Selbstauskünfte von Religionslehrkräften: Andreas Feige u. a., ‚Religion' bei ReligionslehrerInnen, a. a. O., 143–204.

[38] Thomas Ziehe, Zeitvergleiche. Jugend in kulturellen Modernisierungen, Weinheim/München 1991.

[39] Thomas Ziehe, Von der Notwendigkeit wohl dosierter Fremdheiten in der Schule; in: Gerd-Rüdiger Koretzki / Rudolf Tammeus (Hg.), Werkbuch Religion. Materialien für Lehrerinnen und Lehrer, Göttingen 2002.

Zwischen Wahrnehmung und Affirmation ist sorgfältig zu unterscheiden. Kindliche Vorstellungen sind nicht einfach zu affirmieren, sondern so in einen Reflexionsprozess zu verwickeln, dass die intersubjektive Kommunikabilität religiöser Vorstellungen entwickelt wird. Eben deshalb gibt es Theologie: Dass die von der Theologie unterschiedenen Formen gelebter Religion zwar nicht theologisch normiert werden (was, wie gesagt, ohnehin nicht gelingen kann), wohl aber das Angebot erhalten, tragfähigere Formen zu gewinnen (das gilt besonders für die kirchliche Kasualpraxis), und – das gilt besonders für religiöse Bildung – kognitiv anschlussfähig an andere, nichtreligiöse Modi des Weltverstehens und Weltumgangs zu werden. Die für Religion charakteristische „Inkonsistenz" soll freilich gerade nicht in jene Formen kohärenten Denkens überführt werden, wie sie für wissenschaftliche Weltsichten charakteristisch sind, sondern in Formen des nichtbeliebigen Verstehens von Mehrdeutigkeit, worunter ich eine Generalformel für Bildungsprozesse verstehe. Das heißt aber auch: Empirisch ermittelte „gelebte Religion" darf nicht die Bezeichnung eines Schutzraums werden für Vorstellungen, die sich öffentlicher Diskursivität entziehen, wie sie für die urteilsfähige Wahrnehmung des Grundrechts auf Religionsfreiheit wenn schon nicht konstitutiv, so doch aber unverzichtbar ist. Sonst gehört sie eben nicht ins Klassenzimmer öffentlicher Schulen. Vor allem müssen sich Schülerinnen und Schüler gerade auch in sozusagen „religionswissenschaftlicher" Distanz zur gelebten Religion verhalten dürfen, um den Religionsunterricht von jedem – in der Öffentlichkeit, aber teilweise auch in den Erziehungswissenschaften ohnehin schon stark verbreiteten – Verdacht der Indoktrination[40], eines klerikalen Partikularinteresses oder eines theologischen Rekrutierungsinteresses fernzuhalten.

[40] Hierzu grundsätzlich: Joachim Willems, Indoktrination aus evangelisch-religionspädagogischer Sicht; in: Henning Schluß (Hg.), Indoktrination und Erziehung. Aspekte der Rückseite der Pädagogik, Wiesbaden 2007, 79–92.

Inkonsistenz und Authentizität

Ein neues religiöses Bildungsdilemma? Bildungstheoretische Überlegungen zu Armin Nassehis religionssoziologischen Beobachtungen

1. *Die Problemlage: Ist die „Zusammenbestehbarkeit" des christlichen Glaubens mit den modernen Lebensformen möglich?*

Religiöse Bildung sieht sich mit der Frage konfrontiert, wie sich Menschen als Christen und Zeitgenossen in den ausdifferenzierten Lebensverhältnissen der (Spät)Moderne orientieren können. Kann man Religion und die Anforderungen modernen Lebens „zusammenbestehen"[1] – jenseits der Alternative von Kritiklosigkeit oder fundamentalistischer Verweigerung? Wie lässt sich die Anerkennung inkompatibler Rationalitäts- und Handlungslogiken, in die sich das je eigene Leben unweigerlich verstrickt sieht, mit einer bewussten Lebensführung verbinden? Die Religion kann in der kulturellen Moderne nurmehr als *ein* – und keineswegs als ein privilegierter – Modus des Weltverstehens und der Handlungsorientierung unter anderen gelten. Die christliche Religion mit ihrem besonderen, im Gedanken der Inkarnation Gottes fundierten Sinn für Kontingenz verbindet die Erfahrungen von Unverfügbarkeit und Unbedingtheit zu einer Welt- und Selbstdeutung, die die Erkenntnisse und Regeln anderer (z. B. wissenschaftlicher, rechtlicher, ökonomischer oder ästhetischer) Weltzugänge nicht dementiert, sie aber in einen übergreifenden Sinnhorizont rückt. Religiöse Bildung, die über Religion nur informiert, ohne deren Leistung für diese Verbindung von Weltdeutung und Daseinshermeneutik zu verstehen zu geben, unterbietet die Bedeutung von Religion so weit, dass damit nicht nur ein unzureichendes, sondern ein geradezu falsches Verständnis von Religion vermittelt wird. Ich verstehe das Troeltsch'sche Programm der „Zusammenbestehbarkeit" als den Anspruch, die Integration der unterschiedlichen subsystemischen Praxen in der modernen Gesellschaft so zu ermöglichen, dass das Gottesverhältnis eine Lebensgeschichte auch unter Bedingungen einer funktional ausdifferenzierten modernen Gesellschaft tragen und begleiten kann. „Integration" erfolgt dabei nicht als *Aufhebung* der Inkommensurabilität unterschiedlicher

---

[1] Die Frage nach der Möglichkeit der „Zusammenbestehbarkeit" von Christentum und moderner Kultur hat im Übergang vom 19. auf das 20. Jahrhundert Ernst Troeltsch aufgeworfen: Die christliche Weltanschauung und ihre Gegenwartsströmungen (1894); in: Ders., Gesammelte Schriften, Bd. 2, Tübingen [2]1922, 227–327.

Rationalitätsformen, sondern als lebenspraktische Prozessualisierung und Temporalisierung der damit verbundenen Paradoxien. Hier gewinnt Schleiermachers Diktum seine Bedeutung, man solle „alles mit Religion tun, nicht aus Religion." Die Religion liefert recht verstanden weder *Gründe* für Lebensorientierungen, noch ein einheitliches, konsistentes Lebensführungskonzept, sondern soll „wie eine heilige Musik alles Tun des Menschen begleiten."[2] Statt von *Konsistenz*zumutungen könnte man im Blick auf die noch einmal vergleichsweise radikalisierten *post*modernen Lebensverhältnisse von biographischen *Kohärenz*erwartungen sprechen.[3] Wenn jedenfalls die unumgängliche Verwicklung in unterschiedliche funktionale Subsysteme ohne Verlust der persönlichen Integrität möglich sein soll, dann verlangt das zugleich auch den Abschied von starken Identitäts-Konzepten.[4] Die „schwächer" gedachte Kohärenz von Lebensgeschichten ist nicht mehr auf Begriffe zu bringen, sondern nur narrativ (als biographische „Erzählbarkeit"[5]) und performativ (im Vollzug kultureller Praxen) zu bewähren. In christlicher Perspektive bringen sich auf diese Weise die poetisch-narrativen Sprachmuster der Religion in den individuellen Lebensgestalten zur Geltung.

Die hier skizzierte Problematik wird in religionssoziologischen Beobachtungen Armin Nassehis[6] auf bemerkenswerte Weise zugleich bestätigt und in

---

[2] Friedrich D. Schleiermacher, Über die Religion. Reden an die Gebildeten unter ihren Verächtern (1799), Göttingen ^{7}1991, 60.

[3] Max Webers Befund inkommensurabler Wertsphären und die Forderung nach deren Integration durch die Pathosformel eines individuellen Allgemeinen in Gestalt starker, moralisch integrer, entschlossen die Aussicht des Scheiterns ertragender (bei Weber: „männlicher") Persönlichkeiten, gehört zur klassischen Moderne. In der Gegenwart tritt an diese Stelle das bescheidenere Spiel mit der Vielfalt, das sich freilich des Ernstes der Führung eines befristeten und unwiederholbaren Lebens bewusst zu bleiben hat.

[4] Vgl. Heiner Keupp u. a., Identitätskonstruktionen. Das Patchwork der Identitäten in der Spätmoderne, Reinbek 1999; Klaus Prange, Abschied von Erikson? Über Identität als anthropologische Prämisse und als moralpädagogisches Programm; in: Ethik und Erziehung (edition ethik kontrovers 4) Frankfurt 1997, 60–66.

[5] Vgl. Martina Kumlehns Überlegungen zu „narrativer Identität": Leben (anders) erzählen: Narrative Identität als religionspädagogische Bildungsaufgabe; in: ZPT 2/2012, 135–145.

[6] Armin Nassehi, Erstaunliche religiöse Kompetenz. Qualitative Ergebnisse des Religionsmonitors; in: Bertelsmann-Stiftung, Religionsmonitor 2008, Gütersloh 2007, 113–132. Erste kritische Anmerkungen habe ich dazu vorgetragen in: Bernhard Dressler, Religionsunterricht – mehr als Kompetenzorientierung?; in: A. Feindt / V. Elsenbast / P. Schreiner / A. Schöll (Hg.): Kompetenzorientierung im Religionsunterricht. Befunde und Perspektiven, Münster / New York / München / Berlin 2009, 23–37 (hier: 25ff.). Besondere Tiefenschärfe und Plausiblität erhalten die Befunde Nassehis dort, wo er sie mit Bezug auf ausgewählte Interviewpassagen begründet und präziser als in der Taschenbuchversion des „Religionsmonitors" ausführt: Amin Nassehi, Religiöse Kommunikation: Religionssoziologische Konsequenzen einer qualitativen Untersuchung; in: Bertelsmann-Stiftung (Hg.), Woran glaubt die Welt? Analysen und Kommentare zum Religionsmonitor 2008, Gütersloh 2009, 169–203. Auf diesen Text beziehe ich mich hier schwerpunktmäßig. Er bietet

Frage gestellt. Neben die quantitativ-massenstatistischen Datenanalysen des Bertelsmann-Religionsmonitors hat Nassehi qualitativ-rekonstruktive Interpretationen von Interviews[7] gestellt. Er bürstet damit die mehr oder weniger am Säkularisierungstheorem orientierten Verfallsdiagnosen[8], die der im Religionsmonitor zugrunde gelegte substanzielle Religionsbegriff nahezu zwangsläufig evoziert, mit dem Befund einer „erstaunlichen religiösen Kompetenz" gegen den Strich. Nassehi folgt, so verstehe ich ihn, der These Niklas Luhmanns, dass das Gesellschaftssystem seine Integrationskraft und Kohärenz nicht mehr primär über das Religionssystem bezieht, dass aber eben dieser Säkularisierungsvorgang durchaus ein Mehr an (wenn auch nicht kirchlich normierter) Religion ermöglicht.[9] Eine der Pointen Nassehis rückt dabei die Frage nach der notwendigen „Zusammenbestehbarkeit" von Religion und moderner Kultur in ein neues Licht: Das Problem hat sich, so Nassehi, mit der klassisch-modernen bürgerlichen Lebensform gleichsam verflüchtigt, weil die postbürgerlichen Lebensformen diese moderne Zumutung durch Akzeptanz von Inkonsistenz schlicht *unterlaufen*. Inhaltliche Inkonsistenz sei der der spätmodernen „Kulturalisierung" von Religion geschuldete Preis. „Kulturalisierung" – so urteilt Nassehi mit Adorno – erzeuge die „Kommensurabilität aller Gegenstände" und werde in einer durchmedialisierten Gesellschaft „zum Normalfall". Sie „bedeutet in diesem Sinne zunächst die ganz einfache Erfahrung, dass sich die religiöse Selbsterfahrung stets im Horizont anderer Möglichkeiten entfaltet."[10] Prototypisch entspreche sie den mit dem Zapper rezipierten „Fernsehformaten".[11] Nassehi sieht darin statt eines defizienten Merkmals eine konstitutive Charakteristik postbürgerlicher Religiosität. Zudem werde Inkonsistenz gewissermaßen dadurch kompensiert, dass religiöse Kommunikation im Modus von „Authentizität" geäußert werde. Nassehi *definiert* religiöse Kompetenz als die Fähigkeit, an religiöse Kommunikationen „anschlussfähig" zu sein und sieht diese Anschlussfähigkeit eben durch die Verbindung von Inkonsistenz und Authentizität gegeben.[12] Wenn Nassehi –

den Vorteil, dass man Nassehi bei der Dateninterpretation wenigstens an einigen wenigen Beispielen „über die Schulter schauen" kann.

7 49 Interviews mit Probanden aus dem Sample des Religionsmonitor-Fragebogens.

8 Innerhalb des Religionsmonitors exemplarisch: Olaf Müller/Detlef Pollack, Wie religiös ist Europa? Kirchlichkeit, Religiosität und Spiritualität in West- und Osteuropa, Gütersloh 2007, 167–178.

9 Niklas Luhmann, Die Funktion der Religion, Frankfurt a. M. 1982, 227–254.

10 Nassehi 2009, 191.

11 Nassehi 2007, 120.

12 Es liegt auf der Hand, dass der deskriptive Kompetenzbegriff, mit dem Nassehi arbeitet, sich von einem präskriptiven Kompetenzbegriff im Kontext einer bildungstheoretisch orientierten Religionsdidaktik kategorial unterscheidet. Dennoch stellt sich die Frage, wie Nassehis Befunde in bildungstheoretischer Perspektive zu beurteilen sind. Bei der Beurteilung seiner Daten wiederum fällt auf, dass neben der Mehrzahl katholischer und protestantischer Probanden, die er zitiert, einige wenige aus der Kirche Ausgetretene zu

freilich unter dem Vorbehalt, dass hermeneutisch rekonstruierte Daten nicht repräsentativ sein können – das Vorhandensein „erheblicher religiöser Kompetenz" in Deutschland[13] unter dieser Voraussetzung attestiert, so stellt sich die Frage, wie kompetenzorientierte religiöse Bildungsprozesse zu diesem Befund ins Verhältnis zu setzen sind? Wie lassen sich die m. E. unumgänglichen *normativen* Konsistenzerwartungen, auf die in religiösen Bildungsprozessen nicht verzichtet werden kann, mit dem empirischen Befund Nassehis zusammendenken?

2. *Postbürgerliche Gestalt von Religion: Authentisch und inkonsistent*

Nassehi bringt sich gegen ein soziologisches Religionsverständnis in Stellung, wie es klassisch von Emile Durkheim entwickelt wurde und gegenwärtig noch von Jürgen Habermas prominent vertreten wird. Religion wird in diesem Konzept nach ihrer (vor allem moralischen) *Funktion für gesellschaftliche Kohärenz* befragt. Dabei werden dann Personenmerkmale so in den Vordergrund gestellt, dass der kommunikative *Modus* religiöser Kommunikation abgedunkelt wird.[14] Das wird der Religion nicht nur wegen der damit verbundenen funktionalistisch-reduktionistischen Perspektive nicht gerecht. Vielmehr gerät aus dem Blick, dass insbesondere in der christlichen Religion die Vorstellungsgehalte nicht ohne die Vollzugsformen zu verstehen sind. Die Modalität religiöser Kommunikation modelliert und modifiziert die Eigenart der propositionalen Gehalte religiöser Äußerungen, deren Semantik nicht ohne ihre Form zu verstehen ist.

Nassehi fragt nun im Anschluss an Niklas Luhmann auf phänomenologische Weise, wie „das, was sich soziologisch als Religion beobachten lässt, als Sinnform zu bestimmen" ist, wie sich also „die religiöse Verarbeitung von Sinn unterscheidet von anderen Sinnformen" (2009, 173). „Sinn" bezieht sich hier nicht auf das, was alltagssprachlich als „sinnvoll" erlebt und bezeichnet wird. Sinn ist kein welthafter Sachverhalt, der sich finden lässt wie der Chemiker den

finden sind, aber keine Nichtgetauften. Es ist also immerhin mit einem Minimum religiöser Sozialisation zu rechnen. Insbesondere in Ostdeutschland ist demgegenüber mit einem Typus zu rechnen, in dessen Biographien überhaupt keine Berührung mit Religion vorausgesetzt werden kann, und bei dem die Kompetenz, sachgerecht an religiöse Kommunikation anzuschließen, wohl doch in Zweifel zu ziehen ist.

13 „In der Bundesrepublik herrscht eine erhebliche religiöse Kompetenz vor, das heißt die Menschen scheinen in der Lage zu sein, religiöse Formen nicht nur reflexiv zu identifizieren, sondern auch praktisch auf ihr Leben zu beziehen" (Nassehi 2007, 113).

14 Die Reduktion von Religion auf die Ebene von Personenmerkmalen wird auch im religionspädagogischen Diskurs immer dann befördert, wenn bei der Rezeption der strukturgenetischen entwicklungspsychologischen Stufentheorien (Oser/Gmünder und Fowler) der Bezug individueller religiöser Kommunikationsmuster auf den überindivuellen kommunikativen Modus von Religion abgeblendet wird.

Alkohol im Wein feststellt, sondern ist eine Form, in der die Welt (die sonst bloßes Rauschen erzeugen würde) allererst beobachtbar wird. Für die *religiöse* Sinnform ist kennzeichnend, dass sie nicht einfach die Welt in eine bestimmte Beobachtungsperspektive rückt, sondern dass sie „die Unbeobachtbarkeit der Welt und des Beobachters beobachtet." Nassehi nimmt Bezug auf Niklas Luhmann: „Sinnformen werden als religiös erlebt, wenn ihr Sinn zurück verweist auf die Einheit der Differenz von beobachtbar und unbeobachtbar und *dafür* eine Form findet".[15] Man kann deshalb sagen, dass in der Religion ihre Leistung als Weltdeutung selbst thematisch wird. Unbeobachtbares wird in seiner Unbeobachtbarkeit beobachtet. Noch anders mit Bezug auf Niklas Luhmann gesagt: „Dass man sich systemtheoretisch darauf geeinigt hat, religiöse Kommunikation über die Codierung Immanenz/Transzendenz zu unterscheiden, meint nur, dass sich hier die immanente Beobachtung von Unbeobachtbarem ereignet, das dann in eine Form gebracht werden muss, die sich dennoch festlegt – auf Sätze, auf Praktiken, auf kommunikative Ereignisse eben."[16] Auf wieder andere Weise wird dies ausgedrückt, wenn Friedrich Schleiermacher in den „Reden über Religion" das religiöse Gefühl als den Ort bestimmt, an dem Unendliches im Endlichen aufscheint. Hier wie dort bezeichnen Immanenz und Transzendenz keine Seinsbereiche, sondern Beobachtungs- bzw. Wahrnehmungsformen.[17]

Vor diesem Hintergrund stellt Nassehi nun fest, dass es in den von ihm ausgewerteten Interviews zu gelingen scheint, „Religionshaltiges" auszudrücken oder sich sinnvoll auf Religion zu beziehen, weil im kulturellen Umfeld seiner Probanden „Religion und Religiöses zu jenen Erwartungsstilen gehört, mit denen Leute etwas anfangen können." Nicht um Personmerkmale geht es, sondern darum, „dass das, was Interviewpartnerinnen und -partner äußern, offensichtlich anschlussfähig ist" (174). Das gilt in deskriptiver Hinsicht auch dann, wenn sich in normativer Hinsicht, zumal bei sich selbst als a-religiös verstehenden Probanden, ein defizienter Modus von Religiosität – z. B. Banalitäten oder Klischees – zu zeigen scheint.

> „Auf Religiöses wird offensichtlich Bezug genommen, wenn so etwas wie ein Gesamtzusammenhang in den Blick gerät. Der ‚Gesamtzusammenhang', das mag vielleicht das entscheidende religionssoziologische Missverständnis sein, meint nicht

---

15 Niklas Luhmann, Die Religion der Gesellschaft, hg v. André Kieserling, Frankfurt a. M. 2000, 19f., 29 , 35 u. 40; Nassehi 2009, 176.

16 Nassehi, ebd.

17 In diesen Zusammenhang gehört, dass uns der Gedanke eines unbeobachteten bzw. unbeobachtbaren Universums absurd erscheint. Einerseits ist im Universum mit uns Menschen seine Beobachtbarkeit ermöglicht. Anderseits ist, gegen die Illusion naturalistischer Weltbeobachtung, der „Blick von Nirgendwo" (gleichsam wie mit den Augen Gottes) versperrt: Thomas Nagel, Der Blick von Nirgendwo, Frankfurt a. M. 2012. Hier lassen sich epistemologische Fragen an religionstheoretische Überlegungen anschließen.

eine ontische Gesamtheit, nicht das Ganze der Welt, sondern eine bestimmte Sinnform, eine bestimmte Form der Beobachtung" (175).[18]

Hier wäre natürlich sogleich zu fragen, wie sich dieser Befund zu der Möglichkeit verhält, dass ein a-religiöses oder religionskritisches Selbstverständnis sich gerade mit dem (ja doch weit verbreiteten) Missverständnis begründet, dass Religion zum Fürwahrhalten ontisch vorgestellter, aber ‚wissenschaftlich widerlegter' kosmologischer Sachverhalte nötige? Gleichviel: Diese aus der Binnenperspektive einer Religion geäußerte Frage tritt bei Nassehi hinter das soziologische Interesse daran zurück, „was mit Kommunikation passiert, wenn sie religiös codiert wird" (176), wie und wann sich religiöse Kommunikation praktisch bewährt, unabhängig davon, ob die Akteure der Kommunikation religiös oder nicht-religiös *sind*.

Zum Modus religiöser Kommunikation gehört nun, dass sich die Plausibilität – oder wenigstens: die Nachvollziehbarkeit – ihrer Äußerungen im Unterschied zu den meisten anderen Diskursen „einer ganz bestimmten Form authentischer Haltung (oder wenigstens ihrer Inszenierung) verdanken. Wer im Medium des Glaubens spricht, setzt sich selbst in eine Position des authentischen Sprechers" (177). Auch hier ist wieder zu betonen: Es geht um den kommunikativen *Modus*, nicht um eine Gesinnung. Authentizität ist ein Kommunikationsformat, keine Wendung des Innersten nach Außen. Ob eine Äußerung authentisch *ist*, lässt sich nicht mit einem Blick ins Herz entscheiden.[19] Ent-

---

[18] „Dass die Wirklichkeit des Religiösen quasi-ontologisch ‚ist', wird zwar in Kommunikation erzeugt; diese beansprucht eine Evidenz in der Erfahrung des Außergewöhnlichen." (Hubert Knoblauch, Transzendenzerfahrung und symbolische Kommunikation. Die phänomenologisch orientierte Soziologie und die kommunikative Konstruktion der Religion; in: Hartmann Tyrell u. a. [Hg.], Religion als Kommunikation, Würzburg 1998, 182). Dem christlichen Glauben wohnt eine gewisse Reifizierungstendenz unvermeidlich inne. Religiöse Gewissheit „(heftet) sich immer an gegenständliche Sachverhalte" (Ulrich Barth, Religion in der Moderne, Tübingen 2003, 91). Denn „wo immer religiöses Bewusstsein sich genuin artikuliert, verfährt es gerade nicht methodisch-konstruktiv, sondern bezieht sich auf seine Gegenstände und Inhalte als ihm vorgegebene und nicht von ihm selbst erzeugte" (Ulrich Barth, Was ist Religion?; in ZThK 93 (1996), 543). Aber eben: „als".

[19] Authentische Haltungen sind „inszenierungsanfällig und daher stets verdächtig, schlechter Schein zu sein." (Philipp Stoellger, Gegenwärtige Herausforderungen der Theologie; in: M. Lasogga u. a. [Hg.], Der Bedeutungswandel christlicher Religion in der Gesellschaft, Hannover 2011, 56). Bei Nassehi wird Authentizität als soziologischer und nicht als psychologischer Begriff gebraucht, als der er zumeist in der Alltagssprache erscheint. Authentizität verbindet sich mit dem Anspruch auf Anerkennung der Aufrichtigkeit von *Äußerungen*, ohne dass dabei die *inneren* Motive der Überprüfbarkeit unterliegen. Was wäre, wenn Authentizität *als solche* zu beobachten wäre? Sie würde verschwinden! Denn sie setzt die Unterstellung voraus, dass ein zurechenbares Subjekt Herr seiner Motive ist. Dass wir dazu befähigt und genötigt sind, Teilnehmer- und Beobachterperspektiven zugleich einzunehmen, erhöht *nicht* unsere Selbsttransparenz, sondern „nur" die Komplexität der Reflexionsansprüche, denen wir unterworfen sind, wenn wir nicht nur für uns als Personen (und für unsere Motive) Respekt einfordern, sondern für die artikulierbaren

scheidend ist nur, so würde ich daran theologisch anknüpfen, dass sich Aussagen auf der Ebene von Sachverhaltsbehauptungen oder -vermutungen (im Sinne von *puto* – ich glaube bzw. vermute *etwas*) kategorial unterscheiden von Sprechakten im Sinne von *credo*: Ich glaube bzw. vertraue *jemandem* oder einer nicht tatsachenförmig zu verstehenden Aussage. Im Modus der Authentizität geäußerte Aussagen lassen sich nicht auf die gleiche Weise kritisieren wie die meisten anderen Äußerungsformen: „Man kann den religiösen Gehalt eines Satzes (oder weiter: einer etwa rituellen Praktik) zwar intellektuell oder sachlich" oder (so würde ich fortsetzen) ästhetisch, kritisieren, „kaum aber den Akt des Glaubens selbst" (177).[20] Religion lebt, so gesehen, von der Kraft authentischer Rede, die sich bestimmter Inhalte nur bedient, soweit sie als Medium von Authentizität taugen. Und Authentizität kompensiert in dieser Sichtweise Unbestimmtheit, so dass sich Religiosität jenseits jeder kognitiven Dimension und jenseits jeder bestimmten Semantik letztlich durch den bloßen Vollzug von Kommunikation stabilisiert. Das Kommunizieren ist bereits der Sinn der Kommunikation. Insofern Authentizität „weitgehend immun für Regulierungen von außen" macht (189), mindert sie zugleich den Druck, individuelle Überzeugungen mit kulturell zirkulierenden Mustern abzugleichen. An die Stelle des Geltungsanspruchs einer Äußerung tritt dann tendenziell der Geltungsanspruch des Sprechers.

Neben dem Authentizitätsmodus kann Nassehi als weiteres Stilmerkmal die Inkonsistenz der von ihm untersuchten Äußerungen betonen, und zwar sowohl jeweils „innerhalb der eigenen Erzählung" als auch „zwischen unterschiedlichen Erzählungen" (185). Darunter ist zunächst einfach der von ihm als „ernüchternd" bezeichnete Sachverhalt zu verstehen, dass ganz unabhängig vom religiösen Selbstverständnis seiner Probanden kaum ein Interview sich konsistent in die Systematik einer Religion, einer konfessionellen Prägung oder eines religiösen Typs einfügen lässt.[21] Dieser – schon seit längerem als „Patch-

Gründe (statt für die Motive) unseres Handels beanspruchen. Grundsätzlich zur Problematik von Authentizitätsansprüchen vgl. Armin Nassehi, Der soziologische Diskurs der Moderne, Frankfurt a. M. 2006, besonders: 3. Kapitel, „Das Besondere des Besonderen. Kritik der authentischen Vernunft", 159–232.

20 Nassehi dokumentiert eine Interviewpassage, in der sich der Satz findet: „Die Blumen sind die Seele der Erde" (185). Die Religiosität dieser Äußerung macht er nicht thematisch, sondern stilistisch fest. Unabhängig, ob man diesen Satz für Kitsch hält oder ob man selbst ganz ähnlich denkt – ihm ist auch dann, wenn man ihn nicht für zustimmungsfähig hält, nicht zu widersprechen. Man kann sagen: „Ich sehe das anders", aber nicht: „Ich glaube dir nicht." Wie kann man sonst eine Aussage bezweifeln, ohne die Person anzugreifen? Wie kann andererseits die protestantische Differenz von Person und Werk (oder Amt) in Geltung bleiben? Wie auch immer: Authentizität bietet zusammen mit Inkonsistenz einen kommunikativen Vorteil: Sie erhöht die Anschlussfähigkeit, indem sie das Widerspruchsrisiko mindert.

21 Viele Äußerungen genügen keiner Religionssystematik, aber nehmen doch die religiöse Form für sich in Anspruch: „(In der Kommunikation) beobachtbar übers Unbeobachtbare

work"-Religiosität bezeichnete – Befund korrespondiert mit einer eigenartigen Paradoxie. Man könnte vom Paradoxon der Individualitätsfalle sprechen: Tendenziell will niemand mehr „normal" sein. Anormalität beansprucht die Mehrheit für sich. Man erhofft sich gleichsam einen Distinktionsgewinn durch Unterscheidungen, mit denen man sich *von dieser Art* Mehrheit gerade nicht abgrenzen kann. Inkonsistenz wird zum Individualitätsausweis. Unkonventionalität wird konventionell. Jede Art von Normalitätserwartung läuft dann ins Leere. Wer „völlig normal" ist, wird zum Außenseiter.[22]

Für die Religion bedeutet das, dass religiöse Äußerungen Anschlussmöglichkeiten auch jenseits üblicher oder eingeübter Formen finden. „Jedenfalls ist bürgerliche Konsistenz nicht das limitierende Merkmal religiöser Rede" (180). Nun lässt sich das ohne weiteres mit der auch theologisch vertretbaren Einsicht verbinden, dass unscharfe Ränder immer schon zu den konstitutiven Stärken religiöser Kommunikation gehören. „Und wer wollte Inkonsistenz für das Problem halten, wenn Christen davon ausgehen, dass ein Toter lebt oder dass Drei eins sind? Pointierte Inkonsistenzen sind das Salz in der theologischen Suppe." Es geht „um intelligenten und einfallsreichen Umgang mit Unbestimmtheiten."[23] Auch die scheinbar präzisen Begriffe *theologischer* Reflexion müssen dann von den mit der metaphorisch-poetischen Sprache der *Religion* verbundenen Mehrdeutigkeiten affiziert bleiben, wenn sie nicht das Missverständnis einer ontisch verstandenen Hinterwelt als dem tatsachenförmigen Referenzraum der Religion befördern sollen. Das ist noch nicht überall und nicht schon seit langem in Theologie und Kirche anerkannt. Freilich ist es aus theologischer Perspektive nicht möglich, einfach fröhlich Inkonsistenzen zu bejahen, wenn sich mit dem empirischen Befund, wie sich religiöse Kommunikationen als wechselseitig anschlussfähig erweisen, auch die Frage stellt, wie sich kirchlich-religiöse Kommunikation als anschlussfähig an mehrheitlich nichtkirchlich kodierte religiöse Kommunikation erweisen können *soll*. Zugleich aber ist zu fragen, was gegen Inkonsistenz einzuwenden ist, wenn Konsistenz nicht mehr als die Bedingung von Seelenheil zu denken ist, und wenn die Weigerung, sich kirchlichen Richtigkeitsansprüchen zu fügen, nicht mehr mit Sanktionen rechnen muss und darf?[24] Theologisch käme es darauf an, die

zu sprechen, das heißt, ohne institutionalisierte Formen der Beobachtung des Unbeobachtbaren in Anspruch zu nehmen." (180).

22 Gewiss sind noch Milieus zu beobachten, in denen sich Selbstzuschreibungen von Normalität auch in religiöser Hinsicht mit sozialen Inklusionshoffnungen verbinden. Aber auch hier entgeht die Normalitätskonstruktion kaum der Kulturalisierungsdynamik. Vgl. den Fall der „Frau Hartmann" in: Regina Sommer, Kindertaufe – Elternverständnis und theologische Deutung, Stuttgart 2009, 172–193.

23 Philipp Stoellger, a. a. O., 57f.

24 Auf einer reflexiv-theologischen Ebene mag dieser Sachverhalt neu erscheinen (wobei auch konfessionelle Unterschiede zu veranschlagen sein werden). De facto haben sich zwischen der Volksfrömmigkeit und kirchlichen Lehrsätzen immer schon erhebliche Spielräume geöffnet.

Konsistenz kirchlicher Lehre als Bedingung der Möglichkeit inkonsistenter individueller christlicher Kommunikation zu verstehen, d. h. konsistente Anschlüsse für Kommunikationen zu bieten, deren bleibende (gleichsam: bleiben dürfende) Inkonsistenz nicht als defizitär zu verstehen gegeben wird. Das ist möglich, weil theologische Begrifflichkeit die konstitutive Mehrdeutigkeit religiöser Vorstellungswelten nicht durch Vereindeutigung auslöscht. Man könnte dann weiter fragen, ob, wie Nassehi meint, „*trotz* aller Inkonsistenz (...) die Interviews ein reichhaltiges Bild von Transzendenzerfahrungen (zeichnen), die in der erwarteten Weise in einer Form von Authentizität vorgetragen werden, wie sie typisch für religiöse Kommunikation ist" (181, Kursivierung B. D.)? *Oder* ob nicht Inkonsistenz im Sinne „unscharfer Ränder" überhaupt erst die Bedingung der Möglichkeit religiöser Transzendenzerfahrungen (als unterschieden von theologisch-dogmatischen Reflexionsbegriffen) ist? Wie auch immer, die religiösen Kommunikationsmuster sind „überwiegend tatsächlich am eigenen Erleben orientiert und nur sehr begrenzt durch bloße Mitgliedschaft bzw. bloße kirchlich-religiöse Praxis bestimmt" (182). Das wäre weniger problematisch, als Nassehi selbst es zu sehen scheint. Dass gelebte Religion nicht mit kirchlich normierter und gelehrter Religion zusammenfällt, ist, jedenfalls in der Praktischen Theologie, keine so neue Erkenntnis. Aus kirchlicher Sicht problematischer ist es, dass es gerade die (im Sinne des Religionsmonitors) „Hochreligiösen"[25] sind, die sich überwiegend als besonders *kirchenkritisch* verstehen oder aber besonders stark von kirchlich normierten Kommunikationsmustern unterscheiden.[26] Sichtbar wird eine

> „Lebensform, in der kommunikative Formen die Inkonsistenz aushalten können, indem sie sich gerade nicht durch Mitgliedschaft und Vergemeinschaftungsformen stabilisieren. Kontingenz wird nicht dadurch weggearbeitet, dass Zugehörigkeit (etwa zu einer Kirche) bereits Eindeutigkeit produziert, sondern umgekehrt: Der bloße Hinweis auf Mitgliedschaft würde neue Begründungsfragen aufwerfen. Die Entkirchlichung des Glaubens oder der religiösen Praxis hat damit zu tun, dass offensichtlich das Kontingenzproblem anders gelöst wird. Man findet Sätze, die letztlich der vergemeinschaftenden Bedeutung des Religiösen nicht nur widersprechen, sondern das Religiöse zur individuierenden Instanz schlechthin machen" (183).

Während die Menschen früher gleichsam erst auf kulturprotestantische Weise überzeugt werden mussten, dass individuelle Deutungen und Ausgestaltungen religiöser Überzeugungen und ritueller Praxen nicht nur erlaubt, sondern

---

25 Bei den (idealtypisch rekonstruierten) „Hochreligiösen" „spielen religiöse Inhalte eine zentrale Rolle in der Persönlichkeit. Dies hat zur Folge, dass sie (...) das gesamte Erleben und Verhalten durchdringen." (Stefan Huber, Aufbau und strukturierende Prinzipien des Religionsmonitors; in: Religionsmonitor 2007, 25).

26 „Je intensiver unsere Interviewpartner ihr eigenes Glaubensleben erleben, desto mehr geraten sie in eine innere Distanz zur kirchlichen Praxis, ohne die freilich generell abzulehnen. Inkonsistenz ist dann nicht mehr das Problem – sondern die Lösung für authentische, unverwechselbare Präsentierbarkeit" (Nassehi 2009, 188).

angemessen sind, scheinen gegenwärtig die überindividuellen religiösen Ausdrucks- und Handlungsgestalten hinter individuellen Kombinationsmustern geradezu zu verschwinden. Während sich früher die Bereitschaft, sich zu unterscheiden, mit einer psychischen und kognitiven Anstrengung verband, wird unangestrengte Inkonsistenz nun „geradezu gepflegt und kultiviert“ (184), statt mittels institutioneller Zugehörigkeit weggearbeitet zu werden. Freilich kann das Religionssystem, das erkennt auch Nassehi an, nicht auf institutionelle Formen verzichten.[27] Aber Institutionalität widerspricht dem Authentizitätsformat.[28] Vor allem: Inkommensurabilitäten werden als solche kaum noch anerkannt.[29] Man hat sich so sehr daran gewöhnt, in einer inkonsistenten Welt zu leben, dass man sich an der Inkompatibilität unterschiedlicher Systemlogiken nicht mehr reibt. *Das Problem der „Zusammenbestehbarkeit“ wird nicht mehr als anstrengende Zumutung erlebt, sondern löst sich mit der Weigerung (oder sollte man sagen: mit der Unfähigkeit?) auf, Inkompatibilitäten überhaupt als Problem zu sehen.* Die Leistung des bürgerlichen Modells religiöser Orientierung, die darin „besteht (...), Glauben und Wissen, aber auch Glauben und Politik, Glauben und ökonomische Praxis wenn nicht miteinander versöhnt, so doch miteinander kompatibel gemacht zu haben“ (196), scheint nicht mehr benötigt zu werden.

Erschien es innerhalb der von Nassehi als „klassisch bürgerlich“ bezeichneten Gesellschaft als das „Bildungsdilemma der Volkskirche“[30], dass die Religiosität und Kirchlichkeit der Menschen statistisch umgekehrt proportional zu ihrem Bildungsgrad sank (die Kirche aber zugleich nicht auf Bildungsanstrengungen verzichten konnte und wollte), so könnte man heute von einem neuen Bildungsdilemma reden: Religiöse Bildung ist nach wie vor unverzichtbar, aber unweigerlich mit individuellen Aneignungsformen, also mit nicht kontrollierbaren Transformationen von Religion verbunden. Und: „Je intensiver sich die eigene Religiosität darstellt, desto innerlich unabhängiger scheinen die Menschen von ihrer Kirchlichkeit zu sein“ (195). Damit hätte dann auch die kulturprotestantische Bildungsgestalt der christlichen Religion als die zugleich individualisierte *und* quasi-institutionalisierte Form ausgedient, in der sich die Menschen an der Kirche rieben, aber eben damit Inkonsistenz bürgerlich bearbeiteten.[31] Nunmehr scheinen es „nicht mehr die kirchlichen Institutionen zu

---

[27] Nassehi 2007, 130.

[28] „Lediglich dort, wo auf die authentische Form verzichtet wird, also bei religiös weniger ‚musikalischen‘ Interviewpartnern, scheint Organisationsmitgliedschaft das zu erfüllen, was sie strukturell auch leisten soll: Vermeidung von Reflexion“ (2009, 195).

[29] „Distinktion ist nur in solchen Interviews zu beobachten, wo entweder der politische Anspruch anderer Religionen (vor allem des Islam) kritisiert wird oder wo die Interviewten letztlich nur einen eher traditionellen Fokus auf die eigene Konfession haben“ (193).

[30] Vgl. Volker Drehsen, Das Bildungsdilemma der Volkskirche – das kirchliche Dilemma der religiösen Sozialisation; in: Ders., Wie religionsfähig ist die Volkskirche? Sozialisationstheoretische Erkundungen neuzeitlicher Christentumspraxis, Gütersloh 1994, 41–65.

[31] „Die besondere zivilisatorische Bedeutung der großen Kirchen bestand darin, religiöse Motive zu domestizieren und die prinzipielle ‚Wildheit‘ religiöser Ansprüche durch Ver-

sein, an denen sich die Religiosität gerade von Hochreligiösen abarbeitet." Vielmehr sieht Nassehi in der „authentische(n) Präsentierbarkeit des eigenen Lebens, das sich den Konsistenzzumutungen konfessioneller Praxis unmerklich, aber deutlich entzieht" (188), ein Charakteristikum der „Postbürgerlichkeit des modernen Lebens". Das Prinzip moderner Gesellschaften, „dass in unterschiedlichen Gegenwarten je unterschiedliche Anschlusslogiken und Kriterien gelten", wird damit gleichsam entschärft, ebenso wie der Anspruch an das „bürgerliche Individuum (...), die Inkonsistenzen der Welt in der Konsistenz seines Lebensentwurfs aufzuheben" (196).

3. *Bearbeitungsoptionen eines neuen „Bildungsdilemmas"?*

Wenn Nassehis Analysen und Diagnosen zutreffen, wäre es wohl wenig aussichtsreich, wollte man durch religiöse Bildung lediglich „das bürgerliche (weitgehend kulturprotestantisch geprägte) Normalmodell einer modernitätsfähigen Religiosität" (178) verlängern. Es ginge dann sozusagen um „postmodernitätsfähige" Religion. Aber stellt sich das Problem so einfach dar? Immerhin versteht Nassehi selbst seine Beobachtungen als deskriptiv-phänomenologische Bestandsaufnahme und nicht als ein *Plädoyer* für Inkonsistenz – auch nicht für jene „postbürgerliche Form von Authentizität, die nur dort funktionieren kann, wo alles kommensurabel wird und der Sinn der authentischen Rede die Authentizität der Rede selbst ist" (194). Er verbindet sie indes mit dem „Appell, sich dem empirischen Befund zu stellen, dass die moderne Sozialform der Religion tatsächlich eher auf einen Erwartungsstil als auf konkrete Inhalte verweist" (190). Dabei, auch das konzediert er, wäre es ein „Kurzschluss" zu meinen, die individualisierten und kirchendistanzierten Religionsstile kämen ohne jeden sozialen Rahmen aus (194). Auch hochindividualisierte Einstellungen kommen nicht ohne soziale Bestätigung und soziale Anschlussfähigkeit aus. Nassehi betont in diesem Zusammenhang die nach wie vor starke Abhängigkeit religiöser Orientierungen von familialer religiöser Sozialisation (193). Was Bildung hier leisten müsste und könnte, interessiert ihn weniger als die Frage, „wie (...) sich religiöse Sozialisation über die Kindheit hinaus fortsetzen (lässt)? Und wo?" (195). Im Unterschied zur weitgehend vorreflexiv sich vollziehenden Sozialisation kommen Bildungsprozesse, weil Reflexivität konstitutiv in sie eingebaut ist, nicht ohne kontrafaktisch-normative Intentionen aus und können den soziologischen Deskriptionen, wie zutreffend sie auch

allgemeinerung und Mitgliedschaftsbedingungen im Zaum zu halten – anders als etwa im amerikanischen Marktmodell des Religiösen, wo gerade Sichtbarkeit und Aufmerksamkeitsmanagement gefragt sind (...). Korporatistische Modelle setzen auf Einschränkung, Zugangskontrolle und Anspruchsberechtigungen, Marktmodelle auf Produktinnovation, flexible Adaption und Zielgruppenorientierung" (196).

immer sein mögen, nicht einfach das Feld überlassen. Der empirische Befund legt noch kein normatives Urteil nahe. Es stellt sich die Frage, welches Maß an Inkonsistenz durch die mit der Unterscheidung von Religion und Theologie ermöglichte Anerkennung von gelebter Religion theologisch ge- und bewährt werden kann. Und umgekehrt: Wie viel Konsistenz ist von gebildeter Religion zu erwarten?

Nun werden ja ohnehin durch Nassehis Zuschreibung religiöser Kompetenz an nahezu alle seine Probanden[32] nicht alle gegenläufigen Erfahrungen außer Kraft gesetzt, ganz abgesehen davon, dass er zwischen religiöser Kompetenz und je eigener Religiosität unterscheidet. Unter Religion verstehen offenbar viele als gebildet geltende Menschen einen puren Aberglauben. Ein reflektiertes Bewusstsein über die *kategoriale* Differenz zwischen Glauben und Wissen scheint (bei Gläubigen wie Ungläubigen) nicht weit verbreitet zu sein. Wenn nicht alles täuscht, sind naturalistisch-szientistische Überzeugungen nicht gerade auf dem Rückzug. Entscheidender ist aber, dass für Bildung Reflexivität und nicht Authentizität die zentrale Kategorie der Kommunikationsfähigkeit und des Selbstverhältnisses von Menschen ist.[33] Das gilt unabhängig davon, dass wir unser Leben nicht in allen Situationen als gebildete Subjekte führen können und sollen, und dass in jeder Religionspraxis Momente der Unmittelbarkeit die Reflexivität suspendieren.

Gewiss kann es nicht darum gehen, durch religiöse Bildung die empirisch vorfindliche inkonsistente und inhaltlich unbestimmte Religiosität in eine kirchlich genehme Form von Religion zu transformieren. Aber nicht zuletzt wird aus Gründen der Selbstachtung zu fragen sein, ob und wie ein religiöses Bildungskonzept normative Kriterien so weit zur Geltung bringen kann, dass die Akzeptanz von Inkonsistenz nicht auf die Legitimierung von Obskurantismus hinausläuft. Anders wäre auch nicht denkbar, wie theologische Reflexion und religiöse Praxis in ein zwar spannungsvolles, aber nicht abreißendes Verhältnis treten können, das zwar nicht die Vitalität des Religionssystems garantieren, aber eine gewisse Abwehrkraft gegen lebensfeindliche Fundamentalismen stärken kann. Auch wenn nicht alle Christenmenschen als gebildet gelten können, ohne dass deshalb ihr Glaube als defizitär erachtet werden darf, bedürfen die institutionellen Formen, in denen sich das Christentum Kontinuität und Substanz sichert, gebildeter Anleitung und der Fähigkeit, sich mit ihrer kulturellen Umwelt im lebendigen Austausch zu halten. Das wird nicht gelingen, wenn die gebildeten Menschen die Religion nicht in ein reflektiertes Verhältnis

---

32 Nur ein einziger seiner 49 Probanden habe „überhaupt nicht an religiöse Formensprache anschließen“ können (Nassehi 2007, 119).

33 Als Soziologe muss Nassehi darauf insistieren, dass seine Dateninterpretation „religiöse Reflexivität nicht als ein Gütekriterium des Religiösen behandelt, sondern selbst als eine Variable, vor der religiöse Semantiken ebenso wie religiöse Praktiken zu interpretieren sind“ (Nassehi 2007, 115). Das Verhältnis des Theologen zur Empirie gelebter Religion wird hier auf andere Unterscheidungen und auf Bewertungen nicht verzichten können.

zu anderen sozialen und kulturellen Praxen setzen können. *Das Problem der „Zusammenbestehbarkeit" kann nicht einfach als erledigt gelten.*

Irritierend ist freilich weniger der Konsistenzmangel als die *Leichtgläubigkeit* mancher Interviewäußerungen, die danach fragen lässt, was eigentlich für eine kritische Auseinandersetzung mit jenen inkompetenten Missverständnissen von Religion erforderlich ist, die sie selbst in jeder Form für einen Obskurantismus analog zur Astrologie halten. Es geht in Bildungsprozessen nicht um die Bestärkung authentischer, sondern um die Förderung urteilsfähiger religiöser Praxis. Authentizität enthält kein Kriterium, wie die Alternative von Fundamentalismus oder Indifferenz zu vermeiden ist. Dass es die „Authentizität der religiösen Rede (...) in der Tat nicht (erlaubt), dem Präsentierten zu widersprechen – selbst wenn die Inhalte theologisch oder religionssystematisch abstrus sind" (190), kann ja in Bildungsprozessen nicht bedeuten, Abstrusitäten nicht mehr zu widersprechen. Der Verzicht auf kognitiv gehaltvolle Standards kann, auch wenn er erfolgversprechend wäre, aus normativen Gründen nicht gewollt werden, weil sonst aus taktischen Gründen reformatorische Grundsätze aufgegeben werden: Dass Pluralität und Selbstrelativierungsfähigkeit zum Glauben ebenso gehören wie Wahrheits- und Geltungsansprüche. Die Frage ist nur: Mit welcher Resonanz und Nachhaltigkeit können auf Konsistenz beharrende Bildungsprozesse noch rechnen?

In diesem Zusammenhang wäre auch Ingolf U. Dalferths Vorschlag[34] genauer zu diskutieren, die evangelische Theologie ganz auf die Binnenperspektive der christlichen Glaubenspraxis umzustellen und dabei ihren Eigensinn zu stärken, jedenfalls von der Orientierung an „fremden Standards" abzulösen: „Nicht der Ort an der Universität, ihr Status als Wissenschaft oder ihre Akzeptanz in der Gesellschaft, sondern ihr Bezug auf die Kommunikation des Evangeliums im christlichen Leben ist das, womit die Theologie steht und fällt."[35] Dalferths Diagnose der postmodernen Problemlage lässt sich an Nassehis Position anschließen. Er plädiert für einen „anderen Denkstil", für ein „topisches Denken in Perspektiven und Horizonten, das sensibel ist für die Vielaspektivität und Rekombinierbarkeit der Phänomene".[36] Die „Grenzen gesellschaftlicher Funktionsbereiche (werden) fließend (...), weil alles mit allem vernetzt, kombiniert und rekombiniert werden kann." Dalferth hält uns deshalb „in unserem lebensweltlichen, gesellschaftlichen und wissenschaftlichen Umgang mit Problemen" für „politisch realistischer, semantisch flexibler, pragmatisch kompetenter und epistemisch einsichtiger, als es in transzendentalen Konsenskonzepten oder im begriffssystematischen Denken der Neuzeit mit seinen mög-

---

[34] Ingolf U. Dalferth, Evangelische Theologie als Interpretationspraxis. Eine systematische Orientierung, Leipzig 2004. Vgl. hierzu auch: Bernhard Dressler, Unterscheidungen. Religion und Bildung, Leipzig 2006, 40ff.

[35] Dalferth, a. a. O., 24 u. 52.

[36] A. a. O., 12.

lichst einlinigen Zuordnungen von Besonderem und Allgemeinem gesehen zu werden pflegt(e).“[37] Wenn sich die Ausdifferenzierungsprozesse derart steigern, dass sie über die Systeme und Teilsysteme hinaus die Lebenswelt erfassen, werden die Unterscheidungsmöglichkeiten nicht mehr nach strengen Regeln beurteilt, sondern „auf oft unerwartete Weise kombiniert und rekombiniert.“ Statt nach der Zuordnung des fraglichen Sachverhalts zu einem bestimmten gesellschaftlichen Funktionsbereich zu fragen, wird vermehrt situativ entschieden, welche Perspektive im konkreten Fall für wen relevant ist: „Nicht ob etwas ein religiöses (wissenschaftliches, politisches, wirtschaftliches usf.) Phänomen ist, ist entscheidend, sondern ob es einen Gewinn an Erkenntnis, Lebenseinsicht, Orientierungsfähigkeit und Handlungsmöglichkeiten verspricht, es im Licht der jeweils zur Debatte stehenden Fragestellung religiös (wissenschaftlich, politisch, wirtschaftlich usf.) zu thematisieren.“[38] Dann können die Thematisierungsperspektiven gewechselt werden, ohne jeweils nach gemeinsamen Verständigungsgrundlagen fragen zu müssen. Ist nicht aber vor diesem Hintergrund *umso mehr* ein genauer und kompetenter Umgang mit Differenzen gefordert? Genauigkeit bedeutet weder Einlinigkeit, noch die Verwechselung von Korrelation und Kausalität. Ob ein Sachverhalt politisch, wirtschaftlich, wissenschaftlich oder religiös zu beurteilen ist, wird in den Turbulenzen der Lebenswelt immer wieder unklar sein. Dass sich die starren Grenzen systemischer Rationalitätsmuster aufzulösen *scheinen*, arbeitet der Gefahr der Überwältigung der Lebenswelt durch die Sachzwänge der Systemimperative zu. Zugleich lässt sich beobachten, dass die radikalisierte Ausdifferenzierungsdynamik in neue Entdifferenzierungsbedürfnisse umschlägt, sei es als modische Forderung nach „ganzheitlicher“ Sicht der Dinge, sei es in der Form eines reinen Perspektivendezisionismus. Umso mehr hat religiöse Bildung Unterscheidungsfähigkeit zu fördern. Das kann mit der Beschränkung auf eine religiöse Binnenperspektive ebenso wenig gelingen wie mit deren Abblendung zugunsten einer bloßen Außenperspektive.

Für die christliche Religion protestantischer Spielart ist es entscheidend, dass sie, als kategorial differenzierte Lebensdeutung verstanden, die ausdifferenzierte Moderne *voraussetzt*. Würde mit postmodernen Lebensverhältnissen die Moderne in ihrem strukturellen Kern überwunden – was ich nicht sehen kann –, würde damit in der Tat dem Protestantismus das Sterbeglöckchen läu-

---

37 Dalferth, a. a. O., 23 u. 25.

38 A. a. O., 9 u. 11. Mir stellt sich die Frage, ob Dalferth auf diese Weise Bewegungsräume für sein Konzept „radikaler Theologie“ schaffen will, das den wissenschaftlichen Referenzrahmen der Theologie letztlich zugunsten eines fideistischen Konzepts preisgibt. Dalferth schreibt dem christlichen Glauben eine das jeweilige Leben derart umstürzend erneuernde Kraft zu, wie sie m. E. nur mit einem erwecklichen Verständnis von Religion zu denken ist. Was theologisch zur lebenserneuernden Kraft des Glaubens zu sagen ist, koppelt sich damit von allen – leider Gottes – lebenspraktisch beobachtbaren Glaubenspraxen ab. Vgl. Ingolf U. Dalferth, Radikale Theologie, Leipzig 2010.

ten. Denn nur im Blick auf die ausdifferenzierten Wert- und Rationalitätssphären einer modernen Gesellschaft „vermag sich das Individuum überhaupt als vor die Aufgabe einer von metaphysischen und sonstigen Vorgaben freien individuellen Sinnsynthese gestellt zu erkennen.“[39] Damit ist schon immer die Gefahr einbeschlossen, dass Religion überhaupt prekär wird, wenn „die individuellen Sinnsynthesen sich an den objektiven Funktionszusammenhängen der modernen Gesellschaft und ihrer eigenrationalen Subsysteme stoßen.“[40] Die Eingliederung der Individuen und auch aller Institutionen (einschließlich der Kirche und der Bildungsinstitutionen) in das „stahlharte Gehäuse“ des Wirtschaftssystems erfolgt gegenwärtig so intensiv wie nie zuvor. Damit ist sowohl die Steigerung religiöser Sinnbedürfnisse zu erwarten, als auch ein wachsender Konflikt zwischen Religion und moderner Ökonomie. Die Gefahr ist nicht von der Hand zu weisen, dass die Religion „von der Evolution der Moderne überholt zu werden“ droht.[41] Aber dieses Problem ist identisch mit dem Lebens- und Existenzproblem der Individuen überhaupt. Dieser Problemlage, in der die Möglichkeiten des Bedeutungsverlustes und des Bedeutungsgewinns von Religion nahe beieinander liegen, hat religiöse Bildung gerecht zu werden.

Nassehi setzt den Akzent anders. Seine Frage nach neuen Aussichten religiöser Sozialisation läuft, das müsste ihm als Soziologen klar sein, ersichtlich ins Leere. Wie aber ist seine Empfehlung zu beurteilen, dass die Kirchen sich mittels der „Ästhetisierung“ ihrer Kommunikation „darauf einstellen können, an die neue Weise einer kulturalisierten Form des Glaubens und an jene Inkonsistenz anzuschließen, die für sie eigentlich unerträglich sein müsste“ (2007, 131)? Kann die Umstellung kirchlicher Kommunikationsmaßstäbe von inhaltlichen Kriterien auf ästhetische Stimmigkeit (die Nassehi eher von der katholischen Kirche erwartet) eine ernsthafte Antwort auf das neue Bildungsdilemma sein? Zwar kann sich kein Bildungsprogramm damit zufrieden geben, dass die Überzeugungspotenziale argumentativer Plausibilität durch ästhetische Eindrücklichkeit *ersetzt* werden. Die Frage ist aber, wie sich Ästhetik und Reflexivität in einem Bildungsprogramm zueinander verhalten sollen. Auch aus protestantischer Perspektive lässt sich anerkennen, „dass die moderne Sozialform der Religion eher auf einen Erwartungs*stil* als auf konkrete Inhalte verweist“ (2007, 122). Es geht darum, die besonderen ästhetischen Kommunikationsformen, auf die Religion angewiesen ist, keineswegs für gegenüber dem Gehalt der Botschaft sekundäre Gestaltungsweisen zu halten. Damit werden nicht sogleich Konsistenzanforderungen gestellt. Aber statt Inkonsistenz zu affirmieren, wird damit nach Angeboten für Ambiguitätstoleranz und Ambiguitätskompetenz

---

[39] Georg Pfleiderer, Wozu Religionstheorie?; in: Wilhelm Gräb/Dietrich Korsch/ Gerson Raabe (Hg.), Pfarrer fragen nach Religion. Religionstheorie für die kirchliche Praxis, Hannover 2002, 19f.

[40] Ebd.

[41] A. a. O., 20.

gefragt. Wenn „das Verbindende (...) letztlich der Stil (ist)“ (2009, 186), muss umso genauer nach dem Zusammenhang, nach der „Stimmigkeit“ von Stil und Inhalt, von kommunikativer Gestalt und kommuniziertem Gehalt gefragt werden. Stilfragen und Inhaltsfragen sind gerade nicht gegeneinander auszuspielen: Weder so, dass, wie früher, eine kirchliche Instanz die Richtigkeit religiöser Äußerungen normiert, noch so, dass die Stilistik gleichsam inhaltsunabhängig beurteilt wird.[42] Dass religiöse Kommunikation nicht ohne „unscharfe Ränder“ und damit nicht allein im Rahmen konsistenter Begrifflichkeit zu denken ist – und dass eben dies kognitiv zu verstehen ist: Darin sehe ich den Kern der Herausforderung an religiöse Bildungsprozesse. Das Programm einer performativen Religionsdidaktik, das beim *Modus* religiöser Kommunikation ansetzt, bietet eine angemessene Option auf so etwas wie „konsistente Stimmigkeit“.

Jedenfalls ist aus protestantischer Sicht mehr zu verlangen als Nassehi von religiöser Kompetenz erwartet. Im Protestantismus wird der Religionsbegriff selbstreflexiv, indem zwischen Glaube und Religion (und zwischen Religion und Theologie) auf die Weise unterschieden wird, dass der eigene Glaube (als individuelles Gottvertrauen) so in den Horizont des Religionsbegriffs gerückt wird, dass er sich *als Religion* von sich selbst unterscheiden kann (und damit nicht als frommes Werk gegenüber Gott veranschlagt werden kann). Und es ist zu erwarten, dass die konstitutiv von „unscharfen Rändern“ lebende religiöse Kommunikation in einen begrifflichen Reflexionshorizont rückt, ohne dass die dabei ins Spiel gebrachten Begriffe sich von der metaphorischen Mehrdeutigkeit, von der die Religion lebt, so weit entfernen, dass sie sich mit der Eindeutigkeit und Gegenständlichkeit von Sachverhaltsbezeichnungen verwechseln. In diesem Sinne versteht und durchschaut sich die protestantische Religion als Deutung, und in der protestantischen Theologie wird der Deutungsgedanke selbst gedeutet.

---

[42] So zeigt z. B. die Untersuchung von Andreas Feige und Carsten Gennerich (Lebensorientierungen Jugendlicher, Münster 2008), wie auch ohne kirchliche oder theologische Überformung religionsaffine Kommunikationsanschlüsse an die empirisch erhobenen Alltagsorientierungen von Jugendlichen zu finden sind. Deren Ansprechbarkeit auf religiöse Themen tritt in der Dateninterpretation von Feige und Gennerich auch dann differenziert und plastisch vor Augen, wenn sich die „postbürgerlichen“ Individuen bei der Artikulation ihres Selbst- und Weltverständnisses kaum noch an den wenigen ihnen zur Verfügung stehenden Vorräten kirchlich tradierter Symbolsprache bedienen. Mit dieser Sachlage umzugehen, setzt die Einsicht voraus, dass sich weder Religion noch Religiosität „substanziieren“ lassen, sondern immer nur als ein „diskursives“ Phänomen (Joachim Matthes) zu verstehen sind, was durchaus nicht bedeutet, hier ließe sich empirisch nichts präzise (was nicht immer gleich heißt: eindeutig) beobachten. Vgl. Joachim Matthes, Auf der Suche nach dem „Religiösen“; in: Sociologia Internationalis, 2/1992, 129–142; Andreas Feige, Kirche und Religion; in: Birgit Weyel / Wilhelm Gräb (Hg.), Religion in der modernen Lebenswelt, Göttingen 2006, 40–60.

Eine *reflektierte* Religionsgestalt ist nur unter der Voraussetzung eines Mindestmaßes an kognitiver Konsistenz denkbar.[43] Sobald es nicht mehr nur um empirische Wahrnehmung von „Anschlussfähigkeit" geht, sondern um einen Dialog, gar um einen Dialog, in dem es darum geht, für eine religiöse Überzeugung zu werben, ohne gleich von missionarischer Absicht zu reden, und sei es auch nur, Verständnis wecken zu wollen: Warum sollte man sich bestimmte synkretistische Mixturen zu eigen machen, für deren Glaubwürdigkeit letztlich keine stärkere Autorität ins Feld zu führen wäre als ein jeweilig individuelles Fürwahrhalten?

Noch einmal anders wird die Frage nach der Authentizität akzentuiert, wenn nach den Kompetenzen gefragt wird, die von *Lehrenden* in Sachen Religion zu erwarten sind. Die in religiösen Bildungsprozessen entscheidende Kompetenz sehe ich darin, *Religion zeigen* zu können, ohne einfach *sich selbst* als religiöse Person zu zeigen. Authentizitätsansprüche begründen so gesehen keine ungebrochene Authentizität, sondern – mit einer Formulierung Michael Meyer-Blancks – eine „didaktisch-inszenatorisch gebrochene Authentizität." Anders ließe sich das für religiöse Lernprozesse konstitutive Wechselspiel zwischen religiöser Rede und Reden über Religion nicht so gestalten, dass die Lernenden in dieses Wechselspiel hineingezogen werden, ihnen dabei aber die für jeden Bildungsprozess unabdingbare Distanzierungsmöglichkeit offen bleibt. Und anders ließen sich Kriterien wie „Persönlichkeit" und „Glaubwürdigkeit" auf Seiten der Lehrenden nicht in verhandelbare Professionalitätskriterien übersetzen.

Ohne die Möglichkeit zur Selbstdistanz wären die Berufe, die wesentlich in personaler Kommunikation bestehen, ohnehin psychisch nicht auszuhalten. Personale Integrität darf nicht mit Authentizität verwechselt werden. Das völlige Aufgehen in einer Rolle wird freilich seit den kulturellen Umbrüchen der 1970er Jahre auch nicht mehr akzeptiert. Aber „Subjekte begegnen sich nie als solche, sondern immer als Menschen mit einer sozial definierten und aktuell inszenierten Funktion. Man ist, was man sozial verkörpert und man ist es so gut, wie man um die eigene soziale Maske weiß und mit diesem Wissen produktiv umgehen kann (...) (In) kommunikativen Berufen geht es darum, ob jemand für seine Sache und als Mensch Resonanz findet und zwar in eben diesem

[43] Das berührt die Frage nach der religiösen Bildungsqualität von Gesprächsführungsformen, wie sie in den Konzepten der sog. Kinder- und Jugendtheologie nahegelegt werden. Ohne eine – natürlich pädagogisch-didaktisch verantwortete – wissenschaftlich-theologische Kriteriologie *im Unterschied* zu den individuellen (authentischen und wahrscheinlich in gewissem Maße inkonsistenten) Reflexionsgehalten von Schülerinnen und Schülern wird von einem Bildungsprozess nicht die Rede sein können, ganz abgesehen von der Frage, wie sich theologische Reflexionsformen auf religiöse Vollzugsmodi beziehen können müssen.

Spannungsfeld: Ein Kommunizieren ohne die Person (‚rein sachlich') ist ebenso illusionär wie die Erwartung, rein als Person Resonanz zu finden."[44]

[44] Michael Meyer-Blanck, Maske und Angesicht – Klang und Resonanz. Zu einer Religionspädagogik der Person; in: ZPT 3/2007, 227.

Nachweise

1) Religions-Pädagogik. Bestandsaufnahme und Perspektiven einer theologischen Disziplin
(Veröffentlicht in: Theologische Literaturzeitung 11/2014, Sp. 1257–1274).

2) Performanz und Kompetenz. Überlegungen zu einer Didaktik des Perspektivenwechsels
(Überarbeiteter und ergänzter Text eines Vortrags, den ich bei der Tagung der Gesellschaft für Fachdidaktik am 18.09.2007 in Essen unter dem Titel „Kompetenzorientierung des Unterrichts aus bildungstheoretischer Sicht" gehalten habe. Veröffentlicht in: Zeitschrift für Pädagogik und Theologie 1/2008, S. 74–88).

3) Religionspädagogik zwischen Bildungstheorie und Kompetenzdidaktik
(Veröffentlicht in: Theologische Literaturzeitung 5/2010, Sp. 511–526, geringfügig überarbeitet und erweitert).

4) Überlegungen zu einem evangelischen Verständnis religiöser Bildung
(Vortrag beim Deutsch-Ägyptischen Forschungskolloquium in Kairo („Religiöse Bildung und ihr Einfluss auf Identität, Integration und gesellschaftliche Bindekraft"), 03. 06. 2016. Der Vortragstext wird ergänzt durch Passagen aus einer Veröffentlichung gleichen Titels in: Eva-Maria Kenngott / Rudolf Englert / Thorsten Knauth (Hg.), Konfessionell – interreligiös – religionskundlich. Unterrichtsmodelle in der Diskussion, Kohlhammer, Stuttgart 2015, S. 137–148.

5) Die Kirche – eine Bildungsinstitution? Zum Verhältnis von allgemeiner Bildung, religiöser Bildung und religionsprofessioneller Ausbildung
(Veröffentlicht in: Pastoraltheologie 4/2016, S. 447–460; geringfügig gekürzt).

6) Religionspädagogik als Praktische Theologie. Mit einem kritischen Blick auf den Diskurs zur „Kindertheologie"
(Veröffentlicht unter dem Titel „Religionspädagogik als Modus Praktischer Theologie. Mit einem kritischen Blick auf den Diskurs zur ‚Kindertheologie'"; in: Zeitschrift für Pädagogik und Theologie 2/2011, S. 149–163. Geringfügig überarbeitet und erweitert).

7) Religionsunterricht als Wertevermittlung? – Eine Problemanzeige
(Veröffentlicht in: Zeitschrift für Evangelische Ethik 4/2002, 256–269. Ergänzt durch Passagen aus: Religionsunterricht ist kein Werteunterricht. Eine evangelische Perspektive; in: Eva-Maria Kenngott / Rudolf Englert / Thorsten Knauth, Konfessionell – interreligiös – religionskundlich. Unterrichtsmodelle in der Diskussion, Kohlhammer, Stuttgart 2015, S. 31–45).

8) Religionsunterricht und Ethikunterricht – Religion im Ethikunterricht
(Geringfügig überarbeiteter Artikel gleichen Titels aus Zeitschrift für Pädagogik und Theologie 2/2010, 112–128, ergänzt durch Passagen aus: Die Welt in unterschiedlichen Perspektiven verstehen. Philosophie und Religion in der schulischen Domäne „konstitutiver Rationalität"; in: Ethik & Unterricht 2/2014, 15–19).

9) Religiöse Bildung und die Kritik des Fortschrittsglaubens
(Vortrag im Rahmen der Ringvorlesung „Humane Orientierungswissenschaft: Fortschritt – Verpflichtung und Zweideutigkeit" an der Philipps-Universität Marburg, Wintersemester 2009/10. Erstveröffentlichung).

10) Kann religiöse Bildung einen Beitrag zur Demokratie leisten? Zum Verhältnis von Religion und Politik in Bildungsprozessen
(Veröffentlicht in: Hartmut Rupp / Christoph Th. Scheilke / Heinz Schmidt [Hg.], Zukunftsfähige Bildung und Protestantismus, Calwer, Stuttgart 2001, 166–179. Ergänzt durch Passagen aus: Religionsunterricht ist nicht Politikunterricht. Warum religiöse Bildung dennoch einen Beitrag zur politischen Bildung leistet; in: ZPT 3/2012, 290–299).

11) Ambiguitätstoleranz? Zum Umgang mit Mehrdeutigkeit in religionspluraler Kultur
(Für die Veröffentlichung geringfügig erweiterter Vortrag im Religionspädagogischen Institut Loccum vom 18.09.2017).

12) Hermeneutisch-rekonstruktive Religionsforschung in pädagogisch-theologischem Interesse: Von der Person zur Kommunikation
(Geringfügig überarbeitete Fassung meines Vortrags anlässlich der Verabschiedung von Dr. Albrecht Schöll als Mitarbeiter am Comenius-Institut in den Ruhestand, Münster, 4. Juli 2014; veröffentlicht in: Zeitschrift für Pädagogik und Theologie 1/2015, 14–27).

13) Inkonsistenz und Authentizität. Ein neues religiöses Bildungsdilemma? Bildungstheoretische Überlegungen zu Armin Nassehis religionssoziologischen Beobachtungen
(Veröffentlicht in: Zeitschrift für Pädagogik und Theologie 2/2012, 121–135).